城市研究·经典译丛

丛书主编：李友梅　张海东

GREAT
AMERICAN CITY:

伟大的美国城市

芝加哥和持久的邻里效应

CHICAGO AND THE ENDURING
NEIGHBORHOOD EFFECT

〔美〕罗伯特·J. 桑普森（Robert J. Sampson）　著

陈广渝　梁玉成　译

社会科学文献出版社
SOCIAL SCIENCES ACADEMIC PRESS (CHINA)

Great American City: Chicago and the enduring neighborhood effect

by Robert J. Sampson

Licensed by The University of Chicago Press, Chicago, Illinois, U.S.A.

前　言

威廉·朱利叶斯·威尔逊（William Julius Wilson）

罗伯特·桑普森（Robert Sampson）的《伟大的美国城市——芝加哥和持久的邻里效应》不仅会改变我们思考邻里效应的思维方式，还将赋予开展社会科学调查的标准以全新的内涵。实际上，我认为《伟大的美国城市》一书是有史以来由社会科学家开展的最全面、最缜密的实证研究之一。这本书可读性极高、措辞精确，人们会不禁惊叹于其研究范围之广。正如罗伯特·桑普森指出的，"这本书是一部介绍一个想法的思想史，一则讲述一项重要研究的故事，一段描绘了一座具有标志性意义的城市的传说，一套有关邻里效应系统化的理论，一份反映了一系列社会进程（social processes）中社区层面变迁的实证报告，一套对社会调查不同学派的汇总分析，以及一个批判地整合了现有的各种假设并意在揭露新的事实的长期的实证分析"。

《伟大的美国城市》对两种迥然不同的世界观进行了探究：一种是从个人利益最大化出发，看待日常生活的个体视角；另一种则强调源于人与人之间的共识的情景化背景的集体进程（collective processes）。无论是在大众观念体系中，还是在社会科学学科近年的变化发展中（如人类行为的理性选择模型），当代美国社会都极强地表露出第一种视角的特征。然而，通过揭示城市生活的空间逻辑对社会因果关系的机制产生深远影响的方式，本书在其理论主旨中巧妙地弘扬了第二种世界观。在成书的过程中，作者并没有遵循传统的套路沿着自上（社会结构）而下或自下（个人行为）而上的顺序写，而是极富创造性地将个人、邻里和结构动态地进行了整合。

罗伯特·桑普森是一个定量社会科学家，他熟知科学研究的逻辑，因此也深谙将论证的结构、概念的内涵与意义和证据的性质进行全面整合的重要性。在罗伯特·桑普森的研究中，对概念的实证化测量以及对数据的分析，都是以理论来驱动的。并且，作者是站在"多元化的立场上看待证据的性质以考察因果关系"，由此实现了他对所掌握的丰富数据资源的充分挖掘。他所贡献的具有开创意义的成果，主要源自一项饱含团队努力之汗水的全面的综合性研究，其名曰"芝加哥邻里人类发展项目"（PHDCN）。这个项目把芝加哥这样一座具有标志性意义的城市当成一个巨大的实验室，收集儿童、家庭和邻里的纵向数据。这使该项目成为社会科学研究史中最具"野心"、最具创造性的研究项目之一。有人会提出这样一个问题："芝加哥是否具有代表其他美国城市的良好代表性呢？"我们认为，这个问题提出来本身就是错误的，因为上述研究是一个以理论驱动的研究，而芝加哥恰好是一个可供学者们检验由理论推导出的假设的极好的实验室。

罗伯特·桑普森认为，邻里环境本身是影响在该环境中产生的人类行为的质和量的重要因素，这是从他无比丰富的数据资源中所总结得出的结论。在这些数据里，他不仅清晰地指出了邻里效应在结构和文化层面各包含哪些内容，也关注了居民个体的选择和感知，以及更宏观的社会结构性力量的影响。罗伯特·桑普森熟练地运用了生态计量这一评估生态环境的实证方法，从而为背景环境的研究描绘出一张全面的路线图，并力证了集体现象（比如邻里）需要有自己的测量逻辑，且不能化约为个体层面的特征。

罗伯特·桑普森对社区方方面面的实证测量是以理论驱动的，这便使他的做法与其他的经典研究形成了鲜明的对比。经典研究往往孜孜不倦地寻求或强调对邻里这一概念"正确的"操作化定义，这样的测量方法往往独立于任何理论框架，具有很大的随意性。而事实上，罗伯特·桑普森对邻里效应的多层次测量所体现的是他兼具包容性和灵活性的理论框架，这一理论框架所描绘的是在大小不一的具体生态区域里所显现的变化无常的人际互动、观点看法和制度力量。而他全面综合的纵向数据则支持他"考察了在广阔的社会现象体系中所体现的邻里效应的方方面面"。

《伟大的美国城市》证明了生态聚集的负面效应对邻里中的个体结果与行为比率具有强大的影响。这些影响机制包括失业、贫困、有儿童的单亲家庭、口头表达能力、暴力、监禁和集体效能，它们都被种族隔离的现状所放大。罗伯特·桑普森认为，贫困及其相关因素对贫穷的黑人社区的影响尤为持久。事实上，他的研究系统性地呈现了证明社区内部分层的持久性的证据，这是本书做出的主要贡献之一。尽管时光荏苒，社会先后经历了20世纪后期城市中的社会转型和宏观的经济政治变迁以及21世纪早期的中产阶级化（gentrification，即将日渐破败的市区改造为中产阶级居住区），该书的意义仍是不容置疑的。

罗伯特·桑普森非常谨慎地指出，历史的、宏观性的和全球性的力量确实影响了城市邻里，但这些影响并没有取缔邻里强大的"低层次"机制，此机制有助于解释集中劣势现象中的变异。这些机制包括与广泛的文化过程（cultural processes）相互作用的社会心理机制（例如，刻板印象、共同的期望和对无序的感知），并作用于邻里身份认同的塑造和社区的发展轨迹。他主张，在集体中形成的对无序的感知和对道德和法律的玩世不恭"可能是塑造美国社区福祉和持续的种族和经济隔离的被低估的原因，并且在别的国家里的城市情况可能也一样"。而正是这项研究的成果，使我对他的这种主张大为赞同。

《伟大的美国城市》的另一个重要的开创性贡献在于罗伯特·桑普森对一些把自我选择偏误（self-selection bias）摆在重要位置的学说进行的有力批判。自我选择偏误这个术语在研究中被用于描述人们依靠共同的特征而进行自我分类的效应。自我选择偏误的支持者认为，大众所普遍认为的由贫困的邻里所带来的影响，其实有可能是由最终生活在那里的家庭和个人的特性造成的。换句话说，他们认为，贫困的邻里可能并不是引起家庭贫困的原因；相反，正是那些工作技能最弱、对影响孩子们发展的社会环境了解和关注最少、对社会流动持反对态度，以及个人生活负担最重的家庭，才更有可能成为这类邻里。而有些人甚至直接否认邻里效应的重要性。

罗伯特·桑普森并不排除个体选择效应（individual selection effects）的作用。但同时他亦指出，无论是更高层次的结构还是邻里机制都不从属于个人的选择。事实上，罗伯特·桑普森认为"个体选择嵌入社会环境中"，并且它本身就是一种邻里效应。他主张，邻里影响着个人的决定（选择）以及看法，这反过来又影响流动性（mobility），并最终影响邻里构成和社会动态。人们的选择和流动性也对超越邻里（例如，空间邻近）的过程以及更高层次的（非空间的）连接产生影响。因此罗伯特·桑普森宣称："从本质上来说，个人的选择既是邻里效应，也嵌入'结构性分类'（structural sorting）的过程当中。"这一主张将本书中整合个人、邻里和结构的所有发现串联了起来。

这本书特别吸引我的一个地方是罗伯特·桑普森在邻里效应的研究中非常强调社会结构。在我的书《真正的弱势群体》（*The Truly Disadvantaged*）里，我大约引用了 3500 项实证研究的成果并对它们展开讨论。尽管我的书是结构主义取向的，但书中压倒性地聚焦于个体层面的后果。许多关于邻里效应的更严苛的研究强调实验性的因果关系。与此形成鲜明对比的是，在罗伯特·桑普森的著作中，他把"结构"重新纳入讨论。事实上罗伯特·桑普森主张，理论性的观点由于其性质本身结合了对社会结构的探讨，而对从实验得出的因果关系假设提出了挑战。这其中有两个重要的原因。首先，非社会性的世界，至少是短暂的，是由随机选择产生的；其次，因果推论停留于理论层面，而并非直接产生于数据或特定的方法（无论该方法有多冠冕堂皇或细致严谨）。因此他认为，使用统计或实验结果寻求或揭示因果机制，事实上只是为研究提供了线索，而没有为理论性的问题提供解答。难怪他会说："有时候，定性的实证数据会比乍眼看上去更严谨的定量数据提供更多的信息。"

在这本书的各个章节里，罗伯特·桑普森为我们展示了他对因果关系的灵活定义是如何与"关键性的个人实验"（crucial individual experiment）形成鲜明对比的。《伟大的美国城市》有一个特色，就是利用全面的"语境因果关系"刻画邻里中的社会过程，而不是靠对单一效应的讨论。此书通过多种方法，包括创造性地使用了生态计量，对一系列的邻里效应进行了理论层面的解释、说明和观察。

过去的社会学研究强调如"工具包"（tool kits）和"脚本"（scripts）等概念的重要性，而《伟大的美国城市》却提供了一个帮助人们提出关键性问题的框架，以思考过去几十年社会科学里的"文化转向"。虽然罗伯特·桑普森也意识到这种发展所带来的积极贡献，但他同时指出，这些主导性概念更多是个人主义取向的，因此不太适合用于理解持久的宏观历史的连续性、文化机制和深嵌的结构。基于《伟大的美国城市》的发现，罗伯特·桑普森提出了以下问题："既然人们有那么多工具包可以选择，为什么还存在如此多的连贯性（结构）和对邻里社会再生产中的基本中介物（basic mediators）的主体间的共识呢？"这本书清楚地阐述了在各种社会环境（包括邻里）中，规范准则和共同理解才是持续存在的（或再生产的），而不像工具包和脚本那样是互换的、可被个人轻易得到或丢弃的。

《伟大的美国城市》的讨论范围之广着实令人惊讶，这在第8章能得到生动的体现。在这一章当中，罗伯特·桑普森分析了芝加哥集体公民行动项目的数据。利用这些数据，罗伯特·桑普森审视非营利组织在各种条件下（包括种族隔离、贫困的聚集、居住稳定性、人口密度，以及从朋友/亲属关系到志愿社团等其他各类社会过程）所造成的影响。罗伯特·桑普森发现，无论是否存在种族隔离、贫困或其他导致生活艰难的社会条件，非营利组织的密度对邻里都有显著的积极作用。而这里需要强调，罗伯特·桑普森关于非营利组织影响力的坚实发现，与他早些时候探讨的关于社区集体效能重要性的理论和实证研究相关。从根本上说，罗伯特·桑普森认为，在组织生活丰富的邻里中，非正式的社会控制和嵌于其中的共同期望得到促进，而这有利于巩固和提升人们的信任感。这些发现对社区干预相关的社会政策有着重要的意义，例如"美国总统奥巴马社区承诺"，这在罗伯特·桑普森讨论整体研究发现对政策的现实指导意义时会有进一步的阐述，而我也即将在我的总结性评论中对此加以阐明。

在倒数第2章即第16章罗伯特·桑普森记叙了他在2008年经济危机之后再度到访芝加哥市的情景，而且相当精彩地讨论了适用于今日芝加哥的分析策略和一整套的分析。在这一章中，他回归到在本书的第1章中讨论到的叙事结构和方法，从鸟瞰的视角出发逐步放大这些邻里。而他也在2010年徒步游览相同的街区，一边观察，一边拍照和现场记录。研究中还加入了一些近期房屋止赎（foreclosures）数据、犯罪数据和通过邮寄问卷收集来的定量数据。因此，这本书涵盖了1995～2010年的原始数据，并对1960年的人口普查数据进行了分析。他在第16章的研究结果不仅证实了本书的主题，而且在崭新的宏观经济背景下扩展了这一主题。

在最后一章即第17章里，他重访了佐尔鲍（Zorbaugh）在1929年的经典研究《黄金海岸和贫民窟》（*Gold Coast and Slum*）里所讲的地区，特别是现在位于前卡布里尼绿色家园（Cabrini-Green）住房项目中心区域的"死角"（Death Corner）。他在2010年的夏天多次回到那里，2010年10月又最后去了一次，为的是从此地的视角出发阐述书中的观点。最后，他还把环绕着"死角"的卡布里尼绿色家园住房项目拆除的事例置于该章的最后一节，探讨政策所造成的影响。

以这本书的理论论证和实证研究结果为基础，罗伯特·桑普森主张用不同的方法对城市的贫困地区进行政策干预。他列举了开展社区层面干预的理由，也为在社会范围内开展整体性的政策干预提供了依据，而不是鼓励人们搬离混乱的社区。这样的干预思路认识到了美国城市中邻里间存在相互联系的社会基本结构。同时，与本书的理论研究保持一致，这一政策倡议将重点涵盖能够将公共安全干预战略（例如当地警察和社区居民定期开会以共同发现问题）和利用社会组织进行社会调解的更广泛的非犯罪化政策（如创造机会以促进公民参与和动员）二者整合起来的方法。这一倡议也囊括其他理论上相关的方案，如社区的经济发展和城市/都市的不同收入阶层混合住房计划。这些方案都与社区层面的变化存在着不可割裂的联系。所有这些政策倡议与罗伯特·桑普森对政府行动的影响的关注是一致的，即从城市区划决策到相互关联的住房和教育政策，这些政府行动如何影响贫困聚集、居住隔离、邻里稳定和最近的房屋止赎。

罗伯特·桑普森认为，历史上的经验证据表明，社区的结构往往是像模板一样刻出来的，如果将政策重点放在社区层面的干预上，并基于对城市变化机制的研究制定政策，比只关注个体的政策往往更为可行，并且从长远来看更加节约成本。由于上述种种原因，他认为有必要拓展我们进行政策评估的思路，因为过去的评估几乎是仅关注个体的行为。只有理解了持续变化的邻里动态和社会结构产生的影响，我们在政策建议中才能推动积极变化的产生，因此这些社会进程理应成为任何评估计划中必不可少的组成部分。罗伯特·桑普森认为，当我们借助社区和城市的社会纽带进行政策干预时，社会政策就根本不可能解决不了现实中的个人选择所带来的问题。

正如我为《伟大的美国城市》一书作序的开头所说的一样，这本书将改变我们思考邻里效应的方式，并且为社会科学调查设置新的标准。我这样说其实是毫不夸张的。这本书将会源源不断地引出后人的争辩和讨论，也将成为社会科学各分支学科的标准参考书。尽管这是一部记录详尽、论证严谨而科学的学术著作，但对于普遍受过教育的读者来说，它同样也具有可读性和吸引力。援引罗伯特·桑普森自己的话来说，他对芝加哥街道的研究投入以及研究成果，将引导读者领会"邻里效应的逻辑和力量"。

致　谢

　　在进入正文之前，我想先感谢那些对本书的完成做出贡献的人和机构。首先，我想特别感谢芝加哥邻里人类发展项目组的参与者们，我的同事 Felton（Tony）Earls、Steve Raudenbush 和小艾伯特·瑞斯在项目之初就为其呕心沥血。其中，Tony 的领导使这个项目免于夭折；而 Steve 在一开始就与我通力合作，积极促成项目的开展。这些年来，我们三人之间的友谊和他们俩的智识使我受益良多。虽然 Al（译注：Albert 的昵称）已离开了我们，但他铁一般的意志和坚定不移的信念使我们难以忘怀。尽管我的脑海中关于过往的记忆已经模糊，但我仍记得那段共同努力的激情岁月。

　　除此之外，诸多参与项目的学者也为这一项目建言献策，我已在第 4 章中总结了其中一些学者的贡献。此外，这一项目的架构离不开 Temi Moffitt、Steve Buka、Jeanne Brooks Gunn、Michael Tonry、Al Blumstein 和 David Farrington 的努力。在第 8 章中，我也陈述了 Doug McAdam 为推行公民参与项目做出的努力。同时，我也为能与 Jeff Morenoff、Dave Kirk、Heather MacIndoe、Simon Weffer、Chris Browning、Corina Graif、Patrick Sharkey、Charles Loeffler、Ann Owens 这些优秀的研究生共事而感到荣幸，他们在芝加哥邻里人类发展项目的基础上，完成了诸多令人赞叹的研究和论文。

　　在此，我想感谢以下同事对各个章节做出的贡献：Steve Raudenbush（第 6 章），Tony Earls 和 Steve Raudenbush（第 7 章），Doug McAdam、Heather MacIndoe、Simon Weffer 和 Kaisa Snellman（第 8 章），Jeff Morenoff 和 Corina Graif（第 10 章），Pat Sharkey（第 11 章），Corina Graif（第 13 章）以及 Corina Graif 和 Dave Kirk（第 14 章）。本书每一章的完成都离不开我们的共同努力。此外，Ann Owens 和 Carly Knight 为我们的研究提供了地理信

息系统（GIS）方面的支持；而 Geneviene Butler 对本研究各部分的组织和掌控是本研究得以顺利进行的关键。

除了学者之外，各大机构、组织为我们的研究提供了诸多支持。尽管项目的开局并不顺利，但麦克阿瑟基金会和美国国家司法研究所从一开始就持续为我们提供研究资金，助我们渡过难关。Tony 和 Steve 已宣称自己参与了这一项目，这也是我希望看到的，因为他们两人是这一项目不可或缺的一分子。在后续的数据采集时，美国国家卫生研究院、美国律师基金会和芝加哥社区信托基金会为我们提供了资金支持。而美国国家卫生研究院（P01 AG031093）、罗伯特伍德约翰逊基金会（赠款 052746）和赛奇基金会为分析和写作提供了资金支持。同时，我也感谢行为科学高级研究中心和赛奇基金会为我们提供的舒适的工作环境。除此之外，本书的著成也离不开在过去的 20 年中，我在芝加哥大学和哈佛大学执教时获得的学术资源。她们独特而热烈的文化氛围、充分的行政支持和高水平的同侪帮助使我受益良多。没有她们，这个项目将无法进行。

许多学者都为芝加哥邻里人类发展项目这一大工程付出了努力和心血，而公开的那些奖学金获得者只是其中的冰山一角。然而，付出和时间并不能代表一切，参与者们的专业技能也是在芝加哥田野调查时的关键。特别的，我想感谢 John Holton（网站编辑）、Alisú Schoua-Glusberg（调查督导），以及项目的管理者们：James "Chip" Coldren、Cynthia Coleman、Jan Dunham、Pat Lau、Kelly Martin、Nancy Sampson 和 Lorrie Stone，还有其他 150 多个了不起的芝加哥邻里人类发展项目的工作人员。通过集体努力，芝加哥邻里人类发展项目在西华盛顿街 651 号成功完成了数据收集工作。此外，芝加哥大学的全国民意研究中心也凭借其专业知识和创造力完成了艰难的系统的社会观察和知情人研究部分。尽管我们在田野调查时遇到了诸多困难，但在 ABT 联合公司的帮助下，项目组成员成功完成了第一轮社区调查。密歇根大学的社会学研究所完成了第二轮社区调查。

将所有对本书提供帮助的人一一罗列出来是不可能的，尤其是我的朋友、同事、家人和诸多机构也参与其中。所以在此我想对那些被我遗漏的人或机构表示抱歉。我想特别感谢 Tony Earls、John Laub、Doug McAdam、Steve Raudenbush、Nancy Sampson、Gerry Suttles、Per-Olof Wikström、Chris Winship 和 Bill Wilson，他们在论述成型、文献回顾、下笔成文、章节批评和修订方面都贡献良多。其中，真正的弱势群体的作者不仅仅是城市学者中的佼佼者，更是我的好同事，从我进入芝加哥大学的第一天起，他就一直为我提供有创造力的想法和新思路。他的著作一直是学界范本，而当我提出邀请时，他也欣然同意为本书作序，这令我感到十分荣幸。我只希望我的文章不会辜负他的努力。

在早期，James F. Short Jr. 为我的著作提供了诸多的参考意见，他既是一个知识分子，也是芝加哥学派的合格的继承人。虽然他只是大致浏览了一下原稿，但他一直是我的社区层面项目的忠实拥趸。此外，出版社的编辑也针对早期观点提出了诸多洞见，使我受益匪浅。Claude Fischer 和 Andrew Abbott 预见，本书中很多尚未成型的理论需要很长时间来臻于完善；但他们也对此书充满自信，并在初期为其提供了有建设性的意见。我与 Rob Mare 之间关于社区选择和邻里变化的讨论也使我受益良多，并为我的一些想法提供了新思路。

Doug Mitchell 促成了包括本书在内的众多芝加哥出版社的图书的出版。他对这一项目的热情在项目之初起到了关键作用。此外，我还想感谢 Tim McGovern、Kate Frentzel、Rob Hunt 和其他的出版社工作人员，是他们使本书得以顺利出版。

从芝加哥城中的小小婴儿和他们的父母，到城中呼风唤雨的权贵，本书的出版离不开这些芝加哥人和芝加哥邻里人类发展项目组的支持。书中的每一章节都凝结着他们的贡献和心血。

目　录

第二部分　原则与方法

第三部分　社区层面进程

第四部分　连环结构

第一部分

设置与议题

第 1 章
被安置

　　想象一个距离早已消弭的世界，全球化和高科技奇迹已让地域性变得无关紧要，网络、手机和飞机消除了地区差异，将全世界联结起来。想象一下从波士顿北端到旧金山北滩，城市中的邻里差异过了时，成为"无地域性"（placelessness）的牺牲品。

　　从表面来看，这种想法与经验事实相符。我们都知道一个少年会通过电子设备来了解他邻里之外的世界。如今似乎每个在都市里穿行的人都用手机聊天，或者听 iPod，甚至可能是在发"推特"。[1]但是我们当中几乎已经没有人有时间、精力和邻居吃晚饭了，更遑论昔日那田园般的社区生活。美国人以个人主义和喜欢四处旅行而闻名，所以，有没有"地域性"又有什么关系？主流的看法是，全球化的胜利无处不在，它让我们生活在"别处"，而非囿于地域。因此，社会理论家吉登斯才会说，我们根本无须想象，极盛现代性（high modernity）和现实的本质就隐匿于地域性的"变幻不定"（phantasmagoria）中。[2]公共知识分子托马斯·弗里德曼（Thomas Friedman）更无须进行思想实验，因为对他来说世界已经是"平的"，或者最起码正在变平。[3]

　　在基础层面上，这些有影响力的思想家和普遍智慧对于技术造成的影响的看法是正确的。无论我们走到哪，全球化的力量都在让地方变得雷同。跳进我的脑海的是遍布全国各市区和郊区的商业街。无论它们在哪里，当它们灯光闪烁时，看上去都丑陋得千篇一律。许多人甚至认为整体城市也是可以互换的。如果我们可以去到任何地方，那么没有哪个地方会脱颖而出。即使我们实际囿于方圆，我们也可以在极度先进的技术帮助下心达别处。

　　且不论有人怀疑只有特权精英能够享受这种全球化的便捷，我们也有丰富的实证理由去认真质疑地域性和一些概念，如邻里或社区。社交网络理论家向我们证明，都市人创建的非空间社区横切了地理上的社区。都市居民可能与邻居没有亲密的交往，但他们有可能建立几套可行的遍布城市、州、国家甚至全世界的关系网。[4]在20世纪70年代末巴里·韦尔曼（Barry Wellman）的一篇相当有影响的论文中，他将此称为"社区解放"（community liberated），或者所谓的"超越了邻近性（propinquity）的社区"。[5]也许，地域性是变幻不定的，同时社区也消逝了。

尽管大家都强调我们在以新的形式离传统社区渐行渐远，我们却吃惊地发现，知识分子和公众其实早已关注社区的衰落，而且这种关注在历史的各个时期都很活跃。今天显现的这种现象可能很独特，但早被察觉到的问题却并不独特。我们可以在犹太教－基督教的传统中找到社会衰落和向往重建的最抽象版本的源头：伊甸园变成了罪恶之城，且仍在等待救赎。马克思是世俗主义者，对于推翻资本主义之后的社区，他做出了明确的承诺，并以此发动了社会革命。整个社会学学科，事实上是建立于19世纪后期变革的基础之上的；人们普遍认为，这些变革消解了"礼俗社会"（社区）的社会结构。[6]由于城市化大举入侵小镇，人们认为传统形式的亲自交往减少了；对其他著名学者如涂尔干、齐美尔和韦伯而言，工业化变成了核心问题。之后，路易斯·沃思（Louis Wirth）扩大了这种忧虑，他认为庞大的人口规模、人口密度和种族差异是社会分解的表征，是急剧变化的城市所特有的。沃思在1938年有一个著名的断言，即这些都市生活的定义性元素使社会关系"匿名化"（如网上冲浪？博客评论？）和"肤浅化"（如发短信？脸书？），由此产生的疏离感会慢慢破坏家庭生活，最终破坏构成社区的邻里纽带。[7]今天若重读沃思的文章，将技术作为破坏（社区的）元素之一加入，会得到一个相似的结果。

因此，这篇关于衰落——确切地说是"社区失落"（community lost）——的经典论文提出了这样一个假设：现代都市人的社会关系已经变得冷淡、短暂和割裂，加速了当地社区的衰落并促进了后来众所周知的"社会解组"（social disorganization）过程。[8]20世纪中叶，一本名著敏锐地捕捉到了这个时代迫切的集体需求：《寻找社区》（*The Quest for Community*）。[9]

随着时间的推移，对美国人"独自打保龄"（Bowling Alone）和"沉寂的一代"（Hunkering down）两个概念的强烈关注使当代社区失落现象走入大众的视野［译者注：上述两个概念皆由普特南（Robert Putnam）提出，指代当下美国人不愿参与集体活动，反而愿意独处的现象］。普特南的论文中提到的长达数十年的志愿者协会的衰落、信任的流失和非正式的睦邻交流的萎缩，不仅激起了社会科学家的兴趣，也引起了公众的想象。[10]在一系列关于"社会资本"[11]、民间团体[12]、社会运动[13]的学术辩论以及共产主义者的讨论中，社区失落的概念被常常提及。[14]似乎是为了凸显这些忧虑，一份2006年的调查被广泛而认真地报道、讨论；该报道指出，从20世纪80年代中期到现在，美国人的核心谈话网络减少了1/3，伴随着的是志愿者协会和邻里联系数量的显著下降。[15]更有甚者，最近出现了对"多元化的弊端"的警告言论；有证据表明，移民的增加和种族的差异是邻里间不信任的一个潜在来源。[16]

有趣又颇具讽刺意味的是，对无地域性和全球化的批判与长期的社区失落说法有相似之处，即个人与当地社区的联系已经疏远。[17]它们的不同之处在于，环游世界的现代派认为包袱被甩掉了（社区解放了！），而"社群主义"则被看作对抗"独自打保龄"这种社区衰落情况的社会运动，以此来激发社区的重建。[18]许多公共知识分子和学术专家认为，无论是上述的哪种模式都意味着"地域性"已死，或已无力，或衰落，或混乱，或互不相干，又或是上述皆有之。这在邻里和社区已有大量实例。

观察芝加哥

> 壮哉！芝加哥！
> 诺曼·梅勒（Norman Mailer），《迈阿密和围困
> 芝加哥》（*Miami and the Seige of Chicago*）[19]

让我们回到当代，来看看全球化的芝加哥。[20]按照逻辑来说，如果邻里起不了作用并且无地域性又占据统治地位的话，那么这个城市或多或少会陷入随机性。任何人（或任何东西）都可以随意地来或去。具体表现为地域性的身份和不平等快速地互换，社区持久的不平等变得罕见，邻里效应对个人和更高层次的社会过程作用将会变得有限或不存在；空间上邻近的

影响也应很弱。这是大多数当代的学术研究的观点。[21]

相比之下，这本书的主题邻里的分化不仅到处可见，还具有持久性，因为文化和社会具备复制机制，其影响也贯穿于社会各种现象。无论是犯罪、贫穷、儿童健康、抗议、领袖网络、公民参与、房屋止赎、青少年产子率、利他主义、人口流动、集体效能，还是移民，这些都是本书的一些考察对象。城市内部是按空间逻辑排列的（"被安置"），并因此产生了各种差异；从这方面来说，今天和一个世纪前并没有什么两样。如亨利·佐尔鲍（Henry Zorbaugh）在他的经典论文《黄金海岸和贫民窟》（*The Gold Coast and the Slum*）中所述，距离的影响不仅是地理性的，同时也是社会性的。[22]我认为，印刻于空间里的社会差异构成了"邻里效应"这一谱系——普遍、强大、横切和悖理地稳定——哪怕它们以明显的方式不断使邻里效应发生改变。

为了初步感受一下我的论述中提及的社会与物质各自的表现形式以及地域性持久的意义，请与我一起漫步于这个标志性的美国城市，感受这里21世纪头十年的街道。旅程始于这座城市"瞬息万变"（phantasmagoria）的中心——如果这个地方存在的话——车水马龙的密歇根大街上的"繁华一英里"，一处被高度吹捧的当代芝加哥的剪影。[23]我们从著名的水塔开始向南走。在这里我们看到的主要是如在拼贴画中一般光彩照人的富人；其中大多数是白人，他们满载着路易威登、蒂凡尼公司、萨克斯第五大道和卡地亚等商店的购物袋。全新的商店流光溢彩，一整天都有警察在每一个十字路口指挥交通，时隐时现的起重机在不远处建造着（或准备建造）新公寓。这里几乎完全看不到"破窗"现象（broken windows）——一个詹姆斯·威尔逊（James Q. Wilson）和乔治·凯林（George Kelling）提出的著名术语，用来比喻邻里和城市年久失修的情况。[24]在2006年1月的一个早上10点左右我向南走时，街道清扫工正在打扫一条已经清理干净的街道两侧，好像只是为了证明在做工作。如果存在着什么"失序"（disorder）的情况，实际都已经经过社会的组织：无论是偶尔遇见的乞讨的流浪汉，还是一些利益团体的请愿都只能在被批准的地点（通常靠近河边，在梵克雅宝或迪士尼商店的前面则不允许）进行。节假日大家喜爱的活动是进行慈善募捐，偶尔也有人大骂从皮货商店里出来的顾客或向他们扔番茄酱。在这种日子，除了大量的皮草，也看不到别的。在一年当中更暖些的时候，这里会成为诉求的聚宝盆。[25]在 2007 年 3 月下旬的一个温暖的日子里，一家流浪妇女收容所的工作人员在一群反对奥巴马的斗士旁边表达诉求（后者获得越来越多的白眼，因为这是奥巴马的国家）。

当我们走向芝加哥河，唐纳德·特朗普在这里昭告过他的愿景。当然，这不是微弱得难以察觉的，反而是一个象征性的宣言：在高楼林立的城市中，起重机在忙着建造一栋自称是"即将成为世界最高建筑"的高楼，"住房层在 89 层，这将打破由约翰·汉考克中心保持了 37 年的世界离地最高住房记录"[26]。正如内尔森·艾格林（Nelsen Algren）所说，芝加哥再次成为一个"成长中的城市"；[27]如此看来特朗普选择在芝加哥建造这个庞然大物是完全适宜的。[28]在三月寒冷的一天，在这个未来的壮景还未破土动工之时，国际游客已经在忙着拍照片。一年后 15 层楼盖好并不断增加，再后来楼层到达 90 层，游客的相机持续发出咔嚓声。2009 年 4 月，大楼建成，同时，特朗普的愿景也实现了。在这里，我们看到森严有序的阶级分异。

跨过芝加哥河，从一边的近北区社区到另一边的卢普区，途经古典建筑群与特朗普未来纪念碑式的建筑，感受这两者带来的冲击，人们已能眺望到远处新千禧公园的轮廓。这个铺张的公共设施由此前第二任市长戴利（Daley）长期支持，耗费了五千万美元。由于公园的建造大大超出成本预算，它的存在伴随着对于腐败和任人唯亲的批评。[29]然而不可否认千禧公园的视觉冲击，它的成功如同迪士尼乐园，所有的东西都那么鲜亮。即使是在寒冷的冬日也有公共活动，空气中弥漫着兴奋气氛。人们在各处散步，滑冰者在溜冰场滑过；如电影画面一般，居民们微笑着从喷泉处向远处凝望。从公园朝西望去，与近北区社区相比，卢普区的天际线和喧嚣以不同的方式脱颖而出——在标志性建筑物和各式机构的烘托下，这里的工人和日常商业更繁忙。

继续向南沿密歇根大道，经过罗斯福路，这里更加繁忙，并发生了变化。芝加哥南部的建筑和发展脉络一向与北边不同。尽管近南区社区邻近卢普区，但这个社区的标志是空置的铁路站场，流浪者、短期旅客经常光顾的破旧单间酒店，一分钱长廊商场和仓库。后者目前正被重建成阁楼式的建筑。旧的单间酒店被新的公寓和别致的餐馆取代。与极具长期稳定优势的黄金海岸相比，这里的重建是家常便饭。由于市长理查德·戴利（Richard M. Daley）和他的妻子在 1994 年从布里奇波特——著名的政治邻里——搬了过来，近南区社区在 1990 年代中期经历了迅速的发展，这些发展与当地铁路站场的重建密不可分。[30]尽管它曾经衰败，今日却快速腾飞。变化显而易见。十年前，没有芝加哥人能想象在南沃巴什和第 21 大道上潇洒地吃着东西，这里以前可是流浪汉和无家可归的人出没的地方。[31]"繁华一英里"长期有固定发展和巨额投资，近南区社区才是真正发生变化的地方。[32]

　　沿密歇根大道往下走在第 35 街和第 47 街之间的道格拉斯的社区和格兰大道社区，景象已截然不同。近南区社区的改变已经不再新鲜，舞台转而让位给了另一个地方——传统上社会学家所称的"贫民窟"。在 2006 年我沿着密歇根大道行走，左边看上去是一片危房，大街上充斥着破碎的玻璃、空置和被封了的建筑物，几乎没什么人。被我观察到的人步履匆匆但也在偷偷瞥着我。2006 年和 2007 年年初，我在这里进行田野调查时，极目之处没有白人，也没有隐约闪现的城市公园。汽车破烂，除了一个看上去像进行毒品快速交易的群体之外，几乎没有集体聚会或公共活动的迹象。然而，即使在这里，也有激动人心的变化，其标志是有不少建筑空地延伸到西边，那里曾经耸立着笨重和破旧的建筑，它们收容了这个城市的黑人贫民。

　　实际上，芝加哥的南区曾经容纳了美国最臭名昭著的贫民窟。芝加哥不仅表现出建造摩天大楼的能力，还曾经为穷人建造了高度可观的容身之处；仅泰勒公寓一处就容纳了超过 25000 名的居民，包括黑人、穷人和孤寡人群，[33]这个数字超过了卡布里尼绿色家园——美国另一个代表性的容纳城市绝望者的建筑。正如芝加哥房管局所说，泰勒公寓"把 28 栋 16 层高的楼房排列成直线，形成了一幅水泥帘子，隔开了附近的丹·瑞安高速公路的车流"。[34]这些项目所在的"铜色村庄"邻里臭名昭著，它在 20 世纪的后 50 年成为美国最危险和最穷的地方。它的名字来源于克莱尔·德雷克（St. Clair Drake）和贺拉斯·卡伊顿（Horace R. Cayton）的《黑色都市》（*Black Metropolis*）。[35]然而，在短短的 10 年之间泰勒公寓已被拆除（实际上是用炸药炸毁的），之前的居民分散居住在整个大都市区。刻意隔离（designed segregation）造成的悲剧性错误如此严重，引起了芝加哥市议会的重视。这个项目被正式认定为失败的城市规划，2006 年底泰勒公寓的最后一个建筑被关闭。

　　在最后一个建筑物被摧毁后，我在 2007 年 3 月访问了该地区。这里出奇地安静，我停下来思考和观察这一片空旷之地。这里，曾有无数的赤贫家庭在绝望的环境下拼尽全力寻找出路。我回忆起在 1992 年访问泰勒之家时的一段特别令人难忘的经历。我从一个已经无法使用的金属探测器下穿过；因为电梯已经坏掉，所以只得走上充满尿骚恶臭的楼梯。这里铺天盖地都是破败的景象。然而，我们一群人走进了一间整洁的公寓，在这里我们见到了两个单身母亲，她们的故事充满了对生存的渴望和对明天更美好的期待。她们的儿子已被杀害，她们却在织着一床被子，每一个一英尺大的正方形都纪念着在这些楼里其他被杀害的孩子。被子展开后其长度几乎和房间一样。震撼之余，我记得当时在想，一定有什么东西可以比这监狱般的高塔更好。在这里，人们能看到青翠无垠的草地，一直延伸到不远处的市中心（图 1 - 1）。这个"问题"如今已在人们的视线中消失，许多人，包括市领导，也就眼不见心不烦了。

图 1 - 1　在过去项目的阴影中：这里是泰勒公寓所在地。
图片为作者在 2007 年 9 月 13 日拍摄

　　略偏东向湖的那边走去，在一片瓦砾和空地中，人们看到一个欣欣向荣的黑人中产阶级社区，它和刚才所提及的公寓项目相邻。很难想象，这片价值 50 万美元的住宅区就建的贫民窟旁边，几年前这里还满是被封的低矮建筑。从 20 世纪 60 年代到最近的几年里，乘坐火车抵达芝加哥的旅客们还能近距离地体会集中贫困——废弃的建筑物和种种衰退的迹象延伸到南区的奥克兰小社区铁轨西侧，即盛大大道的北部和东部。在附近的潘兴和兰利角，一块招牌"奥克伍德海岸拱门"——如一个乡村俱乐部般的名字——在招揽着新的房主。那里曾经满目疮痍，妓女自由自在地游荡。[36]空地皮提醒着我们改造仍在进行中。2007 年 3 月的一天，在德雷赛尔和第 43街，一群无家可归的男子在一个垃圾遍地的空地上围着火堆坐着。一个庞大的被封钉住的建筑坐落在第 47 街和沃巴什，给人一种来势汹汹的感觉。虽然建设还在进行中，但奥克兰地区和铜色村庄的周边部分代表了今日美国城市中最惊人的转变之一。[37]这种情况为什么以及如何发生，呈现重要意义；因为在芝加哥，大多数贫民窟，如第 5 章所述，依旧是贫民窟。

　　从这种梦幻般的转变中往南走，很快到了可能成为"黑色黄金海岸"的地方——肯伍德。这里有富丽堂皇的宅第，还有稳定融合的海德公园社区。这里是充满激情的知识分子的家园，有着密集的组织生活。总统奥巴马和其他呼风唤雨的人安家于此，也在这里获得了灵感。但若没有社区的投入和机构的联系，海德公园社区几乎什么都不会发生。在这里可以看见各种指示牌、教堂、书店、请愿活动以及各种各样的社区组织。当你说你住在海德公园，人们立刻明白你的暗示：这个名字具有文化内涵。如第 8 章的解释，奥巴马曾是一个"社区组织者"，这并非偶然。

　　然而，在海德公园以西，强烈的反差再次出现。越过华盛顿公园，坐落着一个拥有同样名字的社区，但它却历经艰难，仍在用力挣扎。加菲大道的主干道沿线是一些烧毁的建筑物、早已关张的酒类专卖店和空地皮。在密歇根大街的拐角处，我们无法找到比佐尔鲍的《黄金海岸和贫民窟》(*The Gold Coast and the Slum*) 里第二部分更贴切的写照。与卢普区北边的密歇根大道截然相反，这里是死亡的空间，使人充满恐惧感。中午，一群又一群男子聚集闲聊，睡眼惺忪，漫无目的地游荡。当我们继续向南走进伍德劳恩，看到的是会被大多数美国人视为典型的连绵的贫民区——黑色、显而易见的贫穷和到处年久失修的建筑。伍德劳恩的西边看起来一片荒凉。佐尔鲍可能没有想象过"黑色黄金海岸和贫民窟" (The Black Gold Coast and the Slum) 的真实样子，但这赫然就是它的写照。

　　继续拼贴这张图，如果我们向东走向芝加哥大学的南边，重建再度出现。首先是一片向外拓展的开阔土地，这里曾经是经济住宅。再往东是高架轨道和过往第 63 街的衰落带，新住宅开始出现。第 63 街和金巴克附近看起来就像是郊区，到处是屋后供休息的木平台、烤架和草坪。在肯伍德大道，第 63 街以南，坐落着更多一排排的整洁利落的新家园；中产阶级正在搬进来，重新塑造着贫民窟的面貌。

　　再向南前往阿瓦隆公园和查塔姆，我们发现了一个稳定的黑人中产阶级邻里，它已经存在了几十年。沿着第 79 街的南街和斯托尼岛西边的大街一直走，可以看到整齐的砖房、无数的邻里社团和在街上快乐地玩耍的孩子。没有新的发展，没有戏剧性的变化，也没有小媒体来窥探和记录贫民窟的声名狼藉。与许多美国的邻里一样，这个地区的家庭多年来抚养孩子，照料自己的家园，并打算悄悄地活出他们的美国梦。几乎每个街区都有街区俱乐部自我宣扬的标示牌，以此昭示对未来的期望。[38]

　　如果我们向西边走去，经过丹瑞恩高速公路，我们发现更多的稳定的景象，尽管它们代表着贫穷。在这里，我们面对的是绵延上百街区的集中贫困。外人往往惊讶于在芝加哥南区的某些区域，人们开车能走多远，这里到处都是明显的衰退迹象。因此，变化的稳定性再度控制这里，在整体的阶层结构中这些邻里仍旧处于相对固定的位置。但为什么是这些邻里，而不是像奥克兰那样的邻里呢？

　　当人们继续穿过五彩斑斓的马赛克似的 21 世纪的芝加哥——或者波士顿、纽约、洛杉矶，或任何其他美国城市，情况都是这般。在城市的街道中继续探险，细心的观察者看到的都是社区生活的"日日夜夜"。除了空间上不是随机分布，在许多维度上现代城市之间都存在着巨大的差距。也许更重要的是，这些地方和它们之间的不同还被赋予显著的意义，这些意义也是人们的高度共识。此行的发现与佐尔鲍著作的一项发现同样重要的是——黄金海岸和贫民窟不是唯一的反差。无论在芝加哥往哪个方向转，结果都是遇见更多的各色社会，或是挤满新移民的自成领地的小村庄，或是波西米亚式的柳条公园，或是白领工薪阶层的可林社区，或是雅皮士的林肯公园，或是上层白人社会的诺伍德社区，或是多样化得不可思议的住宅区，又或是被时间遗忘的海格威斯社区。

　　因此，虽然有些东西仍然和佐尔鲍那个年代一样，但其他的已经改变了。20 世纪 20 年代佐尔鲍认为，近北区社区西边的西橡树社区和北剑桥社区的交集之处是"死角"。[39]几十年过去了，那里依然是旧时模样。臭名昭著的卡布里尼绿色家园是冲突高发地带，在 21 世纪初，时常造访其周边仍被视作冒险行为。橡树社区和哈得逊社区附近许多的街区呈现衰败的景象，大量的建筑被木板封闭。在奥尔良附近的洋槐社区，过去白天常常能看见高楼下失业男子聚集闲聊，如今则不然。因为卡布里尼绿色家园这个项目正被夷为平地，并由低层建筑取代。但愿它是混合居住的项目。该地区展现了发生矛盾的苗头，它的未来仍然有待观望，但这观望将是痛苦的。在2007年3月清新的一天，我目睹了一位显然因药物成瘾而憔悴不堪的女子在离卡布里尼几步之遥处乞讨，附近的一个大广告牌在推广新的北拉纳比街公寓和健身房，赤裸裸地宣称："裸体即美。"我在2010年重访了"死角"，结果将在最后一章论述。

很明显，芝加哥现在几乎拥有每一种类型的邻里，从看似连绵无尽的工薪家庭平房，到卢普区的摩天大楼，芝加哥的多样性和差异性在万花筒式的各色对比的背景下展开。事实上，（各种）黄金海岸和（各种）贫民窟——以及它们之间的一切表现出马赛克式的反差，反映着21世纪的城市及其各个相互关联部分的多样性。

鸟瞰芝加哥

各邻里间在质量、感观、视觉、声音和气味等方面差异很大，这些我们在行走时都能感受到。但同样明显的是行为的多样性和社会行动的多样性，它们在空间上聚集在一起并且定义了城市的社会组织。在宏观层面与无地域性截然相反的是生态聚集和不一致。将独立的实证数据铺放到刚才所提到的街道观察上，我便能宏观地观察芝加哥。

首先考虑的是芝加哥各邻里在生活福祉的方方面面明显不规则的生态聚合。[40]无论测量的是杀人事件、低出生体重、婴儿死亡率、少女怀孕、身体虐待还是意外伤害，都有令人信服的证据证明这些大打折扣的"社区健康"指标在地理位置上指向一些"热点"。在图1-2中，我们以芝加哥的77个正式划分的社区作为底图，根据各社区的贫困率，对杀人事件数量和6年（2000~2005年）中预期的婴幼儿健康情况进行了地理标示。[41]乍眼一看，初生婴儿体重不足2500克和罪犯（常常是年轻男子的他杀案）之间并无甚干系。然而，谋杀事件与健康呈低分的婴儿高度集中在同一些社区，例如，在近南区社区就有那些"社区健康"受损的群集或狭长带（如我们刚才走过的盛大大道和华盛顿公园社区）、远南区（例如，河谷社区、西铂尔曼社区、罗斯兰社区）和西区（例如，北朗代尔社区、西加菲尔德公园社区和在它们南边的奥斯汀社区）。相比之下，在北部和西南部的邻里发展要好得多，包括一些工薪阶层的社区（如波蒂奇公园）、多样化的社区（例如，湖景社区），以及一些地理上与高度贫困和暴力邻近的社区（如贝弗利社区、麦金利公园及可林社区）。

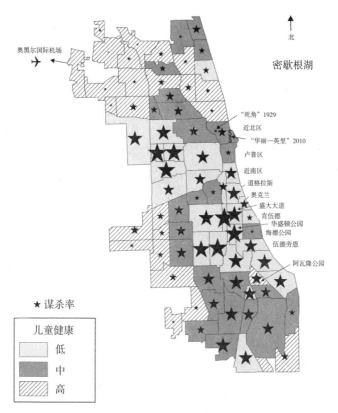

图 1-2 芝加哥社区健康受损的生态聚合：在控制贫穷因素后，谋杀率能够预测婴儿健康不良情况（2000~2005 年）。图中用五角星标示每 10 万人口的谋杀率高低。儿童健康得分被均分为三个等级

读者可能会怀疑这个空间格局仅仅与贫穷有关，但事实并非如此。图 1-2 中婴幼儿健康分类已根据贫困的集中情况进行了调整，其他的替代性处理也得出这样的基本格局。[42] 正如我们将在后面的章节中了解的，其他常引用的猜测因素——如人格属性与个人的脆弱性，或种族/族裔成分等——都不足以解释这种明显的现象。[43] 同样使人印象深刻的是，如德雷克和卡伊

顿在半个世纪前《黑色都市》（*Black Metropolis*）里所述，"死亡和疾病"的集中是持久的。[44]正如在此书 1945 年首次出版时曾提到的，无论是研究怎样的指标，如精神错乱患者、婴儿死亡率、行为不良、肺结核或"贫困和社会解组"等，都会发现，芝加哥市的社会分层深受其不利条件和生态风险影响。许多评价高的社区与图 1-2 里那些好社区重叠。某些具体的社区可能会改变，但聚合的模式更为普遍和稳固。

现代主义批评家可能会在这点上让步，但会把犯罪和疾病看作造成差异的指标，因为它不属于城市社会学旧有的"社会解组"那一套说法。[45]那么我们来看看其对立面，即极具美国特色的政治活动——集体公民参与。图 1-3 显示了 30 年来集体公民参与的持久联合和邻里集中情况，这些活动包括社区节日、资金征募、游行、献血和家长会等。[46]数据表明，公民生活并没有消逝，而是高度差异化并在空间上有序分布，有明确的证据表明集群式的公民参与反复出现在同一个地方并非偶然。发生公民参与的常规区域同时也是产生大量公众抗议之地，如反对越南战争或伊拉克战争的游行或反对警察暴行的抗议。此外，如图 1-3 里的黑点所示，1970～1990 年其发生的密度或比率（三等均分）准确预测了 2000 年集体公民活动的发生数量和地点。我们接下来会讲述，这种集体公民行动的模式无法通过种族或阶层做出最佳解释，但社区组织的密度却可以解释得通。现代社会显而易见可能是具有组织性的，其表现形式有着明确的地方印记，而且这些印记也并不是随机的。

也许集体公民参与甚至是慷慨激昂的抗议也并非完全是现代性的，网络才是使全球化真正发挥潜力去破坏社区差异的利器。[47]为了预览本书得到的结果，我在图 1-4 中展示了芝加哥两个社区的主要领导者为了做事而找的人之间的"连接"模式。图中的每个点都代表领导者，连接线表示他们之间直接或间接的联系。[48]在南岸社区，相关行为者之间要么毫无联系，就如那些沿着左边框的"孤立"圆点（他们占了左图一半人数）；要么瓦解为三个互不联系各自不同的"小集团"。相反，在海格威斯社区，领导者联系非常密集，只有三个孤立者，90% 以上的领导者深深嵌入关系重叠的结构。芝加哥是由这些明显具多样性的结构性配置组成的，其结果影响了城市生活的各主要维度，尤其是政治权力和资源的分配（如用于发展经济、公园和文化事务的资金）。

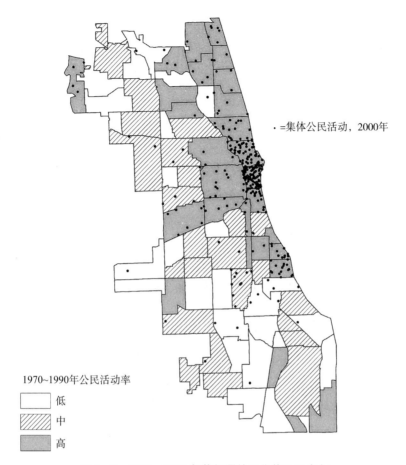

·=集体公民活动，2000年

1970~1990年公民活动率

低

中

高

图 1－3 1970～2000 年芝加哥社区集体公民参与
在空间上的聚集和长期持续性

南岸社区——
接近50%的孤立者和三个小集团

海格威斯社区——
团结占主导（<10%的孤立者）

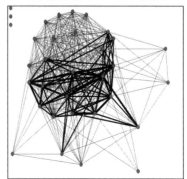

图 1－4 不同社区领导阶层联系网络的变化

　　让我们进一步来看当代一个特别的例子，图 1 - 5 显示了在 2000 年芝加哥 "波希米亚人" 的聚居地（艺术家和相关人员、设计师、演员、制片人和导演、舞蹈家和编舞家、音乐家、歌手、作家和写手以及摄影师）附近，调节了 2002 年收入后，互联网使用的分布。经济学家理查德·佛罗里达（Richard Florida）假定 "波希米亚人" 是 "创作阶层" 的首要指标之一；"波西米亚人" 指的是寻求与其他创作人群相邻而居的一批知识分子、作家、艺术家和科学家。[49]据佛罗里达所述，创作阶层是促进经济增长的动力，他们一直在改造工作、休闲和社区。无论人们怎样看待这种论调，图 1 - 5

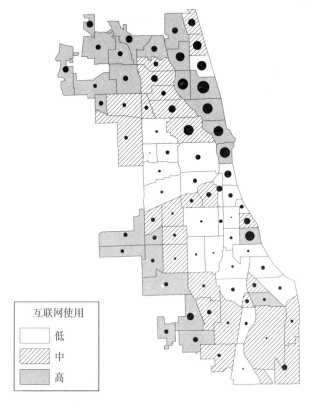

图 1 - 5　本地的世界主义者：经过调整收入后的互联网使用和 "波西米亚人" 指标。
根据 2001 ~ 2002 年每周超过 5 小时的互联网使用的社区调查结果，将社区
均分为三等分：0 ~ 9%（轻度），9% ~ 17%（中度），17% ~ 50%
（重度）。互联网使用已经根据 2000 年收入中位数和社区租金
中位数进行了调整。图中的圆圈大小根据每万名居民中的
"波西米亚人" 密度进行调整。"波西米亚人" 定义为
艺术家、设计师、演员、制片人和导演、舞蹈家和
编舞家、音乐家、歌手，作家和写手以及摄影师

都清楚地表明"波西米亚人"的集群——对于网络空间的使用和创造——反映了居住分布的空间差异。如同上文提到过的其他社会现象一样，这种集中是高度非随机的，而且不能将其归结为经济现象。可能有人会认为这种现象是由上网机会差别，如所谓的"数码鸿沟"（digital divide）造成的。但是，图 1 - 5 显示的互联网的使用频率是基于社会的收入水平和租金中位数进行的预期。当我们去掉这些经济相关性后进一步地分析时，持续的联结关系仍保持不变。[50]文化分类的形式看来是存在的。星巴克在芝加哥的分布也呈现同样的集群模式，即与"波希米亚人"的集群相同，这或许还令这些"波希米亚人"十分懊恼。[51]

最后，用一个例子带我们离开"风之城"（Windy City，芝加哥的别称）。尽管我先前观察到的各地方的邻里差距和社会距离反映了一些现实维度，尽管我已展示了上述各种城市鸟瞰图，顽固的读者可能仍然反对我的说法，并认为这仅仅是芝加哥的情况，或者是美国国家政策产生的特殊的影响力，而不是邻里效应。[52]因此，让我们提前进行管窥，把芝加哥与作为现代化效率、文化素养、国家计划，以及尖端技术的典范的瑞典的斯德哥尔摩进行对比。很难想象还有哪两个城市能比芝加哥和斯德哥尔摩之间更具差异，更何况它们位于不同的国家。斯德哥尔摩当然没有像芝加哥一样的集中的贫困，它在过去50年间被谋杀的人还不如芝加哥一年的多。但令人惊讶的是，尽管国家政策完全不同，它们仍呈现相似之处。

我首先使用同一定义来评估两个城市集中贫困与暴力相关的情况是否类似。图 1 - 6 显示这两个城市中，暴力与劣势（disadvantage）均呈现相似的正在减弱的正相关。当然，芝加哥有更多的情况较差的邻里，在那里（邻里分布）与暴力的关系开始减弱；同时，芝加哥也有集中的富裕的邻里（注意曲线图的左侧）。在这个意义上，图 1 - 6 体现了斯德哥尔摩的"压缩的不平等"，其特点是其劣势的有限变化和更少暴力。事实上，芝加哥在每种维度上的劣势都"高踞"于斯德哥尔摩之上，而且很明显其劣势的集中在延伸范围上更广。然而，随着劣势增加，暴力在这两个城市的分布仍呈现一种非线性的方式，这样清晰的模式不太可能偶然出现。[53]瑞典犯罪学家的研究进一步显示，谋杀案（当然，虽然数量较少）在少数邻里不成比例地集中，就和芝加哥一样。[54]

这些截然不同的生态模式差异提供了一个有价值的线索，即社会组织

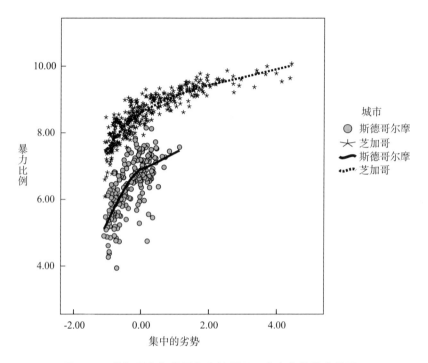

图 1-6 芝加哥和斯德哥尔摩的邻里：高度分化的背景下，根据集中劣势得到的犯罪比例

更高的原则——例如住房平等和种族隔离——蚀刻于地方，并且这些不同的生态模式或许可以解释城市间暴力的差异。这个框架是否能很好地经受进一步的检验还有待观察，地方分层和暴力看上去确实具有一些基本的规律，这些规律跨越国界并且其分布形式也存在地域性的表现。更重要的一点是，芝加哥不仅仅是当代美国城市的缩影，它还提供了一个调查跨国问题或进行比较的平台。在本书的后面，我将再度访问斯德哥尔摩，并探索其更多的社会特征；并根据澳大利亚、英国和其他国家的研究来探讨更多模式。

本书的主题和编排

我们走过芝加哥，通过实证的角度鸟瞰它，这个过程不断与本书涉及的主题碰撞。尽管随着全球化的推进，距离和地域性已经消失的说法貌似可信，但美国社会邻里的差异化仍旧持续。所有地产商仍会告诉你位置大于一切，连对星巴克来说，地点也至关重要。即使这家代表全球化的连锁咖啡馆遍布于全世界的现代化城市，但不好的地理位置仍代表不好的生意；所以连锁店都集中于城市的特定部分。[55]社会生态差异化无处不在。

对全球化的迷恋往往转移人们对地方的持久性的关注，如地方的变化、聚合和不平等的空间逻辑。尤其是"世界是平的"的普遍信念已经掩盖了我们对邻里效应的思考。[56]这并不是说全球化理论家关于市场经济的理论是错的，也不代表生态集中的事实无法与生活中各方面的无地域性相兼容。相反，全球化理论的一个分支认为，全球化的事实恰好与之相反。例如，曼纽尔·卡斯特（Manuel Castells）极为大胆地指出："大部分纽约，实际上是大部分曼哈顿，是非常本地化而非全球化的。"[57]理解此理论的关键之处在于认识到城市中群体和资源的分层仍然根深蒂固，并且它们在全球化进程中演变成新的方式。匪夷所思的是，在现实中，生活机会的邻里不平等在显著增加，并因全球化而恶化。[58]如上所述，并且我们也会在第 2 章里提到，尽管全球化来到，社区的概念却更普遍地蓬勃发展了。[59]

因此我反对常规的观点，即以技术、分散的社交网络、国家政策和（后）现代的理论来敷衍地解释邻里不平等和对社会组织与社区的空间形式的关注。相反，我认为，有待探讨的主题是：持久的邻里不平等和在社区层面表现出的持续并加速的社会变化。在这个意义上，我认为空间逻辑持续地在组织并调节着大部分的社会生活，邻里和当地社区是当中的关键组成部分。这样一来，我扩大了邻里效应（neighbourhood effect）的传统定义：我们对邻里差异做出反应，这些反应构成的社会机制和做法反过来塑造了我们的观念、人际关系和行为。这些观念、人际关系和行为与邻里界限互相激荡，并且共同进一步定义了城市的社会结构。因此，如本章的图像所揭示的，邻里效应本质上同时是地域性和超越地域性的，并与个人行为相互联系。

从最广的层面来说，此研究是为了证明邻里不仅仅是一些"你方唱罢我登场"的社会情景，也是由外界"更大的"力量决定的空洞的容器，更是决定人类行为的质和量的重要因素。换言之，本研究在努力阐明邻里效应的结构和文化的维度。"效应"（effects）一词同时具有动词和名词的双重形式——至少在理论上，邻里既是受影响的也是起因，既是结果也是制造者。在接下来的章节里，我会拓展这一理论主张，以概念和分析来揭示邻里效应的多个层次。

挑战的本质

看到这里，读者可能顿生疑惑：邻里对什么发挥作用？研究城市的社会结构和空间逻辑不会太不着边际吗？在这里我必须承认，虽然我不是一名电视迷，但在考虑如何撰写接下来的篇章时，《宋飞正传》（*Seinfeld*）中的一集跑进我脑海里。在向电视网络的官僚们推销他们的主意时，Jerry 和 George 脱口而出：他们的剧集将会与"一切都无关"。此书则相反——它几乎包罗一切，或者至少是关于城市社会的一切；然而我也承认这是一个很难办到的事。与《宋飞正传》不同，这个想法不搞笑但却更可怕，从专业学术分工的角度来看甚至可能是愚勇。普遍的做法是按学科把问题分类，设置先验的"主变量"——人口统计学研究的婴儿死亡率和低出生体重，犯罪学家研究的犯罪，社会运动的研究人员研究的抗议事件，医疗社会学家和公共卫生研究人员研究的健康，网络爱好者研究的网络，政治科学家研究的政治参与和社区力量，等等。当在研究一开始就使用一系列的范例或变量时，结果常常也就显而易见了。

我反对这种做法。我会首先着眼于社会现象本身的空间属性和更广阔的社会秩序，而不是提前认可单一的学科假设或理论假设。尽管这有些激进，但我仍将试图将现代社会的多样性放置在同一个框架下分析。此举要求我超越各学科的限制和标准，去拥抱一种更全面更系统的方法，即首要考虑一般的社会机制和社会过程。这意味着我将在后面的章节使用实证的方法从地理、犯罪、组织、社会运动、文化、网络和其他角度来考察事物如何"聚集到一起"，而不仅仅是将其人为地割裂。采用不以变量为基础而以"邻里为基础"的方法是为了了解社会动态和因果过程的布局——关于城市的"一切"。这不是宋飞般的自大，本章使用的数据显示，任何维度的缺席都会有产生思维错误的风险。我宁愿先尝试再失败，也不愿忽视难题。

此书表明，对于邻里差异和社会进程，无论以个人选择为基础将人群分类，还是以种族差别进行解释，都无法回答这个问题。在认真看待个人的同时我的方法着重于社会机制和过程，其本质是超越个人的，甚至如图 1-6 所示那样超越了文化和社会的界限。这种方法突出了一系列背景问题，例如，什么能解释地方多种或截然不同现象的生态分层和社会次序，如犯罪、集体公民投入、公共财产的分配、利他主义、健康受损、抗议和失序等。我们怎样解释邻里稳定性和邻里社会再生产？什么能解释邻里变化？什么邻里因素能最好地预测公民健康和市民的生活福祉？个人选择如何共同创造了社会背景又被其约束？总之，邻里效应通过什么样的途径在当代城市里传递？

这些毫无疑问是一些大的问题，但上文的数据使人有持续的动力去寻找答案。至少它们将城市生活首次描绘成多维度的马赛克图片，削弱了"无地域性"和"距离已死"的普遍看法。如托马斯·基恩（Thomas Gieryn）所说的那样，"社会进程（差异、权力、不平等、集体行动）都是通过我们设计、建造、使用和捍卫的物质形式发生的。"[60]本书的目的就是绘制一幅广阔的有关邻里效应的画面，而这将通过对一个全球化的标志性美国城市中延续的（假如是非增长性的）地域性意义进行系统的检测来完成。

芝加哥邻里人类发展项目

为了评估这些论点，我将展示一套综合的原始数据源，它们由我协助设计，并用于解答在本章突显的问题和困惑。这本书的实证基础建于 20 世纪 90 年代早期启动的一项大范围跨学科的研究之上，即芝加哥邻里人类发展项目（PHDCN），此项目在今天仍以新的形式在进行。从它的早期计划至今，整个项目都围绕一个核心理念来设计和实施，即同时测试邻里效应和发展进程；这也是它名字的由来。这个项目，尤其是本书将个人嵌入背景，坚持以邻里背景研究作为目标，并尝试反对始终都以个人为研究对象的现代社会科学——尽管这种简化论的看法正日渐流行。[61]如果说 20 世纪 90 年代神经科学和基因组学的进步组成了科学中的"大脑十年"（decade of brain）的话，很多年后，当我们回望时，本书和芝加哥邻里人类发展项目获得的数据可能会使 21 世纪的早几十年被看成"情境的时代"（era of context）。

芝加哥邻里人类发展项目研究规划由多重互相交织的方法组成，在后面的篇章里将会有更详尽的叙述。它包括但不限于：

● 历时约 7 年的对 6500 个儿童和家庭的纵向队列研究，无论他们现在搬到美国哪里；

● 在 1995 年对超过 8000 个芝加哥居民进行了有代表性的社区调查，在

2002 年进行了另一个超过 3000 名居民的调查；

• 对超过 20000 段街区进行系统性社会观察研究（通过录影带），专门选择了不同的种族/族裔和社会经济地位的邻里样本，并在 7 年后由评分者对全城进行跟踪观察；

• 对 47 个社区超过 2800 个关键领袖进行网络定群研究，在 1995 年面谈并在 2002 年再次面谈和追踪了超过 1000 位领袖；

• 研究 1970～2000 年 4000 多件芝加哥市都市区的集体行动事件；

• 于 2002 年和 2010 年进行"实验田研究"，用于测量在公共情景下人们把丢失邮件寄回的倾向，并进行社区层面的差异比较。

此外，这些数据源也结合了众多的档案记录，包括健康（例如，死亡率、出生体重和少女怀孕）、犯罪、暴力、住房、组织和来自几十年美国人口普查里的丰富的人口指标。多年来我在每天通勤的路上观察和思考着城市，并在 2008 年以前持续回访社区领袖们。芝加哥邻里人类发展项目和它的几个衍生品代表着对一个更有远见的理论的长期承诺和集体劳动投入。有这么多的人加入了这个项目，并为此付出了大量的时间和精力，这是个不小的壮举。这很大程度上是被共同的愿景所推动的，即认同社会背景对我们理解人类发展的重要性。再加上那种芝加哥式的积极肯干的态度，和许多人认为不可能顺利开始的研究方案的诞生——这是一个"成长中的项目"。[62]

本书的线索

本章介绍了我的理论导向并对问题提出了实证的解决方法。接下来第 2 章评述了"邻里效应"这一概念的演变，它是本书中众多颇具活力的概念之一。这个概念对理解芝加哥邻里人类发展项目和多种城市现象之间的关联——如本章展示的图表——具有相当重要的意义。它也是社会科学里持续争论的导火索：我们应该用什么单位来进行分析，是"微观"特征（个人）还是"宏观"的显性特征（如邻里和国家）；应该用什么层面的因果来解释。邻里效应的概念在最近的文献中经常被混淆，特别是在过去，大家往往被一个相关概念干扰：社区。第 2 章纠正了这一失察。它以 19 世纪欧洲流行病学家的工作创新开始，回顾了主要的理论发展和实证发现，并从历史角度分析城市生态学方法如何演进至今。幸运的是，这方面有许多知识巨人，我可以站在他们的肩膀上前行。

在第二部分，我将为此书铺陈基础的原则和方法。第 3 章以过往对邻里效应和社区的研究为基础，阐述研究当代城市的理论和分析方法。它直白地铺陈了过去到现在指导芝加哥邻里人类发展项目的理论基础。第 4 章介绍了芝加哥邻里人类发展项目的建造和其后遗症。因为芝加哥邻里人类发展项目对此书极为重要，而它的目标又是为广大公众提供用于学术研究的数据，所以我阐述了其起源及思想史，并提供了迄今为止项目数据收集的详情和其方式的演进。与"数据就是理论"的观点一致，我把整个项目置于社会学分析的形式中，这是一项非常艰巨的任务。这样我也直接回答了之前的问题——"为什么是芝加哥？"在过往无数的观察者中，诺曼·梅勒（Norman Mailer）是唯一将芝加哥称为"伟大的美国城市"的人。但我认为对本书来说最重要的是，芝加哥提供了一个进行社会科学研究的地点和平台，在此平台之上建立对当代城市生活的背景理论是其天然优势。

因此，经验和理论的重要贡献放在第三部分和第四部分。第三部分着墨于在邻里和社区层面（两者并列）分析不断变动的社会现象，并聚焦于当中的社会进程和社会机制。第 5 章检验遗产——邻里的不平等具有让人吃惊的稳定性，渗透于各类现象之中并历经数十年，其变化具有系统性的特征。第 6 章继续探讨不平等的动力学，但会以新的视角来看待在近来的城市论述和社会政策中强调的概念——"失序"。颇具影响力的"破窗"理论认为失序是犯罪的起因之一；但与此相反，我探讨在什么条件下失序（和我们对失序的观察）会出现。可以说，我在思考我们怎样观察城市时采取了一种思维转向的模式，这种观察反过来引导我将失序概念化，将其作为关键机制来进一步解释为什么在第 5 章里描述的不平等通常有着牢固的稳定性。

第 7 章以"社会解组"这个早期芝加哥学派提倡的经典概念开篇。这个概念与社会失序理论类似。不过我在解组理论的基础上构建了一个更新的概念并进行了详尽阐述，即集体效能。它是一种社会凝聚力，其中凝结了人们对社会控制的共同期望。我阐明了如何用计量经济学来测量邻里层面的社会进程，并采用了除芝加哥 – 斯德哥尔摩对比之外的多种方式来分析集体效能，以考察其在邻里理论中的普适性。第 8 章展开陈述邻里效应的组织维度和公民维度，并回答了集体效能来自哪里的问题。邻里研究一直以来极大地忽视了组织化方面，但正如第 8 章所述，一个社区的组织化生活对我们理解集体行动和社区层面集体效能的维度至关重要，就像奥巴马在海德公园和芝加哥远南区的发现一样。我展示了集体效能是如何形成的，与当前的居民组成相比，它与邻里组织历史的相关性更高。这一章呼应了近来将组织带回到城市研究蓝图里的发展趋势。[63]

　　在本书的第三部分，我思考了公正、利他主义和"好社区"的概念。一旦我们承认邻里和社区反映的是城市社会组织的一个基本特征，社会科学家就理当思考它们是否和如何改善了人性并如何增进了人们的公共利益。因此在第9章，我探讨了"好社区"的哲学理念，以及它们与本书的实证发现有何联系。为了支持我的立论，我用新的数据检验了前面的章节中与集体效能的社会机制有关的其他行为。基于罗尔斯的哲学理论，我认为为发心脏病的人进行心肺复苏及将丢失的信件邮回是两件毫不含糊的有益于公共利益的行动，尽管公共利益在不同的地方有系统性的差异并构成了社区的社会特性的基础部分。这样的架构提供了对好社区、其相互联系的部分和结构性前因（structural antecedents）概念化和操作化的方法。前几章里介绍过的邻里社会结构的关键特征导致了社区的利他特性和因此而带来的福利。

　　在第四部分，我超越了"地方"邻里层面的社会进程，来探讨将美国城市黏合或撕裂的互动机制。在第10章，我从空间上的互相依赖性（spatial interdependence）这个概念开始，把前面几章的发现以空间分布的方式重新梳理。就许多重要的社会进程来说，一个邻里发生的事会密切影响与其毗连的邻里，如同"涟漪般"的效应会包围整个城市。此外，我使用新的方法来展示一些社会进程在城市不同的空间地区中不同的运作形式，以及由此产生的因果进程的空间异质性。空间外溢性和异质性提供了明晰空间优势和劣势的统治性是如何被加强的视角。

　　接下来的三章将逻辑推进一步，分析了居所流动的来源和后果。随着时间的推移，个人在邻里间搬迁非常普遍，这也是建构城市社会结构和不平等再生产的重要部分。第11章重温了芝加哥具影响力的"搬向机遇"住房实验（Moving to Opportunity，MTO，又称"搬向机遇"项目）。这个实验随机向一些家庭派发住房代金券，让他们搬到贫困程度更低的邻里。我记述了这些家庭的遭遇，以及这个实验又如何重塑了我们对不平等再生产的理解。与电影不一样，交易场所在分层的大都市里呈现新的意义，因为一个更大的结构预设了这些机会，这并不是个人选择所能决定的。个人的选择也改造了社会背景——在这个实验里则表现在人们的处理方法上。我将"搬向机遇"住房实验参与者的搬迁与芝加哥邻里人类发展项目相比较，发现其中居所流动的基本过程有着让人惊讶的共同点。

第 12 章对芝加哥邻里人类发展项目的分析拓展到居所流动的来源和后果。我不仅检验了种族和社会阶层，还检验了之前未被探讨的因素，比如个人抑郁和犯罪行为如何塑造了居所流动，并且这些因素如何与"漂移"假说和邻里选择的脆弱性发生联系。向上和向下的流动结果与强调个人选择的标准解释呈现不一致。搬迁本身也显示有害的后果，这不仅仅取决于邻里内部的特性，而且还取决于目的地更宏观的地理位置。

在第 13 章，我更进一步，把居所流动的结构当作影响城市分层和地方等级制度的关键机制，因此我检验了由个人流动而产生的居所交换的邻里网络。在分析了城市居所迁移网络中邻里的二元关系之后，我发现社会进程具有相似性，比如比起标准的排序机制（如种族和收入），感知到的失序和友谊/亲属关系的纽带更能预测邻里间的联系。第 11 章到第 13 章的核心论点是，选择是一种社会过程，并伴有意外的后果。因此，我最终的论点是，选择不是"偏见"，而是动态社会过程中的一部分，即另一种邻里效应形式。

本书最后的贡献在第四部分，在第 14 章，我考察了精英的组织网络和政治网络，这些网络跨过社区的边界，超越空间的相邻性；这种观察有助于在宏观的背景下解释不同的资源和信息如何被分配。我创建了测量精英社会网络的新方法，这种方法可以跨时间、跨社区和在各组织领域类别间（如政治、法律和教育等）进行对比。这让我可以把网络当成社区的属性而不是一种象征来考察，这些社区属性在更宏观的社会结构（如在城市社交中一个既定的邻里交往的中心）中，既定义了社区的内在结构（如一个社区内联结纽带的凝聚力），又定义了社区的位置。我证明了重要组织者的领袖网络在不同的社区差异很大，这种差异不只是简单地由物质资源或人口组成成分来决定的，而是由共同的期望和社会凝聚力的性质所决定的。社区的内在特性和外在联结都以不同的方式把社区与外在的世界联系起来，因此两者都十分重要。更重要的是，我也考察了在第 13 章定义的邻里居所交换的空间网络如何与社区精英创造的信息和组织网络相连。它们直接的联结方式无法以内在的人口组成来解释；相反，它们提供了将之前隐藏的联结方式显露出来的关键证据，即美国城市在结构上是相互连接的。

第五部分着眼对现在和未来的影响以总结本书。在第 15 章，我梳理了将 5～14 章各章联系起来的线索和本书的贡献，并以此来重温第 3 章铺陈的核心理论。在整本书中，我对社会研究采取统一的立场，以尊重个人的选择但不屈从之的方式促进了对"情境化的因果性"（contextual causality）的实事求是的理解。社会研究的逻辑不能从社会世界运作的本质中截然分离出来，这意味着我们对各种解释进行建构和评估的方法最终会发生变化。因此我提供了邻里效应理论和城市理论的基础，为背景社会科学的发展抛砖引玉。

在第 16 章中我回访了前几章中介绍过的街区和邻里。我不仅在 2010 年重游当地，还收集了全市社区的新数据，用于考察在 2005 年左右大量公房改造和在 2008 年的经济危机后芝加哥的社会组织和结构发生（或没发生）的变化。凭借芝加哥和其他城市在 2008～2009 年面对社会"冲击"之前几年的芝加哥邻里人类发展项目，我将自己的观察和在 2010 年收集的社区层面的变化结合起来用于支持更抽象的概念，并用实验法对其进行深度分析。我证明了在多个领域——包括房屋止赎、暴力、贫穷和利他主义——芝加哥邻里的社会秩序持续，这将帮助我们更好地了解背景如何调节"外"力，且这些"外"力是如何发挥作用的。

第 17 章以我故地重游时今昔反差最明显的一个社区——21 世纪金海岸和佐尔鲍描述的近北区社区的贫民窟——来结束本书。此书阐述的多重概念和机制能以清晰可查的方式为美国城市的未来提供洞见。同样，本书建议对社区（及以上层面）采取新的干预方向以抵消现行政策中以个人层面为主导的情况。因此我希望本书提供的替代性观点能推进对通常意义上的邻里、城市和新一代人类行为的研究和政策的发展。

第 2 章
邻里效应：一个理论的演进

　　虽然普遍观点认为，21 世纪的城市不再囿于空间，但我仍认为城市的许多个性是基于地方差异的。正如第 1 章所述，社会科学需要从概念上修订理解现实的理论和方法。在本书中我尝试迎接这个挑战，以社会景观和芝加哥长久的城市活力作为我的实验室，并从一个多世纪的细致的学术成果中获取灵感与指引。

　　尽管很多人认为城市社会学中著名的"芝加哥学派"已经没落，但本书中，我在某些重要方面使用的研究方法实际上继承了这个学派。[1]目前这一研究方向又产生了洛杉矶学派、纽约学派、法国学派和源于 1970 年代的"新城市社会学"，而且以后也将产生更多的学派。现在重新探讨谁更具智力上的优越性为时尚早。此外，芝加哥也并非是首个被用于深入研究邻里效应的城市。最近哈维·马拉奇（Harvey Molotch）恼火地以"学派已经过时了"来回应芝加哥和洛杉矶学派间的相互开火，这点我非常认同。[2]我的立场是：许多我们的先驱留下来的知识具有保留的价值，我们的目标应该是超越传统而不是将其全部拒之千里。重要的并不是理论方法的新旧（或它归属什么"学派"），而是它是否对解释我们的研究问题有益。因此，我去除了旧芝加哥学派城市社会学中被证明显然错误的部分，保留了其明显适用于解释我的论点的洞见，并借鉴了众多新学派和新范例（例如，政治经济、社会网络）。同时，我在研究的过程中也认识到全球化社会（或者网络化社会）中城市的变化的本质，所以利用现代技术来收集社区的新型数据。

　　尽管许多出版物叙述了"芝加哥学派的故事"，但这些线索并没有系统地与主线联结来产生生产力，却仅仅是对其进行了批评。因此，对于芝加哥学派，我以广度而不是深度为目标，着眼于凸显关于邻里效应的长期思想演变，并提取当中的主线来佐以前行。[3]尽管我的目标不是进行历史学的诠释，但把事实的顺序梳理好对任何社会学调查来说都是中心任务。这样一来事实既有趣，也有助我们对现实的了解，尤其那段常被忽略的芝加哥学派的前期历史。正如（70多年前）一批作者所概括的，"社会科学家的热忱经常让他们认为当代研究比过去的研究更具原创性，但其实应依据每个个案的真实情况来进行判断"。[4]为此我放眼海外，在那里犯罪学和流行病学的先驱为现代城市中的社会调查搭建了舞台。

根　源

在建造芝加哥之前，人类行为和人类福利大范围的生态集中早已有悠久的历史。情境化的方法似乎来源于社会统计学家，犯罪模式激发了他们的研究。1833 年安德烈－米歇尔·盖里（André－Michel Guerry）发表了《论法国道德统计》（*Essai sur la Statistique Morale de la France*）并以绘制地图的方法来展现犯罪的统计分布。盖里根据当地公共检察官的季度报告进行了司法统计，是首批实证记录一个国家犯罪率变化的研究人员之一。当时占了主导地位的假设源于个人自由意志的观点——犯罪的分布是随机的。与此假设正相反，盖里证明了犯罪和其他的社会行为在一定的地区和时间内会不成比例地出现。盖里又分析了犯罪在地理单位中（行政部门单位）的分布与当今标准的社会学变量之间的关系，这些变量包括教育、收入、城市化和密度等。他发现产业集中度最高的那些地理单位具有最高的财产犯罪率。与涂尔干一样，盖里的调查主要为了证明社会事实本身影响人类行为，并且不受个人生物特性和个人心理的支配。盖里的社会数据量化研究方法和生态分析为 20 世纪的生态研究人员提供了研究基础，这为他赢得了"社会生态学家始祖"的称号。[5]

阿道夫·凯特勒（Adolph Quetelet）效仿盖里，将统计学拓展到分析法国、比利时和荷兰的犯罪类型的差异。凯特勒发现在法国南部、比利时和荷兰南部犯罪的个案最多。[6]和盖里一样，凯特勒发现在法国南部针对个人的犯罪倾向（le penchant au crime）更高，而在法国北部对财产的犯罪倾向更高。凯特勒认为他的数据解释支持了"社会物理学"这个概念，根据莫里斯（Morris）的观点，这个概念是社会生态学理论发展的里程碑。[7]尽管凯特勒的观点可能比盖里的更广为人知，但凯特勒对给定的居留地范围内，人和机构的空间关系兴致缺缺。尽管如此，凯特勒和盖里两者还是用让人信服的方式证明了犯罪并非随机分布的现象，而是随时间推移不成比例地集中在同一区域。

罗森（Rawson）将盖里和凯特勒的地理分析方法应用于研究英格兰和威尔士的犯罪分布。他认为，因为"人的就业对他们的身体状况产生了最重要的影响"[8]，所以职业应该是人们的道德和社会特征的重要决定因素。在1831 年的普查的基础上，罗森将英格兰和威尔士的县分为四个职业类型（农业、制造业、采矿业和都市职业），他发现都市职业区的犯罪极度盛行。他还发现在英格兰和威尔士北部的采矿业小县和山区，犯罪发生率低，制造业和农业地区的犯罪率之间则没有差异。罗森的方法是首批将类型学应用于生态分析的例子之一，这种方法在一个世纪之后又在众所周知的"社会区域分析"里重见天日。

这些学者的论著让人印象深刻。19 世纪城市研究的一个重大转折点来到，即亨利·梅休（Henry Mayhew）[9]和查尔斯·布斯（Charles Booth）[10]关于伦敦的论著，这些著述在今日已成为经典。两位学者对邻里环境中病理学的多重指标提供了详尽的记录和视觉描绘。与克利福德·肖（Clifford Shaw）的《街边流氓》（*The Jack - Roller*）的风格一样，[11]梅休用伦敦的历史和生态背景展示了一幅独特的伦敦图景。根据众多访谈和生态分析，梅休认为犯罪是在一些区域学习到和流传下来的，这些区域的特点是贫困、酗酒、不良住房和经济不稳定。[12]梅休预示了"文化传承"的概念，这一概念后来由肖和亨利·麦凯（Henry McKay）发表；他们记录了在一些具有社会解组特征的区域中犯罪观念的跨代传承。[13]梅休还把犯罪的发生率与区域提供给小偷和妓女的生存下去的机会联系起来，而这些区域的特点是有酒馆和寄宿处。

布斯在实证方面的努力更让人印象深刻，并且在社会背景研究方面，他在方法细节和多方法调查上经受住了时间的考验。事实上，精读多卷本的《伦敦的生活与劳工》（*Life and Labor of the People of London*）是既让人谦卑又让人振奋的经历。远在先进的现代研究技术出现之前，布斯就煞费苦心地捕捉到了狄更斯时代伦敦广泛的生态多样性。布斯收藏了 400 多本他调查和观察的原始笔记，记录了对伦敦人生活环境的详细评估，以及对巡逻的警察、工厂主、牧师和各种各样城市居民进行的访谈。布斯的《调查》（*Inquiry*）用街区划分了贫富地区。[14]值得一提的还有常被引用的约翰·斯诺（John Snow）医生在 1850 年代对伦敦霍乱病原学的发现，此发现与绘制疾病的生态传播密不可分。[15]布斯和斯诺两人是采取行动研究邻里逻辑的早期代表。

《绿色圣经》

尽管研究城市的社会生态方法在维多利亚时代的伦敦已经蓬勃发展，但却是芝加哥大学的社会学家们在 20 世纪早期将邻里研究带入社会学研究潮流。这在社会学中，更笼统地说，在社会科学研究中，是最知名的学科转折点。

在第一次世界大战之前和 20 世纪 20 年代，罗伯特·帕克（Robert Park）、欧内斯特·伯吉斯（Ernest Burgess）和一群他们的学生走向街头去调查一系列社会行为的生态背景。[16]著名的同心圆地图把中央商业区设为城市扩展的中心。这幅地图在今天的芝加哥大学的讨论课上仍然充满吸引力，并为课堂增色不少。帕克和伯吉斯的《绿色圣经》（*The Green Bible*，又名《社会学概论》）充当了历代学者的试金石。[17]芝加哥学派提出，城市被分为无数个功能性"自然区"，这些自然区展现了不同的物理和文化的特点。帕克的人类生态框架着眼于人性过程和由城市自然地理设定的"边界"之间的互动。[18]我们熟悉的生态专业词汇，如竞争、入侵、继承、隔离和共生现象等都源自他对社区的生物层面和文化面相互关系的分析。同心圆地图来源于伯吉斯的假设，即城市的社会分化表现为生态上以商业区为中心的向外放射状扩张。[19]

克利福德·肖是 20 世纪最有名的犯罪学家之一，他也在帕克和伯吉斯的理论框架内进行研究。帕克和伯吉斯珠玉在前，另外还有一群默默无闻的社工[20]为肖的《犯罪区域》（*Delinquency Areas*）的发表搭建了舞台。在这本书中他提出"研究例如青少年犯罪的问题，从其地理位置开始是必要的"的观点。[21]为完成这项工作，肖研究了 1990 ~ 1927 年库克县少年法庭受审的男女少年犯的分布。他使用最基本的统计方法来测量青少年犯罪率（少年犯数量与同性别同年龄组总人口的比率），并且是第一批证明主要城市内的显著变化的美国社会学研究人员之一。肖与他后来的同事亨利·麦凯认为芝加哥青少年犯罪率最高的地方是中央商业区附近和工业区附近转型中的破败地区。离城市中心越远，青少年犯罪率越低；即使有例外，则例外地区也具有工业和商业特色。这些发现让帕克和伯吉斯认为青少年犯罪行为与城市的成长过程紧密相关，他们在其杰作《城市》（*The City*）中对这一点进行了概括。

　　社区环境在早期的流行病学研究中也是重点，如 20 世纪早期约瑟夫·古德伯格（Joseph Goldberger）和他的同事对缺乏维生素（糙皮病）的研究。[22]在南部纱厂村庄的糙皮病研究中，古德伯格和他的同事发现此病的感染不仅与个人层面的社会经济状态有关，也与村庄营养食品的供应有关。他们收集了一系列令人印象深刻的数据——既有个人层面的也有村庄层面的食品供应和营养不良数据——包括对村庄层面零售杂货店遍布率的测量和对家制食品遍布率的测量，他们还将其与村庄周边农田的农业类型进行了对比。他们的研究提供了关于个人层面和社区层面健康风险之间互动的早期证据："比起其他条件类似的但食品供应条件更好的地点，在营养食品供应更少的村庄，家庭收入作为保护因子起的作用更小。"[23]古德伯格的论著有着广泛的影响力，它从更广泛的角度解说了从 19 世纪早期起流行病学关于生态背景对健康影响的研究的历史。他的著作证明了疾病的集群和"集中效应"（concentration effects）的重要性被忽视了，但在我们的社会却是普遍存在的。[24]邻里效应对健康的影响被再度发现，现在已成为蓬勃发展的研究领域。[25]

社会解组理论

　　肖和麦凯在 1942 年发表的重要著作《青少年犯罪和城市区域》（*Juvenile Delinquency and Urban Areas*）中，扩展了帕克和伯吉斯的城市生态理论，纳入了邻里特征和社会调解因素来解释其重要性。他们确认经济地位低下是影响青少年犯罪率最重要的因素，这一因素还与"种族差异性"和"居所不稳定"一起成为青少年犯罪率的预测因子。他们发现芝加哥青少年高犯罪率在低收入和异质性（通常是外来移民）的地区持续多年。更甚的是，在芝加哥具有贫困、居所不稳定、高犯罪率和高青少年犯罪率特征的地区同样也是婴儿死亡率、低出生体重、肺结核、身体虐待和其他对儿童发育不利的因素高发的地区。肖和麦凯认为青少年犯罪"不是一个孤立的现象"[26]，并持续记录了青少年犯罪率与一些社会问题的联系。

罗伯特·法里斯（Robert E. L. Faris）和沃伦·邓纳姆（H. Warren Dunham）[27]以同一种风格将生态理念应用于精神健康研究，发现正在变迁的高度贫穷地区的精神障碍住院率更高。与肖和麦凯一样，法里斯和邓纳姆观察到尽管不同人群在社区中持续流转，但不良因素倾向于在同一社区长时间高发。法里斯、邓纳姆、肖和麦凯大体对社会解组概念进行了描述，他们的发现也对7年后德雷克和卡伊顿在《黑色都市》（*Black Metropolis*）里绘制的地图提供了支持。[28]

根据这些发现，芝加哥学派的社会学家们认为邻里具有相对持久的特性和新兴的特征，这一特性超越了居住其中的特定族群的独特性。肖和麦凯特别指出犯罪行为在具有"社会解组"特征的邻里代际传递。社会解组指的是一个社区无力实现居民的共同价值观且无力维持有效的社会控制的状况。[29]这一解释后来变成系统性可操作化的专业词语，即社会解组的社区被看成经受着友谊、亲属关系、熟人网络断裂或者削弱的社区，而这些网络被认为在持续的社会化过程中至关重要。[30]芝加哥学派人士如沃思强调，社会解组理论家认为，贫穷、异质性和快速的人口变动率是更大的社会过程——城市化、工业化和社会变迁——在邻里层面的反映。这些邻里层面的变动渐渐破坏了人际关系、志愿者协会和地方机构，这些情形反过来被假设削弱了对社会化和社会控制来说必要的基础，因此最终导致一些如犯罪、违法行为、流浪和辍学等的不良后果。用这种方式，芝加哥学派理论家们尝试追溯就社区层面的社会控制过程和社会管理过程来说，宏观层面的力量如何运作于地方层面。[31]

社会解组理论并不是没有遇到过任何的挑战。威廉怀特（William F. Whyte）在1943年的《街角社会》（*Street Corner Society*）中有句名言，即社会解组的表象之下其实是内部的组织。[32]通过大量的实地调查，他发现在波士顿北端低收入意大利人区域的社会结构中镶嵌着一种错综复杂的社会关系格局，那里存在有组织的犯罪团伙和与日常生活整合为一体的非法市场。他留意到了社区中组织的相对特质，并认为"科纳维尔"的真正问题是它的社会组织无法与围绕它的更大的社会结构相啮合。怀特的研究被认为否认了主流理论，即贫民窟社区是"解体的"。此后，大概在 20 世纪五六十年代，人种学研究发现了众多友情和亲情联系坚固的欣欣向荣的城市社区和少数族群聚居地。[33]尤其在贫穷的城市邻里，密集的社交网络和地方认同的作用依然十分强大。[34]

尽管存在这些批评，社会解组理论的传承一直延续，甚至在近年来又复兴了；或者有人会认为，是被"社会资本"这个流行观点改造了。尽管社会资本这个术语有诸多定义，但通常被概念化为表现在人们的社会关系即网络、规范和信任中的一种资源。[35]罗伯特·伯斯克（Robert Bursik）阐述了社会解组和社会资本理论之间的关联，即缺乏社会资本的邻里——表现为社会网络枯竭——没什么能力去实现共同的价值观以及维持社会控制，而恰恰就是这些价值观和控制培养了社区安全并促成了社会善举。[36]细读最近有关社会资本的论著后发现，从学科诞生起城市社会学家们就对它众说纷纭。和社会解组一样，社会资本作为一个概念也受到攻击，但它仍然对关于邻里效应的研究产生了影响。[37]

我将会在第 7 章再回顾这些问题，但现在我想宣布的是，将二战前的芝加哥学派的研究框架与邻里研究持续相连的不是它在解组上特定的强调（或后来对社会资本的强调），而更多的是：①它大体强调地方的特性而不是人的特性（的作用），②它强调邻里层面结构的差异，③它提出了现在我们称为的"社会调解机制"，④它着重于多重和看上去毫不相干的社会现象的聚集，⑤它强调随时间流逝的社会复制的动态过程的重要性，⑥它对更大的宏观社会力量的认可。大家可以认为，当展望芝加哥学派更广阔的前景时，就需要担心解组理论了（我正是如此）。

二战后的挑战

在芝加哥学派的领头人的退休和怀特的批评后，关于邻里理论的著述数量开始减少。20 世纪中期，实证方面的一块绊脚石出现了，即罗宾逊（Robinson）提出的著名的"生态谬误"的概念。[38]罗宾逊认为个体层面的关系不能从集群或生态的相关性中推导出来。他使用的主要例子是识字率和新移民的百分比，两者的相关性在国家层面（为正数）和个体层面（为负数）恰恰相反。随后人们就被这个论断所误导而强烈反对生态研究。罗宾逊和许多读者的错误在于以为生态研究人员只在乎个体层面关系的推导。与反对生态或邻里层面的研究相反，正确的做法是把分析的单位清楚地区别开来，并且为分析问题设置恰当的框架，这便是我们今天所说的"多层次"分析的雏形。因此，如果研究的主要目的是解释整个社区而不是个体差异的变化率，罗宾逊的批评便不成立。此外，对生态谬误的担心把对"个体谬误"的注意力给引开了——它也是常被引用的错误假设，即认为个体层面的关系足以解释集体的后果。

尽管罗宾逊走了弯路，20 世纪中期的实证研究还是以芝加哥学派的传统记录了美国城市继续在生态上的分化。在此期间一篇具有影响力的著作中，埃什里夫·舍夫斯基（Eshref Shevky）和温德尔·贝尔（Wendell Bell）发展了三种结构来反映城市工业社会中的社会分化和社会分层：社会地位、城市化/家庭状况和隔离。[39]他们使用政府普查小册子上的分析单位来操作化这三种结构：社会地位由职业、教育和租金结构来测量，城市化/家庭状况则由单住户还是多住户单元、生育率和妇女参与工作来测量，隔离则由生活相对孤立的种族和族裔群体占的比例来测量。基于此类机制的类型学后来被称为"社会区域分析"（social area analysis），这一分析方法认为社会分层是以地理区域来表现的。尽管这一研究主题在当时被批评为太过超前，但在战后许多其他美国城市的独立研究还是很大程度上证实了芝加哥学派的预言，即随着社会经济、家庭和族群地位的维度的变化，空间将出现分化。[40]

地方和国家的政治经济

大概在 20 世纪 70 年代后，另一个对芝加哥学派模型的重要反对声音出现了，即认为超越地方的过程深深地塑造着邻里。这个观点根植于经济和政治结构。黑人贫民区的生态概念化成为自然而然的现象，且它受到的批评逐渐减少。

强调"自然区域"这个提法的早先影响并不为过。它设想邻里是一个动态系统和适应性系统，它们通过商业对土地的使用和人口群体对实惠和理想居所的竞争推动着自由市场。[41]帕克和伯吉斯借用达尔文理论，着眼于"自然平衡"，并认为是自然力量造成了城市人口的初次分配、聚集和隔离。

1970 年代一些学者如曼纽尔·柯斯特（Manual Castells）、大卫·哈维

（David Harvey）和马克·戈特迪纳（Mark Gottdiener）开始用马克思主义的方法来研究城市问题，这一研究范式通常被称为新城市社会学。[42]同时，"地方的政治经济"观点也出现了，这一观点在约翰·洛根（John Logan）和哈维·马拉奇（Harvey Molotch）的著作中登峰造极。[43]他们不接受以市场为基础的设想和生物模型，认为芝加哥学派的范式忽略了超越本地社区边界的资本主义生产和政治力量。从这个观点来看，资本积累的逻辑和城市"增长机器"的逻辑——尤其是官商勾结——直接和间接地塑造了美国城市的邻里不平等。结构性和制度性种族歧视也卷入到种族隔离的持久性中，这对芝加哥学派的空间同化模型——族群贫民区是暂时的，因此黑人贫民区会消失——是直接的批判。

政治经济学的叙事是强大的。它认为战后许多城市市中心邻里的减少和重建不仅仅是因为个人的喜好或者自愿迁移，也是因为激励郊区增长的政策的出台，如对发展商的税收优惠和个人贷款援助、主要公路的建设和城市翻新、对中心城市的撤资（或投资）和对土地使用进行划区限制等。[44]例如，想想在重要时期内城的公共住房和城市翻新遗产的减少。伯斯克（Bursik）已经证明在 19 世纪 70 年代，芝加哥新公共住房项目的建造与人口流动率的增长相关，反过来这反映了犯罪数量的增加与地区的人口组成无关。[45]韦斯利·斯科甘（Wesley Skogan）认为城市翻新和被迫迁移促使大批量的城市社区被连根拔起。一个很好的例子就是 20 世纪 60 年代在许多城市中心穿过的高速公路网对可自行成长的低收入邻里的毁灭性影响。[46]此外，国家也被认为是摧毁城市社区的原因之一，因为它只通过政府向某些而不是全部邻里提供不同的城市服务、公共住房和社会福利资源。华康德（Loïc Wacquant）对美国城市黑人贫民区（以芝加哥的西边和南边为典型代表）和法国外来移民低收入聚集区进行对比后得出结论：美国城市中心在 20 世纪 60 年代后衰落的原因是国家资源的收回，或者说"沙漠化"。[47]

因此，以隔离为目的的公共房屋、撤销必要的服务、政府撤销对私人企业的发展资助、划分区域、划红线（经济歧视）、禁卖房产，或者设置简单又强大的符号将不设立人行道的社区封闭，所有这些举措均驳斥了邻里完全是个人喜好的自然区域隔离的观点。因此，政府、商业、更广泛的政治经济和地方分层过程对我们理解社区是否有能力为居民提供资源是十分重要的，全球化和国际力量（如移民）亦是如此。从这个观点来看，邻里可被看作超越地方的社会调解力量。这并不是说比起个人来说邻里在相互连接的世界里失去了分析的价值，而是它们起着更复杂和特定的作用。我们的工作就是检验把邻里与更大的社会秩序联系在一起的内在的、清晰的机制。

《真正的弱势群体》和"集中效应"

20 世纪后半叶涌现了大量基于邻里的研究并将这一研究带入学科潮流。这次的研究更关注宏观层面的力量，这也是早期芝加哥学派尝试解释的。在 20 世纪后半叶最广为人知的纳入大范围社会变化的是威廉·朱利叶斯·威尔逊（William Julius Wilson）的著作——《真正的弱势群体》（The Truly Disadvantaged）。威尔逊在此书中提出了"集中效应"（concentration effects）的概念并描述了完全贫穷的邻里生活。[48]在关于维多利亚时代的伦敦的经典研究、芝加哥学派的介入范式和政治经济学评论后，这本书成为邻里效应研究的再一个转折点。[49]

威尔逊认为 20 世纪七八十年代内城地区的社会转型导致城市黑人人口最弱势的部分不断集中增加——尤其是女性为户主的、贫穷、养育子女的家庭。这些不同的生态分布影响深远，因为它们意味着以往研究系统性地混淆了种族和个人成就之间的关系与社区背景的重要差异（实际上，第 5 章将会证明低收入白人社区实质上不存在，不仅芝加哥如此，全美都如此）。威尔逊认为种族化的集中贫困和失业源于中心城市去工业化的经济宏观架构的变化，而低收入少数族裔在这些中心城市不成比例地分布。[50]上述转变包括从产品生产到服务业的转变、劳动力市场不断地两极化为低收入或高收入行业、内城的工厂搬迁——所有这些都与全球经济趋势相关。威尔逊认为，中等收入和高收入黑人家庭从内城离开也意味着城市失去了重要的社会缓冲，这种社会缓冲有可能把长时间的无业和工业转型对低收入黑人群体的冲击减低。[51]黑人邻里的分层不断增加，这与过去几十年间内城邻里的环境有着根本的不同。威尔逊认为在过去几十年间黑人贫民区邻里社区的收入特点是混合性，然而在今日的社区中不平等已经更明显，因为中、高收入黑人与低收入黑人在空间上的分离越来越大。[52]这一结果造就了黑人贫民区的穷人在主流美国社会中的"社会孤立"。[53]

在 1993 年，道格拉斯·梅西（Douglas Massey）和南希·丹顿（Nancy Denton）根据威尔逊著作的线索继续进行研究，但主要着眼于把种族隔离作为主要的因果变量。[54]他们认为经济失调引起的社会分化与少数族群的空间集中相互作用制造了一系列的环境结构，加强了社会和经济匮乏。在一个隔离的环境中，引起少数族裔收入分布向下移动的经济振荡不仅导致族群作为一个整体的贫困率增加，还增加了地理上的集中贫困。这种地理上贫困增强的出现是由于宏观经济条件引起了更多的贫困，且这些贫困不均地分布在都市地区。[55]所以隔离越严重，"能消化振荡的邻里越少，并且集中贫困的后果越严重"。[56]因此，种族和贫困造成的隔离，在梅西的概念体系中是上述因果关系的主要起因。与《真正的弱势群体》（*The Truly Disadvantaged*）同期的还有在 20 世纪末出版的《美国种族隔离》（*American Apartheid*），它脱颖而出成为在学术上占主导地位的著作之一。尽管这两本书假设了不一样的因果机制，但它们对邻里效应都有着强有力的陈述。[57]

为社区哀歌的思想体系

如果对于邻里效应的讨论不纳入"社区"这个概念，那么讨论就不会完整。纵观整个邻里的思想史，一直有一条暗线存在。罗伯特·奈斯比特（Robert Nisbet）在 20 世纪中期恰当地称之为"哀歌的思想体系"，即一种普遍的对社区的担心，担心由于社区纽带的碎片化而导致某些重要的东西无法挽回地消逝了。[58]就如在第 1 章介绍的，对"社区失落"的提法随着时间而改变，但其内核大致是不变的：社区在衰落而且必须被恢复。

今天，对社区失落的惋惜和从前一样强烈，但是现实有了转变。对回归社区价值观和邻里管理的呼声不同寻常地从各种各样的领域传出。无论是左派还是右派政治精英、当地政府官员、社群主义者、私人基金、房地产开发商，还是社会科学家，他们均对社区有诸多呼吁。例如，整个社会以及刑事司法政策转而采用基于社区的策略，从众所周知的改善社区治安到增添社区基础的起诉条例和社区矫正措施（community correction）。[59]慈善基金将社区作为完美的实施单位不足为奇，令人惊异的是房地产开发商也采取了这一方法。留意到当今蔓延的对郊区的不满和匿名化，"新城市主义"推广了一种促进睦邻、本地交往和共同物理空间的格局愿景，尝试以此恢复社区。[60] 甚至世界银行也使用了社区和社会资本的概念来缓解全球的贫穷。[61] 社群主义视角也在克林顿和小布什的治下得以应用，并且社区组织主题已成为奥巴马政府的执政方针。[62]

无论其起因是什么，在我们的思想史里再次出现一个普遍的信念，即回归"社区"是必要的。[63] 事实上，对社区的呼声从未消失，用共同愿景和集体途径来解决人类的问题是一种深深的社会期望。问题是围绕社区的很多讨论是标准化的和怀旧式的而不是分析式的，在这种情况下，人们在研究进程该如何进行这一问题上受到了阻碍。[64] 因此，尽管很多学科都对社区这一议题感兴趣，但社区的性质、资源和后果在当代社会里仍然模糊不清，并与严肃的调查脱节。例如，擅用社会资本和社群主义的理想只会把社区浪漫化而不能提出经受实证检验的有挑战性的问题。如果社区成为一种"尽善尽美"的东西，那它就如一个失去了分析意义的概念，自己也就没有什么意义了。

我们的研究必须要谨慎地纳入集体生活的黑暗面，并且反思使曾经一代人对社区建设的努力终归无用的一系列实证证据。[65] 特别是，我们要经受什么样的损失才能回归社区，"社区组织"和社区控制的观念——这种集体生活将会否认什么东西？[66] 正如托马斯·苏格鲁（Thomas Sugrue）对二战后底特律的研究使我们认识到常常作为积极力量的邻里组织却被白人用来阻止黑人搬入白人工薪阶层聚居地，他们常常诉诸纵火、威胁和暴力。[67] 这并非是社群主义者们所认为的邻里凝聚力。正义和不平等必须成为社区这个观念的讨论部分（见第9章）。也就是说，由社会网络传递的共同内容与社会网络的结构设置一样重要——凝聚力或效能无法从网络的简单组成中被"甄别出来"。

自然而然的，传统社区的邻里平衡最终对此领域造成了损害，因为邻里平衡的概念似乎被其定义否定了。如第3章所述，通过另一途径，我们可以从以前的社区思想体系的陷阱中逃离，还能保留最相关的东西——日常生活中社会组织在空间上的变化。这样，邻里就不会被其定义否决，而且，我们对社区的定义会随着时间、空间而不同，也会因问题不同而考虑不同的相关概念。我后面会指出，共同理解组成了社区的一个重要方面，这一方面与个人纽带不必然相关，因此它还适用于针对现代城市的分析。

邻里效应在 21 世纪的转变

在 21 世纪曙光初现之际，学界已有大量关于邻里效应的研究。大约在 2000 年我和我的同事尝试对文献进行综合回顾时已经发现几百上千的研究，接着又有无数研究发表。[68] 那时已经无法将所有文献进行回顾，现在更是如此。然而，我们广泛地总结了一系列曾出现的核心议题——我们将此称为"邻里事实"（neighborhood facts）。其一，邻里之间存在相当大的社会不平等，尤其是在社会经济地位和种族/族裔隔离方面。其二，这些事实通过以下情况相联系：劣势环境的聚合常常与少数族裔和新移民群体在地理上的孤立耦合。其三，与犯罪和健康有关的很多问题在邻里层面经常是捆绑在一起的，它们还能被邻里的特点预测到，如贫困、种族孤立、单亲家庭和小范围的居住和住宅不稳定率。其四，众多的被认为是象征进步的高端社会指标，如富裕、计算机知识和精英职业素养，也在地理上集群（见第 1 章）。[69] 我认为这些特性依然广泛存在。

尽管这些事实可能看上去相对直白且毫无争议，但它们的理论意义却并非如此。原因是尽管城市生态的研究传统留下了大量关于相关性的宝藏，并且关于事实的知识基础也相当可观，但解释邻里效应的社会机制和动态过程仍大部分不为人所知。我们已经找到了至少一个世纪的关于社会福利的各种社区指标在人口统计学方面的联系的资料，尤其是在个体特质上的集群。但如果观察社区的社会组成层面——最引人注目的是贫困和固定的种族分类——后果（outcome）间的关系，会发现之前的研究容易倾向于分析风险因素而不是解释性途径。下面我就拿过去几十年最引人注意的例子来说明，为什么集中贫困（实际是穷人的集中）那么重要。威尔逊提倡将社会孤立当作一种可以调节集中贫困影响的社会过程，但是其他人则着重道德上的犬儒主义和集体效能的腐蚀。更普遍的看法则与原芝加哥学派一致，即如果邻里效应并不只是个人特质的反映，它应该源于社会互动以及制度性的过程，这些过程参与了社区的集体事务，或者说，源于其涌现特性（emergent properties）。

上述观点来源于近几十年间的另一个转折点，它承诺以更新的方式来解释构成邻里效应（或集中效应）的社会过程和机制。社会机制对邻里如何在特定的现象中引起变化提供了一个理论上貌似合理的解释。[70]在学术领域，"机制"基本上是关于解释的一种的理论陈述——机制很少能被观察到或在实验中对其因果进行操作。然而，社会机制通过在理论上进行因果解释，将假设联系起来。其目的是构建一系列可以反映假设机制的措施、意义和行动的指标。这个承诺导致研究者们在设计研究计划时，直接评估源于理论的社会过程和文化特性——这些社会过程和文化特性在不同的邻里或在超越地方的层面都不一样（例如，通过发散的空间动态）——并且因此超越了简单的个体特质的集合。我和我的同事把这种研究重点的转向称为邻里效应研究中的"过程转变"，本书和芝加哥邻里人类发展项目相关研究都在朝着这个方向做新的努力。[71]

与此同时，邻里研究领域还存在着一些反向发展，最引人注目的是有些人转向了从个体层面来解释社会生活，尤其是研究者对因果推断和对著名的"选择性偏误"的关注不断增加。事实上，新的文献已经重新定义邻里效应，这成为现代风格的常态，其分析着重于邻里对一些个人行为的直接影响。虽然这一议题也重要，但这使许多有利害关系的方面被忽略。从欧洲流行病学家到芝加哥学派还有他们的追随者，分析的主要单位和推断方式不是个体而是在邻里层面文化结构和社会结构上变化的社会行为频率。将研究的单位转向个体的一个关键性的推断来自克里斯托弗·詹克斯（Christopher Jencks）和苏珊·梅耶（Susan Mayer），他们可以被称为20世纪后期关于个体环境选择两难问题的最重要的焦虑来源。在被广泛引用的一系列批评中，他们问：我们怎样知道邻里差异在不同方面的后果，是邻里因素造成的，而不是成人或他们的家庭对一定邻里的不同选择造成的？[72]他们认为我们不知道答案，而且唯一严格解决问题的办法是进行控制实验。

因此，近年来有众多关于在普遍的社会研究中特别是邻里效应研究中，实验扮演的角色的激烈讨论。许多人已经回应了对实验的呼吁，并且更加强调对单因参数的估计。这些人认为，实验是评估因果的一种高级研究战略，这对他们来说已成为一种教条并导致了一种实验的思想霸权。最努力推广这一新方向的是犯罪学、流行病学和"搬向机遇"住房实验。"搬向机遇"住房实验随机给贫穷家庭派发住房代金券，使人搬迁到更低贫困的邻里；它的启动来自一种观念，即研究者可以通过没有偏见的方式来评估邻里效应的起因对结果的影响。但在第11章和第15章中，我指出虽然"搬向机遇"住房实验很具诱惑性，但它没有回答我提出的重要理论问题，如个人怎样为自己选择邻里和个人的看法（反过来成为选择本身）如何被邻里特征所影响等问题。"搬向机遇"住房实验也随机抽取个人而不是邻里来进行处理，但代金券的提供没有告诉我们社会机制如何解释邻里对个人的影响，如果这种影响真的存在的话。起因的解释需要可以组织知识的理论和概念，这些知识（通常是）关于未被观察到的引起这些结果的机制；这一挑战需要以严格的实证观察证据为基础。

　　因此这本书比 20 世纪后期的过程转变和社会机制转变更进一步，它尊重因果逻辑但认真对待背景，并避开了个体简化论的倾向。实验可以告诉我们很多东西和实验逻辑，特别是詹姆斯·伍德沃德（James Woodward）所谓的对于因果解释的"可操作性理论"，并帮助我们思考观察到的证据。[73]但是因果问题不是唯一的问题，并且实验方法本身对研究在时间长河中展现的邻里层面的现象和宏观社会过程也存在技术上的缺陷。这并不是说个人选择或因果推断并不重要；相反，我将会在下一章讲述研究邻里效应的另一途径，它吸取了过去研究的教训，并把邻里（或更高）层面的过程和个人选择都囊括于内。

第二部分

· · · · · · · · · ·

原则与方法

第3章
分析方法

　　"悲情社区"的意识形态（the ideology of community lament）给邻里效应研究布下了一个至今都无法彻底逃脱的陷阱。其结果是长期以来，"社区"的衰落与地方的衰落是被人们所混淆的。但是上述这些概念的定义事实上是有区别的。我首先会梳理出物质上或者空间意义上的邻里概念，而不是将其视为社会团结的一种形式。帕克和伯吉斯提出的广义上的邻里是指人和机构占有明确的空间范围，这些空间范围均受一系列生态、文化和政治力量的支配。[1]帕克在这条乌托邦式的道路上越走越远，甚至认为邻里塑造了"当地特有的情感、传统和历史"。[2]同时，他也将邻里视为社会组织和政治组织的基础。

　　帕克的定义夸大了住宅飞地的政治特殊性，而他对芝加哥学派的自然区域概念的批判也众所周知。邻里在特性或组成上都不是坚实不变的，市场的力量也并非社区形成背后的唯一力量。而且，对自然区域概念的批判其本身可能就言过其实。杰拉尔德·萨特尔（Gerald Suttles）解读帕克和伯吉斯时，并没有嘲讽他们，而是提出："他们认为城市居民群体并非任何人计划或有意设计的产物，而是由基于道德、政治、生态和经济考量的许多独立的个人决定而产生的，他们意在强调居民群体（residential groups）产生的方式。"[3]在当今时代，这个说法能够合理地描述众多邻里（若非大部分邻里）的情况，甚至考虑到了重要的非自然进程或限制。政治经济学或者任何纯粹的结构批判的问题在于把个人抉择归为一体，并且把宏观层面对个体行为的控制描述得过于单一了。纯粹的"自上而下"思维并不比纯粹的"自下而上"思维更好。

　　然而，帕克的论证也有其可取之处。其一是承认邻里是具有可变组织特性的空间单元，其二是邻里嵌于相互接连的更大的社区之中。根据研究的社会现象和较大社区的生态结构的不同，邻里的规模和复杂性也是不尽相同的。这一嵌入性的观点也是肖尔丁（Choldin）强调本地邻里整合于且依附于较大的整体的缘由。[4]基于以上原因，我更倾向于赞同萨特尔的观点，即认为居民邻里是一个"界线重叠的马赛克"或者瑞斯（Reiss）口中的"鳞片式"结构。[5]

继"帕克－伯吉斯模型"之后，学界也出现了另一重要概念，即本地社区的社会结构属性。当萨特尔假定"不同居民群体是由彼此间的差异来界定的"时，他识别出了一种可视为文化机制的东西（下文会展开）。[6]社区的本质就是它意味着差别化，于是居民依照宽泛的分组来将自己归类，尤其是以种族、族群和阶级为标准的划分。正因如此，它在当代城市邻里中仍十分突出：它是人们生活中身份地位的象征，且为此目的而频频被提及。然而这并不意味着不同邻里间存在同质性，这仅仅说明邻里通过自身和外界之间的持续评论获得自己的身份认同，即一个集体性的"镜中我"。社区身份认同既可以是正面的（如黄金海岸、上东区、欢乐谷等），也可以是负面的（如犹太镇、后院区、贫民窟等），它强调了集体决定的社区象征性及其物理边界。[7]在这层意义上，邻里和更大的居民社区常常呈现地方的特性，具备一系列远远超越其物理区域的含义。[8]这一模式与"差异是层积于生态景观上的"的文化原则假设是一致的。起初，我们能做的粗略推测是，导致美国社会中持续不断的空间不平等的其中一个机制是"趋同性"，换言之，人们倾向于和与他们类似的其他人互动、交往并且比邻而居，同时与他们轻视的人保持距离。[9]有人或许认为这是不平等的需求层面，它导致了一种我们称为等级制度维护的空间形式；这一机制我会在后续章节探究。个人和机构为维持其优越地位而采取的行动产生了种种一贯被社会学家所强调的结构性制约。但是关于身份认同的各种文化原则也影响着地点选择，它们把社会距离刻进了邻里差异里。

"防御性邻里"（defended neighborhood）是社区社会建构的一个延伸。根据萨特尔的理论，防御性邻里产生于对外界力量入侵威胁的察觉。[10]同样，我们仅能在相关术语中理解这些"防御性邻里"。关于社区凝聚力的一个悖论是，其往往产生于外来威胁之下，这在50年前科尔曼辩解其社会解组的宏观概念时就被承认了。[11]种族更迭是我们能想到的经典例子，然而政治威胁恐怕是同等重要的，比如说 1990 年芝加哥市长戴利（Richard M. Daley）宣布计划在海格威斯社区（Hegewisch）的东南部建造一座新的飞机场的例子。这样的计划将海格威斯社区推向了被围困和被拆毁的境地，社区因此进化为典型的防御性邻里，居民被动员起来对抗市政府和开发商，让数百万美元的项目岌岌可危。在此例中，外来威胁重新点燃了一种潜在的社区意识并为其注入新的活力，引导居民保卫其共同利益。

如此一来，我们就面临着一个复杂的社会现象。邻里既是主动抉择也是被动分配的结果，它往往由局内人与局外人在彼此对照中界定。它们既是象征性地也是结构性地被界定的，规模可大可小，在感知中的界线可重叠可模糊，是互相相关的，在组成上是不断变化的。萨特尔的防御性邻里概念也揭示了边界和社会建构意义之间的潜在互动——生态界线既可被视为神圣不可侵犯的，也可以是毫无意义的，因此在根本上要从社会角度去理解它。此外，关于"被解放的社区"的争论，社交网络在物理空间很可能是无边界的。社交网络的这一特性使各类人群得以共享身份并且生活在各地——他们可能在空间上受到邻里限制也有可能并不受限。因此，我们可以说邻里在理论层面产生了两种意义——物理上的远或近（取"邻近"之意），以及变化的社会互动（通常指面对面交往）。

这些让人伤脑筋的概念难题往往被对邻里的单一定义（可操作的或统计上的）的无意义追寻所掩盖。与此相反，我一开始就把邻里用理论术语概念化，解释为通常包含居民或机构以及有着独特社会属性的较大社区或地区（如城市）中的一个地理片区。这一定义强调了从古至今城市邻里的总体特性——它们是同时具有社会和空间意义的分析单位。[12] 已有经验性试验结果可以把第 2 章中回顾的各种操作性定义全都否定——如果没有社会特征上的生态分化（或者集群），也就没有社会意义上的邻里。然而，正如我们所见，有相当的邻里社会不平等或分化存在，而且愈演愈烈。此外，我的概念模型也认为邻里嵌套在被制度机构和行政机关认可并命名的较大街区或地方社区里。[13] 在许多情况下，居民和机构都认为邻里和本地社区的定义可以互相转化。比如芝加哥的海德公园（Hyde Park），大部分居民和芝加哥大学都将其视为邻里，但是它的面积又很大（约有三万居民），所以同时也被视为本地社区。

这些分析步骤避免了将邻里和本地社区的概念与初级群体特有的强烈

的面对面的亲密的情感关系相混淆。[14]不过这一初级群体的假设很可能一直以来都是错误的。与路易斯·沃思同时代的亨利·佐尔鲍早在 20 世纪 20 年代就打趣地回应说过："黄金海岸一带，与城市别处无异，邻居们各不相识。"[15]但这并不意味着在当时，甚至直到现在，对空间邻近如何与社会距离互动的分析是不重要的，或者说对空间邻近与不同邻里的社会人群分类的互动的分析不重要。在互联性更加紧密的今天，仍有一些邻里是紧密联结的，并且以频繁的社会互动为特征。和其他很多社会调查的对象一样，邻里是由一系列变化中的生态、社会人口、制度、文化和政治力量决定的。比方说，对于家庭应该如何定义也引起许多争议，但是这并不意味着家庭这一社会建构没有因果力（causal power）。[16]不同社会的政治边界也是易变的，且边界内的许多人并没有国家/民族身份认同。但是正如罗杰斯·布鲁贝克（Rogers Brubaker）主张的，即使"国家"是个社会性的概念，民族主义也是一个合理的科学研究对象，它根植于每日实践和制度化的形式。[17]群体不缺乏因果力，因其边界是社会建构的，或者说它们缺乏内在的凝聚力。

我所采用的方法的逻辑含义是，有时邻里会构成价值共享、团结一致、紧密连接这一经典意义上的社区，但事实常常并非如此。所谓的"邻里机制"（例如，密集的社会互动、地方身份认同或是行使社会控制）的现象是视情况而定的或者可变化的。结构组织或文化组织的范围（及其目的）是一个经验问题，这使得邻里内部（以及之间）的团结或者社会互动的范围成了有待探究的问题。[18]在空间范围内的实践和感知的交互构成了邻里效应的基础。一旦以这种方式阐述，社会因素——无论是网络联结、对失序的共同感知、组织密度、文化认同，或是集体行动的公民能力——都是变化的，而且不仅可以从潜在的结构前因（如经济地位、隔离、居所稳定）和可能的后果（如罪恶、福祉），还可以从分析单位的定义来分别进行分析。借助这一概念模型，我们既可以避免经验研究中的同义反复，而且，正如我们将会看到的，模型也为测量不同生态分析单位的理论构想提供了一个可增减的选择列表。[19]

走出贫民区

自从威尔逊的经典著作《真正的弱势群体》（*The Truly Disadvantaged*）

问世以来，我们所谓的"贫困范式"（poverty paradigm）主导了城市研究的日程。[20]学术讨论都离不开诸如"内城区"、"社会底层"和"贫民区"等概念。尽管贫困这一概念很重要，但它仍是个相对的概念，要理解它，就要求我们对社会的中上阶层有所了解。"内城区"贫困在生态上不再成立——许多最贫困的邻里分布于美国城市或郊区的边远角落里，而正如我们之后将会看到的，芝加哥也不例外。在贫困范式的导向下，目前为止许多调查都仅聚焦于贫困的个体，且大多数民族志都关注贫困的社区。近几十年涌现出了一批优秀的城市民族志，但它们几乎都出自黑人社区或者贫困族裔社区。[21]城市社会学把大量的注意力放在了贫困和受压迫的人群上，其影响显而易见：关于整个结构情境和社会机制范围内的邻里差异的调查研究则相当有限。

因而，我在本书中的讨论不限于"贫民区"的范围，且重点关注在理论层面有效力的社会机制，广泛涉及非正式控制、网络交流、同质性（homophily）、选择和组织能力（organizational capacity）等各种因素。正如在上一章中介绍过的，我将社会机制概念化为能够解释一个给定现象的合理的情境进程（contextual process），其核心目标是实现对因不同邻里而异的社会行为的来源及后果的实证研究。接下来我采取了比较的方法，尽可能地研究多个邻里随时间推移的演变。这种策略避免了某些民族学文献仅依据单一个案就做出比较性的判断的倾向，也避免了一些定量文献中仅仅注重横向研究或者一次性研究的倾向。例如，自威廉·怀特（William F. Whyte）始，批评者对社会解组论（social disorganization theory）的一个老生常谈的批判便是，在自身所研究的邻里中他们目睹了社会组织存在的迹象。最近，马丁·桑切斯－扬科夫斯基（Martin Sanchez - Jankowski）延续这一传统，在写他在极度贫困的邻里的长住经历时说："仅经历过一次（短暂的）社会解体。"[22]且不论不同观察者对组织和解体可能给出不同的定义，或者他们在同一邻里看到的东西是否一样，问题不在于社会组织的某种绝对的程度，而在于其随着社区的不同和时间的推移发生的变化。因此马丁·桑切斯－扬科夫斯基也许是正确的，但我们需要知道其他邻里（比如说较高或中等收入的阶层，而非仅仅是贫困阶层）的组织水平以及它们如何变化的情况，由此得出针对社会组织的邻里层面理论的主张。[23]比较框架的优越性在于，不管它在原则上是否属于民族志范畴，它都能够直接完成这类比较。[24]

对比较性社会机制的关注不应该被解读为对文化的和象征性过程的忽略，或是暗含着对普适法则的寻求。本书的方法及其研究设计让我得以同时探讨了可能是当代城市邻里中最有影响力的角色——感知（或认知）中的社会组织。邻里研究常依据普适的客观结构变量而进行概念化。当人们直接研究如网络和控制等社会组织因素时，它们也往往被认为要从感知和解读中分离或独立出来分析；但恰恰是这些感知和解读赋予了其意义。但就如杰拉尔德·萨特尔和艾伯特·亨特（Albert Hunter）以及在他们之前的沃尔特·费雷（Walter Firey）所表明的，地点兼具象征意义和使用价值。[25]人们也对于地点进行解读和叙述——"想象"[26]——这些象征性的表达反过来又强化了地方的观念。汤姆·基恩（Tom Gieryn）辩称，地点不只是几何平面上的抽象表示，它们通过物质形态、地理和被赋予的含义三者间的互动从而具有了社会意义。[27]当市长戴利搬离布里奇波特市（Bridgeport）而北上时，芝加哥产生了普遍的绝望情绪。其原因不仅在于当地的种族或工薪阶层的组成，更是此举所代表的象征和政治意义——对"湖畔自由主义者"（Lake Side Liberals）的一次让步。正如别的城市一样，芝加哥的许多其他邻里都传达着明显的刻板印象含义。例如：灯塔山（Beacon Hill）、田德隆区（the Tenderloin）、好莱坞（Hollywood）、贝德福德－斯泰森特（Bed－Stuy）、肯辛顿（Kensington）、左岸（Left Bank）等社区，都传达出独特的含义以及地方感。邻里的名声可能要比个人声誉更加坚实稳固。

总之，人们表现得好像邻里十分重要一样，这是地方不平等的社会再生产所具有的深远重要性的表现。本书的一个中心任务便是探讨赋予邻里以意义的文化和结构机制。

生态计量

是什么阻碍了对社会进程和社会机制的分析？理论起到了重要作用，因为方法论工具和分析法皆是在理论指导下产生的。到了20世纪中期，当个人中心的议题和调研日益取代芝加哥式的研究传统成为主流时，社会学在"去情境化"（decontextualization）阶段栽了跟头。[28]社会学将重心狭隘地转向了个人，既将个人作为数据采集单位，也作为理论推理的目标。虽然这一主导地位受到了挑战（特别是来自民族志学者的），但即便学界对邻里效应的兴趣再次复苏，个人中心仍然居于主流。大多数研究在很大程度上继续关注传统失败者群体中的贫民区穷人和负面结果，而定量研究则常把社会情境仅仅作为又一个用于预测个体差异的个人特征。

与此相反，我认为我们需要把社会情境本身作为一个重要的分析单位。这就需要新的测量策略以及不将邻里单纯视为个体"特征"的理论框架。然而，不同于几十年来已经被心理测量学研究纳入其统计属性的个体层面测量，我们评估邻里属性所需的方法并不普遍。为此，斯蒂芬·劳登布什（Stephen Raudenbush）和我打算通过建立测量邻里机制的系统程序，以及整合和改造心理测量领域的工具来提高邻里层面的测量质量，进而迈向我们称之为"生态计量"（ecometrics）[29]的一种生态评估科学。撇开统计细节，其中理论的重点在于邻里、生态和其他集体现象需要专属的测量方法，因其不具备个体层面的特质。我相信这一区分对于理论驱动的邻里研究的发展至关重要。因此，本书在着重关注邻里的社会进程的概念之余，同时致力于探索方法论工具的开放，以求实现理论目标——对城市的社会生态情境的测量标准。

"超本地"的进程与更广阔的社会秩序

生态计量的想法自然地引出另一个挑战，即在城市更广泛的社会秩序中将邻里和地点联系起来。过去对于邻里效应的研究主要注重"包含"的概念或内部的特征，假设邻里是仅与自己有关的岛屿。这种方法出人意料地设想，城市生态学思想的重点是空间的相互依存关系。近来，我们可以看到空间技术有了进步，空间技术使我可以通过空间网络捕捉到社会进程的相互依存关系，也包括扩散和暴露等机制。

但仍无法否认的是，过去的方法在很大程度上将关注局限在内部的邻里特征是如何与"邻里的邻里"的内在特征相关联的——空间上的接近度或地理上的距离已经成为空间社会科学近期进展中的决定性测量标准。尽管邻里网络如何以非空间的形式嵌入城市中更大社会结构的问题十分重要，但我们对此却知之甚少，也鲜有研究。讽刺的是，帕克和伯吉斯在其经典之作中展望生态结构研究时，认为邻里仅是片片镶嵌在城市中的马赛克。[30]政治经济学界也做出了与社交网络理论家们相似的批判：非空间关系和内部邻里特征在理论上同样重要，因此地方研究不能依靠仅考虑其本土特质来继续发展。并不只是城市层面的进程受到了威胁，国家和全球的力量都会影响地区的分层。正如威尔逊在《真正的弱势群体》中主张，内城区受到去工业化和向服务经济转型的不同程度的影响。[31]

我们如何着手论证如此种种宏观影响的超本地层面？邻里效应研究的最大障碍或许就是这样一个简单的事实：邻里本身就受到多种外来力量和情境的渗透。认识到这一点与研究它是两回事——对芝加哥学派的批评屡见不鲜，但依然缺乏对于"更大"结构影响的有说服力的实证解释。受这一隐忧的启发，我将在本书中探讨从超越孤立的都市邻里概念的互联化，以及从多层次社会进程的角度进行思考的影响。我的策略是考察居所流动、组织关系和精英社交网络如何有差异性地将邻里与支撑当代经济、政治和社会生活的跨领域机构和资源连接起来。[32]这一策略是通过对邻里迁移轨迹和对"关键知情者网络研究"，即一个关于芝加哥的领导者、组织和邻里间的网络的追踪研究的分析实现的。借助这些数据，我得以探讨文献中的一个最基本但未经检验的命题，其中的分析单位为邻里间和跨邻里的关系。此处的关系不仅仅作为地理距离的因变量（如，毗连邻里之间的纽带），而是作为横贯邻里和大城市边界的实际网络的因变量。例如，我考察全市范围内居所迁移和领导人间信息交换的网络结构的模式。我也研究关键社区分子间相互联系的结构模式如何与组织资源和社会资源中的变化相联系。

尽管如此，仍有一点不容忽视。我的研究无意揭示全球经济或其他宏观政治力量对邻里效应的全部作用。这并非否定了全球或"国家"影响的重要性，只是我的研究设计无法做到在分析上对其公正对待。但我的确主张宏观过程都根植于本地，并在日常生活的土壤中发展。这一主张立足于民族志的非定量方法，多少有些讽刺意味。反映到战略上，则表现为我尽可能地尝试联通多重维度的影响。特别是在第四部分，这种多层次的方法试图揭露超越地方边界但对社区和个人生活具有影响的宏观政治、网络、经济和组织进程的双向联系。社区之间的这种高阶联系形成了别样的邻里效应，这一极少被关注的话题是本书的一个重点分析目标。

个体选择的反思

此时此刻，读者或许会怀疑我是一个结构决定论者。但是，对这项研究的正确解读应该是：个人同样重要。邻里如何变化、城市动力学如何产生，并不只是从结构角度或者"自上而下"地考虑，也兼顾"自下而上"的角度。在《社会理论的基础》（*Foundations of Social Theory*）一书中，詹姆斯·科尔曼（James Coleman）提出了一个启发式的模型，阐释了在研究连接"上层"结构和"下层"个体的微观和宏观进程时不同的分析路径。

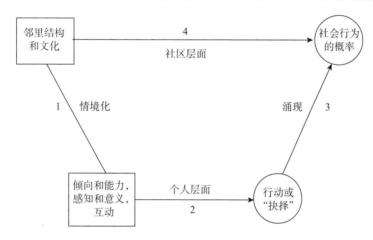

图 3-1　邻里微观-宏观链接概念模型

虽然我不接受或者不运用其潜在的理性抉择框架，而且不认同"方法论个人主义"的严苛限制，但我仍认为科尔曼的分析框架对于理解微观-宏观链接是卓有成效的，并将其应用到我们目前对邻里效应的分析当中，看它能带我们走多远。

在图 3-1 中，我在上层的部分绘制了第 2 章中强调的宏观层面联系，我称之为"边对边"分析（例如，邻里间集中贫困与犯罪率的关联）。链接 4 中呈现的也是这样的联系。链接 1 反映了"情境效应"，在这一邻里模型中，该效应作用于个人（"自上而下"），尤其体现在对其倾向和能力以及各种影响行为（科尔曼意义上的"行动"[33]）的社会互动和意义的影响。大多数社会科学都关注在个人层面的链接 2，而追随芝加哥学派传统的研究或关注"宏观层面"，从理论上说明横跨科尔曼"船型结构"（链接 4）上层的

"边对边"联系，或关注链接 1 的情境层面。本书的任务是更好地理解通过各种多层次的链接联系整个过程的机制，包括边对边或社区层面的链接，及自下而上和自上而下的链接。这个任务也是为了更好地界定和研究情境的作用，而在我看来这也是方法论个人主义最无力解决的问题。

这一策略使我开始反思一些关于个体的作用和当下盛行的实验风气的普遍共识。在第 2 章中，个体分类产生的"选择偏误"是邻里效应文献中普遍关注的问题。[34]普遍的担心在于，由于个体做出抉择并且根据地点进行自我分类，其过程具有非随机性，因此很难获得邻里效应对社会结果（通常包括犯罪、青少年生育、就业、死亡率、初生体重、社会失范以及儿童的认知发展）影响的准确评估。总的来说，针对这一批评的回应一直都是将选择视为一个统计问题来控制而非具有实质性作用的问题。正如第 2 章解释过的，研究邻里效应的常用方法是利用观测数据以控制多个个体层面的变量。一个新近的方法是，通过实验来获得更不偏不倚的因果推论。

詹姆斯·赫克曼（James Heckman）最近阐述了他的"因果关系的科学模型"，其目的是直接面对和获得对社会进程的基本了解，其中，社会进程选择个人并对其进行利益因果"处理"[35]。虽然我不采用正式的模型或经济学理论，也不坚守过度"唯科学"的立场，但我的确认为研究个体分类和进入不同类型邻里的选择应作为我认识邻里效应的更大理论项目中的基本要素。借助实验范式中的随机法，我暂不考虑研究这些机制在结构与有目的的选择相互作用的社会世界中是如何形成的。因此，在本书中，我主要关注选择的一个重要方面——邻里区位或选择——并且将个体造成的邻里结果本身视为问题。这一方法让我得以考察了分类的一系列来源和后果，个体生活的社会不平等的再生产，一类是分层化城市景观的再生产（见图 3-1，链接 1 和 2）。同样重要的是，通过重视选择和微观到宏观的链接3，而不是直接将其去除在定义之外，我得以研究个体抉择如何以居所流动的形式带来网状穿过和跨越城市的"上行"结果（然后，反过来，回到链接 4）。这些联系定义了更广泛的城市人口。换言之，这幅鸟瞰图是由个人行动构成的。

举个简单的例子，也是为了鼓动大家更好地理解互联城市的理念，假如我从 A 社区迁移到 B 社区，我进行的是一项个体行动，但与此同时我也在这两个地区之间建立了联系或者实现了交换，随之产生结构性的后果。

图 3 - 2 中的每一条线表示在芝加哥研究中由原始家庭邻里和目的家庭邻里之间的流动所创造的一个连接。这项研究的详细内容我们会在下文具体展开。圆圈表示邻里，线的密度与邻里间的流动量成正比。从图上我们可以看到，个体流动带来了邻里间"交流"型社会结构的兴起。有些流动反映了白人的迁徙，有些则体现出原来黑人区的日益多样化发展，还有些呈现了向郊区迁移的趋势。我将在第 11～13 章探讨上述以及其他各种"微"行动如何产生不同种族、经济和社会组成的邻里之间的社会结构连接，帮助我们更好地理解持续存在的城市不平等的再生产。在第 14 章中我将考察另一类个体和跨邻里的联系——关键知情者网络，以及它在构成芝加哥社会结构过程中的作用。

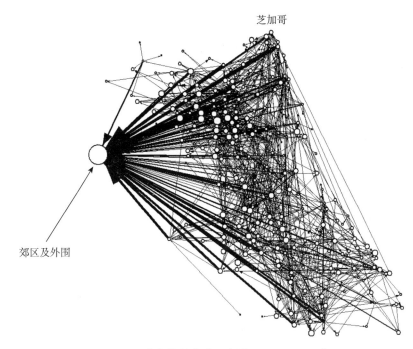

图 3 - 2　动态居所流动示意图，1995～2002 年

　　不同于许多优先考虑邻里对个体分层嵌套或自上而下的影响的邻里效应研究，我关注边对边、自下而上和鸟瞰视角，并且伴随着对生态计量的测量、社会因果关系、超本地空间进程、认知及因果、选择偏误一系列问题的关注，将这一切作为一种整体方法，以阐释图 3 - 1 中的结构。我也坚信，宏观层面的机制（链接 4）有其自身的社会逻辑，并且依照方法论个人主义者的方式也无法化约为个体行动者。[36]因此，我的观点是，构想邻里效应的方法很多，主流的自上而下的路径固然重要，但远非值得考虑的唯一路径。即使在情境化的链接1出现争议时，其概念化也是一个典型的狭窄过程，且从邻里情境出发的中介路径被不恰当地控制了，正如试图实现"其余皆平等"这一普世理念时呈现的一样。例如，如果邻里条件与认知理解和评价有牵连，那么它们同样与个体行为和社会结构两方面有因果牵连。虽然社会生活被认为尚处于发展初期，其结构却是通过个体间的一系列复杂关系形成的，而这些个体关系又是由宏观的、往往是持久的邻里进程塑造而成的。[37]我的分析方法因而往复于当代城市社会结构各"层级"之间，着眼于解释和整合反映一个更广阔意义上的邻里效应概念的多重因果过程。

理论原则

以进行了十多年的"芝加哥邻里人类发展项目"的原始数据采集为后盾，我的目标是将情境进程置于理论基础中，这样就能辨认出都市生活随时间而改变的方式了。如上所述，对当代城市中地区的社会机制和动态进程的关注贯穿全书的各个章节，在本书中，研究城市即芝加哥。培养我走上学者之路的芝加哥城市社会学派为研究提供了重要的传统基础，但是它也需要被改造——正如当前改造中的芝加哥市一样。

对于邻里效应研究和当代美国城市研究，我从我认为的一般理论方法中提出了10个活跃元素。[38]此处指的并非下文将要展开的具体假说，而是本书中受芝加哥学派启发而操作化和延伸的社会调查中更广泛或更抽象的原则。

1. 不断地把首要关注点聚焦在社会情境上，尤其是当其在城市不平等和邻里分化中显现时。

2. 研究邻里层面或情境变化本身，采用基于多重方法、但始终与某种形式的社会生态特性的经验评估相联系的兼收并蓄的数据采集方式，并伴随验证的系统标准——生态计量。

3. 跨生态情境以及在生态计量原则的指导下，关注城市生活的社会互动机制、社会心理学机制、组织机制和文化机制，而不仅仅局限于个体属性或种族构成和贫困等传统组成特征。

4. 在此框架内，加入对邻里变化的时间动态历程的关注和对邻里轨迹的阐释。

5. 唤起对解释稳定性的进程和机制的同步关注，突出邻里社会再生产的形式。

6. 在邻里动态研究中嵌入反作用于邻里结果的个体选择决策的作用——将选择作为一种社会过程，而非统计干扰。

7. 超越地方范围。研究跨越或溢出地方边界以至有更大的空间优势/劣势的邻里效应和机制。

8. 进一步引入在空间邻近影响之外的宏观进程，将城市或大都市地区作为一个整体的社会组织来关注，以及连接它们的更高阶（或非空间）的网络整合所组成的邻里的差异。

9. 永远不要忽视人们对公共事务和对城市与社区生活改善的关注，为社区层面的干预总结经验，将其作为个体病例医学模型的一种科学化的替代。

10. 最后，在证据和因果分析的基础上采取多元化立场的同时，强调理论解释性经验研究的综合性主题。类似于定量与定性之间所谓两种文化的问题[39]，理论和实证研究间时常存在的分裂的情况，过去似乎从未对芝加哥有过多大影响。如今也不应该有。

这十项原则引出了大量工作方法，其中有我自己提出的，也有些是从芝加哥学派的理论中推论出并调整以适用于当代社会世界的。从本质上说我认为，如果抛开芝加哥学派的思想，那么活动也在“语境论范式”上达成了共识，即以“从社会（往往是地理）空间和社会时间的语境中抽离的社会事实没有任何意义”这样的论述为前提。[40] 对于将理论与操作概念相联系以理解这座不断变化的城市（并非其他理论家）所在的经验世界的社会生活来说，这一研究方式十分强有力。因而我的研究方式试图结合方法与理论原则，看待理论时从其经典形式出发——在一组指导的解释性原则和假说的框架下，在其相互关系中分析一组经验事实。具体的理论观点和假说会在下面的各个章节逐一解释。

关于风格的注释

下一章将谈到，芝加哥邻里人类发展项目是一个在多方面逐步发展的大型项目。它的触角延伸到许多领域，未来的研究者们无疑会将这一项目扩展到其他未知的方向。[41]但是现在有近 15 年的研究和出版物需要汇总整合。除此之外，还有许多新的研究成果需要报告，以及之前我获取的但未曾分析的数据源。虽然我并不试图涵盖所有之前从芝加哥邻里人类发展项目中产生的资料，但我们可以从累积的经验（包括进步和错误）中学习。我们面临的挑战是，到目前为止所发表的关于芝加哥邻里人类发展项目的文章都像未经组装的拼图，分散在许多不同的地方而且作者的风格也不统一。鉴于该项目的大部分内容及最终数据的公共性质，我认为组装这些形形色色的碎片并且以综合的方式、统一的风格介绍过去的成果并为我后来的经验研究工作的框架打下基础，是自己义不容辞的责任。在此背景之下，我呈现了新的数据和研究成果，以及对重要的理论框架进行整合修订后的描述。

在涉他行为、公民参与、组织和精英网络的系列定组研究之外，我在本书中特别关注动态进程和在芝加哥邻里人类发展项目的跟踪研究中收集的在个人以及邻里和社区层面的纵向数据。我也依靠在经策略性挑选的邻里中对社区领导的个人采访和在研究过程中实地观察的记录。结果是，几乎所有我重点强调的实证发现和观察结果（尤其是在图标上）都反映了原始分析。其余的则从长期的角度重新解读了先前的研究结果，每一章深入讨论尚未探究过的主题、数据源或分析。这一综合策略要求我重新审视之前的调查结果和地区，以纵向数据对其进行考察，然后再次修正，这一回访以 2010 年在芝加哥进行的一组最终实地考察和数据收集策略画上句号。这些回访不仅涉及芝加哥邻里人类发展项目相关的材料，而且牵涉与 20 世纪以来在芝加哥持续进行的一系列研究的对话，而这为社会科学增添了不少养分。[42]

邻里效应和城市社会结构的研究很复杂，而且还捅了方法论难题的马蜂窝。因而，大量专业材料由芝加哥邻里人类发展项目获得不足为奇。这些小难题并非小挑战，我和同事们花了几年时间尝试攻破这样那样的实证难题。在同行评议的期刊、补充材料和本书的脚注中能够获取这项基础工作背后的大部分细节，但我会将重点放在描绘大局上。因此，这本书在很大程度上是"无相关系数"和非专业的。事实上，书中没有表格。与此同时，参看数据是很重要的，并且我不认为读者应该简单地相信作者。展示的困境正在于此，一方面要以学术的方式呈现，另一方面有时也需要把密集的研究成果用便于理解的方式呈现出来。我在这本书中的解决方案是为读者提供大量地图和图表，以求在视觉上呈现经更复杂方法反复审查过的理论观念和经验规律。我相信调查范围是这一策略的保证，也希望对读者而言这段旅程是经得起任何挑战的。对于希望重走一遍我的研究历程，持续钻研细节或者深入挖掘方法的人，可以按照脚注、线上资源和引文提供的路线图进行。[43]

第 4 章
芝加哥项目的诞生

前文已经建立起了总体分析框架，并提出了基本研究问题，本章将介绍我称之为"芝加哥项目"的研究。我将会重点介绍一系列关于芝加哥的互相关联的研究，这些项目都是大约在 20 世纪末到 21 世纪初开展的。芝加哥邻里人类发展项目整合了这些研究，它亦是本书的实证基础。由于该项目包括多个部分，并催生了另一些具独立思考立场的同源研究，我把这些部分整合到此书当中，因此将其命名为"芝加哥项目"。

我将会介绍芝加哥邻里人类发展项目的总体研究设计及逻辑依据、最终采集到的各种数据，以及我们在这项研究实施过程中面临的一些操作难题，以便读者理解该项目的方方面面。许多对社会科学研究的描述看起来特别的"一尘不染"，好像数据就那么干干净净地显示在分析者的电脑屏幕上，不带一丝血汗或泪水，而后者恰恰大量存在于芝加哥邻里人类发展项目的过程中。我相信这一项目诞生的故事离不开对社会科学如何运作、城市如何运作，以及两者在对人类产生最终影响（human outcome）的过程中的相互作用的了解。正如构思数据结构的过程一样，在这类努力中，科学研究者的角色通常被忽视。改述歌德（Goethe）之语，有人或许会断言"数据即理论"。不仅如此，人们往往低估研究人员从研究设计文本完成向数据收集过渡时遇到的曲折、转变和妥协。因此，我将着力对开展该项目的这些关键时刻进行生动的描绘。首先，我们可以从芝加哥邻里人类发展项目的知识背景开始，或许可以使用这样的小标题："当社会科学与大科学结合，会发生什么？"[1]

理论渊源

故事始于 1982 年，麦克阿瑟基金会（John D. and Catherine T. MacArthur Foundation）资助的一个研究小组被指定要为一项全新的重要研究提供建议，涉及的是一种犯罪学的"弗雷明汉"（Framingham）研究。[2]研究小组的成员组成反映了当时在推进研究的过程中的思想角力：前伊利诺伊州州长理查德·奥格尔维（Richard Ogilvie）、法学学者赫伯特·韦克斯勒（Herbert Wechsler）、当时哈佛大学的詹姆斯·威尔逊（James Q. Wilson）和劳埃德·奥林（Lloyd Ohlin）、芝加哥大学法学院的诺弗尔·莫里斯（Norval Morris）和南加州大学的丹尼尔·格拉泽（Daniel Glaser）。根据私人交谈和对项目档案的研究，在我看来，在这个早期研究小组中有两个关键角色，其中之一是一流的政治学家詹姆斯·威尔逊，当时他正在与哈佛大学的心理学家理查德·赫恩斯坦（Richard Herrnstein）合著《犯罪与人性》（*Crime and Human Nature*）。另一位是社会学家劳埃德·奥林，以其与理查德·克洛沃德（Richard Cloward）合著的经典作品《犯罪与机会》（*Delinquency and Opportunity*）[3]而著称。因此思想角力自然围绕两种观点展开：一种是威尔逊和赫恩斯坦主张的将犯罪视为个人特质，或是根源于生物特质，另一种观点则是奥林倾向于将犯罪作为一种社会现象，既而是一种情境化现象（contextual phenomenon）。[4]

另一个相关背景是美国国家科学院（NAS）专家组接到委任，由卡内基梅隆大学的运筹学者阿尔弗雷德·布鲁姆斯坦（Alfred Blumstein）主持，进行"犯罪生涯研究"。1985 年，《犯罪与人性》一书出版后不久，美国国家科学院于 1986 年发表了一份十分抢眼的报告。二者都提出了"职业罪犯"的概念，而为这一理论埋下伏笔的是马文·沃尔夫冈（Marvin Wolfgang）的论著。在《出生队列中的犯罪》（*Delinquency in a Birth Cohort*）一书中，沃尔夫冈及其同事报告，在费城的出生队列中，6% 的人"承包"了整个队列的大约 2/3 的违法行为。[5]由此看来，犯罪产生于相对少数的个体当中。沃尔夫冈回溯性地阐明了"职业罪犯"，且人们逐渐达成一个共识：该领域需要针对职业罪犯设计一个全新且重要的前瞻性研究。该提议是出于对未来预测和选择性无害化施行的构想。正如约翰·罗伯（John Laub）在

2003 年在美国犯罪学学会的主席报告中指出，这些事件是美国犯罪研究的主要转折点。[6]威尔逊、沃尔夫冈、布鲁姆斯坦等人提出的争议性论点催生了针对"职业罪犯"（后来的"终极猎者"）的研究议程，尤其是引起学界普遍回归到早期对犯罪预测的关注。[7]

至于最后的一个相关背景，在现有状况下很难做到完全理解。仅仅 20 年前，人们还认为美国城市已经日暮途穷：暴力行为屡破纪录、破败不堪和人口外迁。1980 年代末到 1990 年代初，城市地区的暴力行为剧增，"绝望"即是那个时代的最强音。随着我们着手开展这项工程，《芝加哥论坛报》在 1993 年发表了题为《杀了我们的孩子》的系列报道，并荣获普利策奖。其中记录了都市地区所有 15 岁以下儿童的谋杀案。被害儿童人数之多令人发指，和美国其他大都市的报道一样，《芝加哥论坛报》的头条报道也持续不停。其中一个典型标题写道《暴力与贫穷的泥潭：城市儿童身陷险境》。另一篇题为《次于郊区的城市：更多芝加哥人认为此城已非家园》[8]的文章则宣称人口外逃至郊区。公众舆论强烈呼吁为城市暴力问题寻求解决方案，而芝加哥邻里人类发展项目的实证证据被认为为城市犯罪政策提供了科学支持。

在麦克阿瑟基金会和后来美国国家司法研究所（National Institute of Justice）的支持下，研究组的初期投入成就了一部由大卫·法林顿（David Farrington）、劳埃德·奥林（Lloyd Ohlin）和詹姆斯·威尔逊（James Q. Wilson）合著的作品，标题恰如其分——《了解并控制犯罪：走向新的研究策略》（*Understanding and Controlling Crime：Toward a New Research Strategy*）。[9]在思想力量和城市问题的紧迫性驱使下，1988 年 2 月，麦克阿瑟基金会果断在达拉斯举办了一次大型工作会议，仔细讨论敲定实际设计的细节。我可以确定的是，（尽管我不在场）被邀请的有几十人，绝对是当时行为科学领军人物的群英会。关于当时的情况众说纷纭，但根据我得到的消息，会议并没有促成学术共识。相反，这些消息勾勒出当时嘈杂而纷乱场景，尽管借着当时推进会议进程的名头，各自的私心却时不时在争论中赤裸裸地展现了出来。怀着明显的不悦，麦克阿瑟基金会不得不退回原点，重新开始。尘埃落定是需要时间的，项目要获得进展则需要行动。这个重担压到了芝加哥的诺弗尔·莫里斯（Norval Morris）身上，他以其学识与智慧成为幕后推动者。他和一个小组带头努力劝说麦克阿瑟基金会再试一次，不过这一次，项目设置了同业审查，配合美国国家司法研究所的政府资助，并且缩小领导组的规模。

他的努力最终成功了，项目的一期工程随后于同年开始。工作组由劳埃德·奥林、剑桥大学心理学专业的大卫·法林顿和哈佛大学儿童精神病学专家费尔顿·伊尔斯（Felton Earls）共同主持，全组的总指导为明尼苏达大学的法学专家米歇尔·汤瑞（Michael Tonry）。项目的原主题为"人类发展与犯罪行为项目"（Project on Human Development and Criminal Behavior），特意强调犯罪与个体发展。对犯罪的强调反映了当时城市面临的广泛挑战，对个人发展的关注则反映了另一现象日益增长的影响。这里说的是后来为人所熟知的"大脑的十年"（the decade of the brain）——这是对人类行为的一个医学模型概念。这一对焦点拉开了思想论战的序幕。规划工作展望了一项前瞻性研究，对象为多个城市的上千名 0 ~ 25 岁的青少年，按照世代队列的纵向设计。这项研究极可能成为实验的组成部分。测量计划向个体差异构建、精神病学诊断标准和家庭进程严重倾斜。社会学因素和社区也被纳入考量，但是后者显得尤其草率，而且其存在的目的仅仅是为个体差异的预测提供另一个变量。

同年，随后任命小艾伯特·瑞斯（Albert J. Reiss Jr.）进入指导委员会，这成为我个人生涯的一个关键转折点。这一任命由刚从美国耶鲁大学社会学系退休的劳埃德·奥林一力促成。他于 1949 年在芝加哥获得社会学博士学位，并一度在该学院担任教职。[10]受到芝加哥社会学的熏陶，瑞斯强烈要求在该研究中纳入情境特征与社会学特性。促成此事得益于当时他刚为芝加哥大学出版社编辑了《社区与犯罪》（*Communities and Crime*）一书，并且（对我而言）我也已经应邀为其撰文。[11]在瑞斯的邀请之下，1988 年末，我开始进入规划委员会。

从那时起，我的头发开始花白，因为我知道跨学科的"大科学"听起来有多振奋人心，实际上就有多痛苦难行。我只好一边倾听神经生物学家的意见，一边研习行为遗传学，同时与学界的领军人物相互交流。与行为遗传学家对饮争论也不失为一种极大的乐趣。[12]论战不休，但主要的争论爆发点集中在个体因素和情境因素在犯罪起因中所扮演的恰当角色。詹姆斯·威尔逊与一众犯罪学家和发展主义者倾向一种包括生物因素的理论假设，而劳埃德·奥林和其他社会学家则坚持注重情境因素。此外，我和瑞斯则强调社区层面因素，最后我们也为自己的观点在会议桌上占据了一席之地。考虑到委员会、资金来源和知识背景的多样性，这份战绩不可谓不丰。更多详情有待展开，但这足以说明，历经诸多学者的唇枪舌剑和大力投入，项目的框架终于初露端倪。[13]这会是一个"加速纵向"或世代队列的项目，从0～18岁，每个对象追踪8年。换言之，项目的理念即在同一历史时期内追踪不同年龄段的多个队列。反之，队列研究将会嵌入一个社区设计中，对社区的社会组织进行独立的数据收集。在我看来，这场阶段性的胜利，其实是承诺于那些着重情景因素作为犯罪途径的研究，在他们自己的努力下，关于情景因素的研究将会先于并且独立于个体因素的研究。同时该研究的关注点从犯罪转移到人类发展的整个生命过程中更广泛的、跨学科的研究。

一位哈佛大学儿童精神科医生费尔顿·伊尔斯［Felton（"Tony"）Earls］对该项目的学术与行政介入为该项目带来了一个关键的转折点。伊尔斯长期关注着儿童发展和成人健康而不仅仅是犯罪这一领域。他带着广泛的学术兴趣、智慧和大力的投入来到该项目。他被任命为首席调查员之后，巩固了两种研究方法的结合运用，即对儿童健康的发展性研究方法与对城市生活的情境或人口基础的研究方法。与此同时，哈佛大学公共卫生学院也正式将该项目纳入制度。担任副首席调查员的斯蒂芬·布考（Stephen Buka）是伊尔斯在哈佛的同事，也从事公共卫生领域的研究。当时我与艾伯特·瑞斯（Albert Reiss）、苔莉·莫菲特（Terrie Moffitt）以及斯蒂芬·劳登布什（Stephen Raudenbush）担任科学主管。[14]

这个项目最初的计划是在美国的几个城市开展这项研究，但预算和现实问题随之而来：实际上我们只能在一个城市开展深入研究。于是我们开始搜索理想目标，收集了洛杉矶、芝加哥、巴尔的摩、纽约和新奥尔良等候选城市各个方面的数据，包括主要人口普查数据、健康记录和犯罪记录。经过逐个实地考察，包括与当地官员的会面，我们正式选择了芝加哥并且定稿了合作完成的研究设计。[15]

为何选择芝加哥？

我是个美国人，生于芝加哥，这个阴郁的城市。我教会了自己自由地追求事物，并用自己的方式打造记录：先敲门者先入内；有时仅是单纯敲之，有时则是别有用心而敲之。

——索尔·贝娄（Saul Bellow），《奥吉·马奇历险记》

（*The Adventures of Augie March*）卷首语

　　芝加哥孕育了这座城市中作家与学者的热情，以及，就在最近的，一位总统。然而，我们对实验地点的选址，并非为了将这项研究置于城市社会学芝加哥学派的大本营。许多问题在实践的过程中实现了从理论到实际的跨越。最初，我们的主要目标是结合社会经济地位（SES）的多变性，从黑人、拉美裔和白人这三大构成美国社会的种族中获得具有足够代表性的采样。这一点将大部分城市排除在外，余下的城市根据一系列的标准进行排序，这些标准包括：智力资源、地方官员的合作程度、可用的档案数据、预估成本，以及先前研究所建立的，可用于研究、理解当代城市生活的比较框架。芝加哥的入选毫无悬念，其无与伦比的社区研究史无疑是锦上添花。

　　此外，还有一个不太明显的因素，即芝加哥本身堪称典型的美国城市。正如索尔·贝娄（Saul Bellow）、内尔森·艾格林（Nelson Algren）、诺曼·梅勒（Norman Mailer）等一大批文学、政治、文化和犯罪学界人士都证明，芝加哥是美国热情全方位、高强度的写照。即使是狂热的纽约客、著名的英国历史学家托尼·朱特（Tony Judt）也肯定芝加哥在美国城市生活的主导作用。他过世前，曾写过一段感人的颂词致自己移居的纽约。在文中，朱特如梅勒一样观察着纽约，称其虽为世界之都，但有些浮于表面，不得不说"它不算伟大的美国城市，这个名号将永远属于芝加哥"[16]。能担得起"伟大"二字的城市，必然很难保持完美。令那些鼓吹者沮丧惊讶的是，与其"伟大"之称相反，芝加哥是美国最恶劣暴行的秀场：不平等、暴力、种族隔离、腐败……此外，热浪、严重的雪暴以及臭名昭著的"大火灾"（Great Fire）等灾害也是常规景观。也许正是出于这些原因，芝加哥激发了深入的社会科学研究、文学、思想、建筑和政治激情，并已经在国际舞台崭露头角——奥巴马正是在这里开始其政治生涯，并形成了自己的世界观的。[17]毋庸置疑，芝加哥不是普通的美国城市，同时我也不赞成"从来没有一个城市如此真实"[18]的说法。但芝加哥也面临过美国所有主要城市都经历过的变化——成长、衰退、骚乱、犯罪和繁荣期。在这个意义上，芝加哥既独特又具有普遍代表性，其被完整记录下来的历史和背景，有助于我们理解关键模式。我的目标是在更广泛的社会进程背景下解读芝加哥独有（或者至少被视为独有）的情境化偶发事件。[19]在本书中我描述现实中的地方和人，如果有细节有助于形成具有一定普遍性的概念，那么它就是我关注的焦点。

因此，在熟悉各种观察方式和持续认真考察情境中的细微差别的同时，我的目标是确定典型性而非局限于独特性——研究当中的规律和结构模式，换言之，就是与所有可能的其他城市进行对比。我相信，抽象原则和具体实例之间的这种平衡是最具说服力的学术道路。[20]它不是科学家将现实禁锢一隅的纯实验室模型，也不是仅仅针对特殊知识的田野民族志之流。实话说，芝加哥是我展开经验过程和理论观点的"真理窥探"的范例。当然，正如贝娄的奥吉·马奇（Augie March）一样，这个城市是个有趣的地方，一往无前地敲进了 21 世纪的大门。[21]

数　据

继数年的筹款、拟定协议、预试和对几项大规模数据采集的公开招标之后，最终我们于 1994 年成立了一个研究机构，命名为"芝加哥邻里人类发展项目"。更名是为了反映该研究整合的两大主题：发展与情境。项目进入第二阶段，真正困难的工作也自此开始。

研究"邻里"，我们需要操作化的定义。在第 2 章和第 3 章中，我提出了一个理论定义并回顾了围绕在当代城市中邻里理念的争论。和其他地方一样，在芝加哥也许多有众所周知的社区，这些地方往往具有鲜明的边界，如高速公路、公园和主要街道。芝加哥有 77 个这类"正式划分的社区"，平均每个社区约有 3.7 万人，包含具有社会意义的自然地理边界。[22]虽然人们对这些边界评头论足，在少数情况下，它们的名称随着时间推移也有所改变，不过芝加哥正式划分的社区仍然受到媒体、政府机构、地方机构、服务供应商和居民的广泛认可。[23]社区之间的区别因而兼具政治力量与象征价值，后者随着时间的推移在一种自我实现的预言中得以加强。人口普查区是指更小且更同质化的社会区域，平均居民约 3000～5000 人。虽然是为行政目的而划分，人口普查区的边界尽量顾及主要街道、公园和其他地理特征。第三个甚至更小的区域是街区群——一组平均包含约 1000 居民的街区。通常用于研究的最小单位是"街区面"（该区域包括一户人家两边朝向的街道）。[24]

地方正式划分的社区、人口普查区、街区群和"街区面"等生态单位为实证研究提供了多样化的操作化定义。这些地理单元与重叠、嵌套的生态结构的观念相当一致，而且相较于城市或都市区，它们在地理边界、土地使用模式和社会同质性上更具完整性。它们被成功纳入了测试与广泛的实证研究。因此，在本研究中，我并不会强推任何唯一的操作化定义。由于社区是出于各种目的组织而成的社会性集合体，根据具体的结果，我们在研究步骤上需要灵活性。正如第 3 章里提到的，借助瑞斯的"鳞片式"结构的概念，我将会进行多层次的分析，这些分析囊括街区群、人口普查区、正式划分的社区和跨越社区边界的关系模式。

但芝加哥邻里人类发展项目必须有个着手点。我们认为，正式划分的社区太大而且异质性大，无法落实邻里采样设计，但仅着重于人口普查区采样的合理性又遭到怀疑，因为许多人口普查区实在太小。妥协之下，我们初步把芝加哥市分割为 343 个邻里集群（NC），每个集群包含两到三个人口普查组，约 8000 人。这些集群构成均根据重要地理边界（例如，铁轨、公园、高速公路）、对芝加哥本地邻里的了解以及对人口普查数据的集群分析来界定，以保证种族/族群融合、社会经济地位、居住密度和家庭结构具有相对均一性。在根据社会经济地位（SES）和种族/族群两个变量交叉分类所定义出的 21 个单元进行分层之后，我们随机选取总共 80 个邻里集群用于深入研究。具体来说，人口普查的数据被用于定义两个分层变量：种族/族群融合（3 个同质层和 4 个异质层）与社会经济地位（根据数值被三等分）。而经种族/族群融合与社会经济地位两个变量交叉分类所形成的 21 个单元分层的邻里集群数量呈现出不均匀的状态，这反映出隔离模式在美国社会中占主导地位。尽管芝加哥邻里人类发展项目的目标是从各层获得近乎相等数量的邻里集群，但是在全部 21 个单元分层中，有 3 层不含邻里集群，另外 3 层的邻里集群不足 5 个。[25]因此这 3 个单元的全部邻里集群（人口）都被选入采样。在其他层，我们对经过社会经济地位和住房密度分类的邻里集群进行系统选择。为了从 80 个邻里集群中选出结果概率样本，芝加哥市的种族/族群多样性范围与社会经济地位分层被尽可能地计算在内。

图 4 - 1 反映的是根据社会类型最终选出的邻里样本。我们可以看到整

个城市中的邻里多样且分散。按照计划，芝加哥邻里人类发展项目的核心旨在嵌入这些邻里进行纵向队列研究（LCS）。因此，在图 4 - 1 所示的 80 个邻里中，属 7 个年龄队列（0 岁、3 岁、6 岁、9 岁、12 岁、15 岁和 18 岁）的儿童被随机从住户里挑选出来。队列的规模跨越从 1262 人的 0 岁队列（有代表性、以家庭为基础的出生前队列）到 631 人的 18 岁队列。为了

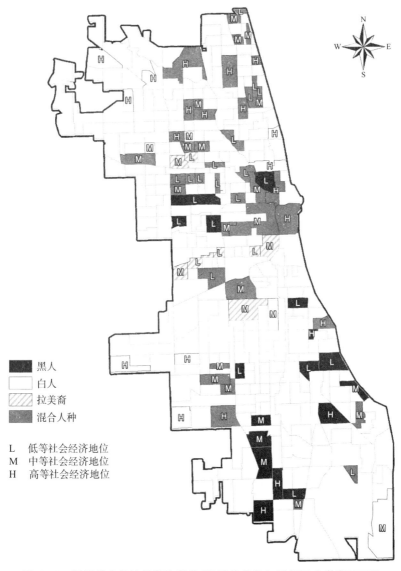

图 4 - 1　根据社会经济地位和种族/族群进行芝加哥邻里人类发展项目
采样的邻里集群，1995 年

寻找所需的样本，这项工作要对 4 万多个家庭进行个体筛选，寻找孕期女性或年龄符合条件的儿童。首先，要从列举的街区中系统随机选择住宅单位。在住宅单位内，所有的家庭都被列出，选定年龄合格的参与者（目标家庭成员 6 个月内年龄符合 0 岁、3 岁、6 岁、9 岁、12 岁、15 岁和 18 岁）。这样一来，一些家庭里的多个兄弟姐妹都会被访谈。参与者代表了那些居住在芝加哥邻里的家庭（其中 16% 的是欧裔美国人、35% 的是非裔美国人、43% 的是拉丁裔美国人），并在性别上平均划分。

广泛的入户采访和评估在采样儿童及其主要监护人之间进行。我们并没有把队列研究的数据收集工作直接分包出去，而是决定展开一项长期研究，行政人员也年复一年地投身于研究中。我们当时雇了约 200 人，在芝加哥市区西卢普区（West Loop）一带租了间办公室作为研究基地。[26]数据收集历时约 8 年，以滚动形式分为 3 期进行，每期间隔约两年半（第一期在 1994 ~ 1997 年，第二期在 1997 ~ 1999 年，第三期在 2000 ~ 2002 年）。被试对象与双亲评估很密集，大多数情况下，这两项评估根据被试者的年龄由两位访问员分别进行。收集到的信息类型包括健康情况、气质性情、人格、认知功能、族群身份、道德发展、社会能力、暴力接触、药物滥用、违法行为、家庭结构与进程，以及同龄人。在婴幼儿队列中，约 500 个婴儿被随机选中参与一个反复观察的研究，儿童和家长都要接受录像和观察，以便于研究者捕捉其气质和人格。

多亏有当地工作人员的艰苦努力，这一时期区间内城市样本的参与率与保留率俱佳。芝加哥邻里人类发展项目设法找到超过 70% 的最难接触到的 18 岁少年和占出生队列的 76% 以上的人；而第一期整体参与率达到了预期目标的 75%。初次拜访之后，许多儿童和家庭在芝加哥内外频繁搬迁。事实上，超过 40% 的芝加哥邻里人类发展项目成员都搬迁过，其移动范围覆盖了几乎整个芝加哥并延伸到大都市区，如图 4 - 2 所示。每一次迁移被地理编码到一个地址，我会在下文中分析这些居所流动走向。

我们追踪了芝加哥邻里人类发展项目家庭的每一次搬迁，无论是在美国境内还是迁往境外如墨西哥之类的国家。这些迁入地都反映在图 4 - 3 中。虽然迁移范围广，芝加哥邻里人类发展项目的工作人员仍花费了相当大的努力追踪，并在第二期成功实现了 87% 的保留率，在第三期实现了 76% 的保留率。[27]在当代的城市数据收集中，如此高的保留率实为难得。我们将在后续章节中介绍数据收集的具体措施，这些措施仍在沿用。现在我只是想描述在研究开展时数据源的流向。

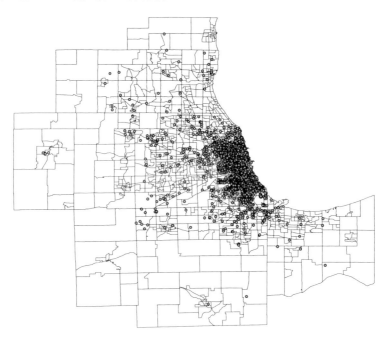

图 4 – 2　芝加哥市区后续跟进调查结束时芝加哥邻里人类发展项目
居住人口迁入地，2002 年前后

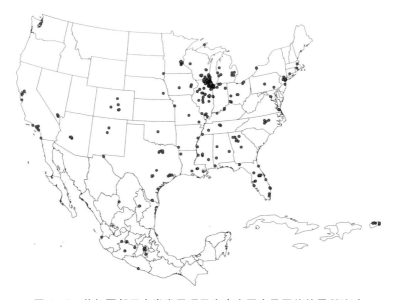

图 4 – 3　芝加哥邻里人类发展项目家庭在国内及国外的居所流动

社区调查

除了家庭研究之外，我们还在 7 个年龄队列中开展了 3 个独立的社区研究。这项社区研究所设计的重头戏包含在调查里，其目标是使用"集群"或多阶段采样的方法，通过将居民作为其所在邻里的知情者调查邻里的情况。由于与此目标相关的社区心理学和城市社会学的工作量巨大，为了收集关于如何提问的建议，我们于 1999 年秋天在芝加哥召开了研讨会。与会的重要学者为这项研究的持续进行慷慨地提供了建议。[28] 会议的重要成果之一是认可了一个理念，即把邻里作为独立的采样单位，而不仅仅作为队列成员的附属品。会议还提出了诸如社会控制和混乱等核心概念，学界先锋也分享了关于如何在邻里之间测量这些概念的经验。

这次会议之后，由瑞斯和我组织社区调查并设计采样方案的具体细节。这样的安排听起来实在平淡无趣，但实际上这个过程却是一场智力的角逐，并在纽约耶鲁俱乐部的一场马拉松式的讨论中达到了巅峰。我对这件事记忆犹新。瑞斯和我几乎毫不停歇地工作，直到最终确定了蓝图。白天的时候，我们待在一个没有窗户的图书馆书房，趴在巨大的木桌上拟出各项问题。过程评估则放在晚餐时间，并随着餐后的苏格兰麦芽威士忌一直持续到深夜。在这场马拉松式讨论的最终，我们拟定了调查议定书草案和采样计划，以测量一些概念，如社会凝聚力、非正式社会控制、朋友/亲属关系、道德上的玩世不恭、组织参与，以及此处未提及的其他概念，这些将会在后文中详细描述。

社区调查（CS）是对邻里结构中和文化组织里的居民所进行的多维度评估。我们的目标是评估芝加哥的所有邻里，无论我们的核心样本个体是否居住在这里。这是缘于我们预计许多个体在芝加哥内部迁移，并且我们也希望能够描述其迁入邻里的特征。但另一方面是因为我们密切关注邻里变化进程和纵向队列研究（LCS）被试对象的邻里与紧挨的邻里之间的空间机制。因此，"社区调查"采用与纵向队列研究相同的采样框架，但是项目自身独立的数据是在芝加哥的全部 343 个邻里集群（NC）中进行收集的。1995 年，共 8782 名年满 18 岁的个体被试者在家中接受了采访，平均每个邻里集群有 25 人（平均在 80 个焦点邻里集群中进行了 50 个采访，在非焦点邻里集群中平均进行了 20 个采访）。[29]

在与纵向队列研究相关的 80 个焦点邻里集群中，我们也进行了另外两项研究。社区设计的最大的非调查部分是针对 80 个邻里集群范围内所有街段的系统性社会观察（SSO）。第三个同时也是比较独立的部分是关键知情者研究，主要内容为采访大约 2800 个社区领袖，分别代表企业、执法部门、社区组织、教育、政治和宗教等不同领域的机构。我会在下文一一描述这些部分。但在此之前，还有一项非常重要的任务，即概述我们在开展社区调查和首次确定芝加哥邻里人类发展项目队列成员过程中面临的一些挑战。这些经历很有趣地与各个邻里的特征以及我们着手研究的城市联系在一起。

挑战与解决，芝加哥风格

显而易见，最初的芝加哥邻里人类发展项目尚未离开起跑线就已然濒临失败。不仅项目本身有失败的风险，早期阶段所有主要研究人员也都陷入了绝望，认定该项目将要分崩离析。

故事真正始于一个全国性的调研公司在一次国家投标中胜出，要进行家庭登记造册、筛选、确定符合队列研究资格的参与者并进行社区调查。这些任务牵涉甚多，预算高达百万，但无论是承包商或是芝加哥邻里人类发展项目高级调查人员都尚未完全意识到，随着数据收集"积少成多"，并意图在 1995 年创下新高，等待他们的是多么艰巨的挑战。[30]芝加哥的读者可能还记得 1995 年，这一年见证了这座城市史上最强烈的热浪。[31]酷暑炎炎，连续数日气温破百，大约致 700 人死亡。为队列研究筛选参与者和开展社区调查的承包商步履维艰。除此之外，后来他们还发现对该项目的竞标价过低。任务就这样搁浅了。该调研公司只筛选了约 1 万个家庭，社区调查也没有完成，资金就已经告罄。

这一变故造成了我的学术生涯中一段更为不快的离奇经历。诉讼和律师登场了，我们一度当着律师和企业主管的面争论研究设计的细节，终于制定了令人痛苦的解决方案——调查公司将承担实际财务损失（危及未来的拨款），完成社区调查，而我们则不得不收拾残局，并自己接手队列研究的筛选和登记工作。芝加哥邻里人类发展项目损失了大约一年的时间，成本剧增——真是一场灾难。

即使数据收集回归正轨，但却又陷入了新、老芝加哥的现实问题当中。调查员们不仅有的人在热浪袭击之下晕倒了，还有的人遭遇了持枪抢劫，甚至受到了性骚扰。比如两名研究助理在去队列采访的路上，遇到了驾车射击，目睹了人行道上的一具尸体。这是 1990 年代中期的芝加哥。与许多人的预期相反，"内城"的回应率相当高，而几乎击垮这个项目的却是"北侧湖畔"（North Side Lakefront）。新芝加哥的居民住在湖畔高楼里，通常是白人，他们富裕、丁克、专业、忙碌并且坚定自信，这群人有效地把西边的邻里隔离开来。网络理论家可能会预言他们之中许多人的生活本质上不会局限于本地。然而，矛盾的是，本地空间是至关重要的，它体现在外围入口有门卫把守、精心设计的安全设备和大门，以及谨慎护卫领地价值和本地环境的强大的公寓或房主协会。这并不是说本地邻里不重要——否则它怎么会有 7 位数的房地产价值和广阔的发展？相反，这些邻里受到聘用的保安人员而非居民的紧密防卫。因此，在为社区调查（CS）筛选家庭和面试时，该项目一度"闭锁不前"。

对应居民的回避和建筑安全所造成的障碍，该调研公司借助了另一个芝加哥传统，他们贿赂或讨好门卫以进入大楼。最大的王牌是一个外围团队，两个被称为"旅行者"的女人，其中一个来自新英格兰地区，另一个来自南部。据我们的一位调查员的现场记录和现场导演的编译，两位女士 40 多岁、身材娇小迷人、穿着最时髦的服饰，并且"极尽优雅——佩戴宝石、钻石耳环和珍珠项链"。她们精力充沛，思维敏捷，并且有跨越种族和阶级界线的才干。二人团队合作，攻破了北区（North Side）。[32]

在一个西南部的社区，数据收集也几乎停滞不前。那里的居民拒绝开门，愿意回答问题的就更少了。相反，他们让我们去找当地市议员，当然又一次表现了良好的"芝加哥作风"。多次尝试接触后，市议员表示，他需要先读采访计划，了解我们正在收集什么信息，之后才能决定是否信任我们。如果这不算权力机关和社会组织的"官方举措"，我也说不清这算什么。他还要求就其选民感兴趣的附加问题向我们提供"咨询"。在这种情况下，为了回归正轨，需要大量的自我鼓励、协商，以及一些补偿奖励。即便如此，我们的项目在该邻里集群的参与率仅为 65%。为了取得好的成果，在进入邻里之前，我们不得不向市长办公室、警察局等部门一一报备。

厄运还不止于此。一天早晨，我们被《芝加哥论坛报》的不祥头条惊醒，报道称一项大规模的联邦犯罪行动瞄准了芝加哥，引述了一名华盛顿的积极分子毫无根据且并不准确的言论，将我们与所谓的暴力行动混为一谈。做出这个荒唐结论的弗雷德·古德温（Fred Goodwin）是国家精神健康研究所（NIMH）的所长，负责协调犯罪活动研究，注重"生物决定因素"理论。他指控我们试图对参与者进行抽血，以确定生物标记物，最终能够从内城识别罪犯并令其丧失生活能力。另一个版本指控说我们的目标是消灭黑人女性。自称"芝加哥反暴力倡议联盟"的当地活动家团体很快加入了战斗，并呼吁终止研究，号召居民拒绝参与。[33]

幸运的是，我们拥有强有力的领导，且招募了一个坚定、具有族群代表性、深谙市井之道的工作团队。我们的现场导演是一位非裔美国人，他对恶意诽谤感到震惊，动员社会组织做出了巨大努力予以回击。他和项目的其他工作人员在全市组织演说和研讨会，并花费数月和社区组织面谈。这次行动也涉及了市议员，以及低收入社区的主要教会领袖。核心调查员伊尔斯（Tony Earls）花了大量时间阐述项目的科学目标，一一攻克错综复杂的政治与行政难题。

最后，正是在许多活跃分子试图代表的邻里中，我们得到了市民们最有力的支持。我们甚至获得了芝加哥最古老、规模最大的黑人报纸《芝加哥卫报》（*Defender*）和左倾刊物《当今时代》（*In These Times*）的认可。我也要指出，我们的设计——平等对待黑人、白人和拉美裔地区，社会地位低和高的阶层，反驳了将研究范围限制在内城或者"贫民区"的指控——事实上这一设计可以解读为对城市社会学界社会底层"贫困范式"的隐含批判（又见第3章）。同样讽刺的是，那些压制我们行动的企图得到了社区活动家的支持。曾经还有一个与戴利（Richard Daley）同台竞选市长的竞选人的经理找到我，作为一个有抱负的政治家，他希望盗用"集体效能"的理念为竞选之用。我拒绝涉足政治，但是看到我们的项目被左右翼两面夹击，我决定不再置身事外。

设计曾经遭受过一次重大的实质性破坏。出于种种原因，我们曾经考虑过生物性措施，但在最终的数据收集方案中没有采用。[34]之后不久詹姆斯·威尔逊离开了项目，我怀疑设计的变动是促使他离开的原因之一。有些人声称该研究的缺陷就在于没有立足于生物学的最新成果之上。尽管当时我觉得社会学在一定意义上取得了胜利，但现在看来则并非如此。我得出了更广泛的结论，即在标志着最新科学趋势的跨学科领域中，社会学对生物学的经典立场将面临公信力下降的风险。学科壁垒被迅速打破，在未来的十年内，我们现在划分学术门类的方式或许对理解人类的行为没有多大帮助。此外，由于遗传变异的表达脱离不了情境，社会学应该在基因 - 环境互动的解释中扮演一个智力角色，[35] 即，芝加哥邻里人类发展项目不是万能的。

这些都是现代都市中大规模社会科学研究面临挑战的几个例子。许多因素的交融——种族/族群隔离、对不同范式的怀疑、高楼耸立、对优生学和生物决定论的恐惧、封闭式社区、匿名性，以及老式政治——这一切使家庭访问和对个人发展的全面评估困难重重。然而，该项目克服了这些挑战，进入状态，并最终以优于预期的合作率完成了这两个社区调查和纵向队列研究。[36]

系统性的社会观察

社区设计的一大关键在于观察，而非人们的说法。本着早期芝加哥城市社会学派的精神，该项目的领导认为，直接观察是知识进步的基础。正如 Abbott 强调的，芝加哥学派的特点之一是它对公共场所的关注——这不仅仅指抽象的变量，也包括对街区的所视、所听、所感。[37] 至少 25 年以前，小艾伯特·瑞斯（Albert J. Reiss Jr.）就提议将系统性的社会观察作为自然社会现象的一个关键测量手段。所谓"系统性的"，是指观察和记录应当遵循可以重复操作的明确规则来完成。他还认为，观察的手段，无论是一个人或是一项技术，都必须独立于观察对象之外。所谓"自然社会现象"，是指"事件及其后果、其组织的特性，在发生时可以或多或少地被观察到"。[38] 虽然他自己在研究警民冲突，但瑞斯指出了用于评估受访者可能无法描述的在邻里背景下的物质条件和社会互动系统的社会观察（SSO）方法的一般意义。

在这一难题上阻碍我们走向独立和系统的社会观察的第一大障碍是方法的不确定性。这种不确定性不仅包括如何正确地实施这类观察，还涉及如何正确地在邻里层面评估其可测性。另一个值得关注的问题是成本，尽管因为没有了登记、筛选、爽约和回应率，直接观测或许比家庭调查更加便宜。为了解决这些问题，我们开发了收集公共空间观察评估的系统程序。

1995年6月到10月间，在美国芝加哥大学国家民意调查中心接受过培训的观察员一直驾驶一辆SUV，以每小时3～5英里的速度穿过80个邻里集群分层概率样本中的每条街道。记录观察的地理单位是"街区面"，即街道的一侧的区段。例如，在任何城市街区中，两边皆有街道的建筑构成两个独立的观察单位。每个十字路口都配有独特的地理识别码，如此一来，毗邻的街区面就可以拼凑在一起，形成更高层级的集合。为了观察每个街区面，我们的团队派出一名司机、一名摄影师和两名观察员。当SUV在街上行驶的时候，车两侧各架起一台摄像机，同时捕捉两边街区面的社会活动和物理特性。与此同时，两名训练有素的观察者分别位于SUV两侧，将他们观察到的每个街区面的情况记录在观测日志上。

必要时，观察员会用录音设备加入相关口头评论（如，事故或毒品搜查）。可能会有人好奇我们是如何在没有引发怀疑的前提下成功地做到了这一切。答案有两个：车窗是有色玻璃；即使在1995年，SUV也已司空见惯。虽然我们也害怕，但似乎没有人注意。这在查看视频片段的时候很明显。

我们在早上7点到晚上7点的时间段对街区面进行观察和录像。社会观察团队为80个邻里集群样本中的每个街区面制作录像带、录音带和观测日志。我们观察并视频记录的街区面共有23816个，平均每个邻里集群298个，每个区120个。23816个观测日志收集的数据主要集中在土地使用、交通、建筑的物理条件和物理紊乱的迹象。观测日志可以直接输入机器可读的数据文件中，录像带则不然。需要对它们进行耗时且成本不菲的初次查看与编码。我们从所有的街区面中选择一个随机子样本进行编码。总共选取了15141街区面样本进行录像带编码，平均每个邻里集群189个，每个区77个。从录像带中提取了126个变量进行编码，包括关于物理条件的详细信息、住房特征、商业以及每个街区面发生的社会互动。[39]

与原芝加哥城市社会学派十分相似，社会观察需要研究人员走上街头，并提供他们日常生活的所见、所闻和所感。这正切合小詹姆斯·肖特（James F. Short Jr.）的观点，呼吁着继承帕克和伯吉斯理念的芝加哥学派的基本精神，即"在每一个能想到的环境下观察和记录社会生活，并归纳其形式和过程"。[40]通过新技术和方法策略，再加上揭示城市性质转变的理论视角，芝加哥邻里人类发展项目试图让这种精神保持活力，尤其在社区研究中。

后续跟进

事实上，芝加哥邻里人类发展项目从 1994 年至 2002 年的数据收集是稳定的。虽然队列研究逐步接近尾声，但是 2001 年 2 月，我们与密歇根大学社会研究所（ISR）的芝加哥社区健康研究项目（CCAHS）合作，开始了第二轮社区调查。我们定义了一个新的（重复）横截面样本，对象为住在芝加哥邻里人类发展项目定义的 343 个邻里集群中的全部年满 18 岁的人，范围覆盖了整个芝加哥。同时，随机选择 3105 个成人（18 岁以上）进行当面采访。[41]芝加哥邻里人类发展项目也和密歇根大学健康研究所合作开展修订第二版的社会观察。我们在整个城市范围内收集观测数据，这次是根据每个社区调查受访者住所周边街区的观测日志的执行情况展开工作。[42]第二轮社区调查和社会观察的更多细节将会在分析过程中描述，但是这些后续跟进的意义简而言之在于芝加哥邻里人类发展项目及其衍生品开发了具潜力的前景：以新的方式测量构成芝加哥邻里稳定性和变化性的社会机制。这些遍布各邻里的重要的社会互动和文化特征上的动态和变化，即是本书阐述的核心。

同源研究

到目前为止，我已经介绍了在芝加哥邻里人类发展项目的社区设计中，我们如何采访芝加哥的居民，并且对城市街道进行系统的社会观察，以获取评估个体的常规方法捕捉不到的重要社会和物理特性。与社区这一层面设计密切相关的，还有若干同源研究，这些研究大多通过另一种视角或新的背景来评估社区情境。一些数据来自行政或公共记录，虽然对芝加哥邻里人类发展项目而言不是原始数据，但仍然提供了重要的信息来源，如人口普查数据（例如，收入、种族组成和房屋所有权）、警察局和法庭记录（例如，暴力犯罪率和监禁）、健康统计数据（例如，婴儿死亡率、青少年生育率）、电话簿单片缩影胶片（用于评估教堂密度）和用于研究非营利组织的纳税记录。在第 1 章里已经选了这当中的少数几个方面介绍过不同社区的多样性。

同时在澳大利亚、英国、哥伦比亚、瑞典，中国和非洲国家等地，也有项目受到芝加哥项目的启发，正在研究社区层次的进程。其中一个兴起于 1990 年代中期，与剑桥大学的维克斯特罗姆（Per-Olof Wikström）跨国合作，或有望实现芝加哥和斯德哥尔摩邻里数据的系统比较。在天时、地利、人和的多方促成之下，我们设计了一个研究，其中一个环节是采访斯德哥尔摩 200 多个邻里中的数千名居民。我们拟定的斯德哥尔摩协议，其实质可以媲美芝加哥邻里人类发展项目的社会调查。我将在第 7 章阐述，这一设计能让我们检视邻里集体效能和社会经济资源的分层如何解释芝加哥和斯德哥尔摩犯罪率的异同。

我认为，还有另外三项原创和新颖的成就进一步诠释了芝加哥项目，我们将在后续的章节更加全面地展开。其中之一是"芝加哥集体公民参与项目"，该项目收集了芝加哥地区 30 多年以来的 4000 多个公民参与的公众事件的数据（第 8 章具体分析）。第二个是信件丢失实验，在 2002 年和 2010 年对随机丢弃的已贴邮票的信封测量了回收率（第 9 章和第 16 章具体分析）。信件丢失现场试验允许直接但低调的测量利他或他涉行为。最大的同源研究是一个纵向研究，目的在于检验城市里那些能够呼风唤雨的人物之间相互联系的社区层次情境，即关键知情者网络研究（KeyNet）。在 1995 年，我们采访了 2800 多个社区的领导者和法律、政治、教育、商业、宗教和社区组织 6 个领域的专家。根据其公共职位，这些领域的佼佼者采样应该具备社区的社会行动相关的专业知识和责任感。为了找出公共记录或许检测不到的其他关键参与者，我们还进行了"滚雪球抽样"。而后，在 2002 年，我们回访了 1995 年参与关键知情者研究的 1000 多名受访者或者他们的继任者。[43]在第 14 章中，我会更详细地描述这些数据，并从理论上推导出回归到集体效能等其他社区概念（例如，精英中领导的密度和凝聚力）的测量方法。在社区动态研究中以小组为基础的定位方法可以直接测量领导结构的稳定性和变化，并最终一窥社区管理机制和超越所有社区的领导网络的连锁结构。

结　论

集结十几年的数据收集成果，芝加哥项目就像当代都市中社区层次进程的理论观点和作用于个体的情景效应有意结成的一张数据网。本书整合利用这一复杂的数据网，服务于理论指导下对城市、邻里和个体交互作用的评估。但是，数据收集的情境、智力和历史背景本身就是故事的一个重要组成部分，因此我在本章概述该项目的社会起源和发展。基本而言，数据是理论化的——他们只在一个概念框架中产生意义并引导问题。在我看来，研究设计因而也是理论化的，并且优先于统计分析。芝加哥邻里人类发展项目和初期的芝加哥项目正是对这一核心理念的实证体现。

最后，实不相瞒，我在伊利诺伊州待了 18 年，专注地研究芝加哥的一切。其中有 12 年时间，我任教于芝加哥大学，每天观察城市中的邻里［尤其是从市中心和近北区（Near North Side）到远南区（Far South Side）并一直深入南郊］，这已然成了我的日常规律。[44] 显然，这不是民族志（ethnography），但我沉浸其中，而且对当地的了解有助于统观全局。多年来，我还多次亲自带领焦点小组对社区领导人进行筛选访问，并做现场记录、拍摄城市街道的照片。尽管大部分待收集的数据在性质上都更加量化和系统化，在 2002 年，我选择把自己从普通芝加哥人（包括大学和城市）中"剥离"出来，或许是为了更好地从远处欣赏它，并反思个人的偏误。[45] 然而，像霍华德·贝克尔（Howard Becker）一样，我最终相信，定性和定量研究之间建立的标准区别是无法持久的。[46] 我应该进一步论述，激发民族志发展的主要原则和动力能够引导定量工作，关键在于经验信息的质量和从中得出的推论与主张的准确性。

第三部分
· · · · · · · · ·

社区层面进程

第 5 章

不平等遗毒

1945 年，克莱尔·德雷克（St. Clair Drake）和贺拉斯·卡伊顿（Horace R. Cayton）所著的《黑色都市》（*Black Metropolis*）一书引发了学者和大众的恐慌。无论是按照"疾病与死亡"的标准还是按照"贫穷与社会解体"的标准，对于 20 世纪中期的芝加哥而言，居民福祉都严格按照种族等级被分为三六九等。[1]在路易斯·沃思（Louis Wirth）、罗伯特·法伊斯（Robert E. L. Faris）和沃伦·邓纳姆（H. Warren Dunham）等芝加哥学派代表的努力下，《黑色都市》中的图谱指出了一种协同联系，这种联系存在于基于地点的劣势的看似迥异的各个维度当中。

《黑色都市》诞生 20 年后，丹尼尔·帕特里克·莫伊尼汉（Daniel Patrick Moynihan）唤起人们对美国城市种族结构的再次关注，因而声名鹊起（同时也臭名昭著）。莫伊尼汉立场坚定，他以自己的历史观预测了主要社会发展趋势，并确认在布朗起诉教育局案的 10 年后，美国城市将面临的多个挑战。在他看来，在集中爆发的无数社会问题中，没有比黑人区的"病理混乱"更加突出的问题。[2]他的语言直截了当，引发了一场抗议的大潮，这场抗议并没有马上被人们淡忘。[3]至今社会科学家都避免使用"病理"一词。[4]

时至今日，莫伊尼汉曾经面临的许多潜在事实依旧如故。距离德雷克和卡伊顿笔下描绘的芝加哥已经过去了近 70 年，本章将阐述，虽然贫穷的人口从内城外迁，具体邻里已经转移或交换了位置，但是生态集中与邻里种族分层的普遍力量仍持续控制着这座城市。在第 1 章中，我已阐述了这一模式的初步论证。回看图 1 - 2，读者会发现，谋杀与低出生体重婴儿这两种现象似乎有着不同的病因，但它们的生态分布几乎没有任何分别。不幸的是，这种现象似乎并没有太大改变，我们仍然需要面对这一被忽视的稳定性和令人不快的事实。

本章中我的目标是越过病理之争，聚焦莫伊尼汉和在他之前的芝加哥学生所关注的更宏大的问题。与肯尼斯·克拉克（Kenneth Clark）一样，我认为莫伊尼汉希望社会政策主要侧重于结构和社会生态层面上的不平等，而非仅仅关注个人或家庭。这是一个与诸多用以描述当代社会科学和公共政策的个体简化主义（或行为主义）背道而驰的核心理念。不可否认，莫伊尼汉强调的大量社会问题和混乱之所以集中，是因为在这个社会，有许多人缺乏逃离弱势社区的资源。因此我认为他指向的是一种与种族密不可分的邻里间的不平等，并强调了没有政府干预这种不平等将会持续。[5]莫伊尼汉坚持这种观点，并在其著名的（但从未发表也鲜有人读的）报告《国家行动案例》（*The Case for National Action*）的最重要的一章中，反对"变量"法并呼吁解读邻里不平等以及出台相关方面的政策：

> 我们认为，问题之间的关联性极为紧密，解决问题的任何方案必然是不完整的，且会分散对相互关联性（强调）这一主要观点的关注。例如，我们已经给出了男性就业与接受救济的儿童人数之间的明确关系。就业反过来又反映了教育成就，而教育成就在很大程度上取决于家庭稳定，最终，家庭稳定又反映了就业。美国国内面临的最大难题就是找到打破这个循环的突破口和方式。[6]

更重要的是，莫伊尼汉将相互关联性与持久性结合起来，并建议加强弱势循环，或者更确切地说，贫困陷阱。[7]他在报告开头指出："只要这种情况持续下去，贫困和弱势将继续自我循环。"在最后的政策一章，他提出警告："持续了三个世纪的不公平为美国黑人的生活带来了深层的结构扭曲"，并且"离开了白人世界的援助后，目前的病理混乱会进行自我延续。只有矫正这些扭曲的结构，才能打破死循环"。[8]否则，他认为这一循环一旦被启动，种族性的贫困就是一个自我强化的陷阱，只能通过结构性干预来打破。

整合19世纪伦敦流行病学家（我会在第6章重申）、芝加哥学派、《黑色都市》的观点以及莫伊尼汉的报告，我认为结构逻辑的出现隐含了以下三个相互联系的观点。

1. 具有深层邻里结构的"病理混乱"，今天我们称之为社会错位或社会问题，与集中不平等密切相关。

2. 邻里社会弱势具有持久性而且往往一再重演，因为种族隔离在黑人社区最明显。在此补充一个相关观点或者说是分论点：那些暴露在结构性弱势的累积效应之下的黑人儿童加强了这一循环。

3. 只有借助政府或其他大型组织单位（如基金会）的结构性干预才有能力开展行动，才能打破"贫困陷阱"的循环。

本章的目的在于跟进这些观点及其相关论点，为后续分析奠定基础。通过阐述邻里分层的稳定性和变化性以及证明芝加哥并非如某些人所说的那样独一无二，达到强调大局的目的。不平等是持久和多元的，并非必然或天然的；但它们都直接影响了社区层面的发展进程、社会再生产的不平等、个体选择偏差、邻里干预（论点 3）和社会世界中的因果关系等理论，并对其产生直接影响。下面我会为大家阐述空间不平等的基本事实。

物以类聚

在芝加哥，学术争论从未停止：20 世纪 20～30 年代有克利福德·肖（Clifford Shaw）和亨利·麦凯（Henry D. McKay）学说之争，20 世纪中期是德雷克和卡伊顿，而近世纪末则是威廉·朱利叶斯·威尔逊（William Julius Wilson）和道格拉斯·梅西（Douglas Massey）。随着他们的讨论，许多往往被认为是"结果"的社会问题群聚在一起。[9]正如我在第 1 章里所述的（图 1－6），作为邻里生存能力的显著指标，暴力在 21 世纪初仍然集中在芝加哥和斯德哥尔摩这两个截然不同的城市中。在图 1－2 中，暴力地区的出生婴儿体重较轻，而将这一数据扩展至 2005 年，这一关联仍然存在（相关系数为 0.77，$p < 0.01$）。其他福祉指标也如出一辙。例如，婴儿死亡率与青少年生育率的相关性为 0.76，而后者又与凶杀率有着高达 0.89 的相关性（两个数据中 $p < 0.01$）。这些事实表明，具有多重维度的当代都市在福祉集中方面存在着一种深层且分裂的结构。

通常我们认为损害福祉的来源有几种：失业、隔离、贫困、同样在空间上聚集的家庭破裂。在许多城市中，以及扩展到人口普查区、都市区甚至州级的多重生态分析单位中，这些模式的基础是相同的。[10]通过考察经验模式中适用于芝加哥和美国的一系列经济社会学核心指标，我在此说明这一现象并补充了最新信息。我认为弱势并非单一特征能概括的，而是由一些社会因素协同构成的，这些因素标志着成长于极其弱势的邻里的方方面面。我和同事研究了 1990～2000 年全国范围人口普查的六大特征来论证这一观点[11]，并创造一定程度的集中劣势：包括领取社会福利、贫困、失业、女性当家的家庭、种族构成（黑人比例）和儿童的密度。两个 10 年期间，在芝加哥和美国其他地区（共约 65000 个人口普查区），这些指标都包含一个主要成分，我们称之为"集中劣势"[12]。美国和芝加哥邻里之间的主要区别在于，在芝加哥，18 岁以下的儿童接触到的集中经济弱势和种族隔离更显著。[13]因此，数据证实，兼具黑人聚居和贫困，同时有高失业率和女性当家的家庭较多等特征的邻里，其生态与众不同；而该特征并不能简单地等同于经济地位低下。这种模式不仅存在于芝加哥。

为了换一种更加具体的方式探讨这一点的影响，我计算并对比了 2000 年芝加哥黑人邻里和白人邻里（每组包含 75% 及以上的人口普查区）的人均收入。结果显示，没有一个白人社区出现过被隔离的黑人区最典型的基础收入——白人社区的整体分布（平均值 = 42508 美元）在黑人社区人均收入的右侧（12276 美元）。[14]试图评估集中劣势对白人的效应无异于评估虚幻现实。拉美裔及混合族裔社区情况更好，但即使是那里的平均收入也远低于白人区。最重要的是，我们无法像通常在文献中尝试的那样，通过为所有种族群体的弱势进行单一因果效应的简单评估的方法来评估芝加哥城市景观的种族分层。[15]随着梅西和丹顿更加广泛地论证，由于种族和贫困显然是不同的概念，一系列"分配机制"将种族和其他方面的弱势引入重叠的生态单位之中。[16]

从这些数据和"病理混乱"的空间逻辑论断可以得出，黑人社区中不平等的聚集效应远远大于白人社区。检验该命题的另一种方式是研究失业率和贫困之间的关系如何随着该邻里的种族状况而变化。在莫伊尼汉看来，失业是黑人社区贫困的主要原因之一，他认为随着时间的推移，歧视和种族隔离又加剧了贫困。言下之意是白人社区有可替代的资源，该资源在某种程度上可以补偿失业与福利依赖的关系。这是莫伊尼汉分析的另一个核心特征，无论过去还是现在，这一问题也是许多贫穷之争的焦点。同样的，我认为白人社区的失业率与经济依赖之间没有显著关系；尽管事实上，两者之间出现了一条简单的平直的线。然而，混居和少数族群地区的相关性十分明确和显著。[17]这一发现表明，在少数族裔地区，经济相关指标之间的联系更加紧密，而这又加强了种族隔离与弱势地位的相互作用。

集中监禁：一种新的 "病理"？

一种新的社会扭曲已经成了全国性特征，如果莫伊尼汉还在世的话，他或许也会为之震惊。从 20 世纪 20 年代到 70 年代初，美国的监禁率达到了平均每 10 万人中就有 110 名囚犯。这一比率在国内外波动甚微，许多学者认为美国乃至全世界正在经历一次稳定的惩罚平衡。但是从 70 年代中期开始，美国的监禁率急剧攀升，在 1990 年，每 10 万人中有高达 197 名囚犯；2008 年，更是达到了之前难以想象的每 10 万人中有 504 名囚犯。[18]如今监禁在美国是如此普遍，它已成为许多弱势青年男性生命历程中的一个正常阶段，对于一部分人而言，进监狱比进大学更习以为常。学者们将这一全国性现象广泛地描述为大规模监禁。[19]

然而，事实上，大规模监禁有局部集中点，我和查尔斯·莱夫勒（Charles Loeffler）称之为 "惩处地"[20]。人们对国家发展趋势的关注模糊了监禁率根据城市社区尤其是种族构成的深刻变化。正如个体刑事犯罪具有的地理集中性，一小部分社区承受了大规模监禁的美国刑事政策试验的过度冲击。在芝加哥，要想看到这一点，我们可以计算该城市每个人口普查区的监禁率并将其和集中劣势水平以及黑人比例进行对比。[21]在邻里层面上，1990 ~ 1995 年的监禁率与 1990 年的集中劣势及黑人比例的相关性分别为 0.82 和 0.75。2000 年的弱势与用以预测 2000 ~ 2005 年监禁情况的黑人比例所对应的相关系数为 0.80 和 0.74。据推测，随着时间的推移，这种现象在人口普查区表现出的持续性十分强烈（0.86，对于所有相关系数均为 $p < 0.01$）。这种生态集中导致在我们考察的全部时间段内，芝加哥的大部分地区，尤其是西南和西北部，相对的尚未被监禁大潮波及，某些地区入狱记录几乎为零。与此同时，在芝加哥西部和中南部地区附近也存在一些密集的、空间上连续的地域集群，这些集群地区的监禁率是其他地区的数倍。集中模式决定了这座城市的种族结构——白人区的集中劣势和监禁率的相关性几乎为零，但是在非裔、拉美裔和混合族裔地区的相关性已经超过了 0.6（$p < 0.01$）。

所以这又是一次"物以类聚",但是论联系的强度,尤其是诸如贫困、犯罪、婴儿死亡、低出生体重、监禁和失业等社会错位因素之间的联系,无疑是有色人种社区更强。

贫困陷阱: 再论社会变革

贫困、犯罪、监禁以及普遍弱势的持续集中是个有趣的谜题,随着时间的推移,居所流动使得不同的个体组成了相同的邻里。与其他城市一样,第 3 章中介绍的居所流动也存在于当代的芝加哥(图 3 - 2)。近 50% 的芝加哥邻里人类发展项目样本都经历过迁移,事实上芝加哥的每个邻里都通过居所流动而相互联系。其中大量流动的趋势是迁往城郊及更远的地方。

这些模式提出了看似简单的问题:考虑到人群流动,集中的邻里不平等随着时间的推移的稳定程度或是变化程度是怎样的?问题不在于个体如何改变,而在于某些城市邻里中,贫困的地理集中是否以及在何种程度上日益根深蒂固。我们可以将这种推理思路扩展到其他方面,甚至是那些能够迅速变化的方面。例如,在给定城市中,邻里的暴力高发率有多持久?当犯罪率下降或上升时,所有地方的发展走向是否类似?随着时间的推移,社会进程有多稳定?邻里变化的预测指标是什么?寻求真正的结构变化是否需要采取计划性干预?本节将研究从 20 世纪 60 年代至今的芝加哥历史上那些重要时期的稳定性与变化性。

威廉·朱利叶斯·威尔逊等人都强调了 20 世纪 70 ~ 80 年代贫困集中的"社会转型"[22]。还有一些人在 90 年代写下了"新芝加哥"的字样。[23]但是数据反映,这一历史时期邻里贫困兼具稳定性和变化性的双重特征。例如,在邻里层面,杰弗里·莫仁奈夫(Jeffrey D. Morenoff)和我的报告记录了 1970 年和 1990 年的邻里贫困率之间存在极高的相关性($r = 0.87$)。1970 年贫困的邻里在 1990 年基本上仍处于贫困中。[24]大多数贫困差异(67%)是由于邻里之间的差异,而非随着时间推移的邻里内部差异。其引申含义是,邻里之间的贫困差异随着时间的推移相当稳定。实际上,最显著的变化是,芝加哥的平均邻里贫困率从 1970 年的 11% 增加到 1990 年的 20%——这是由广泛的社会和全球经济力量引起的。该变化在邻里贫困分布的右尾尤为明显。1970 年,分布的第 75 个百分点对应的贫困率只有 14%,但到 1990

年，这个数字翻了一倍多，高达 30%。虽然 1970 年和 1990 年之间的贫困有
所增长（或变化），不过，邻里的相对等级次序是稳定的——贫困持续集中于
邻里，并且越发普遍。

图 5 – 1 扩展了从 10 年前——1960 年民权时代的曙光——到 10 年后乃
至 2000 年的人口普查期间集中贫困的社会传递的考察。它也转变了对正式
划分的社区层面的分析，并赋予了标志着差异和象征性价值的地标命名
［如海德公园（Hyde Park）、林荫大道（Grand Boulevard）、南岸（South
Shore）和林肯公园（Lincoln Park）］。[25]正式划分的社区有一直持续至今的政
治名望和社会声誉。[26]它也与威尔逊根据芝加哥正式划分的社区的数据发展
出来的集中效应理论相关联。

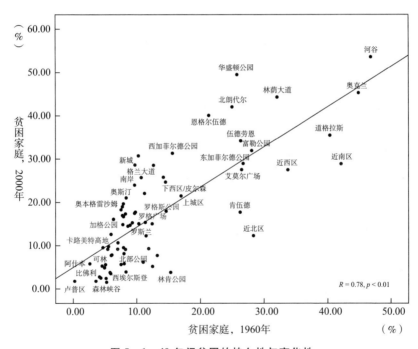

图 5 – 1　40 年间贫困的持久性与变化性

图 5 – 1 显示，集中贫困在长达 40 年间的表现出奇地稳定。20 世纪末，
社会快速变化、暴动、犯罪率波动、种族变化、经济衰退和中产阶级化并
发，集中贫困的程度十分稳固。我们注意到 1960 年和 2000 年贫困的相关性
高达 0.78。40 多年来，河谷（Riverdale）和南区（South Side）的"黑人
带"（"black belt"）社区格外突出，成为"贫困携带区"，与此相反，以白

人为主的富裕的社区分布在上西区一角的诺伍德（Norwood）和爱迪生公园
（Edison Park）。而西南区（Southwest Side）的比佛利（Beverly）尽管靠近
黑人带并且种族越发混杂，但仍然经济富裕。那么总而言之，该数据表明，
如果我们知道某个时间点上某个邻里的贫困水平，就可以相当准确地预测
其 40 年后的结果。考虑到邻里始终处于流动中，人群进进出出，这种预测
的可行性尚不明显。我们如何解释这种变化中的稳定呢？

　　种族与贫困之间的关联给为我们提供了合乎逻辑的方法。为了进一步
阐述种族隔离的持久性，我考察了在相同的 40 年间种族构成的变化，并在
图 5 - 2 中绘制出了在威尔逊描述的大规模城市转型之前，2000 年和 1960
年邻里人口中的黑人比例。该图显示，种族变化丰富的地方结构都呈现非
对称形式，由此产生四类街区。前两类——稳定的黑人区（右上）和稳定
的白人区（左下）反映了持久性隔离。第三类反映了过渡性邻里，从完全
的白人区转变为黑人区（"白人迁移"）或部分黑人区转变为隔离性黑人区
（左上和顶部）。虽然芝加哥人可能很难想象，但这并不稀奇，如西恩格尔
伍德（West Englewood）和奥本·格雷沙姆（Auburn Gresham）曾一度是白

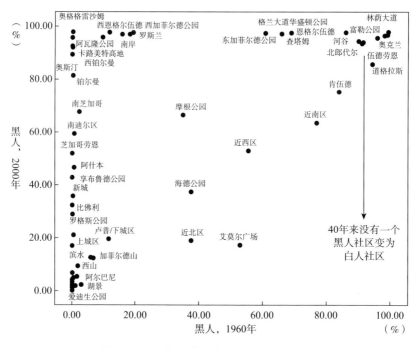

图 5 - 2　40 年间种族变化的稳定不对称性

人区。第四类是少数综合社区，至今仍如此，如海德公园（Hyde Park）和近西区（Near West Side）。

让人吃惊的是第四种类型的缺失——在美国的第三大城市，没有任何一个社区实现过从黑人主导向白人主导的转变。图 5-2 右下角的缺失值表明，在 1960 年黑人比例偏高的这些社区中，没有一个的黑人比例在后来有所下降。实际上，当黑人比例约为 50% 时，似乎存在阈值效应，一旦高于该数值，所有邻里的黑人比例将维持不变或有所上升。只有一两个社区，尤其是海德公园（Hyde Park）和肯伍德（Kenwood）南部（奥巴马总统的家），在这一时期维持着合理的黑人、白人融合度。[27]图 5-2 就说明了在相对稳定的社会生态结构中发生的变化：1960~2000 年邻里的种族构成发生了巨大的转变，但最初的黑人邻里后来仍然是黑人主导，而在同一时期芝加哥的许多区域仍然限制黑人进入。按照这种模式，芝加哥的独特之处在于它不仅仅是美国种族隔离最严重的城市，而且这种隔离持续存在。[28]这是一种异常吗？

经济繁荣，芝加哥是独一无二的吗？

我现在更密切地关注 20 世纪 90 年代，这 10 年的数据完整可查，且许多芝加哥学生认为这是广泛中产阶级化和城市改头换面的 10 年。当然，这一时期虽然经历了经济繁荣——房地产崛起、全球化日益扩大、高科技、投行的冒险，但随之而来的是经济危机。这也是监禁率达到难以想象的空前水平的年代。等级化和稳定性依然如故吗？如今，典型的回答是否定的。例如，最近芝加哥和纽约的"旧城更新"总结出"无数的邻里正发生天翻地覆地变化"[29]。但是如果我们高屋建瓴地审视所有邻里，而不选择变化本身的话，引发本书关注的各种因素又将怎样呢？迎来了一系列全新社会动荡的 21 世纪的第一个 10 年又会怎样？

在探究这一问题时，我遇到了多年来反复听到的一句话：芝加哥是独一无二的。马尔科姆·克莱因（Malcolm Klein）认为芝加哥"只是怪异的"[30]。最近的一本书认为，单一城市的研究是"片面的"[31]。马里奥·斯莫尔（Mario Small）更委婉地怀疑芝加哥是否仅仅是个"局外人"[32]。毕竟，从之前的图表上看到的种族动态似乎肯定了这一说法。

完整的数据提供了另一种惊人的答案。从邻里社会分层的基本参数看来，芝加哥似乎的确是独一无二的或者说怪异的。首先，我已经证明，无论考察对象是美国的还是芝加哥的所有人口普查区，构成集中劣势的因素集群都是相同的。在最近的一项研究中，我根据 1990 年的弱势情况进一步绘制了预测 2000 年集中劣势的关系图。[33]无论是在芝加哥或是美国的其他64000 个人口普查区（芝加哥除外），弱势在生态层面具有较强的惯性趋势。无论是在地方还是国家层面，该相关性都在 0.9 以上，且模式相同。

我考虑做进一步的测试。从各种原因来说，1990 年和 2000 年这两个普查年份都至关重要，尤其是因为当克林顿政府削减社会福利时，一项重大的国家实验正在展开。社会福利改革前后，公共援助的生态集中分别是怎样的？图 5 - 3 给出了答案。在芝加哥甚至美国，虽然有宏观政策的干预，但是社会福利集中在过去 10 年中仍保持高度稳定并具有高度的线性关系。

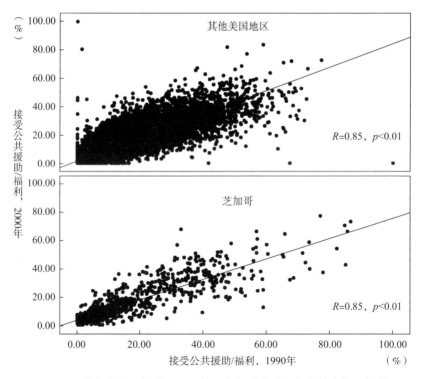

图 5 - 3　芝加哥是不是独一无二的：实行"取消已知的社会福利"的
联邦政策前后集中福利依存的持久性：芝加哥（$N = 844$），
美国（$N = 64902$），1999 ~ 2000 年

芝加哥与美国的情况相似，且邻里级别的相关性一致。显然，独一无二的不是芝加哥，而是美国城市和非美国城市间的对比（图 1 - 6）。

也许种族构成才是区分芝加哥和美国的指标。芝加哥的种族隔离由来已久，其各项隔离指标都高于全国平均水平。但是，如果我们考虑 20 世纪90 年代——美国发生巨大改变和中产阶级化的 10 年——黑人比例的稳定性，一个发人深省的画面就出现了。

1990 年和 2000 年美国的黑人比例呈现 0.96 的相关性，而芝加哥的相关性为 0.98，二者在统计学上没有区别。此外，图 5 - 2 中明显的不对称变化在国家层面也同样有所表现。[34]全国范围内数以千计的邻里从白人区变成了黑人区，但是在整个美国，约 65000 个人口普查区中，只有 10 个左右从60% 以上的黑人比例变为以白人为主体（占 60% 以上）。其中两个在芝加哥，但是基数不足一千。总体而言，种族分层在相对地点上极为稳定，如集中贫困。芝加哥很难说得上独一无二——普遍的全国性进程正在进行，稳定性和变化性在很大程度上是相同的。有一本专门对比许多美国城市的邻里结构动态的书，虽然最初动机是论证单一城市研究或许是片面的观点，最终也得出了相同的基本结论。[35]

犯罪的发生率可以作为描述变迁中的稳定方面的另一个例子。在研究20 世纪 90 年代美国暴力行为意外下降这一现象方面，前人已经费了不少笔墨。[36]尽管得不到所有城市的数据，但芝加哥也不例外。1995～2006 年，根据准确测算，芝加哥的抢劫率和凶杀率下降了近 50%。图 5 - 4 叠加了随着时间的推移暴力总体呈下降的趋势。然而，值得注意的是，在此期间邻里的相对排序并无改变。图 5 - 4 中的预测线近乎完美：暴力高发区域和低发区域都维持原先趋势。几乎没有相对位置的改变，但暴力骤降，到 21 世纪前 10 年的中期，几乎所有邻里都从低抢劫率中受益。

2000 年后的发展趋势

或许仍然有接连不断的批评认为，虽然 20 世纪呈现变化中的稳定性，然而 2000 年之后最终出现了全局性的变化。这时，学界认为，2000 年后的中产阶级化构成了独特且实际的变革现象。人口普查局已经采取了重要的新程序，2000 年后与之前的数十年并不具备严格的可比性。填写过 2010 年

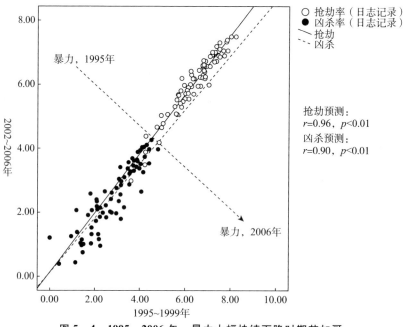

**图 5 - 4　1995 ~ 2006 年，暴力大幅持续下降时期芝加哥
稳定的凶杀与抢劫犯罪概况**

人口普查表的读者们或许惊讶地注意到，新的短表基本上仅反映家庭成员的总人数和种族情况。过去人口普查"长表"中的通常被问及对象并不会被询问，而是由美国社区调查局（ACS）负责在连续数年中采用一个诸如人口普查区这类的小范围样本进行收集。2010 年之前的详细数据不可考。

尽管如此，在我完成现在这项分析的同时，仍然有两个已发布的数据源可供参考。一个是基于社区代表样本的临时人口评估，即 2009 年美国社会调查发布的公共使用微观数据样本（PUMS），以 2005 ~ 2007 年高达25000 人的人口为样本。[37]对于芝加哥，当地官员划定了由相邻的社区区域构成的 19 个区，其中大部分具有社会相似性。例如，北区（North Side）的微观数据样本区汇集了罗杰斯公园（Rogers Park）、滨水（Edgewater）和上城区（Uptown）；而罗斯兰（Roseland）、铂尔曼（Pullman）、西铂尔曼（West Pullman）和河谷（Riverdale）地区则构成了远南微观数据样本区（Far South）。[38]在 2000 年和 2005 ~ 2007 年的人口普查中，贫困、收入、移民和种族构成指标的定义方式相同。微观数据样本在分析上具有战略意义，因为它为我们提供了 2000 年人口普查之后 5 年以上的面板数据，涵盖了经济泡沫及持续的中产阶级化时期。如果在该时期或者 20 世纪 90 年代都观察不到社会的全面转型，很难想象它会在哪里出现。虽然数据只涉及 19 个区，但结论却是无可争议的：稳定性仍然没有减弱。黑人的比例则与效果统一相关（$r = 0.99$），这意味着当涉及城市的种族结构时，在较大的正式划分的社区集群中，种族隔离仍然掌控空间秩序。随着时间的推移，贫穷、中间收入和外国出生率也保持高度稳定，相关性分别为 0.87、0.88 和 0.99（均为 $p < 0.01$）。鉴于在卢普区及邻近地区的中产阶级化，中间收入的稳定性值得关注。

再者，我研究了 2000 年的贫困与 2005～2009 年平均贫困率的关系，并对应到更小的地理单位——人口普查区中。这些数据也来自美国社区调查，发布于 2010 年 12 月。我将贫困数据进行关联，并发现用 2000 年跨人口普查区的贫困率预测 2005～2009 年的贫困率，关联性为 0.74（$p < 0.01$）。当我返回地理范围并计算正式划分的社区贫困率时，相关性增加至 0.91（$p < 0.01$）。此外，从 1960 年到将近 50 年后的预测贫困相关性持续维持在 0.60（$p < 0.01$）。较新的数据再次证明了这一论点。事实上，直到本书出版的年份，跨越多维度邻里的不平等的空间分布依然维持不变，尽管普查过程存在差异。

那么，这些数据，通过展示引发不平等的遗毒的深层结构，始终保持一致，即可以说社区的区位不平等是可继承的。专注于研究某个或少数社区的绝对变化的普遍做法是一种误导，因为一旦涉及整个城市或国家的空间动态的鸟瞰视角，不平等再生产显然是一个因循守旧的过程。

种族不平等

莫伊尼汉的推理和本书提过的空间逻辑的另一个含义是，作为邻里不平等的控制力的"混乱"——被放大且更持久，并在黑人社区中具有不同的性质。人们的期望是我们应该在少数族群或黑人社区而非白人社区看到弱势的持续性和非重叠邻里持久性的分布。具有隔离性城市结构的芝加哥提供了一个机会，令我们能够在相对均质的子组中评估这一概念。我将全市分为四个种族/族裔阶层——分别以白人、黑人、拉美裔和其他（混合族裔）为主。在少数族裔地区，20 世纪 90 年代集中劣势的连续性要高得多，但结果十分惊人：被隔离的黑人邻里的相关性为 0.83，而白人邻里的稳定性相关性仅为 0.24。

这种差异在莫伊尼汉所强调的失业持久性上表现得更为明显，威尔逊的《当工作消失时》（*When Work Disappears*）一书中对此也有所记录。[39] 若要论证这一观点，可以研究根据 1990 年的邻里失业率预测 2000 年的数值，比较黑人主导邻里与白人主导邻里的异同。在芝加哥，至少失业随着时间推移的相关性是比较高的（0.64）；这在黑人社区尤为显著，而白人社区中则完全不存在（-0.05）。二者的分布几乎无法对比——大部分白人邻里都位于黑人分布起始点的左边。[40] 因此，数据证实了在工作方面，黑人和白人分属于不同的社会空间。正应了莫伊尼汉在 1965 年的担忧，失业率似乎在黑人社区进行自我循环。

所以监禁率也与之如出一辙，这种今天出现的新的"社会扭曲"，在莫伊尼汉时代甚至周边都未见端倪。当然，监禁一直存在，但在后莫伊尼汉时代美国已经见证了许多人称之为大规模监禁的形式。然而，正如前文所说，大规模监禁是被"置于"某些社区中的，即展示在图 5-5 中的模式。监禁的空间分布随时间的稳定性接近统一（相关性为 0.98），但图 5-5 中最引人注目的是大规模监禁的黑人社区和白人社区的不可比性。它们分布上没有重叠，且在"监禁率最高的白人社区"和"最低"的黑人社区之间存在明显的差距。西加菲尔德公园（West Garfield Park）和东加菲尔德公园（East Garfield Park）在城市的西区（West Side）格外突出，成为现代监禁体制的中心。如果我们把对数比改为简单的每 10 万人监禁率，就会暴露一个令人恐慌的事实。西加菲尔德公园的监禁率比监禁排名最高的白人社区可林社区（Clearing）高 40 倍以上（分别为每 10 万人 4226 人和 103 人）。即便是社区级的比较，二者的差异也令人难以置信——差别已经上升到类别，而非程度。

与此类似，数据显示在莫伊尼汉和威尔逊最关注的男性失业率方面，图 5-5 中黑人社区的监禁率比白人社区的可预测性高得多。白人社区的相关性并不显著，而在黑人社区，2000 年的男性失业率预测了之后的监禁情况（0.53，$p < 0.01$）。这种互动表明，监禁是在本章中阐述的"贫困陷阱"背后的弱势循环的一部分，陷阱在隔离和种族分离的社区中找到了其最强烈的表现形式。有可能是一个相互反馈：监禁造成了社区中男性的流失，而

与此同时失业男性又提高了监禁"输入量",从而强化了整个恶性循环。这种现代扭曲牵动了政府的政策操作并使其复杂化。

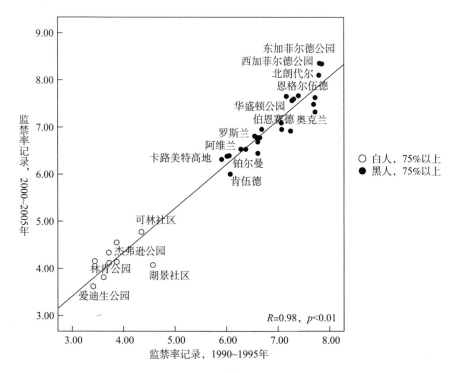

图 5－5　黑人和白人监禁率:根据芝加哥社区种族地位的
空间集中监禁的持续性,1995～2005 年

改变贫困蔓延的走势

我已经指出,种族地理是了解邻里变化途径的关键。我通过研究邻里贫困随时间推移的残差变化是否以随机方式在空间出现或者是否集中在芝加哥的某些区域出现,进一步评估这一主张。如果空间逻辑并不重要,而重要的只是邻里内部的贫困史,那么过去的邻里贫困率将是目前贫困率的一个很好的预测指标,预测的贫困率变化不会具备有力的空间模式。毕竟,我已经展示了贫困如何随时间推移保持相对稳定。

图 5－6 评估这一概念的方式是绘制芝加哥在 1960～2000 年间每个邻里的贫困残差值对应 1960 年基线(baseline)种族构成的图表[41]。1960 年黑人

主导的社区在地理上聚集在位于正式划分的社区内的芝加哥黑人带的中心，如林荫大道（Grand Boulevard）和奥克兰（Oakland）南部，以及西区（West Side）的北朗代尔（North Lawndale）。但 1960～2000 年贫困的残差增长只形成了三个连续的集群，从芝加哥的黑人聚居区中心扩展到邻近区域和城市外围周边。像伍德劳恩（Woodlawn）、南岸（South Shore）和恩格尔伍德（Englewood）等社区见证了旧日贫困的迅猛增长，正如曾经的远西区（Far West Side）（最终几乎变为纯黑人区）的北朗代尔（North Lawndale）和奥斯汀（Austin）以及远南区（Far South Side）的河谷（Riverdale）。

所以变化是显而易见的，尤其是在"外城"和郊区的贫困增长。[42]然而，从宏观的角度，这种变化是结构化的。图 5 - 6 以空间进程的形式捕捉到了

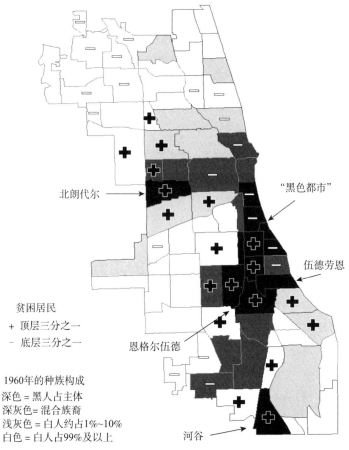

图 5 - 6　原"黑色都市"和 1960～2000 年集中
贫困的增长，未说明贫困基准线

城市贫困的增长，揭示了在历史意义上，大多数意想不到的贫困变化发生的地理位置总是邻近传统的黑人聚居区，然后系统地向外辐射；且这并非一个无地域性的过程。像恩格尔伍德（Englewood）和奥斯汀（Austin）这样区域的邻里，其空间位置和相对缺乏的资源优势已经无力增加集中效应。在很大程度上未受城市贫困增长的影响的区域是北部和西北部；在这些区域，实际贫困出人意料地大幅下降。举一个"马太效应"的空间例子，富人往往借助本来就具有优势的地位变得更富有，而那些在空间上接近富人的群体也有所改善。这种强化模式似乎有锁定效应；或者说，当涉及芝加哥西部和南部强烈的监禁消除时（图 5 - 5），也许可以称之为"监禁效应"。

结构性干预：打破陷阱？

即使变化不断地发生，不平等仍具有顽固的持久性。最困难的是，如何让我记录下的持久不平等以可行的方式改变？而且，正如莫伊尼汉所感知的，这个问题不存在简单的答案。对于那些高度崇尚在能力范围内自由选择居住地的文化尤其如此。

虽然在这一点上我们手中的证据不足以支持一个有力的因果结论，但是有一点值得注意：经历过强力干预的社区的集中贫困率意外下降，与1990 年的预测相符。回顾图 5 - 1 和图 5 - 6，重点看 1990 ~ 2000 年的变化，我们发现，位于连续性回归线以下的社区情况类似。像道格拉斯（Douglas）、奥克兰（Oakland）和近南区（Near South Side）这类地方主要是贫困黑人社区，它们都经历了来自外部的结构性变化，包括芝加哥房屋管理局（Chicago Housing Authority）对隔离的高层公共住房的拆除、芝加哥市的可观投资，以及诸如芝加哥大学这类兼具物理基础设施和教育系统的公共机构（如，特许公立学校）。近西区（Near West Side）和近南区（Near South）与近北区（Near North Sides）一样还见证了芝加哥市及其经济开发商的可观投资，初次体验了中等收入的相对改善。这些社区是"新芝加哥"的一部分，并真实地见证了新邻里生活的春天。[43]南卢普区（South Loop）的迪尔朋公园（Dearborn Park）是第 1 章举的一个值得关注的例子，但是在近南到中南部地区也有其他例证，特别是那些公共住房拆除导致黑人中产阶级化的地区。[44]近西区（Near West Side）见证了著名的麦克斯韦街（Maxwell Street）被毁、老"芝加哥圈"校园附近的"大学城"扩张以及在先前的废墟上建设的联合中心。

我们也不应忽视迁移决定的个体选择。整个美国已经出现了回归城市的趋势，芝加哥也不例外。这个城市出现了整体人口增长，一些曾经的贫困地区吸引了自由不羁的艺术家和所谓的创意一族（图1-5）。

中产阶级化尽管真实存在，但在一些情况下可能被夸大了。其他社区，如柳条公园（Wicker Park）、巴克镇（Bucktown）以及近南区（Near South Side）经历的中产阶级化并非借由大规模政策干预推动的。西卢普区（West Loop）和近西区（Near West Side）也一直炙手可热，时尚餐厅如雨后春笋一般涌现，奥普拉的工作室和相当程度的绅士化已悄然进驻拉丁皮尔森区（Latino Pilsen district）的中心。我将在后面的章节中重申这点，详细分析邻里间迁移模式，但明显可以看出，区位稳定性具有持久但并非必然的特征。

社会财富的逆转因而具备了可能性，但至少在芝加哥的案例中，似乎还需要结构杠杆来刺激或支撑，才能改变那些因被统治的历史而深感痛苦的少数族裔的社区现状。有很多持续进行的计划性干预措施已经在试图改变集中贫困的轨迹，例如混合型收入住房重建、税赋融资经济开发区以及社区治安。我将在最终章进一步阐述这点的政策影响，但是现有数据表明，在一个具备持久或自我强化属性的持续过程中，唯一适合政府开展的或者通过区划变动支持的宏观干预，必须放在我们的政策考量和评估工作的首位。此外，从20世纪90年代中晚期至今对结构性干预而言是特别有利的时机，因为许多国家都发生了自然的变化，即犯罪和暴力率的急剧下滑。在下一章中，我们将了解早期犯罪和暴力如何减少市中心人口并加剧了普遍意义上的城市衰落。近期犯罪持续减少，城市重新赢得了人们的青睐，焕发生机。在芝加哥和全国范围的城市中，一些曾经有着高犯罪率、极度贫困和灾难频发的中心出现了邻里重建。这一改变无法归功于任何一种因素，但现在看来，城市正在从利用长期变化的地方精明决策中获益，尽管其利益仍具有空间集中性。我将在本书最后一节重申这一主题，并探寻解释某些高风险社区的成功案例的方式。

结　论

事情都有两面性。那么我们应该如何看待稳定性和变化性的双重进程？第一点，城市和邻里都在不断变化，且没有固定方向。例如，芝加哥在 20 世纪 70 年代人口减少，但在 90 年代出现了逆转。许多其他城市也是从前途暗淡的 70 年代和 80 年代一路走来的，许多高犯罪率的邻里也经历了向安全性越来越高的转变。但与此同时，我们看到不平等在社会中自由增长，也看到了邻里社会再生产对少数族裔群体的过度影响的证据。[45] 贫困及其相关产物持续地进行邻里集中，在黑人区尤甚。虽然在后莫伊尼汉时代出现了城市社会转型，换言之，虽然有个体居民的进出流动，大部分邻里仍保持相对经济地位的稳定。因而第二点是某些邻里存在一个持久的弱点，这不仅仅是目前居民收入的结果。虽然本章中没有直接讨论，但是社区所拥有的声誉，和一定的居住选择决策一起就会复制现有的不平等模式。

真实发生的变化揭示了种族和阶级的极度不对称模式，这表明一旦某个邻里的黑人比例或者穷人比重超过了一定阈值或"临界点"——尤其是前者——后续变化的方向就是种族均质化和贫困的加剧。在芝加哥，没有一个在 1960 年黑人比例超过 50% 的邻里 40 年后变成了以白人为主导（图 5 - 2）。与此相反，大量的白人社区变成了黑人社区甚至两极分化（纯黑人和纯白人社区）仍然是主流模式。随着时间推移，邻里也普遍倾向于维持原有贫困级别或移动到更高的贫困级别。因此，我要说的第三点是，即便在 1990 ~ 2007 年间，升级转型（或中产阶级化）也并没有推翻生态结构的稳定性。无论我们考虑芝加哥还是整个美国的集中劣势，该模式都适用——芝加哥并非局外人。

这些发现印证了莫伊尼汉和肯尼斯·克拉克（Kenneth Clark）等学者先前发出的忧虑。[46] 该模式或许并不能振奋人心，但是它确实预示了一个令人痛心的现实，现在距离原始的莫伊尼汉报告已经过去了大约 45 年，虽然表达方式已经改变，但是同样的问题必须重提。莫伊尼汉以结构性的政府干预为形式假设了一个局部解决方案。虽然仍没有人评判，但是此处列出的初步数据为打破贫困的恶性循环燃起了一丝希望，提供了处于上升轨道上的需要重新自我定位的贫困社区的例子。但是该现象的普遍性尚待观察，而迄今为止的研究也未能系统地讨论一个社区的变化对另一个社区变化的影响。甚至一个遥远的社区也可能会因此增添新的负担。以芝加哥为例，从泰勒之家（Robert Taylor Homes）到南区（South Side），成千上万的贫困居民背井离乡，不得不迁移。如果这些脆弱的家庭大多数继续南下迁往其他更贫困的社区，正如第 11 章探讨的证据显示的，那么这也许是贫困的重负进行了一次重新分配，而并非得以解决。

但是，在此期间，我将在第 6 章仔细研究和修订反映持续性和变化性的城市衰落的主要理论——关于社会无序的著名"破窗"理论；这一"社会解体论"的近亲在第 2 章中已被介绍过，它认为无序事件的发生有助于增加犯罪。但是感知到的无序及其相关属性也可能对社区的社会结构产生腐蚀效应。我考察了一种观点：某些邻里受困于产生污名化、选择性外迁、降低公民参与度，并最终深陷贫困、继而犯罪和失序的动态过程。为了评估该论点，我将首先介绍失序理论及其批评的概况，跳过失序的原因，第一时间研究究竟是什么形成了我们对它的看法。

第 6 章

"破窗"和失序的含义

他们接近我时，看到的只是我的周遭，他们自己和一些他们想象中虚构的事物——事实上，他们看见了每一件事物，除了我。

拉尔夫·埃里森（Ralph Ellison），

《看不见的人》（*Invisible Man*）

长期以来，城市研究学者们对公共空间领域中的失序迹象进行阐释的方式，构成对社会分化的重要影响力量。从 19 世纪初如查尔斯·布斯（Charles Booth）和亨利·梅休（Henry Mayhew）这样的伦敦观察家，到 1961 年珍·雅各布（Jean Jacobs）的著作《美国大城市的死与生》（*The Death and Life of Great American Cities*），[1] 对"破窗"、犯罪及其他失序迹象的忧虑一直以来都被视为都市生活的症候。通常情况下，人们所理解的社会失序，是指被视为具有威胁性的公众行为，如污言秽语、公开招嫖、公共场所酗酒以及街头男青年聚众斗殴等现象。失序现象在物质层面的典型表现为建筑物上的涂鸦、废弃的汽车、街道上的垃圾以及众所周知的破窗现象。

布斯的详细调查和维多利亚时期伦敦的地图提供了失序现象对地区的社会地位影响的早期例证。他对这个庞大都市一丝不苟的描绘包含了用颜色代码对城市街道的经济、社会构成进行的标注。[2] 黑色代码所代表的最底层阶级，被描述为不仅贫穷，而且生活在伴有公共场合酗酒等行为的"肮脏"环境中。布斯表达了一个大多数人仍然持有（或是默认）的观点，他无情地为最底层阶级贴上"邪恶、半犯罪"的标签，由于最底层"主要居住着打零工的体力劳动者、无业游民和半犯罪分子——失序的组成部分"。[3] 布斯当时所发现的，是一种生态学分类的模式，这种模式带有可被视为当代

"社会底层"前身的强烈道德评价。这在当时是一个重大的思想演进，因为将街区指认为肮脏和失序，在我看来，开启了一个长期的过程，不断强化成为众矢之的的街区的特征，促使第5章内提到的集中不平等的现象持续存在。在本章中，我会超越纯经济和组织的层面进行探索，并尝试突出社会不平等的部分知觉和文化基础。

最近《经济学人》上刊登的几个有趣例子佐证了从布斯那个年代直到今天的伦敦，微观生态层面的邻里延续不变的社会特性。泰晤士河南部斯托克韦尔区（Stockwell）和附近的布里克斯顿区（Brixton）内有伦敦种族最混杂的邻里。作为2005年伦敦爆炸案后的数次警方搜查的目标区域，数年内种族冲突事件在这些邻里持续爆发。然而，一个世纪之前，就在斯托克韦尔路以东，布斯和他的研究团队"发现了一个污秽肮脏、有着粗野居民和破窗的小区域"。《经济学人》指出，自那以后该区域的外在有了很大改观，但始终保有过去的重要特征："破败的双层小楼被拆除，取而代之的是草坪和斯托克韦尔公园地产（Stockwell Park Estate）盖起的公寓楼。不过，邻里特征的变化却不及其外观的改变。作为其中一幢公寓楼的住户，朱莉·福西特（Julie Fawcett）将邻居们描述成'疯子、坏蛋和可怜虫们'。"[4]这里的失业率是城市平均水平的两倍，而"海洛因巷"就位于其中的某个街角。

或许布斯粗略的区分归根结底并没有那么过时。与那些声称世界因全球化变成平的、地域差别只是幻影的人的预期相反，福西特女士的话揭示出，经久不变的不仅仅是经济地位和种族身份，还包括身份和人们的道德评价。视觉上的失序和对集中贫困推断有多牢靠？是什么预测了对失序的感知而失序的影响又是什么？在回答这些问题的过程中，我的论点是在邻里或者可能更大的范围中，对失序的感知构成了社会不平等的基本方面。初看这个论点似乎有悖常理，因为主流社会分层理论家在分析不平等的物质基础时通常站在结构性的立场。人口统计学家在思考城市的变化时也是这样做的。无论是如查尔斯·布斯所言或伦敦当代斯托克威尔等区的现象都表明，对失序的感知很可能被忽视，而被另一种原因所取代，该原因被假定是更重要的且与客观物质条件相关。

相反，我认为对失序的感知形成的基础是由一定的社会背景条件塑造的，这些条件远远超出肉眼能观察到的失序和贫穷的一般迹象，开启了一个塑造声望、强化污名并影响区域未来轨迹的进程。"看到"失序，就像看到拉尔夫·艾里森（Ralph Ellison）小说中的叙述者那样，与集体层面上的社会意义以及最终的不平等紧密地捆绑在一起。这种概念化的过程拒绝将失序具体化为外部环境的天然组成部分的诱人战略。如果固有的成见决定我们所能看到的，而不是我们通过所见来形成看法，那么这样的抵抗很有必要。

失序的简史

视觉上失序的重要性出现于芝加哥学派的早期著作中。路易斯·沃思（Louis Wirth）似乎看到了无处不在的失序和混乱，以及日益城市化的后果。近来，理查德·森尼特（Richard Sennett）在《失序的功用》（*The Uses of Disorder*）中主张，对失序的关注从根本而言是对日益城市化世界中失控现象的关注。他同时也认为，我们的关注是一个恢复"纯净社区"神话的尝试和一种阻止未知失序事件发生的努力。[5]对森尼特而言，对失序的焦虑根源在于对掌控的心理需求，以及在总的理论层面，旨在恢复想象中社会团结而做出的努力。[6]当然，团结的社会从未存在过，但是我们对在城市空间里对失序的人和事物加以控制的执念从古至今普遍存在。

失序的有形表现，或者亨特（Hunter）所谓的"不文明行为"，[7]被另一位芝加哥学派的理论家视作邻里中自我的公开呈现的核心。欧文·戈夫曼（Erving Goffman）指出中世纪时期的义务是以不让家养的猪上街，以论证管控公共秩序的规范不仅涵盖陌生人或熟人间面对面的互动，而且也包括物质性景观的视觉秩序。[8]他也提出了共同期待是如何通过公共空间的维护和保持街道整洁达成的。我们看到甚至《纽约客》（*The New Yorker*）杂志都已经认识到失序的公共信号的凸显，此处展示的是 20 世纪中叶的情景（并一如既往地，保持幽默的风格）。雅各布对 1950 年代都市生活的观察引起了关于失序对邻里文明影响的关注，尤其是在公共场合谈判碰面中的。

这些观察者既不是从字面或本质的角度思考失序，也没有将失序视为某种程度上的随机或混乱。失序现象可以有其空间模式和社会条理。我认为，对于戈夫曼和森内特而言重要的在于，期望和感知围绕着迹象或信号，即可以说是城市社会秩序的规则。这些期望同失序的迹象本身一样强烈，激发理论上和经验上的质疑。对于大众观察在社会秩序过程中的关键性，美国城市理论家林恩·洛夫兰德（Lynn Lofland）早有明确的论述："那么，我们可以这样回答城市生活如何成为可能这一问题。城市生活成为可能是由于都市人口中建立的'秩序'，这样的秩序通过外观和空间位置体现，因此城市居民可以仅仅从对另一个人简单的一瞥就能了解到对方的诸多信息。"[9]洛夫兰德论证的重点在于在一个"陌生人世界"中的社会秩序是涉及分类的一个可视过程。人们将都市世界分割成易于管理的小块，失序的迹象扮演着其中一个最重要的区分特征。但事情并不像初看上去那么简单。人类有迅速划分种族和其他群体的倾向，我们轻易能识别肤色的能力，我们对他人意见（以名声或将地方身份污名化的形式）的敏感，共同使得偏见成为可能。

现　状

城市背景下关于失序和多样性的争论不断激发热情，但也有一些新情况。多样性以及在世界各地城市里日益增多的少数族群及移民群体，使社会焦虑日益增长，同时一些学者提出多样性与公众信任减弱之间存在直接联系。[10]城市中的失序也催生了一个关于犯罪和制度化警察行动的理论。根据关于城市衰落的著名的"破窗"理论，詹姆斯·威尔逊（James Q. Wilson）和乔治·克林（George Kelling）认为，即便是街头酗酒和涂鸦这样相对轻微的公共不文明行为也会诱发攻击性犯罪，因为潜在的犯罪者认为居民对发生在他们周遭的事情无动于衷。从根本上说，破窗理论认为视觉暗示拥有客观而显而易见的含义——失序的迹象表明居民不情愿面对陌生人、被卷入犯罪或报警。[11]因而，这个理论的拥护者认为物质性失序和社会性失序提供了重要的环境暗示，吸引潜在的攻击者并最终导致犯罪。

在城市警察世界中几乎没有比破窗理论更有影响力的看法，在许多城市中警察会对社会性和物质性的失序迹象进行镇压。纽约市是使用激进警力措施来控制公众不文明行为最著名的例子。[12]破窗现象的警方治理策略及维护公共秩序的新自由主义方法已经输出至世界各地，包括自由主义的巴黎和最近的英国。布莱尔政府"安抚野兽"和打压反社会行为的尝试导致"对不文明现象宣战"政策的长久驻足。[13]在斯托克韦尔区附近，伦敦警察保持着"高度"监视，但这一已被证实是"使不少伦敦市民安心"的政策却激起了左邻右舍的愤怒。[14]

失序的概念也影响了关于精神与身体健康的研究。破窗理论的观点认为失序所代表的信号是消极的，对个人健康和总体民生都会产生有害的影响。最近的许多研究将失序感与身体素质下降、抑郁、精神痛苦和无助感联系在一起。[15]居民们被认为将失序的迹象视为更深层次的邻里关系恶化的证明，由此破坏个人的健康和信任。

即便我们希望这不是事实，失序理论本身或许可以通过在局外人和局内人的脑海中引发归因和预测而达到自我实现。失序会改变那些潜在购房者、不动产经纪人、保险经纪人、投资者、警察和政客的想法，也有可能影响那些有计划搬进或者搬出的居民的想法。失序的迹象也可能给那些正在寻求邻里改善的人泼冷水，并可能让行动派泄气。因而，公共空间物质性和社会性失序似乎是我们理解都市邻里如何运作的基础。

失序会引起犯罪吗？

大部分关于失序的研究关注点在于失序是否会引起犯罪，以及对失序采取激进的警力策略是否能减少犯罪。我也在和斯蒂芬·劳登布什（Stephen Raudenbush）合作发表的论文中表达了自己的观点。[16]我们首先考虑失序是否是犯罪本身的一部分，而不是将失序视为攻击性犯罪的直接原因。我们来看看如嫖娼、流浪和公共场合酗酒和吸毒等通常用于定义社会失序的现象，或者如砸窗户、街头涂鸦、散落街头的毒品瓶罐等"不文明"行为。所有这些要么本身是犯罪行为的证据，要么是违规行为的证据，这就意味着从某种意义上而言破窗理论主张的是犯罪诱发犯罪。传染论自有其立足之本，但却从一开始就不能解释这种集中效应。就这一点来看，我认为破窗理论是另辟蹊径，但却无法为犯罪行为提供有说服力的解释。

其次，虽然在公共场所酗酒等违规现象或许和许多"轻微犯罪"，诸如涂鸦等一样，不被视为特别严重，但引发这些现象的与引发严重的犯罪的因素是相同的。于是，公共的失序和攻击性犯罪事件是同一过程的不同严重性的体现。失序的其他非犯罪要素，如街头的垃圾和废弃的住宅，也可能来源于对规则的违反（如在街头乱丢垃圾、恶劣房东对住宅的废弃），因此它们拥有类似的因果关系特征并可以由共同的社区层面过程来预测。[17]

在下一章中，其中一个被假定对失序和犯罪同时起到抑制作用的过程是"集体效能"，"集体效能"被定义为居民之间的团结和互相信任，他们对介入和支持邻里的社会管控有着共同的期待。其他通常被假定为失序和严重犯罪的来源包括集中劣势、人口密度和邻里的土地使用情况。如果"破窗"的论点是正确的，集体效能的缺乏、集中劣势和其他环境的结构特征与严重犯罪的联系应由社会失序来作为中介。另一替代的假设则认为，失序是与犯罪相关的机制的一个独立表现形式。从这个角度看，集体效能和社会经济资源应该通过打击其源头来减少失序和暴力。

于是我们检验了失序是否是通往攻击性犯罪过程中的关键节点，或者与此相反，犯罪与失序是否同时根植于同样的邻里结构特征中，如集中劣势、土地利用、稳定以及邻里集体效能。当然，失序和集体效能的关系也是此消彼长，失序会削弱集体效能。通过社区调查、系统的社会观察（SSO）、档案记录以及第 4 章中提到的人口普查，我们提出城市空间中的公共失序可以通过系统性的观察程序在邻里的层面上得以有效测量。[18]相应的，集中贫困和混杂的土地使用（商务和住宅）显著地预测了观察到的物质上的和社会层面上的失序现象。在控制了社会人口统计学和土地使用的特征以及感知到的失序和以往的攻击性犯罪率后，集体效能意味着更少的观察到的失序现象。在调整了暴力本身的反馈效应后，集体效能也意味着更低的暴力犯罪率。

相比之下，研究所观察到的失序的结果，与在"破窗"主要论点基础上建立的强大理论预期并不匹配。尽管失序的定义与犯罪有所重叠，失序过去只是与像抢劫、杀人这样的攻击性犯罪存在中度相关，而且失序一贯随过往的邻里特征如贫困和土地使用等发生变化。一旦这些特征被纳入考虑范围，在大多数检验中——包括对于作为暴力当之无愧的最佳测量的杀人的检验中，感知到的失序和犯罪间的联系就会减小。整体结果支持这个推论，即公共失序和大多数攻击性犯罪拥有相似的构成，因而可以被邻里层面同样的构成解释，尤其是弱势的集中和较低的集体效能。

以 2010 年 10 月我在芝加哥一个邻里拍摄到的一幕为背景，图 6－1 绘制的是一幅呈现扩展性的解读的启发式图表。从许多方面来看，垃圾桶和房屋墙壁上的涂鸦是失序的一个迹象。但即便我们认同涂鸦是失序的一个信号，但是，根据芝加哥法律，除了业主自己设定的之外，这也同时被认定为损害公共或私人财物的犯罪行为（肆意破坏公物）。像芝加哥早期的经验发现一样，这暗示了失序信号和犯罪之间的联系可能是站不住脚的（如图 6 - 1 下侧带问号的线所示），无论是从定义的角度，还是从作为同一个第三方原因所引发的结果来看。虽然图 6 - 1 质疑了破窗理论论题的强势版本，它没有任何暗示失序的理论上的不相关性的意味。在此强调，我们过去曾发现失序与警察记录的抢夺犯罪率之间存在直接的关联。抢劫犯罪者显然对邻里中社会性和物质性失序的视觉信号做出了响应。该图随后揭示了失序诱发抢劫，抢劫行为反过来可以破坏集体效能，导致随时间推移失序的增加，并最终引起抢劫的过程。[19]

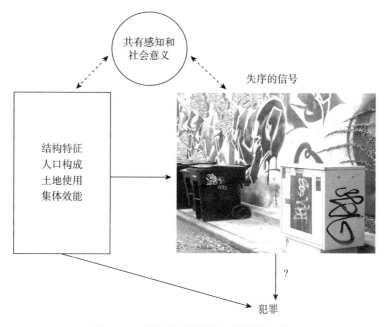

图 6 - 1 重新考虑犯罪的"破窗"理论

此外，失序的物质性与社会性要素包含高度可见的信号，而邻里观察者在不同社会条件下会对此做出不同的反应，从而潜在地影响迁移模式、商业投资、地区名声以及邻里整体的生命力。在下一个章节里我将详细阐述这个问题。失序具有社会意义，换句话说，失序可能通过刺激人们搬迁（增加居住的不稳定性）或者通过招致污名化的邻里和甚至是未来集中贫困的增长，而循环产生连锁反馈。对失序的感知也可能使旨在构建应对犯罪的集体响应的尝试受挫，从而间接地对犯罪产生反馈效应。如果我的思路是正确的，那么失序和犯罪信号之间的联系似乎是具有误导性的，而且通过执法强制手段来根除失序的策略也是不合适的。因为这些策略没有触碰到失序共同的根源，并且假定对失序的认知其本身都一律是没有问题的。由此，虽然失序可能并不如通常假设的那样与犯罪构成因果联系，但失序的意义及其所依赖的情境应该作为我们理解邻里变化的核心部分。而这正是我将要研究的问题。[20]

质询感知

> 这关乎于他们心灵之眼的建构，他们是用心灵去感悟肉眼看到的事实。
>
> 　　　　　　　拉尔夫·埃里森（Ralph Ellison），
> 　　　　　　　《看不见的人》（*Invisible Man*）

我认为，在某个层面上说，破窗理论强调视觉线索是正确的。大家似乎很自然地认为，涂鸦或吸毒酗酒是成问题的。但是，设想一个这些相同的信号不被消极评价的情景，那么，派对者也许是狂欢酒会的学生们，而涂鸦或许是本地艺术区或大学城的街头艺术。这仍然会引起犯罪或城市衰退吗？还是这反而会被理解为"有趣"和"前卫"？近来，当我沿着塞纳河南岸行时，观察到了连绵不绝的涂鸦，映衬于平静地散步的情侣背景当中。这种"失序"为何不被认为是问题，巴黎又为何被认为是繁荣兴盛的呢？人们会疑惑，在阿姆斯特丹，停靠着自行车的被临时涂鸦所环绕的社区，是否会被看作与规范相冲突的邻里呢？这些问题表明，破窗理论需要通过深入探究到底是什么首先触发我们共有的对失序的感知，从而被重新定义。

普遍的看法似乎是，感知失序只是在肉眼可见的环境中注意到一个信号这么简单。从这个观点来看，感知到的失序是邻里的一个特征，共识产生的一个客观的地方。[21]但是，或多或少去确切地感知客观环境中有什么是一方面,赋予它含义或权衡它的严重性则是另一方面。询问(思考?)有关失序的问题的主要方法是让受访者评价这是"多严重的一个问题",而语言和认知对此而言是更重要的。我们是否能够将环境中的事物与它是如何被理解或感知的以及在什么程度上被观察者视作"麻烦"区分开来?我们也可以探寻"失序"的背景:对失序的感知,是否会因受歧视群体的存在或所在声名狼藉区域的位置而被过滤或改掉;视失序为麻烦的观点,是否随他人的集体评价而改变。

承认在感知及意义的分配上的主观差异并不是放弃系统的社会调查。相反,正如戈夫曼的经典主张所言,我们如何构想社会情境,可被视作社会生活的一个基本方面。[22]特别地,我认为,集体的(或人际共享的)感知构成了制约个人感知和社会行为的情景。安东尼·博顿斯(Anthony E. Bottoms)和保罗·威尔斯(Paul Wiles)也认为,从根植于对某一特定地区和公共空间本质的共同理解的意义上来说,秩序感、安全感是文化的一个组成部分。[23]拉蒙特(Lamont)在倡导以"制度化的文化系统"和"公共的分类系统"来评估社会意义的研究时,也坚持类似的观点。[24]如果这种"疯的、坏的和糟糕透顶的"感觉,不是一个文化语库,也不是一个更有影响力的普遍分类体系,那它究竟是什么?

隐性偏见和种族歧视的含义

"首先,'种族'是人们通过昏暗的、不确定的世界时,用来导航的一个知觉分类模式。"[25]

关于失序的文化归因在美国社会普遍存在,并由于美国政策的输出,也存在于越来越多的国际城市中,满足着人类对于可减少不确定性的社会信息的渴求。在居民没有被训练得如系统观察者一般质疑它们时(而这基本是绝大多数的情况),既定成见变得特别有诱惑力。如果文化刻板印象是普遍存在的,而居民们拥有着不确定的信息,那么他们就会表现得像"贝叶斯论者"(Bayesians)一样,根据从街上所见的人身上获取的情境线索来放大那些信息。[26]不断有认知科学上的证据表明:我们通常依据习惯做决定,而不怎么反思。虽然我们更愿意认为自己是理性的、有意识地追求目标的有知觉的生物,但是,主导我们行为的更多是隐藏的而非明确的推理。[27]由此可见，个人很快将之前感觉到的失序描述成一个麻烦——把不确定的证据与文化定势影响下的普遍信条结合起来。

明确的特征对日常生活中的信息组织尤为重要，有关联的范畴基本不是随机相关的。[28]相当多的研究表明，美国人固守着将黑人、弱势少数族群和新移民群体与一系列社会形象相联系的信条，其中包括犯罪、暴力、失序、福利救济，以及作为邻居他们的不受欢迎性。[29]有关失序的信条，因历史上非自愿的种族隔离与集中贫困间的联系而被加强，反过来，这也与由来已久的撤资以及邻里衰落相联系。[30]当种族作为生物学分类的本义被广泛遗忘时，黑皮肤便成为美国社会中一个易于识别的、显著的标志物——一个被灌输着与犯罪、失序和暴力有关意味的标志物，这相应地使整个族群的人们蒙羞。[31]用种族来作为失序的标识，并不意味着"非理性"，也并非简单地意味着有意识的集体敌意意义上的偏见。假设一个没有种族敌意的人处于因历史性和结构性所致的不平等的美国城市中，例如，就平均而言，黑人中如凶杀等的暴力发生率高于白人，如果这个人根据这样一个的统计归纳在没有确切证据的时候便无意识地下结论说某一个黑人有暴力倾向，那么问题就出现了。文化定势的威力在于它就在我们有意识的推理的眼皮底下起作用，并形成了所谓的隐性偏见。[32]研究表明，尽管是在有意识地或者是身体力行反对对黑人偏见的情况下，不自觉的种族成见还是会存在，这导致了一些人所谓的"自由放任"或"制度化"的种族歧视。[33]

在一个考察种族效应的虚拟研究中，实验对象被告知应该射击武装目标，同时避开非武装目标。如果参与者是非裔美国人，相比白人他们能更快速地正确选择武装目标并进行射击。[34]在射击选择上，种族偏见的程度是随文化定势的感知而非个人的种族偏见而变化。事实上，这项研究揭示，非裔美国人与白人参与者的射击偏差水平相当。这项发现强调了潜藏在有意识的种族偏见之下的统计性歧视和文化定势潜在的深远影响。作者们认为，种族可以影响射击选择的原因在于，与非裔美国人相关的文化特征如"暴力"或"危险"等，在影响对一个不明威胁性目标的感知中起到了图式的作用。另外，非裔美国人如其他人一样，都受到占主导地位的文化定势及隐性偏见的影响。

将失序融入情境

隐性偏见和统计性歧视理论的局限性在于,它们倾向于采用心理学的还原论或者理性决策模型,这两种倾向都忽视了感知的情境及意义。在前一段时间,卡尔·沃思曼(Karl Werthman)和欧文·皮里安文(Irv Pilian-vin)采取情境化的立场并提出,警察将他们的巡逻领域划分为易于理解的、带有种族色彩的区域,[35]结果就是他们称为生态污染的过程,即"坏的"社区中遇到的所有人均被认为应该背负邻里本身即有的道德印象。如果公民自己将声名狼藉归咎于存在如污名化的少数族群、移民和所谓的"乌合之众"的邻里,这个过程就有了普遍的意义。[36]虽然戈夫曼(Goffman)的污名[37]的概念起初是在个体层面发展起来的,但我认为其中的情境形式十分引人入胜。这种污名化似乎是持久的机制,可以至少追溯到查尔斯·布斯时期有着"懒人和半罪犯"的下层社会的伦敦。

日常生活的社会结构与人及地方的种族和阶层息息相关,从而强化着坏名声的生产过程。[38]正如 40 年前,亚瑟·斯廷奇库姆(Arthur Stinchcomb-re)所认为的那样,对私人空间的使用是被安排的,以致弱势群体的失序通常包含着许多公共行为,而这些行为在私人空间里(本来)是合理的(如喝酒、闲逛)。[39]特权地位增加了私人空间的使用,由此减少了每天接触公众的失序现象的机会。因此,人们赋予失序的感知和意义会随其社会地位而变化。随之产生的公共空间的社会结构也证实了失序主要是存在于贫困的、非裔美国社区里的难题这一刻板印象。这种刻板印象滋生了种族污名的土壤以及产生了现代美国贫民窟持续的污名。[40]

民族志的成果强调种族与失序间联系的符号意义。在研究芝加哥一个白人工薪阶层的邻里时,玛莉亚·科法拉斯(Maria Kefalas)尝试理解居民对维护其住宅的关注程度,以及他们为何痴迷于维护秩序的物质性迹象的原因。她发现,业主对"最后的花园"以及失序可能对邻里带来的威胁感到忧虑。[41]每一件恶意破坏公物的案子都不会被认为是过于轻微的小事,每一个不修边幅的院落都会引起邻里的注意。科法拉斯提出,居民视遭遇黑人侵占为很大威胁,他们将这与衰落前可见的失序迹象联系在一起。从很多方面来说,在科法拉斯笔下布莱维(Beltway)的居民是懂得破窗理论的,但脑海中的破窗者一定是一个黑人的形象。

这并非认为普通城市居民在某种程度上是非理性的或只是无知而已。信念的理性基础根植于将地理上隔离的少数种族群体、新移民与贫困、经济撤资及失序的可视迹象联系起来的都市化美国的社会历史。失序的可视信号，甚至困扰着那些以研究它为生的人。[42]问题在于当污名（stigma）和身份玷污（spoiled identity）交融时，预言便得到自我认证，这导致了那些提高种族与可观察行为之间统计关联性的行为。如果富裕的居民将邻里中的种族构成作为衡量失序水平或严重程度的标准，那么他们就可能有意或无意地减少在以少数族裔为主区域中的投资或是选择迁出。这样的行为往往会加剧这些邻里的物质性失序现象。通过这种方式，隐性偏见导致了使种族与失序间的联系不断延续的自我强化机制。

我的观点总体框架如图 6 - 2 所示，呈现了社会地位、观察到的失序、地域性种族污名，以及在阐释少数族群与移民集中的影响时的隐性偏见等对感知的多重影响。布斯对维多利亚时代伦敦的爱尔兰人的描述表明，在阶级等级影响下的种族族裔类别是随历史变化的。换句话说，我的论点并不是仅仅适用于黑人和拉美裔人。在第一次世界大战前后的许多美国城市中，爱尔兰和意大利移民才是构成危险和混乱的阶层的群体。[43]另外，在当今的伦敦，白人工薪阶层中的社会分化几乎与美国版本的失序（如无家可

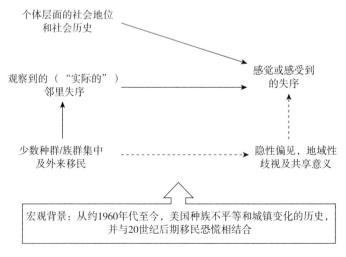

图 6 - 2   所信即所见：感知到的失序的社会基础

归、"藏污纳垢" 和公共场合酗酒）中的黑人－白人间的分化一样严重，与白人工薪阶层/穷忙一族相联系的失序，似乎通过伦敦卡姆登（Camden）公共住房中的邻里创造出了社会边界和地位差异。[44]

假设与方法

很少有研究支持图 6－2 所示的总体理论论调，该理论主张 "失序是一个问题" 的感知由社会和文化背景引发。为了解决这个问题，我提出并尝试验证这一假设，即邻里失序的感知是由社会调节并且相对稳定的，其形成背景也大大高于实际的失序水平。我先是复制了早期与劳登布什合作的研究，并加入随时间推移的数据来拓展这一研究。[45]根据破窗理论的逻辑可知，失序的感知是由实际的、观察到的失序水平控制的。因此，我们推断，在任一给定的邻里内，居民对于感知到的失序有大体一致的看法。打个比方，他们对于邻里中的失序的看法，不应该随社会阶层或其他社会地位标志而系统性地或大幅度地改变。进一步说，即使邻里之间感受到的失序发生改变的话，我们能察觉的其实也是很少的。如果考虑实际的、系统自动观察到的失序，那么这些变化与人口的特征是相关联的。

图 6－2 提供了一个备选方案。因为肤色容易被观察而且其带有固有的刻板印象，我们假设种族构成不仅在观察到的失序上，而且在人们报告的失序上有放大效果。对于一些受访者，邻里的种族化背景可能会远远超出所观察到的失序，尤其是在像芝加哥这样在不久前有过种族冲突混乱历史的城市，在这个城市的集体记忆里印刻着失序与黑色的隐性联系。因而图 6－2 整合了种族构成和观察到的失序间的历史性与当代的联系。污名的概念和隐性偏见也表明，如果种族构成和感知到的失序之间存在关联的话，它应该是不受观察者的种族或族裔干扰的（比如说，试想夜间过马路时避开正在靠近自己的一群年轻男性黑人的黑人公民）。

我们的数据采自在第 4 章中曾介绍过的对芝加哥居民的综合邻里调查。居民来自约 500 个街区群体，录像带详细记录了对这些街区群体的观察。相较于普通的约 4000 人口的人口普查小区，被调查的街区则平均有 1300 位居民，这也反映在人行道的分布和社会互动的模式上。采访基于超过 3500 个随机选择的成年居民，他们会被问到涉及物质性失序（如垃圾、涂鸦、空置住房）和社会性失序（如公共场合酗酒、打架、毒品交易）的六个问题。他们会被问道："这些算是严重的问题吗？有点严重，不严重？"通过这些问题，我们构建了在个体与街区群体层面的失序等级。从邻里调查中，我们还调查了大量可能决定个人对失序感知的人口统计学与背景特征，涵盖年龄、性别、房屋所有权，以及对包括教育、收入和职业声望等的社会经济地位的综合测量。

在对社区领导人、关键知情人的单独调查中，我们采访了教育界、政界、商界、宗教界、社区组织和执法领域等的一千多位代表。除了对他们所代表或工作的社区失序的感知外，这些领导者还被问到包括他们的个人特性及社交网络关系的详细问题。对于研究中的街区群体，我们也从美国人口普查中采集可能与对失序的感知有关的独立信息，如贫困家庭的比例、人口密度及黑人与拉美裔的比例等。随后，从芝加哥警方的暴力犯罪（如抢劫、杀人、强奸和恶意袭击）记录中，我们预测出每一街区群体中以每十万居民为单位的暴力犯罪率。最后也是我认为最有创意的，即第4章中所介绍的对街道的系统性社会观察方法（SSO）。通过这个系统社会观察方法，在观察失序中的测量误差时所使用的多尺度解释被创建并验证。

总体来说，我们的初步结果支持图6-2所示的一般性理论。与仔细观察到的失序相比，种族和移民集中被证实对感知到的失序具有更强的预测能力。这种差异并不一定是"非理性的"，也未必是简单偏见的一个反映。在有着长期的奴役、种族隔离和种族冲突历史的社会中，肤色不仅是视觉上的，更突显在社会心理层面上。研究结果不必反映纯粹的种族偏见，这一观点被数据中呈现的一个关键模式所验证：在预测失序的过程中，黑人并不比白人更少地受到种族构成的影响。如果种族偏见决定着黑人比例与感知到的失序间的联系，对白人来说，这个联系本应比黑人更强：几乎没有人会认为，黑人比白人更倾向于有反对黑人的种族偏见。尽管黑人比生活在同一个街区群体里的白人感知到更少的失序，但是这一倾向与黑人居民的百分比并没有联系。[46]

再者，基于2002年从关键领导人处收集到的对失序的感知的独立数据（详见第4章和第14章），我们对这个主要发现进行了检验。为了尽可能消除内部信息或本土认识的影响，我们选取了居住在他们所工作的社区之外的地方的社区领导作为研究对象。即使在控制了观察到的失序之后，种族构成仍然强烈地预测到了领导人对失序的评估,这一模式与在居民处所得的评估结果类似。另外,居民本身对失序的感知可独立地预测领袖的感知,这可能是通过抱怨、污名和有着持续效力的更宏观的声誉过程(reputational process)实现的。因此,居民间赋予失序的意义,与社区领袖的意见密切相关,而不仅仅是失序表现本身。

随时间推移看失序

接下来我将思考失序的前因后果,从对桑普森与劳登布什的研究进行复制与多向延展开始。桑普森与劳登布什的文章基于 2002 年的追踪研究写成,研究为其提供了对失序的预测的纵向数据。[47]我的目标是评估这些以种族性和移民为背景的主要发现是否站得住脚。结果证明的确是这样的。采用独立性数据对 2002 年社区调查和系统社会观察所有的核心测量进行复制时,这些数据呈现了几乎完全相同的结果。这再一次证明了,即便生活在同样的街区和置于同样的环境中,相比黑人、拉美裔、亚裔和其他种族,白人感知到更多的失序。新的发现是,相比于生活在同一社区的第一代移民,第三代移民感知到了更多的失序。

我对这些结果做了一个视觉化展示,如图 6 - 3 所示。这是一个通过上千个街区的调查认证而得到的,既适应个人因素,又适应社区因素的综合模型。首先分析上部的图表,在适当调整邻里种族构成及其他干扰因素的情况下,我们注意到白人之间感受到的失序水平高于黑人之间的。在下部的图表里,在调整拉美裔的普遍性的情况下,我们注意到第三代移民感受到比第一代移民更高的失序水平。[48]描述的差异是显著的,而且是在充分调整所有协方差均值的情况下得到的。[49]当普查的小区被替换时,实际上完全等同的邻里内部种族/移民差异的模式仍然存在。因此,对于所有的分析单元,社会地位的"锚定"效应是稳定的。[50]

更重要的或许是,图 6 - 3 表明在考虑调整所观察到的失序水平上,随着邻里中黑人比例的增加,黑人与白人均察觉到了更多的失序现象。底部的四分位数被定义为低百分比的黑人,顶部的四分位数则为高百分比黑人。我们发现,在控制其他差异的情况下,对于黑人与白人两者来说,当黑人的百分比从低四分位数升至高四分位数,个人感知到的失序相应地增加了

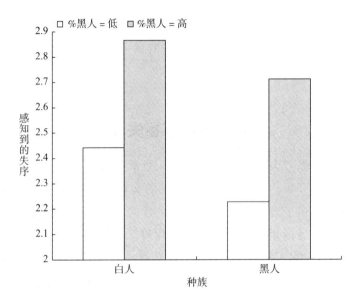

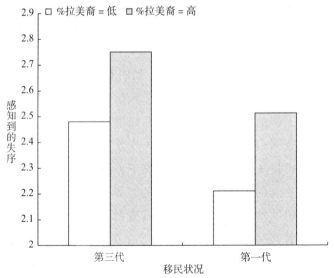

图 6 - 3 在街区群体层面上，透过邻里种族/族裔指标，控制个体与
邻里特征的情况下得到的黑人 - 白人和移民
在感知到的失序水平上的差异

资料来源：摘自 2002 年的《芝加哥调查》（*Chicago Survey*）（*N* = 3.105）。

0.4，超过一半的标准误差。在第一代移民和第三代移民中也发现类似的结果，拉美裔美国人（及移民）集中程度越高的邻里，察觉到的失序水平也越显著。大约 25 个个体层面的协方差被调整，因而无法合理地解释这些悬殊的差异。种族/族裔构成对察觉到的失序的影响同样独立于多种且高度可靠的对观察到的失序的测量。另外，在通过黑人（或集中化移民）预测对失序的感知的本质时，白人、黑人和移民之间没有显著的区别，这进一步论证了隐性偏见观念与邻里的种族背景相关。特别说明，在预测个人感觉失序的问题上，邻里种族构成和受访者的种族之间并没有显著的相互作用。因而，种族构成对于失序感觉的影响是直接而强烈的。[51]

接下来，我会介绍关于社会失序与个人感知之间群体动力学的假设。这就超越了种族/族裔构成、系统性观察到的失序两者的关系，扩展到观察到的失序、主体间或对失序的共同感知如何影响个体感知的发展变化。需要提醒的是，我用来测量共同感知的样本是独立于过去测量个体变量的样本的，并且是比其早七年的样本。如果这一机制很大程度上在统计上存在歧视，那么，黑人的百分比应该仍然是一个预测指标，而且共同感知相比观察到的失序而言应该相对不显著。但是，如上所述，如果社会意义与文化属性也起部分作用的话，按理说，仍然可以据此推断出邻里共有的感知——先前主体间方差分量——应该与任一个体当前的独立评价有着直接的联系。集体或无意识地协调的感知是声望的体现，并通过社会互动随时间传递和复制。[52]

尽管我们严格控制了与失序感知有关的数十个个体层面特征，如对犯罪的恐惧、年龄、种族、性别、业主、社会阶层、友好关系、恐惧、欺骗等，甚至控制了与对失序的感知相关的对集体效能的感知，然而 1995 年的集体感知到的失序——而并非 2002 年观察到的失序水平——仍然对个体的失序感知有很大的影响。[53]我在对 2002 年的调查进行同样的分析时，控制了 1995 年观察到的失序，也得到了类似的结果。例如，在较大的范围内，对察觉到的失序的共同感知强烈预测到了当今的"主观存在的"失序，但先前观察到的失序（"客观存在的"）并不显著。我也检验了社区层面上许多额外的控制变量，包括暴力发生率、年龄结构和集体效能等，都得到了类似的结果。

社区层面也许是共同感知呈现最持久控制的层面，因为正是在这里声望有着最显著的影响力。为了测量这一点，我考查了跟踪调查中 27 个社区范围内的，和 1995 年时进行过系统的录影观察的社区子范围（$N = 47$）内的一系列关系。为确保检验的严谨性，我纳入了一直到（并包括）第二次调查的四年中的暴力发生率。主要结果及相关影响幅度见图 6 - 4。通过调整社区中有着不同构成（$N = 77$）的 25 个个体因素，以及调整社区间的差异，如基于人口普查的贫困、移民构成和暴力发生率，我们仍然可以发现共有的过去对失序的感知在预测个人后果上仍然有一定效果。种族构成的影响幅度大于系统观察到的失序（注意比较底部的两条线，它们分别代表着低黑人百分比区域内观察到的失序水平的低四分位数和高四分位数），反过来，共有的过去对失序的感知的影响大于种族构成以及观察到的失序的影响。[54] 与此相反，与同期观察到的失序相关的对于失序感知的增加相对而言小很多而且并不显著。当我同时控制观察到的失序中可测量的先前的差异以及同期的失序时，情形没有发生改变。[55] 或许人们会惊讶，先前的集体感知再一次发挥了同样的预测能力，而以前观测到的失序则不显著。

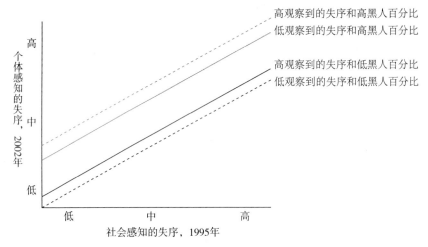

图 6 - 4　在控制个体和公共社区特征的情况下，系统观察到的失序、种族构成和社会感知的失序三者间的比较

资料来源：来自 2002 年的《芝加哥调查》（*Chicago Survey*）（$N = 3105$）在社区层面的数据。

最后，我对在社区工作但在社区外居住的社区领袖们对失序的感知进行了同样的分析。在研究中，我加入了一些新的控制，包括对集中劣势和系统观察到的失序（或者系统性社会观察），研究数据包括早于或与 2002

年主要领导的感知同期测量的数据。在整个过程中，观察到的失序再次处于次要地位，而多年前对失序共同的感知，则对 2002 年社区精英们的失序感知有着迄今为止最强烈的影响。例如，1995 年的居民感知与 2002 年社区外领袖看法间的原始关联是 0.83，控制了混淆变量后这对关系的标准化系数是 0.70（$p < 0.01$），这大约比同时期观察到的失序（0.07，不显著）的影响高 10 倍。集中的劣势和居住的稳定性在此模型中并不具有预测性。对社区领导来说最重要的因素，显然在社区居民的心目中也是最重要的。共有的感知的持续影响是社区声望塑造过程中一个清晰的指标，而这一塑造过程甚至影响到不住在该社区的人。

社会感知有如此持久而强大的预测能力，来调整当前及滞后观察到的失序水平，这是相当不寻常的。这表明了人类对于他人评价的敏感程度，并为"过往评价是重要的"这一老生常谈增添了新的含义。我们渴望获取社会信息，因而编码的社会感知富有"磁性"，并且近似急切地被接受以及自由获取。失序的污名效果会有额外的附加代价而影响社区吗？另外，干净、整洁、有序的名声会为社区带来累积的好处吗？我现在为大家提供对于失序的遗产的社会动态的直观认识。

失序的动力作用

罗伯特·帕特南（Robert Putnam）认为，大约从 1965 年开始，美国的城市生活开始衰退，犯罪数量在美国城市里开始激增。[56]犯罪率上升到前所未有的高度，并在 20 世纪 70 年代和 80 年代间在高水平范围里波动，这也是贫困日益集中的时期。让我们回到图 6-1，我认为，犯罪尤其是失序，在协助延续贫困陷阱反馈过程中的作用一直处于被忽视的状态，尤其是在促进某些从背负着高受害率的中心城市中迁出的例子中。暴力与抢劫也会促使商业和中产阶级家庭搬离内城区，而这可能引发更多犯罪并加剧贫穷。正如之前所述，有着高犯罪率和"失序迹象"的邻里尤其容易获得如"坏的"、"最好避开"等的名声。污名的影响和美国城市的历史性遗留问题结合在一起，在那里种族隔离以及贫困与撤资行为紧紧捆绑在一起。这样，自我实现预言的一种形式上演了。[57]居民依据自己对于失序的感知，做出了那些仅会加剧失序的行为。在单一研究中（或者说，即便在任一数量研究的情况下），对所有这些反馈循环进行经验性研究是不现实的，但是我可以着手分解它们的组成部分。

迄今为止，事关这些联系的证据主要在于犯罪率。例如，伯斯克（Bursik）在研究芝加哥的邻里时发现"虽然种族构成的变化会导致犯罪率的增长，但是这一影响完全没有犯罪率增长对于受困在社区中的少数群体的影响大"。[58]在对8个城市里的40个邻里的研究中，韦斯利·斯科甘（Wesley Skogan）发现，高犯罪率、失序率与更高程度的恐惧、邻里不满和迁出意图相关。杰弗里·莫仁奈夫（Jeffrey Morenoff）和我的研究发现，暴力犯罪的增加、容易接触到暴力事件导致芝加哥邻里的人口流失与地区衰落。在城市层面上也同样发现犯罪对人口流失的影响。在20多年前的一项研究中，我发现，在美国大城市中凶杀案的增长，与人口减少以及黑人人口贫困的增加有着密切的联系。这些结果独立于城市变迁中常见的人口统计学指标。后来的研究发现，抢劫率也在白人逃离中心城区的迁移中扮演重要角色，从而加剧了种族隔离的贫困。[59]

那么失序呢？如果共有的对于失序的感知比观察到的失序、犯罪，或者先前的贫困，能更好地预测后来的贫困，那么，这便是对于不平等的社会再生产与贫困陷阱的持续存在的文化视角而言的有利证据。基于这些发现，我认为，社会评价的失序与邻里特征随时间如何演化这一命题紧密联系在一起。首先，我们考虑感知到的失序在邻里层面上随时间推移的稳定性。这里描述的拓展理论意味着邻里社会过程中存在着"贫困陷阱"效应，其中共有的感知强化了随后的失序，并潜在地加剧了集中贫困。在察觉到的失序中，不仅邻里差异很大，而且随时间推移邻里大体上还保持着它们的相对位置。在社区层面察觉到的失序与高度失序的"袖珍区域"间的相关性高达0.89（$p<0.01$），这些"袖珍区域"的失序非常顽固，而且显然难以攻克。这个发现意味着，邻里失序的文化、社会部分是连贯一致的、持久的，并在解释变化中的稳定之谜时可能有因果关联。

为了考量这个观点，我检验了社区层面上先前社会察觉到的失序对贫困的预测，因为在社区层面中感觉、声望最有可能被制度性地强化。初步的检验数据呈现非线性趋势，即察觉到的失序与后来的贫困呈现递增的相关关系。[60]图6-5展示了这个关系的线性形式。这个模式十分引人注目，因为即便是对于社区层面的数据（0.91），这个关联在社会科学里也是不寻常的。像华盛顿公园和位于最南边的河谷这样的社区，他们因作为贫困和"失序"污名的代表而闻名。[61]当然，许多能够预测察觉到的失序的因素，同样可以预言贫困，或者这可能干扰这种模态。因此，我控制了已知的关键预测指标，包括之前的种族、移民构成（1990 年），以及一直到 2000 年的十年一度的人口普查之前的五年的暴力发生率、之前观察到的失序和贫困率，而由第 5 章可知，这些预测指标与持续的贫穷有密切的联系。我也通过对街区群体、小区、社区等进行再次分析来评估结果的稳健性，最终同样得到类似的结论。

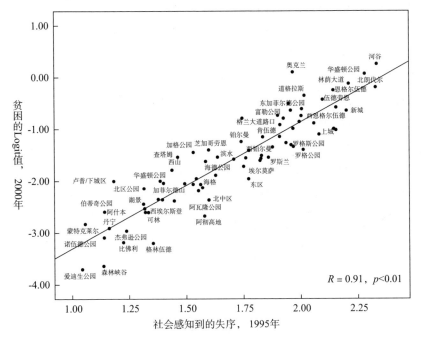

图 6 - 5 在社区层面上，社会感知的失序能有力地预测后来的贫困

结论如图 6 - 5 所示的那么显著。系统观察到的失序与后来的贫困不存在独立关联关系。更确切地说，共有的感知对后来的贫困有预测作用，这一作用可以与种族、移民身份的人口构成相媲美。此外，共有的对失序的感知实质上与惯有的路径依赖对后来的贫困水平有着同样的重要性，而对于后者，先前的贫困指标对其产生了重要的影响。暴力犯罪对察觉到的失序没有任何影响。[62]

另一证据也同样支持这一章的理论框架。我将人口普查小区划分为黑人为主（大于或等于75%）和白人为主的小区。我采用小区而非社区，这样可以为每个种族种型获取足够数量的案例。一个清晰的模式表明，黑人邻里承受了潜在动态（underlying dynamics）的冲击——对失序的感知会预示黑人邻里最终会落在社会等级分层的哪一位置，但对于白人为主的小区这条预测线却更加平缓，而且关联性较低。难道这仅仅是由过去的贫困造成的？显然不是的——尽管在对1990年的贫困调整后，2000年的贫困预测线中，黑人社区的斜率仍然比白人社区更为陡峭，且调整后的相关性在幅度上几乎增加了一倍。[63] 那么，数据再次证明了这个假说，即当面对有色人种社区时，共有的对失序的感知有更大的可能导致社区的下行轨迹。现在，我们也许可以更好地理解为什么图 6 – 1 所描绘的"失序"能够存在于白人主导的、高收入的芝加哥精英地区，即在靠近芝加哥大学的第 57 号大街附近。

最后，考虑察觉到的邻里失序对人口变化的影响。我考察了原始人口变化和生态转移人口两种情况。其中，生态转移人口是对整个 20 世纪 90 年代期间芝加哥总体人口趋势的偏离。在相同测试手段和模型情况下，在三个生态层次上两种策略都产生了相似的结果。在控制先前的犯罪、种族、移民集中以及观察到的失序和贫困率等的情况下，"失序疑难"的集体先验强烈地预测了人口规模的累计下降与相对下降。[64] 因此，无论是寻求预测未来的贫困或迁出，对失序的感知即使不是比常用的结构变量更重要，也应该是同样重要的。[65]

结　论

本章解开了一个指向与文化过程互动的社会心理机制的相关性的一贯模式，来解释这个先前由结构决定论主导的现象，即对于失序的共有认识，而不是系统性地观察到的失序，似乎才是形成持续的不平等的机制。因此，我已经阐明，失序根植于主体间的共有的历史评价——而不仅仅是当前的信号本身——形成邻里环境充满意义的定义来影响个人的感受和更深层次的社会结果。基于此，行动的感知基础依赖于邻里的背景，这反过来又发挥着塑造该地区长期轨迹和特点的作用。我在随后的对居民流动性分析及其对连接城市不同部分的流动性结构网络的影响分析中（第 12、13 章），重新审视了这种说法。与此同时，我认为在美国城市，而且可能所有城市里，集体形成的失序感觉可能是持续的种族隔离、经济隔离的一个被忽视的原因。至少，共有的失序感知似乎对那些在破窗或建筑环境里的物质结构之外的原因来说是重要的。

此时重新考虑什么可以预测犯罪是具有启发性的——是观察到的失序信号，抑或是共有的对失序的感知？这里研究的数据表明，无论是滞后的或同时的，历史性的感知在解释权重中占主导地位。例如，在 2002 年，集体感知到的失序，而非观察到的失序，预测了从 2002 年到 2006 年的凶杀率，其他所有情况也一样。共有的判断（1995 年社会上察觉到的失序）显著地预测了后来的凶杀案，而同期观察到的失序则没有。如果破窗理论是正确的，这显然是在倔强地坚持，而不是出于其作者假设的最初原因。实际上，通过普及失序迹象导致衰退的观念，这个理论已在不知不觉中促进了朝这个方向的自我强化行动（例如外迁，日益增多的贫困），从而造成了其原来力求避免的结果。

但是，如果犯罪与失序的物质性信号只是擦边关系，其过去的存在对于研究邻里健康与幸福才是最重要的。下一章将着手这一广泛的议题，探讨对社会解组理论的评判，以论证制止犯罪和促进幸福的各种社会过程。对邻里犯罪的经验分析重申了传统上的推测（如集中劣势、流离失所等）的重要性，而且还为新的理论概念——集体效能——提供了重要支撑。正如我们所见，集体效能在协调社区的结构特征方面发挥了重要作用，而这可以作为一个社区的保护因素。我也会继续关注持续的不平等所造成的长期后果，以及特定的邻里是如何被困于产生进一步污名化、失序、外迁、犯罪、公民撤离和最终的贫困深化的社会动态中的。同样重要的是，一些社区是如何摆脱贫困陷阱及脱离污名观念的枷锁的。集体效能和组织行动为此提供了线索。

第 7 章
集体效能理论

上一章的内容表明，"失序"这一概念已经主导了我们对城市的社会环境的思考。虽然频繁受到抨击，类似的社会解组（social disorganization）概念仍发挥着的重要作用。正如第 2 章所揭示的，在 20 世纪 40 年代，威廉·怀特（William F. Whyte）曾试图诋毁社会解组理论，称其为知识分子的垃圾箱。但是，该理论非但没有消失，事实上，却在 20 世纪后期经历了一场轰轰烈烈的专注于邻里效应的复兴。罗伯特·伯斯克（Robert J. Bursik）和哈罗德·格朗斯密克（Harold Gransmick）在他们的《邻里与犯罪》（*Neighborhoods and Crime*）里提到一段发人深省的趣闻。在 20 世纪 80 年代末美国犯罪学学会年度会议上，一位备受尊敬但又不愿透露姓名的同行跟他们说："社会解组是犯罪学的疱疹……当你认为它已经永远消失了的时候，症状却又再次爆发了。"[1]

虽然我对于这条评论的来源有些疑问，但在我心中，已故的耶鲁大学社会学家小艾伯特·瑞斯（Albert J. Reiss Jr.）对此的嫌疑是很大的。瑞斯，这位刁钻刻薄的知识分子曾经在一篇公开发表的论文《为什么社区对于理解犯罪是重要的?》（*Why Are Communities Important for Understanding Crime?*）里，对社会解体理论持批评的、挑剔的态度。[2]而在肖和麦凯等大力推崇社会解体论传统的背景下，瑞斯指出，在许多所谓的社会解体的贫民窟里，犯罪网络、组织团伙及复杂密集的社会关系是共存的。当然，运用瑞斯的例子，把怀特所指的北部地区（Whyte's North End）的贫民窟视为简单的"解体"将是一个错误。然而，这里的犯罪率确实较高，并呈现出许多肖和麦凯描述的犯罪区域的特征。瑞斯随后提出一个极具代表性的悖论：高犯罪率地区往往显得既有序，又混乱，使人们在同一个社区里不安地共存着。

正如伯斯克和格朗斯密克的评论所暗示的，简单粗暴地、一劳永逸地摧毁社会解体理论，岂不是最好的做法吗？至少这样看来，若想促进社区与犯罪这个经典体系的重组，看起来还是有风险的。同时，我认为，该理论已遭到不公正的诬蔑，并且该理论背后的假设也是值得保留的——社会管控在社区层面的力量大小对高低不同的犯罪率是有影响的。

因此，我的立场是，我们应该承认社会解组理论的有用部分，同时修正或摒弃已和当下研究不再相关的部分。我也认为，我们有充分的理由去质疑对于"解组"的定义，并重新思考密集的个人关系（personal ties）对低犯罪率形成的影响。长期以来，这个定义上的难题一直困扰着我们。正如伯斯克所指出的，一些早期的学者根据他们期望解释的内容来定义社会解组——什么是比犯罪更好的显示社会解组指标呢？[3]但是，如果犯罪（或失序）仅是社会解组的一个标志，那么，在与后果相关的因素方面我们已经给犯罪的原因下了定义，只是还没有发现任何独立的解释机制而已。出于这个原因，近几十年来对社会解组的研究转向了对犯罪之外的其他关键内涵的测量，而其中属探讨个体关系密度的"组织"概念的研究最引人瞩目。[4]虽然这是一个摆脱同义反复的必要举动，但是其他概念上的难题仍然是该理论在处理个人关系上需要解决的。

首先，有证据表明，在一些社区环境中坚固的个体关系可能会阻碍社会管控的实现。例如，威尔逊认为，极度贫困的社区居民可能被紧紧地束缚于个人社交网络圈子，但这样的凝聚力并不一定会创造出集体资源或社会规则。[5]他认为，城市内部的个体关系过于人格主义（personalistic）且过于地方狭隘了——在社交方面脱离于公共资源和"主流文化"的模范。虽说从媒体驱动的大众文化中彻底孤立出来应该是很少见的现象，但受限的圈子、面对社区贫困问题的非传统应对机制，又似乎实实在在地营造了这群人与实施社会管控的公共机构（警察、学校和法院等）之间的紧张关系。[6]

其次，社交网络不仅能把想行善的人们组织起来，同时还会使社会生活中的丑恶现象聚集，从毒贩到黑帮团伙成员，再到无耻的政客。玛丽·帕蒂略–麦考伊（Mary E. Pattillo-McCoy）在她关于芝加哥的黑人中产阶级社区的研究中提到，利用紧密的社会关系纽带来提升社会管控水平是有局限性的。[7]她认为，虽然密集的本地联系确实可以促进社会团结，但是同时也培育了不良的社交网络，妨碍邻里摆脱有组织的毒品犯罪和团伙犯罪。

在芝加哥的低收入社区附近，苏第尔·阿拉迪·文卡塔斯（Sudhir Alladi Venkatesh）发现了一个类似的模式。[8]这样密集的社会关系链可能兼具积极与消极的衍生后果，这提醒我们要探寻究竟什么是被牵连着的这一问题的重要性——社交网络并不是天生平等的或亲社会的（prosocial）。克里斯托弗·布朗宁（Christopher Browning）深化了这个想法，探讨了密集的社会关系对于抑制犯罪方面的作用条件。[9]这种说法在城市社会学及黑帮文学中有着悠久的历史，至少可以追溯到《街角社会》（*Street Corner Society*）。[10]

再次，这也许是最重要的，对社会管控的共同期待以及催生高效行动的策略性联结，在原则上是可以在缺乏紧密联系的社区中被培育出来的。正如马克·格兰诺维特（Mark Granovetter）在他的学术论文中对"弱连接"所主张的，因缺乏社会互动而形成的不太紧密的人际联系依然可能成为建设社会性资源的关键，比如职业推荐，因为它们通过集结不相关联的小群体从而实现了社区资源的整合。[11]与此相一致的是，有证据表明，在中等范围内的邻里之间的弱连接，而非在"不存在互动"或"加强社会互动"情况下，是具有低犯罪率的预测价值的。[12]因而，正如通常预期的那样，强连接往往并没有更好的预测价值。

最后，正如第 1 章介绍的，在现代城市里，田园诗般的"都市里的乡村"很大程度上正演绎着持久的神话。即使有足够的时间和精力，我相信大部分人并不是不愿意与他们的邻居成为亲密的朋友。他们渴望信任，但不一定非得与他们一起吃饭。当关系"深厚"时，结果可能更糟，而不是更好。更重要的是，在当代（或任何）城市里，由于数量的原因依靠朋友或其他亲密的个人关系实现社会秩序是不可能的——有太多人知道这个简单的道理。的确，正如路易斯·沃思古典主义所强调的，城市的本质是人们仅知道他们邻居在个人基础上的一丁点儿事儿而已。编码规律及日常社会关系性质迫使我们思考如何融入社会、团结一致，并考虑怎么才能在一个完全城市化的世界里实现社会性组织等方面。

从社会解组到集体效能

为了解决这些概念问题，我和我的同事们提出了集体效能的理论。集体效能的概念描绘了相辅相成的两个基本机制——社会团结（该概念中的

"集体"部分）和管控的共同愿望（该概念中的"效能"部分）。[13]我们接受社会解组理论的基本思想的前提是，社会管控并不是单独的个体性特征，而是一个集体性的挑战，它构成了犯罪率变化以及一般意义上整个社区福祉的主要来源。[14]但是，我们放宽了传统的解组假设，对于社会控制，理想的情境背景设置必须具备紧密、亲切和强大的邻里关系特征（例如，朋友或肤色）。这个理论框架承认当代都市生活景观已改头换面，并假设，当社会效能可以依靠某种程度的劳动信任及社会互动时，就并不需要邻居或当地警察成为自己的朋友。制度机制可能已经足够了。

　　按照这一逻辑，我们过去专注于研究居民用来应对挑战的日常策略。非正式控制策略的例子包括：监控儿童之间下意识的游戏群，共享儿童的其他行为信息，自愿介入诸如防止逃学、十几岁的青少年群体的街头"闲逛"，出台措施处理破坏和扰乱公共秩序的人。即使是在成年人之间，暴力也经常产生于公开争吵、非法市场情境（如卖淫、吸毒）和同龄人的交际。居民行使控制权的能力（包括报警）因而被期望作为一个机制，来影响一个社区的人际犯罪机会。非正式的社会控制也扩展到更加广阔的体制问题，直接关系社区幸福安康，如开发资源和回应削减公共服务（如警察巡逻、消防站、垃圾收集、贯彻住房法规）。

　　集体效能因此提升了社会生活的积极方面，这超越了诸如在当地关系中或社会组织成员中所发现的个人资源的储存累积。这种概念化的取向是与被亚历杭德罗·波特斯（Alejandro Portes）重新定义的"社会资本"中的"一个集体内部采取措施的期望"一脉相承的。[15]通过私人关系表现出的潜在资源间的差异和通过集体效能表现出的共同愿望的措施，有助于查明为什么密切的社会网络不足以行使控制。为此，我们设定个体效能和邻里效能间的类比：两者都承担并激活潜在资源以达到预期的效果。期待作用是至关重要的。

　　我们也认为，就像相当普遍的自我效能一样（我们针对特定任务的自我效能），针对专门任务的社区效能存在于相互信任和社会团结的条件中。有理由假定，在没有未来预期的联系或参与者互不信任的前提下，人类将不太可能期待参与社会控制的行动（无论是在邻里的还是日常的情况下）。正如拉塞尔·哈丁（Russell Hardin）所说，信任是由共同愿望建立的。[16]集体效能理论则进一步认为，反复互动、互动观察和潜在互动认识，可能会推动树立超越朋友、亲属紧密联系的所有公共规范（一种"我们"的认识）。[17]换句话说，无须知道他们的邻居有"都市里的乡村"的团结意识，一个人可以感受信任，并推断公共期望。

集体效能理论的逻辑没有被怀特、帕蒂略、马丁·桑切斯－扬科夫斯基所发现的混杂于刑事和非刑事间的犯罪网络证伪。50多年前，所罗门·科布林（Solomon Kobrin）曾经记录了罪犯如何与无罪者接触，反之亦然。价值观与目标在这两个方向上同时发展。[18]难道罪犯没有兄弟、姐妹、祖母和邻居么？这些人难道不会保护、爱护罪犯，即使可能成为共犯？试想，当他们的孩子违反法律时，中产阶级的父母并不比下层阶级的父母可能更多或者更少地与他们的孩子断绝联系。所不同的是，劣势群体更容易被揭穿犯罪事实，而且从黑人中产阶级社区，到高犯罪率地区等存在历史性偏见的临近街区，那里的居民必须每天在"街头混混"和潜在犯罪性遭遇中斡旋。[19]最终重要的是，究竟旨在减少犯罪的社会控制的相对权重是什么。

什么影响了集体效能？

如个体效能一样，集体效能不存在于真空中。集体效能是部分"内作用的"或应对附近的、文化上的、利用关键结构特征的获取社会地位的偶发挑战。现有理论主要聚焦于集中贫困、种族隔离、移民聚居地和居住稳定性等的作用。正如第2章和第5章所指出的，种族经济隔离致使劣势集中，并加剧了低收入、少数族群和单亲居民等劣势群体与利于集体性社会管控的关键制度资源之间的社会隔离。同样突出的是，我们感受到对种族、经济排斥影响的无能为力。研究已表明，一个人的社会经济地位与他（或她）的个人控制感、个人效率，甚至身体的健康状况等方面具有正相关关系。[20]类似的过程可能在社区水平上起作用，异化、剥削和资源匮乏造成的工作依赖，发挥着离心作用阻碍集体效能。即使私人联系在集中劣势的区域里是强大的，这也只可能微弱地限制集体措施。

该证据还暗示，新出现的移民群体在当地公民事务中不太活跃，迅速的人口变动又可以破坏邻里的社会组织。高的居民迁移率可能会削弱对集体生活的期望，因为形成信任及社会关系需要时间，尤其是在以人口外流或移民频繁流动为特征的区域里。与租房者相比，业主在支持社区生活的公益上有切身利益。因此，住宅的保有者和房屋所有者很有可能促成维护社会管控的种种集体努力。

基于这些想法，我们测试了集体效能因为集中劣势、移民和居住的不稳定性等而降低的假设。反过来，我们提出了集体效能是否有助于解释城市环境的结构特征与人际暴力率之间的关联。我们特别地假定，集体效能超越了人口组成因素，而具有独立的解释能力，这是部分折中了邻里结构特征的影响。

前期成果

生态计量，源于我们不得不在其领域内认真考量社区水平特性的观点。[21]斯蒂芬·劳登布什（Stephen Raudenbush）和我都认为，如果没有条理清楚的策略来评估生态质量，旨在整合个人、社区的研究就会产生严重的不匹配。几十年来，心理研究基础上的个体差异评估，一直在使用已经受到严格评估的测试方法。这是特别真实的认知能力及学术成绩测试，除此之外个性、社会行为测试也得到推广。这些测试手段已经在许多研究中被全面评估，每个尺度范围包含许多测试条目，表现欠佳的项目已被弃用，并且心理特性在许多背景下已被证实。如果没有匹配评估生态说明的规范，有可能过于强调个体组成。

我们进而认为，这是首次将这个挑战描述为理解"生态措施的心理计量特质"的一种需求。但这种尴尬的措辞，揭示了现代社会科学的利己主义偏见，强调了作为一个企业认真对待生态评估的需求，这在概念上有别于个体的水平评估。生态结构，并不只是个体特征的总和，这导致所谓的"生态计量"代替了社会生态措施的心理计量特质。当借助于丰富的传统心理计量工具时，生态计量评估就拥有其自身的逻辑，并视邻里关系为其领域里的重要单元。抛开统计细节不谈，在这里我着手研究度量集体效能及其他邻里社会进程的表现特性的基础。

1995 年，基于 343 个芝加哥街区的 8782 户居民的社区调查，我们首次确立了一个有理论动机的测量方案。为获取涉及社会管控的共同期望，我们设计了的一些情景片段。居民被问及希望邻居采取措施的可能性，如果发生以下情景：①孩子逃学，并在街头闲逛，游手好闲；②孩子们在当地的建筑上喷漆涂鸦；③孩子们表现出对成年人的不尊重；④家门前爆发的打架斗殴；⑤自家附近的消防局面临预算消减。我们的测试依赖这些情景，是因为控制能力基础上的不可观测性——干预措施仅在有挑战的条件下才能被观察到。如果高集体效能导致低犯罪率，那么，在给定的任何时候，由于缺乏必要条件，任何干预措施都不会被确切地观察到，正如班杜拉（Bandura）的自我效能理论。这一理论认为对控制的期望必要时会增加行为干预，但是自身规模决定了促使社会行动的共同期望——在我们研究的情况下，介于非正规干预和正式控制的动员之间。[22]重点在于那些"现场"（on the ground）发生的行动，而非自上而下策划的行动。原来，居民的答案在社区内和跨社区时都急剧变化。调整个体差异后，我们的策略是测试非正式社会控制里的社区之间的模式。

这个测试的"社会团结/信任"部分，限定了社区关系的性质，并根据居民是否同意下列命题进行衡量："这里的人们愿意帮助他们的邻居"、"这附近的人是可信任的"、"这是一个邻里联系密切的社区"、"这附近的人们彼此合得来"、"这附近的人有着共同的价值观"。正如假设的那样，社会团结及社会控制与跨社区密切相关，它们联合成为集体效能的一个综合性指标，产生高达 0.80 以上的总体可靠性水平。[23]由于社会地位（如年龄、种族、性别、社会阶层、置业）的不同，在评定集体效能的等级中邻里内部的个体差异被控制，并且这个关键问题揭开了邻里之间的变化。

我们发现集体效能在芝加哥的各个社区之间有着非常大的不同，并且常常与更低的犯罪率挂钩。犯罪率的统计则采用独立的方式，同时控制了集中劣势、居住稳定性、移民集中以及一套完整的个体层面特征（如年龄、性别、社会经济地位、种族、房产权），以及个人关系的标志和当地组织的密度等方面。不论是统计杀人事件还是居民报告的暴力受害事件，拥有较高集体效能的社区一直明显有着更低的犯罪率。这一重大发现控制了先前的邻里暴力，邻里暴力与集体效能之间呈反比关系。这个模式提出了一个动态的过程，在这个过程中先前的暴力削弱了集体效能（如因为害怕或愤世嫉俗），同时集体效能可以有效避免未来的犯罪行为。我们发现调整了先前犯罪关系之后，集体效能的两个标准差提高可以减少 26% 的预计自杀率。[24]

另一个重要发现则是，在控制了集体效能后，集中劣势和暴力高发的居住不稳定性之间的相关性有所下降。这暗示了在社区的层面上的一项因果关系。根据推测，这一因果关系将贯穿始终，因为弱势的集中、种族隔离、家庭破裂和居住不稳定都削弱了集体效能，从而导致了更多犯罪。一项考虑到额外因素的后续研究表明，人际关系越紧密，社会效能更高，犯罪率因此更低，尽管人际关系的紧密并不直接意味着较低的犯罪率——但它与犯罪之间具有间接的关系。[25] 这些发现也与某个假设保持一致，这一假设认为集体效能可以解释结构缺失和人际纽带紧密程度对犯罪率的影响。然而正如本章之初所说，我们不能忘记的是，社会纽带是中性的，因为社会纽带的建立既可能出于消极的原因，也可能出于积极的原因。布朗宁及其同事的一项研究延展了瑞斯的论点：紧密的人际网络会削弱集体效能对犯罪的影响，这从另一个角度说明很强的纽带并不一定是件好事。[26] 在一个被称为"协商共存"的模式中，集体效能被消极地与都市邻里暴力犯罪的盛行联系在一起，但是交流网络的密度与集体效能相互影响，当网络密度加强时，集体效能对暴力的约束作用下降。

　　除了已经考虑过的部分，还有哪些结构性和规范性背景能增强（或削弱）集体效能和非排他性的社会网络呢？我们并不能很简单地回答这个问题，我将在第 8 章重新谈到这个问题。但我们的数据明确显示地方组织和志愿协会的民用基础设施，通过超越传统的个人纽带，有助于维持社会行动的能力。各式组织常常通过自身网络的战略性建设或通过制造需要集体反应的需求来维持社会行动，这样的运作方式可以产生集体效能。[27] 无论是清除失序、学校改进或者警方回应，当代社区面临着接连不断的挑战，而迎接这些挑战再也无法仅凭个人的力量。笔者因此认为对控制和有效社会行动的共同期待部分依赖于组织和联系，而这种组织和联系并不直接反映邻里中个人纽带的密度。芝加哥邻里人类发展项目的相关研究支持了这一观点，研究表明由居民反映的当地组织的密度以及居民对志愿协会事务的参与度意味着在贫困、社会组成以及重大犯罪率不变的情况下更高级别的集体效能。[28] 下一章和第 14 章将重新接上对组织的论述，探讨集体公民行动的新层面，以及社区领袖和组织之间的关系网络如何形成集体效能。

　　同时，来自芝加哥邻里人类发展项目的数据以及关于邻里社会进程的其他研究，在最大程度上与以下推论达成一致的，即集体效能是犯罪率变化的独立原因，而且在某种程度上调节邻里的特点，如集中劣势、居住的稳定性和当地网络纽带。特拉维斯·普拉特（Travis Pratt）和弗朗西斯·卡伦（Frances Cullen）对 1960～1999 年期间超过两百个针对邻里和犯罪率的实证研究进行独立调查。[29]通过在相关的研究中，使用元分析技术（meta-analysis），他们发现相关研究（95% 的置信区间为 -0.26 至 -0.35）中集体效能与犯罪率呈反比关系，比值为 -0.303（比值范围为 -1 至 1）。根据元分析标准，这是一个很大的发现。在参照样本的同时，作者将集体效能的重要性摆在其他更加传统的猜想之前，如贫穷、家庭不和与种族等原因。尽管直接测量社会进程研究的数量比对贫穷的研究（低于 25 个）少得多，而且尽管测量的详述中有相当大的可变性，我们能够得出以下结论，即集体效能与犯罪率始终呈反比关系。[30]

集体效能所及之处

很重要的一点在于强调原始社会解体论和集体效能论这两大理论的诞生，主要为解释邻里关系中的变量，如犯罪率和其他行为。我一直在为该问题寻找证据。一个人住所的集体效能是否能进一步解释邻里如何影响个体的犯罪行为，无论这种邻里关系发生在当下还是未来，这个问题是一个非常合适但逻辑性不强的问题。在这种情况下，邻里关系可能有一些前瞻或滞后的效应。区分不同类型的理论很重要，因为居民们在一天的日常生活中常常会越过若干个邻里社区的边界。青少年就是很典型的例子，他们会在家庭以外的不同邻里社区活动，尤其是去上课或在同伴的陪伴下玩耍。因此一些犯罪活动很可能在不同邻里之间传播和蔓延，即使犯罪行为的发生通常很集中。

由我带领的对芝加哥邻里人类发展项目数据的研究表明，在居住区邻里内产生的集体效能与青少年自我承认的暴力行为间并无直接联系。[31]相反，似乎集体效能可以对一个社区的犯罪发生率（或地段）做出预测，但并不能预测社区青年人的暴力倾向，因为这种暴力倾向可能在城市的其他地方发生。这一模式表明集体效能对犯罪的影响与情境相关。当然，这并不能排除偶尔的不相关性，因为早先的结果已经非常有逻辑地表明，社区的集体效能一直影响社区内的犯罪可能性。因此，或许调查中的具有攻击性的青少年始终受到他们游荡的"非住宅"社区的集体效能的影响。一项针对芝加哥抢劫地点的研究也支持这个观点——集体效能如何"吸引"一个抢劫犯，即使他们并不居住于该社区。[32]一项在英国展开的针对日常活动和生态系统的研究表明容易犯罪的青少年的个体不良行为明显受到他们业余时去的社区的集体效能的影响。[33]与日常活动一致，基于芝加哥邻里人类发展项目的研究表明了集体效能对青少年与同龄人的非结构性社交，以及性行为的启蒙有着直接影响。集体效能对芝加哥青少年性行为的相应影响表明在邻里层面的监督和监管扮演的更广泛的角色。[34]一项最近的研究也显示，社区的集体效能与青少年和同龄人的非结构性社交之间有着显著关系。值得强调的是，集体效能对社区青少年暴力行为的一个显著消极影响变得明显，这一点"仅凭考虑对青少年与同龄人的非结构性社交产生影响"即可看出。[35]这一发现暗示我们早期的研究忽略了集体效能对个体暴力的影响。

所有的结果都表明，除了"街头犯罪"之外，更多的犯罪应被纳入考量。事实上，克里斯托弗·布朗宁坚持以下观点，即集体效能也能减少"家庭内"的暴力，而假设机制则是在高集体效能的社区中，受到家暴威胁的妇女可以向第三方进行倾诉。[36]其他芝加哥邻里人类发展项目相关的研究也记录了集体效能与哮喘患病率、出生体重、自测健康和热浪死亡之间的关系。[37]集体效能的影响因此延伸出来，并涵盖了不少与健康相关的特征。这远远超出了这个理论最早对街头犯罪的应用范畴。

图 7-1 展示了这一论据。我认为资源的不平等和其他在居民控制以外的结构性力量（如组织）与集体效能的产生相关。因此，集体效能理论并不仅仅是一个将社会规范包袱扣在居民身上的尝试（或像一些人所称的"责备受害者"）。局部邻里以外的宏观和空间的进程也会产生作用，正如个人选择的进程——这些现象在目前发现的圆圈外部虚线的方框内呈现。我将在下一章中论述这些动态的实践审查和理论阐述，不过可以预告的一个发现是，图 7-1 中的线条在我考虑了空间独立性后仍然站得住脚。同样值得重述的是，以上描述的结论适用于邻里的组成结构。我之后将谈到选择偏误、假设转置或反馈效应，但我也会指出，由于大部分研究是单向的，这些研究假设先前的暴力或者其他邻里挑战不改变，从而预测了一条回路（虚线箭头）。图 7-1 旨在通过一个简洁且有理有据的概念性计划来反映邻里社会经济学资源（或是其缺陷）、组织和人际纽带的紧密度是怎样通过发挥集体效能的功能在部分程度上影响犯罪率和民生的。

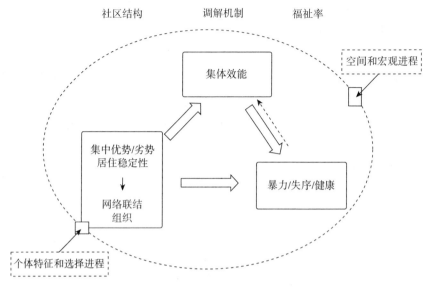

社区结构　　　调解机制　　　福祉率

集体效能

空间和宏观进程

集中优势/劣势
居住稳定性
↓
网络联结
组织

暴力/失序/健康

个体特征和选择进程

图7－1　集体效能理论和社区福祉的概念性框架

比较生态计量：瑞典及其他

　　集体效能的逻辑不仅仅限于特定的城市，在美国或者其他的国家都适用。那么集体效能理论的适用范围能有多广？它是否适用于法国的社会？在法国，政府所持的共和党价值观和强大的规范下政府的责任介入，或许与邻居应该承担一定的责任而采取行动这一概念有所冲突。这一理论是否在集中劣势并不明显的福利国家，或是在据称民众昂扬的精神面貌正在衰弱的前苏联国家也能站得住脚？不幸的是，我们比较知识的基础较为有限——很少有以跨国比较犯罪率和群体社会机制为目标的研究。

　　我已经与瑞典犯罪学家维克斯特罗姆（Per-Olof Wikström）合作，系统研究了芝加哥和斯德哥尔摩这两座城市并尝试了一个比较。[38] 我对城市的选择乍一看非常怪异——为什么选择芝加哥和斯德哥尔摩？毕竟，瑞典和美国在各个维度都是两个截然不同的世界，包括贫困聚集、福利支持、住房规划以及暴力等等。与斯德哥尔摩相比，芝加哥非常暴力，分化程度高并伴随着经济层面上的极大不均衡。然而，从比较的角度来看，如果我们的目标在于检验是否有能够越过文化与国家障碍的社会学特点，这样的选择

是具有很大分析意义的。依据简单有效的"最不同"的比较派研究模式,[39]
我们的动机在于发现在这些高度不同的城市中是否有相同的人际关系,而
如果有的话,是在哪个维度上。芝加哥与斯德哥尔摩不仅符合要求,它们
还分别是美国第三大城市和瑞典第一大城市。

为了实现这一目标,我们将户口普查数据并入暴力事件结构分化和警
察地域性记录的考量范围内,并结合对个体特征及邻里环境的调查。斯德
哥尔摩研究的开展复制了芝加哥邻里人类发展项目社区调查中得到的关键
特征,展开年份为 1996 年,并在一年时间里完成了首轮调查。研究向随机
选取的 5000 位居住在包括市中心和大郊区的斯德哥尔摩居民发放了问卷。
基于 80% 的答卷率,最终的实验样本由 3992 名居民组成。这些答卷者分布
于不同的社区(平均规模 = 5000 人),社区分界线由城市规划专家根据家庭
条件、房屋使用权、交通便利程度和其他土地使用考量而划定。拥有至少 5
个回复问卷者的斯德哥尔摩社区(代表原采样的 90% 以上)被选定以进行
比较分析,由此产出 200 个地区,而芝加哥的邻里集聚地总数为 343 个。

在芝加哥和斯德哥尔摩的两份调研中,构思是多层面的:答卷者被问
及个人以及家庭特征,同时还得回答一系列用于评估邻里环境的问题。在
个人的层面,我们在两个地点建立了直接可用于比较的主要测量对象:年
龄、性别、受教育程度、居住时长、住房所有权、婚姻状况、是否居住在
政府保障住房中以及失业。每名答卷者也被问及他/她是否在调查前六个月
内在所居住的社区遭到过暴力犯罪的攻击。因此我们能够分析个人层面上
暴力犯罪的风险,作为邻里社会背景对记录在案暴力犯罪率影响的补充。

当我们进行跨国比较时,种族或族群地位构成了另一大因素。然而,
在更广的层面上研究每个国家劣势群体的生态分布是可能的,这些劣势群
体指的是处在被歧视或边缘化地位的群体。在芝加哥或者在全美范围内,
非裔美国人一直被分隔在主流社区之外,有很多研究包括本书先前的章节
均表明这是一个弱势的少数群体。在瑞典,种族/族裔的概念并没有多大意
义;不过随着移民(尤其是来自土耳其和前南斯拉夫)数量的增加,瑞典
出现了明显的非瑞典裔人群在空间上的聚集和分化。因此我们为斯德哥尔
摩外来移民的社会地位创造了一个指标,并有选择性地将其同在芝加哥的
非裔美国人的社会地位作比较。当然,这两类人群并没有完全相同的特征,
但是却触及了一个更广泛且更加有趣的因素,即弱势或受到社会主流歧视

的少数族群的生态分化。

为节约成本，在斯德哥尔摩研究中我们询问了一套集体效能的简化版问题，其中两个关于内聚力（"住这附近的居民愿意帮助他们的邻居"以及"邻居值得信任"），还有两个关于效能/控制（有关孩子们在房屋前涂鸦及打架）。在邻里的层面，这些方面具有很强的相关性并很相似，在两所城市均超过 0.7。因此我们结合了不同地区很可靠的研究对象，创造了一个已经更改的集体效能规模。

尽管社区研究可以衡量社会满意度的主要方面，我们还是选择单独搜集被测量人口的特点。这样一来，集中劣势得到确认，以芝加哥为例，它具体体现在低收入家庭的比例、接受公共救助的家庭的比例以及以女性为主导的有儿童的家庭的比例。这些指标在两座城市拥有同样的协变模式——公共救助高的地区同时也是低收入地区，并聚集了以女性为主导的家庭。居住稳定性的定义是 5 年以上居住在同一住所的 5 岁及以上居民所占的百分比，以及由业主居住的房屋比例。

最后，我们从芝加哥和斯德哥尔摩警方那里收集了有关暴力袭击的独立数据。定位犯罪发生地的同时，我们跟踪了所有人际暴力（杀人、严重恐吓行为和抢劫）的数据，并与研究的年份进行匹配。对于暴力冲突事件，我们检查了针对每十万处于危险事件中人群事件发生率的对数。

尽管本章的重点是集体效能，但需要强调的是，每个城市中被扣上污名的少数群体都面临着其享有社会经济资源的生态差异等问题，但这一不均衡在芝加哥比在斯德哥尔摩的体现更为明显。正如第 5 章内论述的，芝加哥市内被分隔的少数人群地段比斯德哥尔摩地区的多很多，而且这些地段与集中优势有着非常大的关系。但即使在平均主义的斯德哥尔摩，随着移民比例的上升，他们社会经济空间的隔绝率也因而上升。[40]我们想知道随着斯德哥尔摩及其他欧洲城市移民速度的增加，会发生什么事情，会不会越过一个门槛？这一分析的逻辑预测，由于过去相对同质化，在类似斯德哥尔摩地区的紧张气氛很有可能增加。

第 1 章呈现了对两个城市内（图 1-6）集中劣势与不断增多的暴力事件之间联系的初探。更深层次的分析揭示出这一模式适用于每种劣势的组成成分，同时假设居住稳定性和失序不改变。[41]集中劣势也意味着在两个城市中更低的集体效能，伴随着一个逐渐减弱、非线性的模式。在控制了社区稳定性和个人层面特征情况下，集中劣势比平均值增加一个标准差会导致斯德哥尔摩和芝加哥的集体效能的骤降。如我们在图 1-6 中看到的那样，在该点之后不再显示斯德哥尔摩的社区。只有在芝加哥才能发现严重的集中贫穷现象，并且正是在这些"真正劣势"的地区，劣势与暴力及集体效能的关系才得到弱化。有人可能会说，损害已经造成，不会再有更多的劣势。

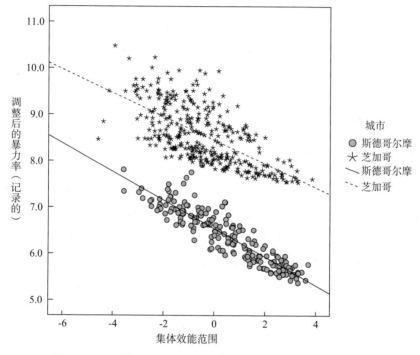

图 7-2　从集体效能的角度看，能呈现对芝加哥和斯德哥尔摩邻里暴力事件的相似的预测结果，考虑到集中劣势、黑人移民的百分比以及居住的稳定性

图 7-2 描绘出基于社区劣势、稳定性和少数族群/移民组成的集体效能与预期暴力率之间的反比关系。集体效能与暴力关系的斜率明显呈负相关，并且两个城市的斜率类似，尽管芝加哥因拥有更高级别的犯罪率而导致回归线在斯德哥尔摩之上。这一多元化的结果显示在两座城市内，集体效能直接与更低的犯罪率相关，促成结构性前瞻的预测影响的形成。集体效能与暴力之间的关系也增强对在邻里层面上的额外控制，包括一项保守测试，在这项测试中社会失序得以调整。[42]不过，集中劣势的直接作用仍然非常明

显，尤其是芝加哥。

　　这些数据在一个跨国的比较性框架中反映出暴力的社会秩序，并且支持以下结论，即社区层面上生态结构、集体效能和暴力的变化与理论上的预测，以一种合理的方式在两个拥有截然不同组成和历史的城市里达成一致。的确，芝加哥和斯德哥尔摩在各方面都大相径庭，而且这些数据证实了它们在社会资源如何进行生态分配方面的重要区别。尽管移民经历了贫穷等生态劣势，斯德哥尔摩比芝加哥和大多数其他美国城市在社区层面都更加平等；但是，社区社会结构与暴力之间关系的本质也惊人的相似。由于两座城市的暴力现象拥有相同的特征，而依据更大的社会组织原则，这些同样的特征分配方式并不相同，其结果便是城市暴力在宏观层面或社会性阐述方面形成不同。这一框架如何应对未来的挑战，"芝加哥效应"如何在假设劣势条件不改变之后经久不衰？这些问题或许与深层次的文化差异相关，让我们拭目以待。

　　芝加哥项目的复制和扩展目前正在旧金山、布里斯班（澳大利亚）、英国、匈牙利、莫希（坦桑尼亚）、天津（中国）、波哥大（哥伦比亚）及世界上其他城市进行。截至目前的结果都指向集体效能重要的跨文化角色。最近一份基于对芝加哥邻里人类发展项目直接复制并依照芝加哥－斯德哥尔摩研究进行建模的刊物表示，在控制了社会纽带的紧密性和其他组织性特征的情况下，集体效能意味着在布里斯班多个社区中更低的犯罪率。[43]洛林·马泽罗尔（Lorraine Mazerolle）和同事报道说尽管美国和澳大利亚之间有文化差异，集体效能在解释犯罪空间分布上是一个重要的机制。在离西方文化非常遥远的中国，最近一项基于芝加哥邻里人类发展项目条目的研究发现，在保证家庭和邻里特点不变的情况下，集体效能与天津的盗窃犯罪呈直接反比关系。[44]芝加哥邻里人类发展项目的费尔顿·伊尔斯（Felton Earls）将集体效能的概念带到非洲，以开展一个艾滋病和预防性虐待的测试。作为研究的一部分，一个针对成年人和儿童的衡量集体效能的社区研究同时开展。早期的结果显示改善儿童健康习惯的介入与集体效能提高的感知有着显著的关系。[45]在英国，芝加哥邻里人类发展项目的调查被复制，并被并入由苔莉·莫菲特（Terrie Moffitt）主导的环境风险纵向双子研究（Environmental Risk Longitudinal Twin Study）中。该研究的一篇论文发现邻里集体效能与居住在赤贫地区儿童入学时的反社会行为成反比。在控制了社区问题和家庭层面风险等因素后，这样的反比关系成立。[46]在匈牙利，一项全国性调研使用芝加哥邻里人类发展项目条目来测量集体效能。控制干扰因素后，调研显示集体效能与男性及女性死亡率的下降有紧密联系（仅次于教育）。[47]

　　拉丁美洲的国家可能是个例外。对巴西社区的研究显示集中在贫民窟（favelas）的贫困现象导致了更高而不是更低的凝聚力，这或许有助于生存。[48]类似的关系也在哥伦比亚的波哥大出现。在波哥大贫穷地区，人们对武装警察和腐败警察的反抗形成了一个独特的挑战，这种情况也塑造了集体效能与暴力在该国与其他国家明显不同的关系。[49]或许有人会期待集体效能在墨西哥的一些地区发挥不同的作用，在这些地区贩毒集团掌控了许多低收入的社区，警察被视为已经腐败，进入类似的环境意味着冒生命危险。在此，集体效能的作用更像是一个生存功能，通过集体效能居民们汇聚在一起来互相保护，避免受到有组织毒品暴力的侵害。

　　在美国，在芝加哥邻里人类发展项目的基础上又进行了新的国内儿童研究（National Children Study）[50]和其他的一些城市调查，其中最大的是洛杉矶家庭和邻里研究（Los Angeles Family and Neighborhood Study，LAFANS）。较早的来自洛杉矶的基于对 65 个邻里中的 800 多名青春期少年的调查显示，通过三种测量方式都能证明集体效能与肥胖有直接的关系。[51]采用同样的数据，洛杉矶家庭和邻里研究证明，可以用集体效能在洛杉矶社区（Angelino）中有效地预测青少年产子率明显低于西班牙裔社区 50%。而在移民集中的地区，这一关系则较弱，显示了在拉美文化中集体效能的相互影响。[52]

　　总而言之，尽管集体效能的体现取决于社会文化和地域特点，并形成了一种和犯罪及健康的关系，但这种关系并不是一成不变的。令人吃惊的一点在于，社区层面的很大差异能够被察觉，并在如此分散的国家特点背景下，从生态计量的层面获得评估。不论今日人们已经着眼于何处，基于个体集合构成的集体效能的超乎意料的变异都表明，社会控制的能力是一个基本社会特征，是一个能够超越贫困和种族的特征；在许多情况下，这一特征意味着犯罪率的降低和公共健康的加强。与第 5 章的论述类似，在一个更宽的概念层面上，当我们在国际背景下进行比较时，芝加哥并不像很多人认为的那样独特。在下一部分，我将论述集体效能也拥有经久不衰的特点。

稳定性与改变

具有讽刺意味的是社区社会进程的研究主要是静止的，尽管"进程"这个概念从逻辑上暗示了"动"的主要概念。为了迎接这个挑战，我对集体效能的动态做了一番审查，即采用最新的数据分析了其长期的根源，以及其自身对这十年的中期犯罪率变化的预测能力。一开始，我提了一个极其简单的问题——集体效能有多稳定，答案是它具有令人意想不到的经久不衰性，这超出我最初的想象。正如第5章中解释的那样，证据是一段整体变更时期中的社会再生产过程。

我使用的数据来自第4章描述过的两个社区调查，包括每次调查问及的相同问题。两个调查的区别在于取样规模的不同，第二项调查采访的人数约是初次调查的一半（分别是3105和8732）。实证结果在于，集体效能以及实际上所有其他的邻里进程，在2002年的测量较1995年的在可靠性上有所降低。[53]后者的价值更高，因为在社区地域的范围内采样较分群采样总量更大。街道上的测量可靠性最低，1995年和2002年分别是0.58和0.37，不过街道提供的分析单元数目是社区地段的10倍以上——社区地段的测量更为可信，但是单元规模更大、数目更少。出于理论上的考虑，我通过分析不同层面关系，并聚焦于发现的连贯性，实现了两者的折中。

尽管不同时间的可靠性不同，且样本拥有一定的独立性（或重复分类排列），那些1995年集体效能得分很高的社区在7年后看上去几乎还是老样子。尽管人口组成发生变化，但不论是在人口普查街道、邻里聚集地还是社区地段，我们都看到同样的结果。图7-3直观地显示了社区地段的相关性，这些地段分别拥有较低、中等和较高比例的黑人——一个种族异质简单的指标。图7-3首先揭示了集体效能似乎经年不衰，即使在社区内居民流动性很强（回想图3-2）。也就是说，尽管该社区的个体流动性非常大，且两次社区调研对居民进行分开取样，它的集体效能一直维持0.73的水平。集体效能高的社区集体效能居高不下，反之亦然。[54]

其次，稳定性贯穿于所有的种族组成类型和种族多样性之中。社会解组的传统让我们在族群异质性下降时对结果做出不好的预测，然而调研数据和图7-3均否定了这一预测。例如，我们可以看出拥有中等比例黑人人口的地区在两段时间内都位居曲线的顶部。假设这是芝加哥，黑人真正融入社会的社区非常罕见，城市社区中有 1/3 的社区人口基本上全部由白人构成。芝加哥格林伍德区也不例外，但它是位于种族分布中 2/3 的位置并拥有很高的集体效能，而这一效能也与被认为与"南部贫民窟"的地区邻近。比佛利（Beverly）是一个稳定的中产阶级聚集地，它离刚刚提到的贫民窟不远，2000 年其居民中的 1/3 为黑人，或许 5 年后这个比例会达到 40%。然而比佛利确是 1995 年全芝加哥集体效能最高的社区，2002 年它的集体效能位列第二，仅次于格林伍德区。图 7 - 3 显示阿什本也是一个种族混杂的社区（43% 的黑人、37% 的白人和 17% 的拉美裔），这个社区的集体效能也很高。在整个比较图底部的是受到排挤的清一色黑人区——华盛顿公园区和道格拉斯区，尽管这两个区距离上述社区不远。集体效能分布的极端在广泛遭到诽谤的南部，且较高的集体效能并非来自于白人社区，这两个趋势支持了我在本书中对组构之上的社会过程的强调。

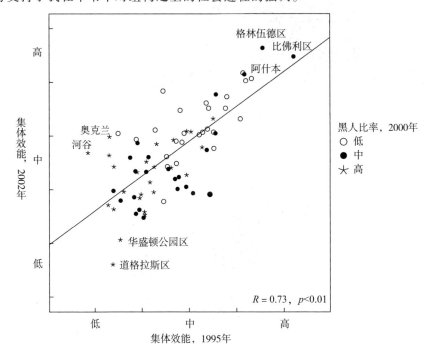

图 7 - 3　依据种族组成，集体效能的持续稳定性

再次，即使 1995 年前没有任何关于集体效能的信息，我们还是能够回到过去，来测量上两章提到的不平等的结构性关键方面；这些方面影响了之后的集体效能等社会进程。事实上 1970 年的集中贫困有着深远的影响，它留下的负面的痕迹并未能简单地克服。图 7 - 4 展示了这一现象。几乎无一例外的，在 1970 年的集中贫困时，大部分在平均贫困线之上（译者注：即更加贫困）的社区的集体效能都位于集体效能分布最低的约 1/3 的位置。尽管 1970 年一些贫困度较高的社区在 1995 年拥有高水平的集体效能，但这些社区在 1970～2000 年都经历了贫困的最大减少，并在 1995～2002 年经历了集体效能最大的增加（数据未显示）。这张变化的系统图表——"改变的稳定性"——被嵌入一个空间聚集的模式当中，在这个模式当中社区拥有近似的低水平集体效能，并且与贫穷聚集地相重合，这些因素同时作用，急速形成脆弱和不幸，并增强空间风险。我将在第 10 章中更加详细地再次论述这种空间机制。

图 7 - 4　集中贫困在 25 年后对集体效能的影响

　　而现在，有数据支持以下论据，即结构缺失的持续性与集体效能的建设和一直存在的极大区别有着很大的关系。有没有其他的解释呢？为了回答这个问题，我根据居民的流动性、人口多样性和集体效能中的空间相互依存性，研究了集中劣势在几十年内的预测能力。我发现自 20 世纪 70 年代以来直至 2002 年，贫穷与集体效能始终有着非常灵活且明显的反比关系。1970 年的贫穷水准与最近几年的社区贫穷（第 5 章）水平甚至有着直接联系，这一发现并不完全出乎意料。然而有趣的是，正如有说服力的贫穷"马太效应"经验主义的论述所说，1990 年的贫穷"较 1970 年的贫穷而言与当代的集体效能的联系较为微弱"。或许更加令人意想不到的是，"1970 年的贫困持久地影响近来居民"的信任和集体效能，假设贫穷的增加也意味着集体效能的减少。似乎贫穷与和贫穷相关的种种，如预料之中的失序和暴力，对集体记忆有着持久且累积的影响，这种影响会玷污社区的声望和外界对"本区特征"的长久印象，形成弱势和信任缺失的漩涡。[55]

　　其他的主要发现在于，在我们假设贫穷和居住稳定性恒常之后，1970 年的多样性以及 30 年以后多样性的改变并不能明确预测 1995 年的集体效能，或是从 1995 年至 2002 年集体效能的改变。[56]这一发现表明，种族多样性与低集体效能间看似存在的关联，是由贫穷与居住稳定性的一般性联系导致的。

　　那么总而言之，我们能够看到在集体效能中有着很大的连续性，这种连续性来自不平等的影响，也来自不平等与集体效能之间的关系。考虑到在企业内部的衡量具有不确定性，图 7 - 3 和图 7 - 4 表明社区特征的强烈持久性与居民的互信和对管理的共同期许相关，还与其早先劣势的层级相关。此外，真正发生的改变，拥有一定的结构模式，并不是随机的，这点我会在最后一部分通过最新的数据进行详述。

解读犯罪，1995 ~ 2006 年

　　在最后的评估中，我考察了集体效能动态预测犯罪率变化的能力。在上述结果的指导下，我们得知集体效能是相对稳定的，这意味着这种变化是相对少见的，测量也并非十分精确。初步分析也显示，在这两项调查中集体效能与犯罪率之间呈现类似的负相关。我结合这两条信息，形成一个

由时间和邻里这两个"层次"的分析构成的集中邻里面板。在第一层次，每个邻里中观测单位和预测因子随着时间推移改变。同一邻里在1995年和2002年的集体效能就是一个例子。在第二层次，分析单位是邻里之间，目标是评估集体效能在犯罪率方面的平均邻里内部效应。

各面板分别平行设置测量策略。在第一组中，1995年调查中的集体效能和其他社会进程以及1990年的人口普查预测因子被用于预测90年代末期的犯罪模式变化。在第二组中，2002年的集体效能和2000年人口普查的结构特征被用于预测2002年以后的犯罪率。[57]我的主要成果是得到了每10万居民的凶杀率，它在一定时间和空间跨度中都得到了精确的测量。1995~2006年，芝加哥警察局的每个已知的凶杀案事件都被按照人口普查区进行了地理编码。我建立了一个预测模型来降低反馈效应的风险，并集中多年的凶杀数据，以获得稳定比率，提高估计的精确性。

首先，我采用了一个基本模型，包括目前关键结构的预测因子——集中劣势、居住稳定性和人口密度。利用以讨论小组为基础的社区调查，我还调整了居民之间友谊关系和道德/法律犬儒主义的密度。[58]在得到结果之前，预先测量所有的预测因子，然后通过对滞后犯罪的控制效果评估两种模型。[59]通过整合数据和两次调查，我能对集体效能平均影响的独立可靠估计进行评估，既对结构特征和其他社会进程进行调整，也根据犯罪的时期效应做出调整。[60]我现在重点概述90年代末期持续下降然后趋于平稳的结果（回顾图5-4），在所有模型中第二组时间指标的显著负面影响对此都有所反映。其次，虽然居住稳定性的模型并不一致，但集中劣势也与全面的暴力有着密切和正向的联系。最后，利益的主要因素——集体效能——在综合考虑之前凶杀的情况下，可以直接预测较低的凶杀率（相关系数 = −0.87，$t = -3.04$）。法律犬儒主义与高凶杀率直接相关（$t = 3.04$）。借助芝加哥邻里人类发展项目的后续研究得出了相同的集体效能和犬儒主义的结果。[61]

为了更直接地说明主要结果，图7-5按时间段列出了在集体效能的最低和最高的邻里中的预测凶杀率，并根据贫困、稳定性、密度、友好关系、道德犬儒主义和主要暴力问题进行了调整。因此，图7-5表现了集体效能和凶杀率的平均联系，为了清晰，单位设为10万人比率。在第一组集体效能最高的邻里中，凶杀率约为每10万人中10.4个。与此相反，在集体效能较低的邻里，该比率超过每 10 万人中 16 个，增加了 50% 以上。结合背景来看，我们也会发现"时期效应"几乎相同，凶杀率降低了 50%。在死亡人数计数方面，考虑到芝加哥的整体规模，数据估计出集体效能高的邻里的凶杀数量减少了 168。无论按照任何标准，这都是一个相当大的估计结果。

　　我还采用官方公布的抢劫率、入室盗窃和调查报告的暴力率，重复了这些研究程序。总的来说，其结果与凶杀率的形式是一致的。例如，在调整了之前抢劫（这是高度稳定的）及所有其他变量之后，集体效能与抢劫率有一个直接的负相关关系。[62]感觉暴力很大程度上也被集体效能预测到了，集体效能也控制着之前一段时期的总的犯罪率。在社区水平内，我们也获得了类似的结果。

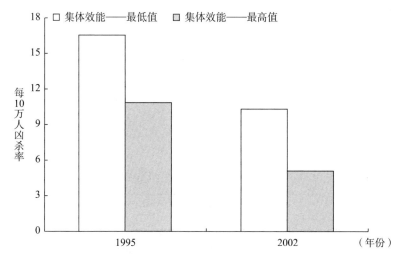

图 7 - 5　控制集中劣势、居住稳定性、人口密度、亲友联系、
法律/道德犬儒主义和先前凶杀情况下的集体
效能和时间段与凶杀率之间的关系

　　然后，我利用与犯罪对应的时间序列数据，并比较分析了 1996～2006 年，即在 1995 年调查之后的年际变化。[63]我因而可以通过一系列关键预测指标，明确地估计犯罪的变化——劣势、稳定性、多样性和集体效能，并试图分别分析稳定性及改变的影响。在调整了稳定性、多样性和集中劣势的情况下，1995 年的集体效能可以预测到 1996～2006 年较低的平均水平的杀人案。此外，虽然整体上相对稳定，在此期间内，集体效能的变化与加剧

减少的杀人率相关；与那些没有遭遇集中劣势社区的情况相比，劣势社区中凶杀案以较慢的速率减少。图7-6描绘了基于完整模型及所有控制之下的集体效能与劣势间的关系轨迹。底部的线表示所发现的邻里凶杀案的最大跌幅，随着集体效能的增加，劣势降低。相反，顶部的线显示，那些有着越来越多劣势和低集体效能的邻里的凶杀案下降较慢。集体效能似乎发挥着对抗改变的保护性作用。

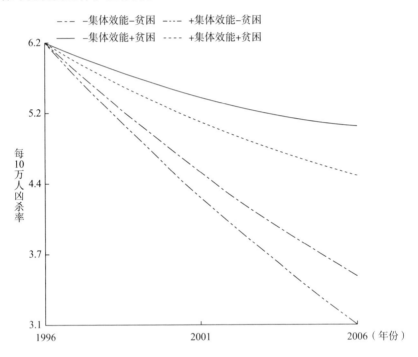

图7-6　集体效能和集中贫困的变化对芝加哥邻里凶杀
下降轨迹的解读，1996~2006年

　　而需要特别注意的是，这里的集体效能是一个假设的社会过程，这一过程应根据挑战而变化。其中，犯罪是在自由社会中的终极挑战之一。我和我的同侪都认为，犯罪行为可能会减少随后对控制的期望。相关的观察也表明，目击犯罪行为的发生会导致居民提高对犯罪行为的预期，这一变化符合贝叶斯定理。[64]因此，住在斯德哥尔摩的一般居民感受到比住在芝加哥的更大的集体效能——后者被证明是更暴力的，这一点也就不足为奇了。在上述的模型中，我已经控制了犯罪率，但是，为得到相互的关联性，测试这个反馈过程并进行交叉滞后分析是更为直接的方式。换句话说，我已经知晓，在未来几年里，集体效能能够预测犯罪，但是反过来也成立吗？犯罪在未来几年中能预测集体效能吗？或者说，集体效能主要是由结构性条件驱动吗？我在系统面板架构之下，通过采用与上述相反的程序，并纳入 1995 年和 2002 年的集体效能来检验过这一问题，其结果是类似的。预测变量包括滞后的普查特征、先前的犯罪、当时的朋友关系和道德上的玩世不恭。

该结果支持了循环反馈回路的观点（图 7 – 1）。在芝加哥，集体效能随时间而增加，并显著高于由居住稳定性特征（$t = 8.29$）、朋友关系（$t = 7.01$）、低程度的道德上的玩世不恭（$t = -4.63$）、较低的密度（-8.44），以及较低的劣势集中度（-8.28）的街区。调查之前的邻里总犯罪率以及这些重要的预测指标在自身权重上的净值，与较低的集体效能（$t = -6.05$）相关联。此外，当我控制了滞后的集体效能时，事先的犯罪持续显得重要；这表明随着时间变化，集体效能是对先前犯罪经验的部分响应。例如，对于 2002 年滞后杀人罪（5 年平均值）对集体效能的影响，t 值是 -3.12，其标准化相关系数是 -0.12。这一结果也支持了一些其他罪行的影响，并与潜在的、随时间更新的效能值及反馈概念一致。然而，集中劣势是最强的预测因子。它在量级上是先前犯罪的 3 倍（标准化相关系数为 -0.36，$p < 0.01$）。这些结果表明，当需要考虑之前的暴力时，集中劣势在很大程度上是终极挑战，因为作为一种社会建构的它（见第 6 章）更为引人注目。

结　论

这个关于集体效能的研究截取了许多不同的研究、调查、技术规格、时间段、结果，以及更多的研究。数据和方法的局限性总是存在的。基于这些原因，我专注于共性，而不大可能依赖于任何单一的估计值。整体来说，这里的结论以及越来越多的世界各地的研究成果表明，在社区组成不相似的情况下，那些具有更高水平集体效能的社区表现出较低犯罪率。也有证据表明，集体效能是随着时间的推移而相对稳定的；在调整了个人的结构特征和传统的邻居网络形式的情况下，它预测着犯罪的未来变化。尽管高效能的社区并没有被频繁地研究，但它们在犯罪之外的一些其他事物上做得更好，比如出生体重、少女怀孕、哮喘和死亡率；这意味着高效能可能与普遍的社会福利相关。

当我在检验集体效能的预测变量时——这有助于解释结论——我证明了以前的暴力经验通常会减小后来的控制预期。这一发现，使植根于自我效能理论及我们的个人生活中的期望变得有理可循了。但集中劣势更为重要。我的研究表明，前几十年的贫穷轨迹可以独立地预测当前的集体效能。制度、文化机制显然在社会自我复刻中起了诱导作用，并生产了另一种形式的遗产。尽管高的住宅流动性是城市生活的特点，但这些遗产——包括好的和坏的——将如何获传承？另外，像芝加哥的比佛利区（Beverly）、格林伍德区（Mount Greenwood）的邻里是如何运作的呢？它们既面临着结构性挑战，也仍然维护着高水平的集体效能。下一章里，我们将用一个新的视角来展开对这些问题及相关问题的讨论，考察集体公民行动、组织生活对集体效能和其他的城市社会组织面向的影响。

第8章
公民社会与组织存在的必要性

对外人来说，聚在死气沉沉的"西城餐厅"的那些男男女女，好像不太可能是权力掮客，门卫、房产经纪人等类似的人对他们街坊邻居的舞会、后院烧烤等圈子之外的事情几乎一无所知。

《芝加哥论坛报》，2007 年 4 月 6 日[1]

2008 年全国大选中，共和党候选人对"贫民窟社区组织"的抨击，引起了人们对巴拉克·奥巴马（Barack Obama）的履历对其竞选美国总统的价值这一话题的激烈辩论。许多辩论主要针对奥巴马在芝加哥南部的家庭出身，尤其是他早年在河谷社区的奥尔特盖尔德花园项目（Altgeld Gardens Project）将穷人组织起来的经历。[2]保守右翼势力把这一社区组织描绘为具有社会主义倾向以及对美国理想的颠覆。

讽刺的是，社区组织、非营利组织部门这些无名英雄更倾向于反对以"社区的损失"为主的叙事，而这类叙事已经困扰那些公民社会的观察者（尤其是守旧主义者）很久了。[3]虽然相比以前我们对自己的邻里知之甚少，但事实上每天全国成千上万的非营利组织都在忙于组织新的协会组织并给它们创造机遇。社区非营利组织以及志愿者协会也涉足了政治领域，范围从据称是左倾的奥巴马式的社区组织者，到保守的教堂团体、社区休闲中心、儿童课后托管项目、兄弟社团、街区协会等。有什么比组织一年一度的 7 月 4 日的国庆节街区聚会更具美国味呢？

本章将探讨产生集体公民事件的社会、组织和空间环境。即使在"公民社会"的争辩在全美国都如此显著的背景下，意料之外的是我们对当今时代的这种类型的社区组织生活知之甚少。在各大领域的评论员中，一个主流的论点是公民生活的参与度在过往三十年间一落千丈。无论是从投票参与度的下降、对他人信任的降低、家长－教师协会中会员人数的减少，还是公共会议上的缺席等指标来看，美国人被认为出现了比以往更甚的"独自打保龄球"现象。[4]尽管普特南（Hilary Whitehall Putnam）拉响了警钟，但从更深层次来审视，这并没有影响到保龄球俱乐部会员本身或麋鹿爱护与保护规定（该法令源于一个仅对白人男性开放的社交俱乐部）。依据19世纪托克维尔（Tocqueville）的经典见解，一直以来，政治理论家和社会批评家最关心的是，公民不参与对民主能力所带来的消极后果以及美国政体的整体健康。然而，最近对公民社会的研究主要关注个体的看法、会员身份以及行为，而非集体行为的产生和实现。这意味着对上述传统的忧虑可能存在着误读。

作为芝加哥集体公民参与项目（Chicago Collective Civic Participation Project）的一部分，以及芝加哥邻里人类发展项目（Project on Human Development in Chicago Neighborhood，PHDCN）的扩增方案之一，道格拉斯·麦克亚当（Douglas McAdam）和我将注意力转向了我们所划分出的以集体性公民事件为表现形式的稳健的公民行动来探讨这个理论脱节。[5]借鉴从社会运动文献里得到的见解和教训，我们采集了超过4000个在芝加哥市区的集体行动事件的样本（包括公民参与和抗议），时间跨度为1970年至2000年。通过对这些事件的详细编码，我们构建了一个数据库，聚焦于越来越多人关注美国公民意识下降的这一时间段，描绘出集体行动的变量特性及其在社区这一层次的结构。我们将注意力从个人转移到促使两人或多人达成共同目的或特殊诉求的集体公共事件上，却发现关于公民社会衰落的种种预言并没有被证实。相反，我们发现集体行动发生的比率与长期以来公共诉求的本质间有着惊人的稳定性。关于慈善、教育、艺术、儿童、环境领域以及当地政府政策的诉求占据了这三十年来大部分的集体行动。典型的有组织的集体行动并不是成见里的那种抗议、诉讼或是集会。最常见的五种形式其实是慈善活动、社区节庆、公共会议、娱乐活动和工作坊。激进活动是极为少见的，实际上数据显示保守的公民行动占据了多数。对于本书来说最重要的是，集体性公民行动在生态上是聚集的，并且以社区组织的密度来解释要远胜于以个人的社会关系或是以作为某个传统公民群体的成员来解释。

　　基于麦克亚当和我的工作，本章以关注集体行动而非个人行动的方式重构了关于公民社会的争论。本章的首要论点是，集体公民参与只是发生了变化，而不是衰落了。它在本质上来源于组织与空间，而非是人际交往。在描述用以评估这一论点的数据与设计的方法的设想后，我简单地总结了一下上述的核心结论，然后转向新的分析与发现，这包括一个黑人社区中关于非营利组织的虚拟普查和一个关于教堂（社区中传统的社区组织的支持来源）的独立研究。这些分析证实了非营利部门的重要性，还进一步揭示了黑人教堂的作用，这一发现曾被广泛假设，但仍旧是出乎意料的。总之，我认为，该项目的调查结果促进了我们重新思考曾经对社区公民生活的假设，同时指出了对社会挑战进行有效回应在组织上的必要性。

从"抗议"到"集体性的公民参与"

　　关于社会运动的学术领域已经倾向于给予那些固化的论点以特权，即更多地突出与弱势群体发起的更大范围的全国性抗争相关的引起混乱的抗议，而不是那些相对不显眼的但数量更多的形形色色的集体参与。[6]但是更为"平凡"的集体公民行动形式依旧重要，而且考虑到美国日常生活里的组织与个人风格，这些平凡的形式或许反而更好。

　　然而社会运动的学术研究为其超越传统研究重心提供了重要的基石。麦克亚当是该领域的带头人之一。我很高兴能有机会和他在行为科学高级研究中心（Center for Advanced Study in the Behavioral Sciences）相逢，并在午餐中分享了各自的学术兴趣。这次讨论持续了一整年，最终促成了一项重大合作。理论上，我们首先借鉴了社会运动研究的主要优势。第一个优势是其决定性的经验主义转向，即从关注个体公民参与转向关注集体行动事件。从逻辑上来说，我们认为这对公民社会争辩核心中的根本现象至关重要。第二个优势是，不断打磨与以事件为基础的聚焦相一致的方法论，这在下文将会进行详细叙述。第三个优势是，更理论化地说，那些运动分析者赋予理解那些触发并维持集体动员与行动的社会进程以重大意义，考虑到这一点，一个明智的抉择产生了，即否认了"集体行动仅仅是因个体公民的惯习而聚集起来所导致的"这一观点。[7]

　　对于我们来说越来越清晰的是，社会运动以及前面几章所谈到的集体效能理论实际上享有一个共同的框架，即聚焦于为了实现某个计划好的目标的行动的动员行为（或是能力）。这一框架主张直接关注那些本质上是集体性并将社区成员团结在一起的公民事件。比如说献血、社区节日、在社区大厅一起享用煎饼早餐、基于文化目的的募捐活动、街区派对、邻里之间互相照看等，这些事件位于公民能力的核心。这些现象的集体性质与空间聚集性在社会资本辩论中被忽视了，反之类似于团队成员、社会关系、信任、投票、例会出席率、贡献或是收视率这类全国可见的事情吸引了更多的关注。本书里的集体效能框架对于邻里语境以及集体事件的观念非常敏感，但是针对这一点的测量方式主要为提出与信任以及共同期望相关问题进行调查。社会运动的文献着重于非常规事件但却刻意避开邻里变量与赤裸裸的“抗议”议题，例如反战、公民权利、劳工以及环境运动。

为寻求弥合这些差距的方法与一个关于集体公民行动的更为广泛的概念，麦克亚当与我借用了每个理论方法的不同原理，首先用一个基于事件的方法，取代社会资本争论里个体层面的理论重点，来检验集体性的公民行为。其次，我们采用了任务导向以及集体效能理论的空间传递框架，来框定集体效能的理论框架。最后，我们通过对集体公民事件的明确关注，来扩充传统社会运动研究里的抗议活动议题研究。此处，再次声明本书的基本论点，我们假定当代城市中的集体行动事件：①在地域上高度集中；②在社区层面的特性上，能够通过系统性的变量来解释。但问题是，如何准确界定这些集体行动事件呢？在考虑到邻里的社会生态的时候，它通常被以威廉·朱利叶斯·威尔逊（William Julius Wilson）笔下的《真正的弱势群体》（*The Truly Disadvantaged*）里展现的城乡贫困的视角来看待。例如，公民社会的一位学生领袖罗伯特·伍斯诺（Robert Wuthnow）认为，由于新的城市贫困是由其地域集中的特性来定义的，“要理解公民参与的特征必须从整个社区的社会生态去考虑，而不是仅仅归因于个体或家庭”[8]。虽然伍斯诺的思想融汇全章，并贯穿全书，但是将关注点局限于贫困街区或贫困现象仍旧是一种狭隘的解析方法（参见第 3 章）。同样，与本书相反的关于“公民参与降低”的主要论点，即不断下降的本地关系纽带的密度与本地志愿协会的成员数量对公民行动的产生影响巨大，[9]也是狭隘的。

我们强调的不是贫困或公民所属集体的成员身份，而是一个观点：维系集体行动的能力的条件是，存在可服务于集体行动目标的机构或组织。

社会运动的政治进程模型的支持者先前在争论最初，就已经强调了机构或组织的作用。正如麦克亚当认为的，"如果没有任何这样的'动员结构'，即便机会成熟，最初的运动也会被认为缺乏行动能力"[10]。值得重申的是，这与社会资本文献所强调的志愿协会个体参与率的重要性，概念上是不同的。这两者之间的主要区别是，各种运动以及类似的抗议事件，不是个体参与者的简单集合；相反，它们实际上是一种社会产物，源于复杂的互动，终于现有社会环境内部的动态。因此，虽然高个人参与率以及密集的个人关系或许与组织的基础建设有关，但两者在概念上不是同样的事物。设想，一个城中村（urban village）里参与率极高但仅有一个当地组织，另一个社区虽然某个组织的盛行程度更低些，但却有多样的机构组织存在，两相比较，差别立现。即使团队成员与机构组织的密度刚好一致，高的个体参与率也很可能是现有组织结构的产物，而非相反。在这个视角下，那些涌现的集体行动被看作现有的机构、组织在相互作用过程里的内部产物。个体（微观层面）是必要的推动者，但个体的市民天赋及其参与程度并没有足够的驱动力。

公民行动的混合或混杂形式

整合社会运动与城市社区的文献，代表着我们对"社会资本－公民社会"争论的进一步修订。需要收集的洞见应是将抗议的形式看作社区建设的催化剂与自我表达，而不是一种顽固的矛盾。毕竟，以其民主基础而论，抗议是托克维尔本人都很欣赏的一种集体行动形式。普特南（Putnam）应该也同意这个观点："无论是同性恋在旧金山游行或新教徒去商场里祈祷，或在更早的时代里，汽车工人在弗林特（Flint）扔掉劳动工具，这些集体抗议行动本身产生了持久稳固的团结。"[11]在这些方面，一位政治科学家的最近的一项民主分析称，社会冲突和公民参与在运行良好的民主环境里是共生关系。[12]这可能让某些人感到不适，但这是社区组织的精髓所在，这就是社区组织之父索尔·阿林斯基（Saul Alinsky）在他早期的芝加哥生活里披露的。[13]这个主题一直延续并拓展开了，这体现在伊朗支持民主和争取移民权力的各种场合的游行中。如图 8-1 所示，2006 年芝加哥卢普区的集体反应是一个令人印象深刻的例子，数以千计的参与者聚集街头，以推动移民权利。

　　因此，我们遵循逻辑采取了下一步，即概念化一个在很大程度上无法识别的，但潜在变革型活动。我们打着"社会变革"的口号，通过考察那些与社区集会相关的事件（如游行、节日、烧烤等），把隐喻性的保龄球联赛与公民行动结合了起来。正如本章开头引用所暗示的混杂，来看看《芝加哥论坛报》以下列标题来命名的一个事件："先锋的游乐场战斗：社区团体要求在公园区建设更多的游乐园设施。"这篇文章描述了一个集体事件，一个名为"让我们团结并奋斗"的社区行动团体召开了与公园区之间的会议，他们索要一块空地为孩子们建立儿童游乐场。或者再看另外一个报道："邻里图书馆计划通过审批：社区居民及学生为临时图书馆设施进行游说。"在这个事件中，社区居民与一群初中生参加了公共图书馆的管委会会议，在即将修复因火灾而破坏的邻里图书馆的两年间，要求成立一个临时图书馆以服务社区。

图 8 – 1　　2006 年，在芝加哥为争取移民权利的游行。摄影师 Michael L. Dorn。
通过"署名 – 相同方式共享 2.0 一般性创作公用许可协议"
（Attribution – Share Alike 2.0 Generic Creative Commons License）再版

　　这些混杂事件是"混合社会行动"的代表性例子。这种形式的行动通过结合公民参与的常见形式（如节日或居委会的会议等），以指定的诉求，寻求变革的、有组织的公共事件，模糊了传统的边界。换句话说，混杂的集体活动结合了抗议式"要求变革的主张"与公民社会的"形式"，就像这个成功的图书馆抗议，其实它产生于居民委员会。我们不假定街道组织成员触发了社会行动，相反我们看到的是具体的公共诉求与集体行动这种行为。既没有完全的市民活动（civic），也并没有完全的抗议，混合事件让我们开始理解传统公民成员附属关系在公民集体参与的持久性中的减退这一矛盾。假定该混合的社会行动方式促成了美国日益增长的公民集体行动模式。这种假定进一步被日益茁壮成长的以社区为基础的非营利组织所鼓励，同时该假定在公共资助服务的调剂下，愈发嵌入于当代政治进程中。[14]

　　总之，对于以社区为基础的组织（尤其是非营利部门）的关注统一了世俗倾向与社区层面的变化之间的双重理论问题。从不断变化的组织形式的角度可以看到世俗的变化，而对该类事件本身的关注被理论化为植根于当地组织机构的活动密度里。

芝加哥集体性公民参与研究（CCCP）

　　此项研究的数据由 4 年间收集的 1970 年至 2000 年芝加哥大都市区集体事件的详细信息构成。这些集体时间的数据来源于我们对已有的社会运动研究方法的扩展，即收集、编码报纸报道的抗议活动。[15]《芝加哥论坛报》是芝加哥地区发行量最大、最有影响力的报纸，因此我们选择它作为主要的记录文件。报纸数据的收集工作，通常依赖在报纸索引里搜索关键字。我们计划阅读整个报纸，尽管这样寻找候选事件更加耗时。我们这样选择是为了收集到所有形式的集体公民行动，而不仅仅是引人注目的抗议活动。同时还因为预测结果显示，如果仅通过索引关键字搜索事件，我们将得不到有理论价值的、广泛的集体行动事件的类型。为了最大限度地利用资源，并覆盖尽量多的时间域，我们针对给定的年份每 3 天采样一次。这个策略使得没有任何一天具备优先级，这样我们就能够覆盖 30 年有价值的事件。研究项目开展的每个日子、每周、每个月里收集事件的过程都是相同的，这样确保在报纸筛选的过程中样本的代表性。

　　要区分报道集体行动事件的文章与其他故事、文章等内容，有 5 个主要标准。第一，预期事件必须是公开的。第二，必须有两个或两个以上的个人涉入事件（尽管通常会更多）。第三，我们只收集发生时间离散但又能通过报纸日期确定、发生在两周内的时间窗内的。第四，我们排除由国家或正式的政党发起的例行政治活动（例如政党晚宴、演讲和集会）。这类定期或持续的政治活动，不会因市民的新生主张或公民能力而生，而是由政客和专业人士发起的。这方面典型的例子是：市长候选人发表演讲、定期的市议会会议或由州参议员发起党员集会。重要的是，像"母亲反驾驶协会"（Mothers Against Drunk Driving – MADD）或塞拉俱乐部（Sierra Club）等群体发起的日常的政治游说，在本质上是连续的，这并不符合我们对于公民参与事件的"离散"定义。而图 8 - 1 所示的有政治倾向的游行则是算在公民集体事件里。第五，我们排除了以盈利为目的的活动，以及在任何大城市都是典型经营行为的定期聚会，如职业体育比赛、现场娱乐表演（例如摇滚音乐会、戏剧）、学校的游泳比赛、教堂礼拜、大学课堂和自助群体的见面会，例如戒酒无名会（Alcoholics Anonymous，AA）或减肥群体。自助群体、课堂、通过专业人士或委托组织等发起的定期公开会议，它们就像日常政治活动一样，没有向集体公民行动或能力提供一个直接或稳健的指标。[16]

事件归类

经过培训的项目人员系统地阅读了《芝加哥论坛报》的每一页，收集了包含集体的公共事件的所有文章。[17]研究小组随后编码了 9 个不同类别的信息：日期/时间，事件类型（抗议、市民活动或混合型），参照结构（如国家、州、城市、邻里议题），主张/目的（具体性质和事件目的），形式（如静坐、游行、社区早餐会、募捐活动），活动位置（按地址、邻里范围和/或直辖市），局势层次（如参与者、大小、逮捕数量、受伤、死亡人数以及损失），事件发起的信息（如小区的位置和组织类型），以及与事件目标有关的信息。根据我们的理论框架，并利用这些信息，我们还将每一件触发事件归类为抗议、市民活动或混杂型。此分类是通过审查事件的主张或目的以及它们的功能的形式来进行的。"主张"被定义为要么要求社会变革，要么公开宣布希望抵制某个被提议的改革。"形式"被定义为活动发起人所采取的方式（例如，集会、静坐）。"抗议"指个体以集体的形式来表达自己的主张或是为某个社会运动团体、社会群体主持正义。换句话说，一个抗议事件会清晰地阐述自己的主张，这些主张可能引发组织社会或服务层面的变革（比如公民权利以及性别平等）。关于抗议形式的例子包括集会、静坐和游行，以及请愿、写信上诉和集体诉讼。虽然抗议事件是对现有社会秩序的挑战以及某些时候会带来破坏与暴力（可能是示威者导致，也可能是当局的回应），但是大多数抗议活动是和平而有序的，就如那些市民活动中的反抗或象征性的示威行为所展现的一样。[18]

也许理论上最有趣的是混杂型事件，它代表着市民混合或模糊的集体抗议行动。混杂事件通常会展现其主张或不满，但与抗议形式（如游行或集会）相反的是，混杂事件通常表现出与市民行动相关的形式。对于该类型的事件可以举出这样的例子：形式上邻里区域内举办的艺术展的规模拓展了两倍，实际上是对现有艾滋病政策的抗议。换言之，这类主张是从传统市民生活的形态发展而来，而非源于某种社会运动组织或者其他组织依其主张所定义的、先验的形式。

方法论上的挑战

芝加哥集体性公民参与研究（CCCP）在报纸数据收集方面为我们带来了一些挑战：①使用覆盖面最广的当地报纸作为事件的主要来源；②在整个研究时间段里采用统一的抽样方法；③遵循严格的标准来选取事件以及进行信息编码。尽管如此，至少有两个新问题出现在我们报纸事件编码的标准方法里。首先，我们扩大了事件分析范围，不仅包括不太标准的抗议形式，而且也包含募捐、请愿、庆祝活动等市民活动形式，准确地说，我们纳入了那些被传统社会运动研究排除在外的事件类型。通过纳入市民事件和混杂型事件，我们获取了全方位的集体公民行动——正如理应被发现的，纯粹的抗议占少数。

其次，很多理论问题的兴趣点都转向了对于事件发生地点在地理空间上的编码。潜在空间偏误与报纸新闻报道里更多"世俗一致性"这类固有问题有关。请问，《芝加哥论坛报》涵盖某些社区比别的社区更多？随着时间的推移，新闻对事件的报道是否一致？之前有证据表明，报纸是基于他们的"新闻价值"，选择性地对抗议故事进行新闻报道的，但在传统意义上，很多公民事件都不是那么有新闻价值的，因此，这种世俗及地域偏见的作用是未知的。基于对《芝加哥论坛报》工作人员的采访，以及对公民类新闻报道的相关政策改变的大量查究，我们没有发现任何证据表明特定时间或邻里比其他的情况得到更多的青睐。[19]

　　然而，鉴于问题的重要性，芝加哥集体性公民参与研究从国家最大的黑人报纸《芝加哥卫报》（*Chicago Defender*）采集了独立的数据。事实上，与《芝加哥论坛报》相反，《芝加哥卫报》验证了关键结论，并且让这个重要但被忽视的现象得到了独特的分析——从一个黑人市民社会的比较性视角。下文会对这一策略进行讨论。对于现在来说，要求的不是从系统抽样以及编码机制中产出的准确无差的计算，而是在研究期间能够完成对芝加哥集体性公民事件、抗议事件的可信抽样以及具有代表性的框架。

初始趋势和模式

　　我在本章的主要目的是描述集体公民参与过程中社区层面变异的来源和表现。不过，作为背景，芝加哥都会区的长期世俗趋势很重要，所以我将进行一个简要的概述。

　　要注意的第一个模式是，在过去30年来，抗议和公民行动的趋势与过去30年美国公民生活必然式微的主张并不一致。虽然在1970年至1980年间，抗议和公民事件急剧下降，但1990年和2000年的活动数量几乎高过1970年新左派"抗议周期"（protest cycle）的高峰，这意味着芝加哥大都会区中的公民/政治生活有源源不绝的活力，而这一点有悖于社会资本衰落的说法。要注意的第二种模式是，许多致力于社会运动传统的人士可能会感到惊讶，传统类型的集体行动——抗议，在芝加哥集体性公民参与研究数据中只占一小部分。事实上，在涉及的年代中，公民事件约占芝加哥所有事件的80%，而抗议只占15%。这个充满活力的集体公民生活舞台，处于非常显眼的选举政治（主要为政治学家所研究）和社会运动的社会学研究之间，不为大多数研究者所关注，但它却占了事件的绝大多数。[20]第三种模式聚焦于社会行动混杂形式的增加，这类混杂形式通常将传统公民诉求与宣扬主张结合在一起。混杂型事件的比例从1970年低于总数的4%，上升到2000年超过12%。人均混合事件参与率增加了一倍以上，意味着传统人口规模的转变无法解释基本趋势。

　　哪些类型主张能够鼓动芝加哥人集体参与？与公共财产相关的集体行动是一种可持续的模式。在数十年当中，活动的主要焦点或主张大多是慈善，它在各种主张的排名中从未低于第五位。教育排名始终很高，同样，涉及儿童、青少年和艺术的主张也是。相反，像环境、妇女权利、公民权利和住房这种传统上与社会运动有关的主张，并不是排名靠前的议题。除了环境以外，这些运动类型的主张甚至排不进前十名。

虽然一提到集体行动，我们脑海里就会出现示威游行和集会这两种形式，但公民活动式微的说法仅考虑了公共会议的减少。然而，公共会议作为集体行动的一种形式，在 1970 年排名第二，2000 年则排名第一，并且持续上升到与慈善活动同样高的层次。此外，"社区节庆"从 1970 年的第九位稳步攀升，至 2000 年成为集体行动的第三大常见形式。社区节庆是一种具有广泛基础的集体行动形式，可以让包括抗议在内的大量活动蓬勃发展。其多功能性可以"7 月 4 日的国庆活动"为例证，节日是预留给"人际纽带"的特殊时刻，当天居民通过举标牌、穿特制 T 恤和甚至佩戴特制纽扣，来宣扬它们所支持的一方。还有许多例证都表明了同样的道理，社会节庆具象化了公民社会里许多"关注他者"的素质。

社区层面发现

长期世俗趋势表明，集体公民生活仍然活跃。虽然社区层面的结果也是如此，但就像本书所述的其他内容，讲的是与"专注"有关的故事。集体公民参与的产生和消亡有所不同。

为了解释跨社区集体行动率的变异，我们利用整合了新闻事件数据的芝加哥邻里人类发展项目社区调查，来比较各个针锋相对的解释性理论的实证力量。我们以组织为基础的资源，其密度有一个由多项指数构成的关键指标，即在调查报告所提到的邻里范围内，本地组织、项目资源的平均数，范围涵盖社区报纸、邻里守望、街区团体或租户协会、犯罪预防计划、酒精/药物治疗项目、计划生育门诊、心理保健中心、青年中心，青少年课后娱乐项目、咨询或辅导服务（如"兄弟"项目）、危机干预中心，以及儿童心理保健诊所。这项测量以调查为基础，评估了社区中的组织资源层次，所得出的结果符合芝加哥社区社会组织的"自我地方认识"。想想芝加哥大学周围的海德公园邻里，那里通常被认为几乎是城市里组织最丰富的地区。如在第 1 章所指出的，作为奥巴马总统和其他领导人的第二故乡，海德公园邻里被认为具有众多的社区组织和机构联结。那么，基于调查的数据，海德公园邻里的组织规模达到99%就合乎道理。只有一个社区评分（略）高过它，就是贝弗利社区，该社区同样被公认具有强大的社区组织基础。[21]

芝加哥邻里人类发展项目社区调查中也记录公民的成员附属关系，让我们得以创建"社区层面的志愿者组织"这一单独指标。每一个社区我们都会取居民的平均分，无论他们（或一个家庭成员）属于①宗教组织；②邻里守望计划；③街区群、租户协会或社区委员会；④企业或公民团体，如共济会（Masons）、角鹿社（Elks）、扶轮社（Rotary Club）；⑤族裔或国籍俱乐部；⑥政治组织，如邻里守卫队。这些团体代表了研究公民社会的学者所强调的各种各样的志愿组织和成员附属关系。但他们与社区层面的组织资源密度的相关性非常小（$r = 0.17$，不显著），我们得以评估其对于预测集体行动事件的独立贡献。[22]我们也使用调查来评估其他两个关键维度：邻里间朋友/亲属网络密度和互惠交换。它们通常被假定为居民的社会资本的来源。[23]

在控制了混杂的人口和以需求为基础的经济因素时，数据显示：社区的组织服务基础直接预测了后来的集体公民参与和混合型社会行动。[24]亲属纽带与较低的融合或混合行动率有关联，而互惠交换与较低的集体公民参与有关联。集体行动的决定性因素与社区组织基础具有相关性，这一结论可能是站不住脚的。为了进一步评估该结论，找出集体行动的某些未被我们测量所涵盖，但又具有相关性的决定因素，我们控制了1990年的集体行动事件发生率。研究结果揭示了两个要点。首先，集体行动的稳定性在各类型事件中出奇地稳健，无论是传统的或新的混合型公民参与形式，2000年集体参与事件的一个强大且显著的预测因子，就是同类事件在1990年的发生率。这一发现强调了数据的预测效度，而且进一步证明了集体公民参与的连续性，即再次证明社区事件的过往特质关系重大。其次，在调整了先前的活动之后，传统型公民行动和混合型社会行动的唯一预测因子是组织资源的密度。[25]

批评者可能会问，公民社会是否以"集体行动发生地"的形式被最优概念化。出于策略考量，很多芝加哥的事件选择在卢普区或市区作为发生地，或许因此社区能够真正触发事件的"集体产能"没能被挖掘出来。举例来说，如果一个来自芝加哥南区海德公园社区的群体，定期在卢普区发起抗议或公民事件，那么不去研究这样的"产能"就是我们失职。或是如果你还记得第 1 章里提过，我们顺着密歇根大道行走时，在那里遇到了少数族群的抗议。毫无疑问地，这些抗议的计划工作都发生在其他地方。为了在这个议题上更有发言权，我们重新研究了每个事件发起组织或团体的社区所在地，而非事件发生地。[26]研究结果与此前几乎是一样的。即使控制了1990 年的集体参与率，与此前组织资源单一标准差的增长相关，集体参与率增加了 3 倍。相比之下，经济因素、人口密度和暴力犯罪未能预测发起活动的力度。朋友/亲属纽带也不相关，而互惠交换与略低的活动发起率有关。结合第 7 章的发现，显然地方纽带促进的是集体效能，而不是更广泛的公共参与或机构对于社会问题有更多发声。

我根据得自 1995 年的芝加哥邻里人类发展项目社区调查的组织密度和资源测量，绘制了 2000 年芝加哥集体公民行动事件的空间集中图，以在图8 - 2 中显现迄今的关键成果。参考第二次的芝加哥邻里人类发展项目社区调查的测量方式，我也在图中呈现了这些社区在过去的芝加哥市长选举中（以方格内的√记号表示），是否排在投票的前 1/4。同样，我将社区公民生活的组织维度与个体维度（除去公民行动最有力的表现形式——投票）进行了对比。集体公民行动排名在前 1/4 的社区标注有"手牵手"的符号。我们注意到，高强度的集体公民行动往往发生在相对局限的社区带，以密集的组织轮廓为表征，范围从卢普区往上沿着湖边直到罗杰斯公园社区。这些是一个类似的集群，位于有丰富组织生活的西区（如近西区、小村庄邻里、佩尔森社区、北朗代尔社区）和海德公园及肯伍德等南区社区，因此，数据表现出不成比例的集体行动。重要的是，我已经证明：这些地区的组织资源和服务超乎预期地与其人口组成、收入和个人关系密度相关。

我们还可以看到，虽然投票率最高的社区确实与高集体行动的社区稍有重叠，但这并非同构模式。事实上，在整个芝加哥只有三个社区同时在投票和集体公民行动中跻于前 1/4，低于整体的 5%。在西南区和西北区，一些"传统公民"投票社区，却奇怪地没在集体行动中脱颖而出。我思考着这些社区短期内是否会以其他方式来弥补这项空白，也许是通过比较非正式的居民间集体效能。但图 8 - 2 证实，投票显然是公民活动，它并未定义邻里的集体公民参与特性。

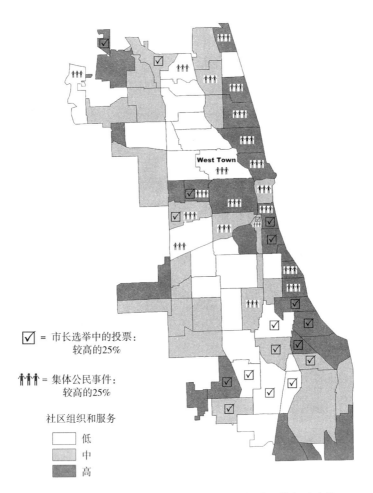

图 8 - 2　1995 年的组织活动密度和 2000 年的集体行动事件
（根据社区居民的投票行为）

　　不只是投票和公民事件出现分歧。像海德公园和住宅区这些社区，尽管处于或接近组织排名的顶端，但在公民个人的成员附属关系方面的等级排名低很多，这进一步支持了一个论点：成员附属关系的普遍性不同于组织的广度或密度。事实上，住宅区位于公民成员附属关系分布最末的 1/3。像埃文代尔等其他社区，大约处于公民成员附属关系分布的中间，但在组织密度方面却接近最末端。成员附属关系中评分最低的公民邻里是奥克兰社区（就在肯伍德社区北边），但它在组织资源方面仍有不错的结果（72%）。这两个社区社会组织的特性有着概念上的不同，而且芝加哥的社区在公民成员附属关系对比组织密度的分布图中，有很大的不同。一些社区显然能够在没有过去的密集公民成员附属关系的情况下，实现积极的组织生活。

其中的一个原因可能是，像角鹿社、扶轮社和邻里租户团体这样的成员资格，更加注重的是与自身利益有关的手段性目标，而不是促进社会财富。另一个也许更有可能的原因是，本身由组织所构成的法人行动者，通常他们所提供的经济基础是用来支持以社区为基础的组织，这是一个与公民成员附属关系截然不同的机制。[27]这种说法提出了集体行动（也就是说集体效能）的多种路径。这值得我们重新思考组织的角色。

非营利组织的角色

本节重温上述的主张，包括关于非营利组织和教会的纵向数据，以及关于社区行动主义的额外数据。调查固然重要，但第一期芝加哥邻里人类发展项目挖掘到了现有的组织资源，同时为居民所理解。组织潜在的"客观"基础并不必然如出一辙。

针对这一问题，芝加哥集体性公民参与研究项目从全国慈善统计中心（NCCS）获取了关于非营利组织的数据，其核心文件是以国税局（IRS）的非营利组织年度退税细目文件（RTF）为基础的（非营利组织被要求提交"990表"）。总收入款低于 25000 美元的组织，即使已提交"990表"也会被排除。教会团体、外国组织或者那些通常被认为隶属于政府的组织也被全国慈善统计中心排除。总体而言，全国慈善统计中心因此提供了除了最小的非营利组织（教会以外的非政府组织）以外，近乎所有组织的完善调查。非营利组织的数目与人口普查区配对，后者使用全国慈善统计中心所提供的 9 位数邮编，然后以每 10 万人的比率划分的社区，以获得 1990 年、1995 年、2000 年和 2005 年等年份 1 月 1 日的非营利组织密度。我们利用与非营利组织相同年份的电话缩微胶片和地理编码，单独收集关于社区层面教会密度的数据。[28]

随后我们有了一个令人吃惊的重大发现：非营利组织密度具有持续逾 10 年的强大稳定性。例如，1990 年的非营利组织率，与 15 年后（2005 年）同一个社区的非营利组织密度的相关性为 0.87（$p < 0.01$），10 年相关性达到 0.90 以上。教会密度对应的 15 年稳定系数为 0.93（$p < 0.01$）。如图 8-3 所示，20 世纪 90 年代那 10 年间非营利组织的预测图表，由芝加哥

社区的行动发起和集体行动事件率结合而成。其中有一个异常强大的线性模式，非营利组织在这10年之初明显地预测了一个社区在千禧年的组织轮廓。此外，在非营利组织密度高的地方，集体行动事件率也同样很高。根据来自国税局关于非营利组织的独立数据，像卢普区及其邻近社区（例如近西区、近北区），以及海德公园社区，其稠密的组织分布且高集体公民行动如鹤立鸡群一般。在非营利组织密度和集体行动关系中敬陪末座的是一个以西语裔为主的飞地（麦金利公园社区）和两个黑人社区（河谷社区和伯恩赛德社区）。

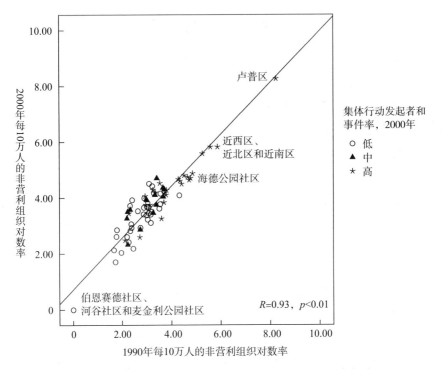

图 8-3　非营利组织密度的长期稳定性，根据集体公民参与水平

　　像海德公园、近西区和南区这些社区都有很高的集体行动，这样的结果耐人寻味，因为它们与刻板印象——种族和族裔多样性的社区会抑制公民生活——相矛盾。根据目前的数据，似乎非营利组织扮演着面对上述多样性挑战里的平衡力，甚至可能它们在多样性的语境里兴盛起来。为了求证这个想法，我从1990年、2000年多样性的普查和10年间的多样性变化中，构建了一个合并的多项目指标。[29]虽然多样性的增加助长了关于公民活

动式微的忧虑，但数据反而显示一个清晰的模式：非营利组织密度预测了
之后各个层次多样性的公民活动强度。最引人注目的是，与先前的观察一
致，非营利组织密度和集体公民行动数最高的社区（例如卢普区、海德公
园社区、近南区），其实也是多样性类别中最高的社区。由此可见，多样性
和集体公民行动并不矛盾。

当检验事件发起和所在地比率时，我施加了一套全面的控制，借此复
制将组织连接到集体行动的基本结果。例如，我按照各种具体要求，检验
非营利组织密度的独立解释力，包括对 2000 年普查所测量的集中劣势、居
所稳定性和人口密度进行调整，从而更新和复制早期的芝加哥集体性公民
参与研究结果，以及来自社区调查的竞争性社会过程测量，包括朋友/亲属
纽带和公民成员附属关系（志愿者协会）。关于集体行动的所在地和发起者
比率，非营利组织的密度成为最强的预测因子之一。当控制了社区调查涵
盖的组织资源时，非营利组织密度效应仍然显著。

因为集体行动事件发生之地与它们的发起之地重叠（社区层面相关性 =
0. 84，$p < 0.01$），我也建立了我称为"集体行动倾向"的单一概要模型。
在最保守的模型中，即控制 1990 年的先前集体行动率，非营利组织密度为
集体行动倾向的第二大预测因子。而那些城市贫困和公民式微文献中常见
的"嫌疑犯"，例如最引人注目的集中劣势群体和种族/移民多样性，反而
并不显著。朋友/亲属纽带、志愿者协会、组织资源和公民成员附属关系没
有预测性。[30]那么，当涉及公共性质的集体事件时，正式界定的非营利组织
密度成为跨越多重分析的一贯显著因子。

此处存在一个逻辑性问题：来自社区调查的组织指数与非营利组织密
度的普查是否有相关性？答案是有，但非常微不足道，相关性只有 0. 36。
看来，这些指标正利用社区组织生活略为不同的方面。非营利组织密度的
指标在本质上更具结构性，反映了一个社区的组织基础，而调查指标则反
映其组织基础针对特定服务、方案和效果的已知激活作用，是一种本质上
更接近集体效能的现象。因此，我们可以合理地预期，这两个关于集体应
对公共挑战的组织指标具有差别效应。为了评估这个观点，并联系第 7 章提
出的关于集体效能来源的疑问，我结合这两章的数据源，包括第二期芝加
哥邻里人类发展项目社区调查。我评估了一些不同模型，它们考量各种人
口/结构特征（如集中劣势群体、不稳定性和多样性）、先前的挑战（犯

罪）、社会资本存量（友谊纽带、志愿者协会）、先前的效能水平，和以上分析的两个组织机制。

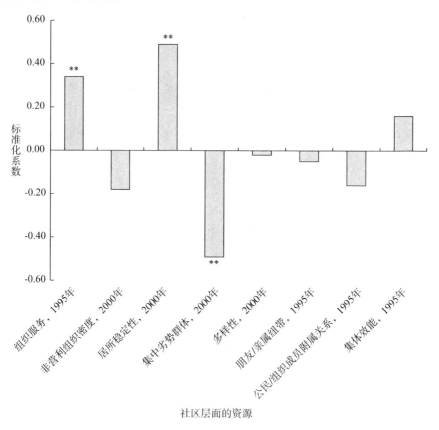

图 8 - 4　2002 年的集体效能来源

**　p < 0.01；* p < 0.05。

　　不同的具体要求均出现一致的结果，同时验证了集体效能和集体行动事件并非相同现象，而是在社区层面特征有所差别。图 8 - 4 是一个概括性的展示，控制了关键的竞争性决定因素，同时体现了社区层面组织对集体效能的影响程度。即使居所稳定显然压抑了集体行动事件率，但它仍是集体效能的强大来源，这一点与第 7 章相符。集中的弱势群体也正如前面章节基于理论框架和结果的预期，足以抑制集体效能。然而，当涉及组织机制时，解释性动力是资源，而不完全是密度。[31] 这一发现在理论上是合理的，因为集体效能在根本上是关于共同期望。第 6 章和第 7 章揭示了共同期望的核心在于认知。由于组织调查问题根深蒂固于居民的认知中，因此，我们可以合乎逻辑地认为，关于成事能力有一种集体信念感，与此更加密切的是组织的过往经验，而不是纯粹的非营利组织密度。

当然，组织生活的这两个观点同样具有理论上的重要性，且本章已经从经验上证明，在两者中分出高下是错误的，它们根据不同的任务做不同的事情，在预测一个社区的集体行动策略方面，各有不同的关联性。换句话说，似乎有不同的组织路径通往社区集体特性，每一条都可形成独特的因果函数。居民间的集体效能似乎与非正式社会控制和共同预期更加相关，两者通过服务措施开发的组织资源类型而强化，其中有许多是非正式服务且并未组织化成为非营利组织（如邻里守望、街区组或租户协会、课后计划）。相比之下，集体公民事件比起需由正式的非营利组织预先筹划的活动或非正式的社会控制，更缺少自发性。看来，出类拔萃的是那些兼备两种组织生活类型的社区。

黑人公民社会

在本节中，我将进一步探索黑人社区中的公民生活本质。这样做至少出于两个原因。其一是纯理论方面的，黑人社区集体抗议、集体参与的公民权利运动具有深厚渊源。结合前面章节所述，越来越多的证据指向集中劣势，而这正是黑人居民普遍经历过的。我特意提出一个问题：在第 5 章我们已经谈过，在芝加哥甚至全国，黑人社区普遍被隔离且有风险，而当我们将分析的焦点限定于这类社区时，目前已建立的实质性框架是否与之有关？如同麦克亚当（Dong McAdam）、凯茜·科恩（Cathy Cohen）和迈克尔·道森（Michael Dawson）提出的观点，从公民权利革命诞生出的社会运动，以黑人公民社会作为典型阵地，但它在当代公民生活方面依然未被充分研究。[32] 因此，我研究了非营利组织对黑人社区中的公民生活所做的贡献，以及教会，这个对黑人社区意义深远的角色的独立组织影响力。

第二个专注于黑人公民社会的原因是方法论。芝加哥是一个种族分裂的城市，许多人认为《论坛报》（*Tribune*）是一份保守派报纸，迎合了壁垒分明的其中一边。简言之，问题在于《论坛报》所提供的黑人公民社会形象是否可靠。为了解决这个问题，我直截了当地分析来自《芝加哥卫报》（*Chicago Defender*）的数据，它是全美历史最悠久的非裔美国人的报纸，它不仅是在芝加哥受人尊敬的著名机构，也是"美国最重要的黑人大都会报"。[33]《芝加哥卫报》明确地旨在服务美国黑人读者群的需求，但其报道范围仍然在大都市范围内，我们以它作为一个平衡参考，得以观察在《芝加哥论坛报》以外，是否出现对集体行动事件的不同描述。至少在原则上，《芝加哥论坛报》本应该报道所有非裔美国人社区（与结果相反），因此关键问题在于，即使被种族化的报道角度污染，这两份报纸是否仍捕捉到社区产生集体行动事件的共同能力、发起组织，或两者兼而有之。为了解决这些问题，芝加哥集体性公民参与研究通过我们用于《芝加哥论坛报》的相同基本标准和方法（只是在采样上有些微的差异），从《芝加哥卫报》收集一套巨细靡遗的数据。[34]

一如预期，《芝加哥卫报》报道的美国黑人社区事件比《芝加哥论坛报》更多。例如，像道格拉斯、格兰大道和恩格尔伍德这些传统黑人社区，是《芝加哥卫报》报道的前十大社区，但对《芝加哥论坛报》却不是。像近西区这些社区在两家报纸的排名仍然都很高，这说明了地理观点的一定的连续性。[35]尽管《芝加哥卫报》报道更多的黑人社区事件，但它与《芝加哥论坛报》契合的总体水平，却是惊人的一致，不但超越距离，时间跨度更达 30 年。然而，这种趋同现象的发生可能是因为不同的机制。每份报纸可能会或多或少报道相同事件，或者，以更有趣的说法是，这可能是因为尽管实际事件的产生有不同的混合方式，这些报纸都在挖掘邻里产生社会行动的相同能力。

为了在这些可能性之间做出裁决，我们为特定事件进行配对，与之配对的结果证实这两种假设，但更加明确倾向第二种假设。《芝加哥卫报》比《芝加哥论坛报》更有可能报道在南区和西区的较小非裔美国人教会中的集体公民事件，而《芝加哥论坛报》在黑人社区的报道更偏向较大的中产阶级教会和较大且醒目的政治事件。尽管如此，从 1970 年到 2000 年，18% 的《芝加哥卫报》事件与《芝加哥论坛报》的事件完全相符。[36]

我仰赖这些发现进行了一组新的分析，侧重于芝加哥种族内以及跨种族的集体公民事件的组织来源。我从所有社区中这两家报纸间的社区层面相关性着手。2000 年的发起者比率相关性为 0.50（$p < 0.01$），事件率则是 0.40（$p < 0.01$）。虽然不是非常高，而且有测量的固有误差，但结果却是显著的正相关，于是我结合了《芝加哥卫报》和《芝加哥论坛报》分别测

量的每种集体行动类型。基于主成分因子分析，第一个组成部分为不同来源的事件发起率，解释了约75%的变异，以及70%的变异为事件所在地比率。实证证据显示，无论是基于发起者还是基于事件，这两家报纸在报道集体行动能力的潜在维度方面获得了共同变异。

　　基于这些结果，我测试了目前理论框架的能力，以解释集体行动的共同变异来自《芝加哥卫报》和《芝加哥论坛报》的其他不同来源。一如既往，最保守的评价根据社区轨迹或集体行动的过往历史而调整。基于理论的重要性和贯穿本章的分析，我的调整也根据集中劣势/种族、居所稳定性、多样性、公民成员附属关系，以及核心模型中的密度纽带。在评估结果稳健性的分析中，我审视了其他一些在2005年的原始研究中未被审视的指标，但模式是一致的。为了精简起见，我以图8－5展示得自严格测试的

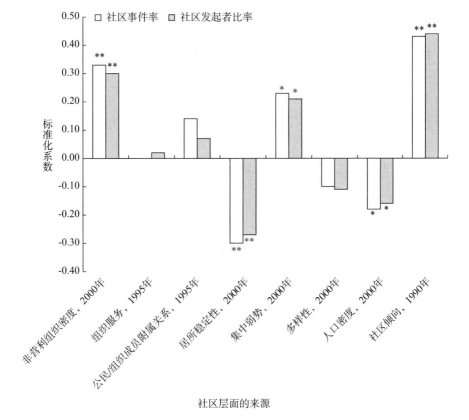

社区层面的来源

图8－5　社区（CA）发起的倾向来源和2002年发生的集体公民行动
$^{**} p < 0.01$；$^{*} p < 0.05$。

结果，其中包括芝加哥所有社区的集体行动史。其结果一目了然，非营利组织密度显然是集体行动倾向最强大的来源（后者的历史除外），具有显著和实质性的标准化系数，体现在预测发起者比率和事件率上。数据进一步证明了集中劣势群体与较高而非较低的集体行动有关，然而这也是另一个迹象，表明集体效能的决定因素有别于更正式的行动组织结构。居所稳定性再次与集体行动事件呈负相关。

我接着考量黑人人口逾75%（$N = 25$）的芝加哥隔离黑人社区中，集体行动倾向的预测，结果基本相同。但由于社区的数量较少，统计的解释力不足。我将重点限定在直接比较两个控制先前的集体行动率的组织机制。按种族细分社区实际上也控制了集中劣势和隔离这两个变量。非营利组织密度预测了黑人社区的公民行动（系数 = 0.34；$T = 2.48$，$p < 0.05$），而非组织服务（系数 = 0.05，$p > 0.05$）。有趣的是，针对非营利组织密度（系数 = 0.22；$T = 2.50$，$p < 0.05$）和组织服务（$p > 0.05$），有一个几乎不变的模式盛行于非黑人社区（$N = 50$），这表明了一个普遍的集体行动过程，尽管随之发生的事件可能因种族的不同而具有不同的表现形式。

总之，当比较《芝加哥论坛报》和《芝加哥卫报》时，即使实际事件不同，且社区因为种族成分而细分时，在集体公民行动的生态集中和组织来源方面，两报之间有广泛的一致性。就两报的性质和组织而言已经有很大差别，更遑论芝加哥还有种族隔离，这一发现为先前的结果和基础论证提供了效度。

宗教生态

再没有任何一个地方比传统黑人教会更能体现组织承诺。

巴拉克·奥巴马，1988 年[37]

正如奥巴马总统在芝加哥南区进行组织活动期间所观察到的，没有任何黑人公民社会或黑人社区的研究可以回避黑人教会。当然，公民权利运动被普遍认为早已在黑人教会中萌芽。这是否表示教会的密度是黑人社区中集体行动之源？基于公民权利的文献持有的见解似乎给予肯定态度。但是如本章所证，组织密度并不总是与那些组织提供的服务一致。此外，一个教会坐落在一个特定的社区中，并不意味着它的利益与社区相一致。麦克罗伯茨（Omar McRoberts）对一个贫穷的波士顿邻里所做的宗教生态研究表明，当许多教友来自于社区外部时，教会的密度会出现问题。[38]这种不相称在低收入黑人区域尤为常见，中产阶级教友虽然已经迁移到郊区或城市偏远地区的其他居所邻里，但仍持续受到原来区域教会的吸引。

因此，我以探讨教堂、非营利组织和集体行动事件之间的关系，来为我的分析做结论。与本章相关的数据中有四个主要模式。第一，当涉及教会时，黑人和非黑人社区截然不同。图 8 - 6 将这一点可视化了。黑人社区的教堂密度比白人社区要高得多。第二，如图 8 - 6 所揭示，在黑人和非黑人社区中，教堂密度与非营利组织的密度仅呈弱相关。第三，当我在一个根据先前倾向调整的模型中，同时审视这两个集体行动事件的组织来源时，教会密度毫无增加，而非营利组织密度的效应则依旧。[39]教会很显然不同于其他非营利组织，其宗教性质导致了其与"外界"或是非宗教公民参与（由

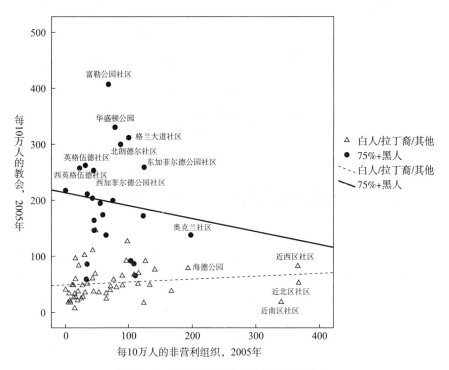

图 8 - 6　根据种族构成的宗教和组织生态

集体公民行动事件率）无关。第四，这是最令人惊讶的一点。对数据更深入的检验显示，教会密度与集体效能及其核心指标之一——信任呈负相关。图 8-7 显示，在人均教会数最多的黑人社区中，信任最低（$r = -0.74$，$p < 0.05$）。显然，人对自己同胞的信任未经教会而增强。[40]

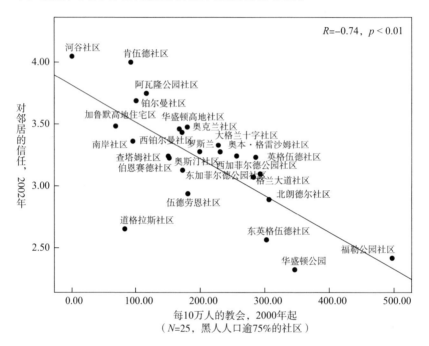

图 8-7　在上帝面前，我们怀疑人？在黑人社区，
信任与教会密度呈逆相关

在美国建立组织：一种新政治？

您居住的街道是不是坑洼不平，而且感觉市政府整顿它们的速度不够快？自己动手修补怎么样？芝加哥西区的一群居民周三就是这么做。南奥斯汀联盟成员花了 100 美元购买 8 袋的同一混合铺面材料，并使用铲子、耙子和一具 250 磅压辊填补 15 个洞……联盟的一位组织者艾瑞克·雷德蒙（Eric Redmond）说："市政府不做，所以居民必须自力救济。"[41]

按照美国传统的方式，非营利组织和以社区为基础的组织反映了不同的选区，其组织方式是从根基开始，而非自上而下。无论是修补坑洞的奥斯汀社区、支持融合邻里的贝弗利社区，或者组织移民俱乐部的下西区社区，如同本章开头引言所指出的，组织性公民生活在芝加哥非常活跃。

鉴于社区组织的延伸跨越了政治和地理景观，与联邦的干预背道而驰，且名正言顺地需要组织，共和党在 2008 年大选的猛烈攻击，现在回想起来似乎很不合时宜且讽刺异常。前州长莎拉·帕林（Sarah Palin）在共和党全国代表大会呼吁"小城市长"政策一事，可能有助于解释这个有瑕疵的逻辑。不计保守右派对非营利社区组织的热衷（很像自由的左派），社会愤怒可能源自一种认知：民主党和自由派精英对美国小镇的社会问题置之不理。奥巴马最早在芝加哥的经历里，给予他灵感的是集中贫困问题。而政治家们对这一问题的理解仅局限于内城区。但是，全国各地的小城镇和郊区都被经济转型摧毁，并且如同它们的大城市"同侪"一样，正在寻求解答。[42]

在这种情况下，做一个小镇或小城的市长是一项艰巨任务，而且一点都不应比芝加哥南区的一个社区组织者更受到轻视。两者各以不同的方式试图带来更多的资源，以遏制社区生活的进一步减损并振兴经济。虽然双方提出了不同的解决方案，但两者都仰赖社区组织进行变革，即使他们的改革再"平凡"不过。如本章的数据证明，芝加哥集体公民事件和预测它们的非营利组织，涉及种种层面，但大体而言反映了一些主张和方式（如教育、慈善……甚至是前文提过的修补坑洞），这获得了绝大多数美国人民的支持，不论他们背景为何。还记得在研究期间，只有 15% 的芝加哥集体行动属于社会运动（或"抗议"），即帕林构思其攻击时谨记在心的变化。

另一个反讽是，集体公民行动并不主要源自种族或贫困——这些大城市的典型公众形象。社会运动学者与甚至更广大的公众，有一股采取"下层阶级"（underclass）的范式来理解集体行动的趋势，但本章证明了这种方法的局限性。到目前为止，行动的最有效和持久的结构性动力是社区的组织密度。集体效能则是另一回事，因为它与共同期望和信任有更深层的联系。这也就难怪多年的贫困和匮乏导致了居民的愤世嫉俗并对当局失去信任。此处和第 5 章及第 7 章的数据，显示出集中劣势在削弱集体效能方面的长期力量。就黑人社区中令人担忧的赤贫贻害来看，组织资源能够预测集体效能，非营利组织能够产生培养集体公民行动的外部性，都可以说是好消息。因为这意味着用新的组织方式和策略，可以为集体诉求吸纳更多个体，包括那些非常贫困的人。这绝不意味着联邦或州政策不重要，只不过社区中的组织机制必须发挥作用，也许特别是在调解或缓和政策方面。

在此情境之下，必须阅读普特南（Robert Putnam）关于公民社会的新作。其成功的社区建造例证均围绕着机构或组织结构，包括密西西比州的社区报纸、芝加哥的各分支图书馆、波士顿的邻里组织，和南加州的一个教会。[43]更能说明问题的例证来自芝加哥的社区警政，其中"巡逻区域会议"（beat meetings）汇集居民和警察来解决当地问题。[44]居民并非由于个人社会纽带而出席巡逻区域会议，应该说会议源自于结构性的主动行为，通过组织、主办和支持巡逻区域会议，警察为整个城市的公民参与创造了机会。在弱势邻里中，居民通常较少有机会和有效模式来参与反犯罪行动，但当机会来临，居民们参与的可能性至少和条件较好的邻里居民一样。[45]芝加哥的警政方案以一种有趣的方式，帮助创造参与社区治理的均等机会，其中增幅最大的集体参与来自非裔美国人。如同冯（Archon Fung）的论证，像这些旨在"参与的民主管理"的机构可以激发市民参与，继而产生创新并足以解决问题的公共行动。[46]

另外，黑人教会可能不会如包括奥巴马在内的许多人之所望，成为内城区的救世主。在黑人社区中，教会很普遍，但以目前的数据来看，它们似乎没有产生集体行动。真要说有什么的话，那就是教会密度与较低的信任和集体效能有关（图 8-7）。目前尚不清楚何为因，何为果。但无论哪种方式，尽管有令人骄傲的公民权利传统，但教会在黑人社区或所有社区中的密度，与当代城市中集体公民生活的主要表现无关。当整体考量本书的发现时，上述结果也许并不奇怪。如第 5 章所示，特别是黑人社区早已在经济层面上被摧毁。第 6 章揭示了对于失序的认知在难以改变的集中劣势里扮演的无情角色，而第 7 章则证明弱势对信任的长期负面效应。要克服这样的贻害，需要的显然不只是教会。

结　论

不平等对社区中民主社会结构的蚕食随处可见，本章的结果提供了一个对未来乐观的路标和一些信心。因为，尽管有持续的贫困、种族多样性和其他社会挑战，但以社区为基础的组织与集体效能和集体公民行动有强烈的因果关系，经久不衰。这并非只是一种类型的机构，而且确实单靠教会并非解决方案，这与某些人的看法正好南辕北辙。在产生健全社区方面，整体的制度性基础设施关系重大。也许奥巴马总统在大城市社区组织的经验，并非如许多批评家所断言的那样"与治理毫不相干"。但更大的问题是"公民社会是活的，而且似乎就是来自组织"的观点。如我将在最后一节所做的更深入探讨，社区组织为政策干预提供了一个策略性场域，它在概念上适合我们身处的愈来愈有组织的世界。

第 9 章
社会利他主义、犬儒主义和"好社区"

　　2009 年夏天的一个晴朗的午后，在左倾分子时常称为"剑桥人民共和国"的马萨诸塞州剑桥市上演了出人意料的一幕：哈佛大学著名的黑人教授亨利·盖茨［Henry Gates（"Skip"）］被一名白人警察逮捕了，罪名是在自己家中有不检行为。正如人们所说，历史再一次重现。此次逮捕掀起了轩然大波，就美国的种族关系和警察办案中的种族偏见引发了许多社会讨论，并以后来的白宫"啤酒峰会"告终。然而这次事件也为本书的核心主题提出了综合性的课题，包括如何定义好邻居、关于法律机构的犬儒主义，甚至上升到"好社区"的高度。

　　最先拨打 911 报警的人是盖茨的白人邻居露西娅·惠伦（Lucia Whalen）。令人费解的是，警方报告中并没有记录她的名字，而各类媒体和博客圈很快就把矛头直指向她，骂声一片。例如，《波士顿环球报》（*Boston Globe*）的一位专栏作家斥责惠伦居然不认识盖茨，他的报道绘声绘色地描述了一个白人公民对邻居怀有怎样的种族偏见——与那名警察真是一丘之貉。[1]为了调查涉嫌犯罪事件而报警，理论上似乎是件好事，却反而成了谴责的源头。由于遭受到各种羞辱和人身安全的威胁，露西娅·惠伦一开始缄口不言。

　　正如媒体一贯的炒作风格，在事实公开的时候，权威专家们就早早做出评判并且导致局面愈演愈烈。但是，最终发布的 911 报警记录表明，惠伦并没有认出盖茨是黑人，对此也毫不知情。当警方询问时，她说是她本人弄错了。[2]其实她报警这一举动实属寻常，只是一个公民警惕他人的本职行为罢了，而在这一事件中，这种本职则是关心邻居的财产安全和牵涉其中的一位老妇人。惠伦后来召开了新闻发布会为自己正名，并声称如果再发生同样的情况她仍然会选择再一次履行公民职责。[3]给盖茨造成困扰的并非惠伦的报警，而是随后警长的行为。[4]露西娅·惠伦饱受斥责的介入（报警这一举动），甚至被有些人视为集体效能的表达，由此提出了一个尖锐的问题：究竟什么样的行为才能被视为"公共利益"？是否存在我们可以参照的理论原则或共识条件，据此定义他涉行为呢？社会利他主义是什么，它是在何种情境下产生的？它与集体效能相关吗？信任呢？或许我们更难以从科学的角度定义不受制于事后参与者解读的他涉行为或利他行为的指标？或者它并没有受到发生时机的干扰，又或者，在盖茨事件中，受到种族的干扰？他涉行为的经验指标如何变化，其社区级别的来源是什么？总之，露西娅·惠伦到底是公共利益的敌人还是朋友？

　　我在本章的论点是，我抽象地称为"好社区"的概念存在哲学和社会学的双重科学原则作为其概念化框架。这当中有一部分受到约翰·罗尔斯（John Rawls）哲学的影响，我从理论上说明利他行为具有能够满足其"无知面纱"经典试验的具体形式，并暗中带领我们走出困住露西娅·惠伦的评论家们的种族陷阱。我也借助实验研究展示，与理性经济人的假设相反，人们在各种条件下表现出他涉偏好。我随后收集经验实证，借助两套的独立数据，构建我认为在自然状态下的他涉行为新型指标：向心脏骤停的患者提供帮助和邮寄丢失的信件。我认为，考虑到发生时机，无论是"其他所有因素等同"或是反"原始条件"，这些形式的利他行为是广泛需要和普遍适用的，同时也有着惊人的传播性。我还进一步表明了利他主义在邻里间系统的变化，其变化方式符合理论预测：行为利他主义与芝加哥邻里人类发展项目独立测量的集体效能呈正相关，与集中劣势和道德犬儒主义呈负相关，且独立预测了后续福祉的重要指标。与此同时，尽管存在着"消极"社区的实例，凝聚力高的邻里整体表现出他涉性。

正义与集体利益看齐

　　我在第 2 章针对邻里层面的社会资本和集中效应的潜在缺点表示了最初的担忧。在追求非正式的社会控制和集体利益时，自由会受到不必要的限制，个体将面临无谓或不公的审查，这些都是可能承担的潜在风险。例如，在社会控制的社区中对可疑人员的监视可以演变为对少数族裔的盘问和分析——在盖茨事件中最初对惠伦的指控正是如此。另一个例子是公民合力用密集的网隔离少数族裔群体的住宅区。正如托马斯·苏格鲁（Thomas Sugrue）在二战后底特律研究中的观点，邻里协会有时是白人强行阻止黑人进入白人工薪阶层领域（例如，使用纵火、威胁、暴力手段）的工具。[5]这种排斥促使杰拉尔德·萨特尔（Gerald D. Suttles）对"防御性社区"的黑暗面发出了警告。[6]威廉·朱利叶斯·威尔逊的邻里忠诚研究也体现了类似主题，表明具有社会组织性并接触黑人移民的白人工薪阶层社区最有可能产生排斥。[7]也有相关证据表明种族仇恨犯罪在社会化组织的（socially organized）社区中更高发。[8]

这些注意事项表明，需要考虑真正具有非排他性的公共财产的社区层面概念，以及在这一进程中的个体权利。社区理论不能简单地忽视司法理论，特别是考虑到即便在核心价值达成共识的前提下，人事也永远存在冲突。正如哲学家约翰·罗尔斯（John Rawls）明白指出的："格兰特（Grant）和李（Lee）希望共同占领里士满（Richmond），但是这一愿望并没有在二者间建立社区。"他表示，人们普遍想要同样的东西（例如，自由、机会、住房和营养），而追求共同的目标充满了潜在的冲突，因此必须小心翼翼地怀有对个体权利、偏好多样性和限制国家权力的尊重，以抵消罗尔斯所谓的"压迫的现实"[9]。正是这种进退两难的困境成就了其著名的"公平的正义"的论点，该观点被公认体现了产生"契约论"原则和促进公正的机构的单独理性基础。当然也有对罗尔斯的批判，但是公平的正义理论是20世纪哲学最重大的人文成就之一，我相信这一理论对洞悉社区概念、启迪思考颇有益处。[10]特别是，虽然因为倡导"权利高于道德"而饱受批评，人们往往忽略了罗尔斯强调将互惠作为一种社会调解机制，并主张人类的主导社会基础。例如，在《正义论》（A Theory of Justice）发散式的结尾，他强调"社会联结的构想"，并认为正义的基础是相互依存和社会合作，而不是"私有社会"这一理性行为者概念。在他看来，以社会学哲学家的身份写作可能"由此得出正义的集体活动是人类繁荣的高等形式……因此公众的正义觉悟才是社区的价值"[11]。

人们已经证实，在多样化的社会中实现共同目标问题重重，尤其是在追求个人权利的时代。但是，即使罗尔斯认可程序正义，社区与一般常识也并无矛盾，[12]更重要的是，公平的正义的理念以及他"原位"的智力工具，可以让我们得到值得维护的公正或者良好社区的社会条件。原位是一个思想实验，核心理念是参与实验的个体事先不知道自己的经济或社会地位，并且必须在 "无知面纱" 蔽目的初始平等条件下决定未来的原则。[13] 在这样的假设条件下罗尔斯得出其公平的正义原则和平等的制度影响，并纳入个体的权利，即我目前需要引用的内容。与此相反，我想论证初始条件的对立面，结合根植于社会相互依存关系的正义观，推出社会利他行为的基本原则，或者我们口中的都市伦理。除了渴望生活在更加社会平等的社区，而非更不平等（机会的分配问题）的社区，我认为，被 "无知面纱" 蔽目的个体会选择对需要的人施以援手而非作视而不见的邻居，也会选择日行一善而非占小便宜的邻居。[14]

他涉规范与社会情境

迄今为止，我的哲学论点都能在社会科学中找到一致证据。在所有其他因素平均的实验条件下，数据显示，人类的他涉行为方式远远超出了自私理论和理性人的做法。[15] 大家都经历过，当我们无意多付了钱时，店员或出租车司机会主动退还。这并非偶发行为。近年来，社会科学家已经进行了数百次实验，如社会困境游戏、最后通牒游戏和独裁者游戏。一般来说这些实验对象必须做出选择，以实现收益最大化或最大限度地助人。在游戏背后的博弈中，合作行为高于预期，背叛行为却低于预期，表明他涉偏好是常见的。

同样常见的是 "骗子检测" 机制和人类不惜自我牺牲也要惩罚违反社会规范者的倾向。有证据表明，实验对象担心如果自己违反了公平规则，如 "虚报低价"，他人也会反过来惩罚自己。[16] 正如法学家林恩·斯托特（Lynn Stout）所言，这一发现不仅意味着他涉偏好的存在，也意味着我们知道其他人也有他涉偏好，最终支持社会制裁或社会规范的存在。[17]

由此可见该实验的社会情境在他涉行为的形成过程中十分重要。当受试者被允许彼此对话、群体身份得到提升、合作的益处更加显而易见或者在受试者认为自己的同伴们行事光明时，利他行为就会增加。用一句话重申或概括这些发现，可以说在实验情境的凝聚条件和感知合理性之下，他涉偏好增强。这一发现反映了心理学文献中的程序主义和经济学的社会认同。[18] 简单说来，当人们相信规则的公平性且大家都正确地遵循了规则时，自愿的自我牺牲和他涉行为就会变得更常见。举个例子，警察的数量不多，而且越来越少，所以人们不会因为单纯的惧怕被捕而守法。更准确地说，在大多数场合，人们遵守法律是出于对权威（法律）感知的合法性、非正式的社会控制和鼓励守法行为的社会规范。[19]

利他或他涉行为不仅在公平的初始条件或感知的合法性之下才得到普遍期望，有充分的理由相信它们也有利于人类社区的长远福祉。一长串的人类学、生物学和进化研究认为人类已经进化出他涉或利他行为的能力，因为其具有适应性。合作是个别的"非理性"，即，如果它对物种有利，无论是家庭、交流伙伴或相关群体，就还有继续进化的空间。一些生物学家因而倾向于所谓的基于利他主义的多级选择或群体选择。[20]无论我们是否接受以群体为基础的选择理论，我的重点是，存在进化依据支持他涉和利他行为有助于社会群体的长远利益这一论点。

邻里假说

十分讽刺的是，露西娅·惠伦正处在一个罗尔斯式的原位，她并不知道相关参与者的种族或"背景"，而是根据自己的决定报了警，并且只是出于遵循做个好公民的原则。这与利他主义在一般层面上由共同利益驱使的概念一致。[21]正常而言，我们当中的大多数人都会希望在自己的房子疑似被入室抢劫时，有所察觉的邻居能够报警。此外，在初始的平等的条件下，这种他涉行为偏好将占主导地位并忽略个人背景（如，财富和种族）。值得关注的是，即使被捕之后，盖茨也极力为露西娅·惠伦辩护，虽然如果没有她的报警电话，他也永远不会见到克罗利（Crowley）警长。在盖茨事件中，不公正的并不是惠伦邻里行为的好坏，而是随后国家机关的反应。但是，让我们暂且接受大家对她的指责，我们应该意识到，警方在许多社群中都缺乏合法性，因此启用正式警方控制或许并非集体福祉的期望，也对此无甚帮助。正如我前文指出和下文将要进一步展开的，集中贫困和种族隔离与法律和道德犬儒主义相关，对非裔美国人的不信任的谴责，警方首当其冲。[22]因此，这个问题就至关重要：我们是否能想象利他行为的具体行动，既能满足严格的无知面纱测试，又有利于共同利益，或者我们所说的"好社区"。同样具有挑战性的是找到可应用于邻里或社区并满足科学测量标准的经验指标。

　　我提出了这样两个行为：帮助严重健康危机的患者以及一个更平常的事件——邮寄丢失的邮件。我的假设是，对心脏骤停的患者提供援助是他涉行为和接近典型利他行为的直接行为指标，满足罗尔斯测试。心肺复苏术（CPR）并非没有风险，这其中包括轻度风险（中断或延迟一个人的日常工作、公共场合施救操作的焦虑）和重度风险（一旦操作失误的负罪感或面临的公开指责、患者死亡的风险）。这些风险可能会造成搭便车行为，但不会削弱向迫切需要帮助者施以援手的愿望。对心脏病突发者实施心肺复苏术，患者获救的概率会提升一倍以上，因此它对集体利益（或在进化方面，对适应性）的贡献是毫无争议的。如果有人不小心在街上掉落了一封付过邮资的信，陌生人将其寄出同样构成他涉行为，不过成本和风险都更低。只需要很少时间，对干预者也可以说是没有什么损失，但对"受益人"的潜在益处是巨大的（例如，寄给雇主或保险公司的信件）。附加的他涉行为可想而知，如帮助交通事故的受害者、器官捐献、扑灭即将蔓延到房子的小火苗、指路、给走失孩子的家长打电话。操纵或控制发生时机是至关重要的，但是，根据观测数据比较测量社区间的变量变得困难。[23]

　　利用下面两节中描述的两个独特数据源，我引用本书的空间和邻里效应的逻辑来研究向心脏骤停的心脏病突发的患者施以心肺复苏术和寄出调查员系统地遗落的信件时的社会层面变化。我认为这两种行为是我理论目标的直接指标，而又同时在涉及干预的投入中变化。丢失信件的做法尤其不张扬，由芝加哥邻里人类发展项目的调查员负责操作，在调整机会条件的同时提供了额外的益处。我首先提出了评估个体和情境层面的决定因素的模型，随后考察了利他主义的邻里特征，以此验证一系列从本章框架引发的假设。

　　1. 心肺复苏术和返还的信件在各个邻里中变化显著，呈现地理集中趋势，类似于本书分析的许多其他行为和感知的结构。

　　2. 心肺复苏术和返还信件受到长期动态影响，因此某个邻里一个时期的他涉行为率可以预测在相同人口组成下此类行为在将来发生的概率。换言之，社会利他主义是一个社区的长期社会角色的一部分。我因而验证多年后心肺复苏术施救率是否可以预测丢失信件返还率的假说。

　　3. 返还丢失信件的行为变化与先前的邻里信任和集体效能相关，但会受到道德犬儒主义和集中不平等的破坏。

4. 最后，社会利他行为给"好社会"定义了一个独特的标记，预测了之后犯罪相关和其他独立于人口组成的社会后果，与集体效能的方式大致相同。

因此，我认为普遍的都市伦理特别是社会利他主义的具体后果的研究方式不仅限于哲学，而且可以情境化地在邻里设定而不只是个人实验中进行经验研究。

丢失信件实验

社区研究的第二次浪潮中的方法论的创新就是引入了"丢失信件"实验，以社会助益的形式不张扬地进行一次对他涉行为的检测。"信件丢失"技术源于社会计量学先锋和网络分析"六度分割"理论之父斯坦利·米尔格拉姆（Stanley Milgram）。既然许多人听说过社交网络中的凯文·培根（Kevin Bacon）游戏和"小世界"理论，我们就可以认为，丢失信件实验是与米尔格拉姆实验相似的一个创造性发明。在最初的研究中，米尔格拉姆及其同事在政治态度方面不喜张扬，给大约 400 封信件注明了纽黑文、康涅狄格州等不同的地址。两个地址是正面的（通用人名和"医学研究协会"），而另外两个是"共产党之友"和"纳粹党之友"。毫不意外，返还率体现了选择性的特征，第一组的返还率为 70%，而第二组则只有 1/4 被寄回。[24]

迄今为止已经有一些研究试图实现使用概率抽样的系统方法的技术。2002 年芝加哥的社区调查由此利用丢失信件技术的优势，使其适用于社会学背景。当时的构想是将信件随机散播在整个芝加哥的邻里中，并测量每个信件丢失的情境设置的变量，以及统计该信件是否被寄回。特别是，在第二次社区调查的访谈阶段，项目工作人员在自己随机选择的每个受访的家庭区，随机找个角落悄悄地掉落两封填好地址贴好邮票的信件。对每封信件掉落的条件进行了记录。其中一封信是写给虚构的人——Mary Jones，另一封写给一个虚构的公司——Universal Services。两封信件上的收信地址都对应密歇根社会学研究所的邮箱，返还地址是芝加哥一个虚构的街道。共计丢出约 3300 封信件，被寄回的仅略超过 1/3。

我当下的目标是研究邻里层面的变化，将其对应到本章主题"好社区"的概念。我首先以个人信件为单位进行分析，基于下列特征预测其收到情况（是/否），包括天气（风、雨的指标）、一天中的时间、季节、该信件丢失的时候处于该时期的炭疽热恐慌（2001 年秋）之前还是之后、街上的人看上去是友善的还是可疑的、月份（9 月~次年 2 月/ 3 月为独立指标）、信件丢失的动作是否有人目击、丢失时间是否是工作日、地址类型（Mary Jones 还是 Universal Services）、私人公寓还是高层公共住房、丢失信件附近街区的土地使用情况（例如停车场、住宅区、滨水区）。通过邮政渠道收到原始信件的概率与这些条件中的大多数无关，但如果信件丢失在高层公共住房附近或者大风天（随机事件），收信的概率更低。如果在冬季实验或街上的受访者怀疑地打招呼，收信的概率也较低。与此相反，如果友善的人在街上和住宅区（相对于商业或工业区）看到这些遗失信件，信件更容易被寄出。[25]

　　如下文所述，我在调整了信件丢失条件的影响之后，计算了人口普查区、邻里集群和正式划分的社区的丢失信件"返还率"（返回到邮政系统并送达收件人）。在所有地理单元中变化相当大，返还率有的低至 0，有的高达 82%。由于每个人口普查区丢失信件的数量很少（<5），我主要侧重于分析正式划分的社区，平均每个社区 40 封，从而提供了更可靠的社区间的测量。[26]有趣的是，返还信件率最高（82%）的社区是一个叫湖景（Lakeview）的高度异质的社区，位于芝加哥繁忙发达的北区。显然，并不像很多人——甚至上溯到路易斯·沃思时代——所预测的那样，这种大城市环境中的形式化的匿名他涉行为并非不可能。

心脏复苏术研究

　　至于我的第二组数据，我接触过一项最初在 20 世纪 80 年代末的芝加哥进行的研究。在 1987~1988 年，急救服务（EMS）的单位记录了所有发生在城市里的心脏骤停病例数据，包括心脏骤停事件本身的详细特征、发病者及发病地点。芝加哥大学的医疗社会学家对这些数据进行了地理编码，并报告指出，对患者进行心脏复苏术的施救率在各个人口普查区存在显著差别。[27]在本书情境下提出的问题是，心肺复苏术施救率随着主要邻里进程变化的程度，尤其是在多年以后，呈怎样的变化。具体而言，对邻里而言是否存在一种可持续的他涉社会性质？

为了回答这些及其他问题，我找到了原始数据，并将它们对应到芝加哥邻里人类发展项目系列的研究中的各个部分。事件级单位的分析包括急救服务提供的所有心脏疾病事件的人口数（$N = 4379$ 个事件）。和原作者类似，我首先通过旁观者评估两组心肺复苏术的核心特征。第一组描述了心脏骤停本身，包括发病地点（在家或者附近，还是在住宅区以外）、拨打911报警的时间以及是否有目击者。第二组包括发病者的主要特征——年龄、种族和性别。或许某些类型的发病者获得照顾的可能性较小，而且正如我们从本书的结果分析所知，邻里根据其人口组成的不同存在显著变化。我从而在评估任何一个社区内心肺复苏术施救概率的时候，将事件与发病者的因素同时纳入考虑。与最初的研究相符，我发现白人或者年迈的发病者在户外被发现，心肺复苏术施救率更高。然而，并未发现性别差异，而且一旦其他因素处于可控范围内，种族差异也消失了。

然后，我分别在人口普查区、邻里集群和正式划分的社区层面考察了原始心肺复苏术施救率和根据个人和环境因素调整后的心肺复苏术施救率。虽然在生态单位之间的模式相似，样本规模越大可靠性越强。因此我主要侧重于正式划分的社区，平均心脏骤停发病数为50次以上。调整后的跨社区心肺复苏术平均施救概率为 0.22，表示在 1988 年前后，芝加哥只有不到 1/4 的肺部疾病发作的患者有机会接受发现者的心肺复苏术救治。

邻里效应和利他主义

我的第一个经验试验关注空间可变性：心脏病发的地点对是否获得急救有关系吗？当然。心肺复苏术施救率在每个正式划分的社区各不相同：从低至13%到高达1/3以上（37%）。我发现人口普查区和邻里集群当中也存在显著变化。因此，如果我们将心肺复苏术作为一种社会利他主义的表现形式，即存在邻里分化的经验实证。

第二个更有趣的问题是关于利他主义形式的"达到"或重叠。心肺复苏术施救率是否能预测丢失信件返还的行为？当然。1988 年的心肺复苏术施救情况不可能直接导致 10 年乃至更久以后某人寄回丢失的信件这一结果。但是，如果我的理论方法正确，那么社区在他涉特征和跨类型帮助行为的"移情"根据上应该仍具有持久性。我认为无论是通过社会学习、制度鼓励或诸如公开感谢无私行为等奖励机制，利他主义的规范都具有自我强化性。这些都是各种各样支持文化再生产的机制。[28]虽然我进行的是耗时长达 12 年以上，心肺复苏术施救率和丢失信件实验的双线严格经验试验，我发现这两种行为率呈现适度的正相关并具有一定意义（0.34，$p < 0.01$）。图 9 - 1直观地展示了这种关系。注意北部和沿湖一带干预度高的社区集群〔例如，近北区（Near North Side）、艾及沃特（Edgewater）、上城区（Uptown）〕，以及伯蒂奇（Portage）和诺伍德公园（Norwood Park）这些西北的社区。与

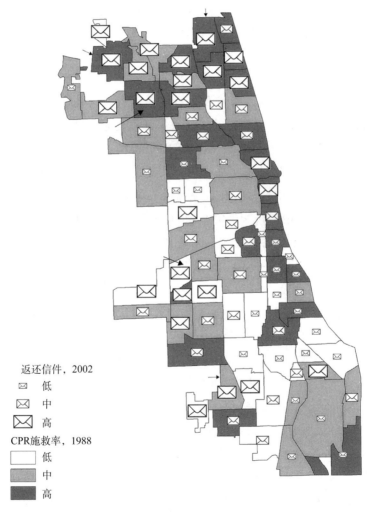

返还信件，2002
⊠　低
⊠　中
⊠　高

CPR施救率，1988
□　低
▨　中
■　高

图 9 - 1　心脏病发或遗失物品的地点十分重要：心脏骤停后实施心肺复苏术救援和返还遗失信件的空间不平等性

此相反，虽然附近也有一些社会利他型社区［如贝弗利（Beverly）、摩根公园（Morgan Park）和西埃尔斯顿（West Elsdon）］，在芝加哥的南部中央地区却分布着低干预度的大型集群。1988 年就已经存在了利他热点集中区及其反面，多年后再次出现，证明他涉行为规范具有持续结构。

或许读者会提出异议，因为我们从前面的章节已经得知社区根据人口组成的不同会形成很大的差异，心脏骤停发病者正是如此。例如，种族和年龄可以预测谁会得到医疗救助（黑人略少、老年人多），在家里发病亦然，关乎生活方式。更普遍的，穷人或者受教育程度低的居民或许不熟悉心肺复苏术技术，因此即使有心救人也不敢操作。例如，黑人集中的贫困或者人口密集的邻里可能会使简单的相关性产生偏差，导致高估或低估预测利他主义的邻里变化因素。为了解决这些问题，我从 1990 年的人口普查中控制了贫困、年龄、种族构成和人口规模因素，这是最接近心脏骤停统计的年份。即使 1988 年后测得的任何数据都可能是心肺复苏术实验后的邻里的他涉特征导致的部分结果，这一策略仍遵循原始调查的逻辑。控制这些后续途径或许会导致结果扭曲，但是，无论我在人口普查区、邻里群集或正式划分的社区级别这样操作，原始的心肺复苏术施救率仍然预测了 14 年后更高的信件返还率（$p < 0.05$），呈现出非综合性的机制。

然后我综合考虑了各种影响，对心脏骤停进行了分析。对于每一次发病，我都会控制发病者的年龄、种族和性别、911 警方回应的时间、发病地点（在家与否），以及心脏病发作是否有人目击。当心脏病发作的时间随机，并暗示是否有目击者，就会产生"外源性"引起的社会利他主义变化。[29]在社区层面，我还控制了集中劣势、多样性、密度、人口规模和年龄结构。[30]在最后一步中，我计算了社区层面心肺复苏术的变化，不考虑所有情境发病者级别、人口组成和结构因素。特别是考虑到心脏病发的地点也有较大的随机成分，我的综合指标直指社区层面利他倾向。[31]

我发现经过所有这些调整之后，在利他行为中仍然存在长期联系。事实上，时间相关性不存在重大差异，并且数据显示仍然显著（0.32，$p < 0.01$）。与图 9 – 1 相符，尽管心肺复苏术和丢失信件返还率的潜在相关性存在明显差异，社区往往在他涉行为的空间配置上集中。社会利他主义得分相对较高的社区都是异质的、看似"籍籍无名"的地方，如卢普区（Loop）、罗杰斯公园（Rogers Park）、西罗杰斯公园（West Rogers Park）、

近南区（Near South Side）和湖景区（Lakeview），还有更加传统稳定的白人社区像杰弗逊（Jefferson）和诺伍德公园（Norwood Park）。得分低的社区往往贫困、种族隔离且大量位于南区（South Side）［例如，华盛顿公园（Washington Park）、伯恩赛德（Burnside）］。道格拉斯（Douglas）略显异常——在芝加哥所有社区中，它的信件返还率最低，约为 10%，但是多年来的心肺复苏术施救倾向相对较高。回顾第 5 章，南区（South Side）的铜色村庄（Bronzeville）地区［例如，奥克兰（Oakland）也属于这一区］经历了这座城市最惊人的一些变化，或许是因为其不寻常的位置（例如，图 5 - 6）。但总体而言，数据反映了各个社区社会利他主义相当持久的形式。

前面的章节和更早回顾的研究表明，组织密度或许是有助于维持利他主义规范和机会的体制因素，特别是在心肺复苏术实验中。为了验证这一概念，正如上一章中提到的测量数据，我研究了心肺复苏术实验结束当年，即 1989 年非营利组织密度的比率。除了心脏病发作本身的特征（如，是否有人目击、发病者年龄、种族和性别），控制邻里的人口密度、人口规模、年龄、种族和经济构成，社区中非营利组织比率与旁观者有直接和密切的联系。[32]承接上一章，这一发现支持了一个观点：在集体公民参与中存在组织效应和更普遍的社会利他规范。

我的下一步是仿照心肺复苏术实验，对丢失信件实验也进行严格的分析。约 3300 封丢失的信件首先根据 21 个条件预测因子的同步功能进行分析，如一天中的时间、月份、住宅条件、天气等，同时还有一系列邻里层面的预测因子，包括集中劣势（见第 5 章）、族裔和移民多样性、居住稳定性和人口密度。[33]我在社区层面考察了几种替代参数，包括贫穷、种族构成、人口规模以及其他基于普查特征的单独模型，都得出了类似的结果。与先前的初步描述相符，无论是在调整情境因素之前还是之后，从人口普查区到正式划分的社区级别，各个社区之间的丢失信件返还率（$p < 0.01$）存在显著变化。然而，在正式划分的社区级别丢失信件返还率可靠性最高，为 0.75，这表明我们具备足够的计量经济学能力，以检测正式划分的社区间的差异。

我随后又考察了结构和组织层面的丢失信件返还率社区级变化的预测因子，同时考虑到信件丢失的微观情况和当地的生态条件。在严重的弱势的社区中（贫困和隔离的社区），信件返还率明显较低。关联度很大，或许令人惊讶的是，并没有任何一个明显存在物质贫困的社区有阻止其居民返还信件的倾向。[34] 很可能是文化或规范因素在起作用。同样令人吃惊的是，考虑到一般印象，异质性并没有产生什么差别，且人口集中（规模）与利他行为呈正相关。这些结果应该出乎路易斯·沃思意料。

第二大因素是组织，建立在第 8 章的基础上。正如心肺复苏术的旁观者研究结果，非营利组织的密度与丢失信件的返还率有直接的关联。这些截然不同但是相关的利他行为的结构预测因子因而具有类似的性质，又一次表明利他主义具有持久的潜在构造。数据也清楚地表明了构成利他社区的组织成分。

集体效能和利他主义

本章的理论框架和目前的结果是在解读利他行为时，着重强调伴随着弱势和组织运作过程的文化的和社会的互动因素。扩展前文阐述的观点的同时，我假设利他干预更可能发生的环境是对公共干预的共同期望值高、人们信任自己的邻居的社区，且极少出现违背他涉行为相关的体制法规或法律的行为。在这一节中，我将从集体效能开始验证这些预测。

我们在第 7 章中已知，集体效能随着时间的推移高度稳定（$r > 0.7$）。因此，我采用 1995~2002 年的平均集体规模预测后续的丢失信件返还率。正式划分的社区层面的相关性十分显著（0.41，$p < 0.01$）。2002 年对控制和邻里信任的共同期望是集体效能规模的构成要素，也与信件返还率显著相关，相关率分别为 0.32 和 0.60（$p < 0.01$）。因此与以信件返还率为标志的利他行为最直接相关的是信任，一旦掌握了这一模式，邻里组成因素就得到控制。

"道德犬儒主义"是触及人性阴暗面的概念。为了考察芝加哥居民的观念，这种观念不把法律或集体道德准则视为当下生活的约束，我们要求调查对象表明对其中几个观点的认同程度，比如"制订法律就是用来打破的"、"只要不伤害任何人就可以为所欲为"、"为了赚钱，已经不存在方法的正误之分，只有难易差别而已"。在犬儒主义程度高、缺乏规范合法性和法律规则的社区，信件返还率明显较低（-0.46，$p < 0.01$）。弱势在很大程度上可以解释这一联系，不过一旦调整之后，考虑稳定性和多样化，社区

道德犬儒主义和信件返还率之间的联系就削弱了。[35]

不过有一组乏善可陈的关系在预测利他行为中明显缺位。我并没有过多讨论密集的社会网络，如友谊和亲属关系、互惠交流以及成人——儿童网络的封闭。之所以如此，是根据第 7 章总结的理论依据。在第 7 章中，我证明了集体效能的积极成分远比亲友纽带在犯罪等社区福祉方面的影响大。那么社会利他主义呢？也可以照搬一模一样的模式。我评估了一些模型，之前验证的社会互动、联系和交流测量因子都在信件丢失这一行为利他主义的形式中得以检验。我也评估了普遍信任的测量方式，与邻里信任的语境测量做对照（见上文）。无论是简单的相关性或更全面的多变量模型，一般模式都呈现一种弱化关系。重申一次，最重要的是弱势和组织，在丢失信件返还实验中，最重要的是集体效能和信任。

利他倾向及其后果

在这一点上的结果从心肺复苏术和丢失信件试验角度支持了我测量的理论可靠性，并进一步表明这些特征的共性，而非利他主义的不同侧面。邻居之间的相互信任和对介入意愿的共同信念似乎也是他涉社区的一部分——我在其他地方也称之为集体效能。最后一个问题是，后果如何？

这是个大问题，也没有任何分析能给出明确的因果关系。但我认为这一章的结果催生了一个利用心肺复苏术和丢失信件实验的独特性的创新战略。主要理念是建立一个统一衡量方式，考察我总结的一个概念：随着时间推移，社区表现利他行为的总体倾向，进而促进利他主义的规范。由目前的理论框架和结果指导，我构建了调整的心肺复苏术和调整的丢失信件范围的首要组成部分，一个捕捉到共享或共同协变的计量模型进程。虽然相隔 14 年，首要组成部分在两个观测指标的共同变量中占 65％。[36]集体效能针对理论相关但截然不同的构造，它在一定程度上预测了信件返还率，但和多年前的心肺复苏术利他主义只有微弱的联系。因此，我考察集体效能，将其作为在主分析中结合利他主义成分的一个独立因素。这个方案的优势在于可以帮助我考察利他主义和他涉特征这两大广义概念——一个是行为性的（心肺复苏术／信件丢失），另一个是认知性的（集体效能的共同期望）。

正如信任度高的时候参与实验游戏的被试者更加合作，我已经证明，行为利他主义的行动在社区信任度高和对公共干预的共同期望值高的情境下更高发。由这一搭配引出了第二个问题：当我们以利他主义的形式结合对行动的共同期望和行动，会发生什么？有理论依据表明，结合行为性和规范性维度有利于形成对潜在的、难以观测的利他主义倾向结构的另一种标记。为了使这一概念更加正式，我没有控制集体效能，而是将其纳入2002年调整后的丢失信件实验，作为第二个主要成分。因为二者测量的时间相同（2002年）并且集体效能在不久之前（1995年）测量过。我重复了这一步骤，加入1995～2002年（平均）的信任指标代替1995～2002年的平均集体效能范围。虽然结果在各个范围上都保持一致，我仍专注于集体效能——在其明确的"干预"方案作用下，基本分数能够提供跨章节的广泛理论连续性。心肺复苏术将作为一个单独指标。[37]

我考察了1988～2002年前后利他倾向的主要行为指标的空间分布和之后几年（2002～2006）的平均凶杀率，以提高准确性并确保正确的时间顺序。排列清晰，利他社区呈现出显著较低的凶杀率。我也考察了利他倾向和犯罪率和健康以及青少年福祉方面的关系，例如婴儿死亡率、低出生体重和青少年生育情况，[38]相关性均十分显著，空间的模式也与凶杀类似：利他主义越强，儿童的福祉越高。青少年生育率是一个特别有趣的指标，因为从理论上讲，我们所期望的集体效能和利他主义反映在社会支持度更大、非正式性更明显的对早期性关系的社会控制中，因此最终导致青少年生育率更低。近期的研究支持这一推论，显示邻里集体效能和青少年低性行为率之间存在直接联系。[39]

虽然利他主义的范围根据干扰因素做出了调整，我们仍不得不担心跨社区的成分差异可能使任何简单的对照产生偏差。为解决这一问题我研究了一系列根据经济和人口因素调整过的模式，以确定社区成果和社会利他主义的直接关联。在理论方面我首先着眼于分离集体效能和行为性利他主义的模式。我将道德/法律犬儒主义也作为一个独立的对照来考察，因为数据表明，尽管与利他主义呈负相关，犬儒主义作为一个独立结构，不能用预测心肺复苏术的方式直接预测丢失信件的返还率。我们在芝加哥之前的研究也表明，在个人层面上的犬儒主义和暴力之间存在联系，而且存在理论依据证明道德犬儒主义是一种犯罪和离经叛道行为的润滑机制，在边缘群体中尤甚。[40]因此，我在本章前半部分做出了假设，在他涉范围的另一极端，犬儒主义和暴力之间存在联系。犬儒主义毕竟体现了人们对其他人的准则如何漠不关心——事实上是一种反利他主义的形式。

图 9-2 显示了青少年生育率和凶杀的并列结果。完全多变量模式下的各项都以标准化系数为基准。二者显然是截然不同的现象，一个发生在年轻女孩身上，并伴随新生命的产生；另一个包含致死性犯罪，通常发生在男性之间。然而这两种完全分离的成果确实都根植于社会互动中，并具有类似的解释。二者都是主要通过集中劣势预测，对凶杀和青少年生育做出了最大的预估结果，该模式与本书其他部分内容相符。考虑集中劣势和人口的种族/族裔和移民多样性之后，我们看到三个额外模式。第一，道德犬儒主义高的地方青少年生育率和凶杀率都高；第二，利他主义高的地方凶

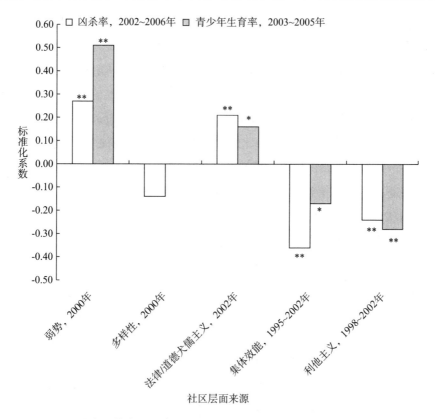

图 9-2 社会利他主义和社区福祉：与芝加哥暴力和青少年生育率的联系

** $p<0.01$；* $p<0.05$。

杀率和青少年生育率都明显较低；第三，集体效能与凶杀率和青少年生育率呈强烈负相关。除了集体效能（呼应第7章），道德犬儒主义和社会利他主义因而与未来社区层面成果相关，这一关系难以用人口组成进行简单解释。[41]

另一相当严格的试验是控制所研究问题的早期结果。我没有先前青少年生育率的数据，但是我能够控制5年内（1995～1999年）的凶杀率，以及多样性和弱势。2002年以后的凶杀率仍然与图9-2中的3个社会进程相关；与凶杀率变化的利他主义、道德犬儒主义和集体效能的效果相关的 t 比率分别为 -3.07、2.75 和 -3.15（全部 $p < 0.01$）。这一测试，伴随替代控制下的一般稳固性，表明当我们调整凶杀的早期原因时，利他主义、集体性和道德犬儒主义文化的结果几乎没有改变。

概括基本结果程度的一种方式为构建一个社区类型学，根据其利他特征，以及像上文描述的那样，据预设条件调整双重因素之后的凶杀经历。截至2002年，利他特征排名前1/3的社区，2002～2006年间半数以上都位于凶杀案易发社区排名最低的1/3，无法通过先前的凶杀情况解释。相比之下，在低利他主义程度低的社区中只有12%有幸进入当前的凶杀率的范围。在社区层面，这一关系明确且显著。如果我们假设控制先前凶杀率是一个保守的调整，数据再次指出社会利他倾向与社区福祉之间存在十分强大的关联。

在进一步的试验中，我检验了将集体效能和信件丢失规模相结合，与以心肺复苏术施救率作为唯一或"纯粹"利他指标的方式。同时我也检验了将婴儿死亡率和低出生体重作为公共健康指标的方式。集体效能和信件丢失指数是最明显的凶杀率预测因子，调节和吸收心肺复苏术利他主义的大部分影响。青少年生育率的结果大致类似于之前的模式，心肺复苏术和集体效能/丢失信件的重要性仍然大体相当。[42]当我们把这一行为中的利他主义的规范性和行为性方面相结合，我们就会看到其与犯罪率和青少年生育率呈强烈的负相关。但是，一旦根据干扰因素调整，一个社区的利他倾向并没有反映与婴儿死亡率或低出生体重的直接相关性。虽然这些与健康相关的现象有其社会根源，相比于人际暴力或青少年怀孕率反映出的性行为，它们的直接社会互动性不强。因此似乎结果的社会互动特征越强，一个社区潜在利他主义的独立作用就越强。

启　示

　　进化派生物学家们早就声称，利他行为因为对群体有利而受到自然选择的青睐。虽然其真实性还有待验证，但是正如许多其他进化机制一样，经验试验仍然难以解释这一命题。在一个完全不同的领域，学者们将集体利益上升到了哲学高度，但是没有太多实证支撑。我认为利他主义和公共福利都值得进行经验推敲，并提供一个框架来重新审视并整合本书中的许多基本主题。

　　本章无法用万无一失的方法评估因果途径，但是我确实收集了一组新的数据库，用于测试由逻辑推导而出的关于利他行为的假设，这些利他行为被我们合理认为是有助于建立一个"好社区"（或者至少是大部分读者愿意居住的社区）的。

　　为了遵循罗尔斯社会联结理念的公平的正义原则，我援引了他的"无知面纱"思想实验并将其关联到本书中的空间和邻里效应逻辑，以社会利他主义和他涉行为在考察社区层面的变化。我假设对心脏病突发患者施以心肺复苏术救援和寄出丢失的信件为我通过罗尔斯测试的理论构想提供直接指标。丢失信件的方法也不张扬，并由研究院进行系统的操作，让我可以根据时机状态调整。心肺复苏术状态并没有受到控制，但心脏病发作的性质本身给我们提供了一种近乎自然的实验状态。利他数据因而为我提供了一个独特的机会，可以重新审视前面章节讨论过的基本经验模式和理论主题。

　　提出评估个体和情境层面的决定因素的方法之后，我又指出利他主义遵循社会和空间的逻辑，类似于本书中分析的许多其他行为和观念。这或许是最重要的发现。利他主义似乎具有长期动态变化的邻里层面的路径依赖，这使某一时期邻里的他涉行为的发生和标准决定了其以后的利他行为，尽管对于社区结构方面还存在误解。我认为，社会利他主义是社区特征的一部分。这是通过之前长达十几年的心肺复苏术施救率预测的丢失信件的返还率确定的。可以确定的是弱势等因素至关重要，虽然受到这些因素的影响，但利他主义的预测可靠，丢失信件的返还率也与本地化的信任及集体效能呈正相关。该模式指出，在社会利他主义的范围内存在一种持久的文化。[43]

最终测试支持我们所说的利他主义的邻里效应。我认为，心肺复苏术和信件返还率是社会利他行为的行为性指标，形成了"好社区"的鲜明的标记，这一结果与社区人口结构无关。集体效能虽然更倾向于认知，但理论上应属同一阵营，并作为对一个行动的共同期望的重要文化组成部分。当然，利他主义并不能解释所有的结果，也不应如此。但是，利他主义和集体效能的指标单独作用或相互组合，确实能够通过控制邻里组成来独立地预测暴力和青少年生育率。独立于集体效能和利他主义途径，一个社区的道德犬儒主义与暴力和青少年生育率呈正相关，又独立于目前在学界争论中占主流的经济和种族构成特点。

我的结论是利他或他涉干预、道德犬儒主义和集体效能捕捉到了邻里中重要的社会生活元素。这些元素，①受到但不能简化为唯物主义的解释或者个人性质的影响；②对塑造福祉和"好社区"的实际行为具有经验意义——有时伴随致命的后果。图9-3概括了这一论点的启示。虽然前人的研究从未验证过这一观点，本章的实证发现表明，无论是否有利于帮助他人、促进产生公共利益的共同期望或是主张漠视他人的腐蚀性道德犬儒主义，在人类文化和都市伦理的基础机制中都存在邻里效应。在前面的章节中，我也阐述了公民参与、组织和集体感知障碍的福祉的相关性。这一社区层面进程与邻里不平等结构如何嵌入芝加哥更大的空间和连锁情境——包括个人行动构建的部分——是下一章节主要探讨的问题。

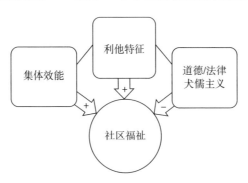

图9-3 邻里情境和福祉的核心社会维度

第四部分

. . . .

连环结构

第 10 章
空间逻辑，为什么邻里中的邻居至关重要

四十年前，沃尔多·托布勒（Waldo Tobler）创造了所谓的地理学"第一定律"（First Law）："任何事物都是相关的，只是地理上相近的事物之间的关联更紧密。"（Everything is related to everything else，but near things are more related than distant things.）[1]这句他当时在一篇不起眼的论文里信笔写下的话，自发表以来，已被引述 500 余次。"定律"的概念如一石激起千层浪，并因此产生一个讽刺结果：当时曾被地理学家摒弃之谈，如今却又被他们奉为圭臬。这句话在才问世之时可能像是老生常谈，但我将以实证事实来证明托布勒的观点在今日仍是高瞻远瞩。我将应用微小的社会事实来演绎他的"定律"，不参照地理决定论的论据，而是使用显著而持久的空间相互依存模型。这需要兼具实验与理论两方面的考察。[2]

迄今为止，本书所论证的模式为地理学第一定律提供了充分的支持。就某种根本意义上来看，每一章其实都陈述了一个空间故事。前文所讲述的与其说是发生在近乎随机或"无固定位置"（placeless）领域的城市过程，毋宁说是所有事物的空间集群。这种集群涵盖了从谋杀和低出生率到收入的空间隔离、从种族群体到可见的失序迹象的集中，以及从集体公民行动到全球化的象征。因此，将托布勒的洞察力应用于当代，我们就获得了"定律"的更恰当表述：地理上的接近反映出特质上的极度相似。我们剩下的任务在于使论证形式化，并针对空间不平等的解释机制进行更深层次的探讨。

本章仅针对这一点着墨，是本书第四部分的 5 章之首，高屋建瓴地探讨"较高阶"过程——城市中的社会结构。在这些环环相扣的联系中，其中的一环涉及超越地方邻里界线的空间动态。在前面的章节中，我已阐明了"地方"邻里效应的持续重要性；在此，我的目的是研究超越地方层面的空

间相互依存，以及一旦将邻里重要的内部特征（例如贫困和种族成分）一并考量进去，这种相互依存是否延续。此举的原因在于，表面上的空间效应可能在内里是邻里的异质性。换言之，空间相互依存可用邻里人口的成分差别予以解释。针对这项批评，我在本章论证了空间动态的重要性远超乎我们的想象；而且，即使我们调整了邻里本身的多重特征，这种动态依旧延续。我也检验了种族、犯罪和移民问题如何与空间不平等发生联系，以及邻里特征的影响力如何根据空间位置而改变，其中城市的空间"体制"（*spatial regimes*）尤为一大变数。

本部分的余章则思考其他主题。综而观之，它们共同描绘出当代城市如何连接的全貌。这种分析方式并未轻视或忽略个人的微观行为。例如，第 11 章与第 12 章探究居所流动以及个人的移动如何反映空间背景并创造相互依存的情境。第 13 章探讨居所流动所创造的邻里间的社会纽带结构。第 14 章研究关键领导者所创造的社区间纽带结构。本部分中的 5 章殊途同归于对环环相扣效应与穿越边界的共同关注，聚焦于对邻里效应研究"因小失大"的批评。

空间相互依存理念

正如个人会受到朋友甚或朋友之友的影响，邻里被嵌入一个更大的社会关系网络中。与社会单位独立性的一般假设正相反，邻里概念的生动之处在于邻里是相互依存的；这种依存性以空间中某点与别处所发生之事间的功能关系为特征。简而言之，邻里中的邻居至关重要。跨邻里空间纽带的概念挑战了传统的"城中村"（urban village）模型，该模型假设邻里为互不侵犯、孤立的社会系统，彼此间如孤岛般各自运行。

犯罪就是一个明显的例子。罪犯过度地涉入其居所附近的犯罪行为，这项事实中隐含着空间依存的角色。即使不做社会交互作用的任何假设，由上述事实就可知地理相邻助长了邻里犯罪率，这种地理相邻包括邻近与已知罪犯居住地，或接触了犯罪的假定原因，如集中贫困或低集体效能等。毕竟，罪犯并不会遵守研究者所设定的地理边界。

然而，相互关联的过程更加深奥。在今日的网络世界中，"相互关联"的事实貌似平凡无奇；然而，事实是，无论是遇到可能的结婚伴侣还是遇到犯罪分子，人们的社会选择过程均受到相邻空间的支配。[3]人们之间的接触机会随空间上的邻近而增加，而社会交互作用可能继而将整个接触链串联起来，其影响力所及之处最终与最开始的人相距甚远。例如，大多数的暴力犯罪发生于熟人之间，而且具有实质上的反应性。比如，一个邻里中的谋杀事件可能产生激化作用，导致在附近邻里中的报复谋杀。更广义地说，由此可得出结论：任何通过社会交互作用的地理连接所传递的行为都易于产生空间扩散。

　　总而言之，我们有充分的理由认为，空间相互依存起源于和扩散（diffusion）及接触（exposure）有关的过程，其结果是，周围邻里的特征影响着附近邻里的社会福祉，这种影响随着地理上的临近而增强（"第一定律"）。扩散指的是导致行为随时间与空间的推移而散布的过程，例如，当吸毒网络串联了生态边界，将吸毒行为蔓延至附近邻里时，高风险的性行为会随之增加，遂产生更高的艾滋病毒（HIV）感染发生率。接触的概念聚焦于有先行条件的接触；在吸毒例子中，该条件就是艾滋病的发生可能助长最初的吸毒行为本身，"接触"就是吸毒行为的发生可能邻近贫困集中区或附近存在有组织的毒品市场。

　　我们也有现实的理由从空间角度思考。一个关于邻里层面研究的批评是边界的人为性。例如，两个对门而居的家庭，尽管有共同的社会纽带，也可能会被任意地分配到不同的邻里。该可能性反映了所谓的"可塑性面积单元问题"（modifiable areal unit problem），当人为边界被强加于或多或少的连续空间现象时，该问题便油然而生。空间模型将空间误差与相互依存纳入连续邻里单位的操作性定义，可以被用来应对这一问题。

空间模式 VS. 随机性

　　我们可以应用 Moran 散点图，从经验上评估空间相互依存的本质。具体做法是根据每一邻里的某个指定变量 y 值（例如贫困）来归类邻里，而连续或附近邻里变量 y 的空间加权平均则以 Wy 表示。以贫困为例，Wy 是一个指定焦点邻里"邻居"的平均贫困率。在空间分析中，我们可以通过距离的远近或是否邻近来对若干择定的"邻里邻居"的观察值进行加权，从而产生权数（W）矩阵。在芝加哥，我和同事针对各种空间单元（街区组、地域、邻里集群和正式划分的社区），辅以空间邻近的不同定义（例如毗连，即最近的 4 或 6 个邻里），来研究这种空间连带性。与前面章节所出现的地图一脉相承，先前的芝加哥邻里人类发展项目研究已经显示集中劣势、犯罪（特别是谋杀、抢劫和入室盗窃）与集体效能彼此间在空间上高度相关，超越机会期望（chance expectation）。[4]

我扩大先前的研究范围，纳入最新可用的芝加哥邻里人类发展项目、人口调查、犯罪和监禁数据。为了精简之故，我不公布巨细靡遗的结果，仅对前面章节出现过的关键邻里结构与过程特征的空间模式着墨。图 10 – 1

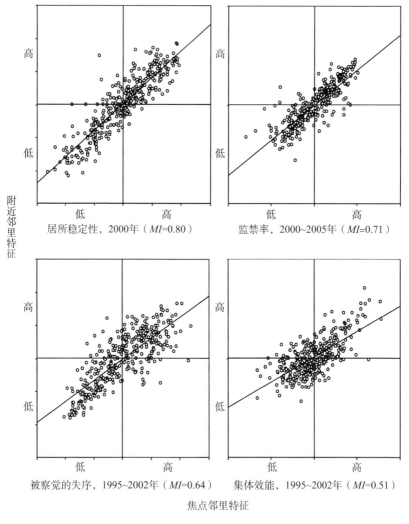

图 10 – 1　关键邻里特征的空间相互依存

展示焦点邻里（x 轴）及其最近的 6 个邻里（y 轴：Wy）内部特征的关系，以及它们的 Moran I 空间系数（以 MI 表示）。[5]

图 10-1 显示，无论是居所稳定的社会生态特征、地方监禁移至国家监狱的强度、社会察觉的失序或 7 年间的集体效能，它们之间均存在着线性关系且有一种显著的空间过程在起作用。4 个特征都处于高点的邻里显然更有可能与其他 4 个特征同样很高的邻里毗邻，这对我们理解超出地方生态边界的社会行为有显著意义。虽然图中并未显示，但是正如先前结果与第 5 章、第 6 章所说，集中劣势、移民和犯罪也同样被空间模式化，它们的 MI 值均显著，分别为 0.66、0.80 和 0.72。因此，与重要的社会过程和犯罪司法因素相同的，结构劣势、移民和居所稳定这"三巨头"（Big Three）在空间上是相互依存的。人口密度和社会利他主义也具有重大的空间联系，在此处不做展示。

必须强调的是，并非所有的方面都在空间上相互依存。我们甚至可以预期这样一个结果可能反映出方法论的人工化。事实上，一些社会进程在空间意义上存在微弱或适度的相关。朋友/亲属网络、组织参与、组织密度、邻里的冷嘲热讽以及相互交流都表现出积极的空间依赖迹象，但是这种空间依赖却是微弱的且得不到显著结果。这种模式可能部分由于应用社区调查数据来测量社会过程时所产生的测量误差；因为一般来说，邻里间差异的测量数据越可靠，空间集群就越显著。譬如，集体效能与被感知的失序在邻里间有着高度可靠性，并会产生相对较大的 Moran 系数；大多数以人口调查为基准的指标均是如此。[6]由此可知，当实证证据为混合型时，它们大体是趋向温和至强烈的空间相互依存。

图 10-1 有助于我们洞悉空间分析的概念价值。在图中的每个象限，我们可以认为，位于 y 平均值之上的邻里 y 值"高"，反之则"低"。每个邻里的权值也可做出相同的区分，从而产生四种分类。以集体效能为例，则需考量以下类别：①低-低，针对自身效能水平低且与效能水平低的邻里相近的邻里；②低-高，针对自身效能水平低但与效能水平高的邻里相近的邻里；③高-低，针对自身效能水平高但与效能水平低的邻里相近的邻里；④高-高，针对自身效能水平高且与效能水平高的区域相近的区域。在一篇与杰里弗·莫仁奈夫和斯蒂芬·劳登布什合作的论文中，我们使用了这种分类来揭示集体效能和谋杀的空间分布之间的高度重叠。[7]逾 70% 高

集体效能水平（第4类）空间集群的芝加哥邻里，在统计上存在低谋杀率的明显集群。大多数高集体效能的低谋杀率集群的地区位于芝加哥的西部边界，特别是在远西北与西南区。在谱系的另一端，高谋杀率的空间集群与低集体效能水平之间有强烈的对应关系。约75%的凶杀案件热点（hotspots）（通过空间分类定义为高－高）位于集体效能的低－低空间类别。甚至连图10－1的"非对角"关系（off－diagonals）都能被解读。譬如说，尽管15%的凶杀案件冷点（coldspots）（低－低）相对稀有，但仍出现于集体效能水平低，但被高水平集体效能包围的邻里。15%的凶杀案件热点所在的邻里具有高集体效能水平，但被集体效能水平低的邻里所包围。因此，集体效能水平与周围邻里形成差异的邻里至关重要，因为它们揭示了空间优势与劣势被忽视的形式。

成为替代性解释

有种可能性是邻里内部特征的异质性正在形成貌似空间模式的东西，这种可能性始终存在。虽然上文结果令人振奋，但也许一个邻里产生空间集群的原因再单纯不过，譬如说贫困，或者独特的人口概况。本节中，我将调整上文结果的已知相关因素，并引入空间相互依存的直接测量，以应对竞争性的"异质性"挑战。我的整体假设如下：在不顾及内在风险的情况下，邻里福祉受限于空间上相邻邻里的特征，而这种特征继而受限于空间链接过程中的毗连邻里，该过程则是整个城市的最终表征。数据以不同的方式证明了空间相邻的独立作用，使这项假设获得支持。

首先，我基于先前的论述重新对谋杀率进行微调。我从评估调整后平均谋杀率的差别与邻里集体效能和空间谋杀风险的相关性入手。我用最新2002～2006年的谋杀总数和数据来计算每10万人的平均谋杀率；之后，将其与前面章节识别出的主要预测因子分别进行函数分析（例如，集中贫困、移民、种族成分和居所稳定）。然后，我创建了一个标准化残差谋杀率，在去除该邻里内部的人口和经济成分因素后，我们可以将它解读成焦点邻里的谋杀率。再结合前两次社区调查，以获得每个邻里先前的（1995～2002年）集体效能得分。

图10－2显示，在焦点邻里的高－低集体效能类别中，在空间上与高水

平谋杀率相邻的邻里，其调整后的平均谋杀率高于空间上与低水平谋杀率相邻的邻里。在低集体效能的脆弱邻里中，差异尤为显著；且这一邻里与危险具有空间相邻性，这种危险与超过 1/3 的地方谋杀率的标准差增加相关。与第 7 章一致，焦点邻里的集体效能依然显著而相当强大，且会根据空间相邻和许多潜在的复杂内部特征而调整。特别是当邻里在空间上与高风险相邻时，集体效能会成为一种保护因子（比较图 10 - 2 的第二根柱子与最右边的柱子）。因此，我们可以得到一项关键发现：邻里与危险在空间上的接近会影响其谋杀率，且谋杀率与集体效能和其他内部邻里因素的持续影响无关。由此可见，将本地与外地视为相互对抗的部分是一种误解，这两种社会过程类型均各自发挥作用。

其次，我考量在整个城市地理中激起"连锁效应"（ripple）的空间过程的角色，这一空间过程通常被称为空间外溢。典型的空间外溢模型有两种检验方式。此处只说明其中之一，即成立多个假设，这一模型在技术上被称为"空间误差"（spatial error）模型。

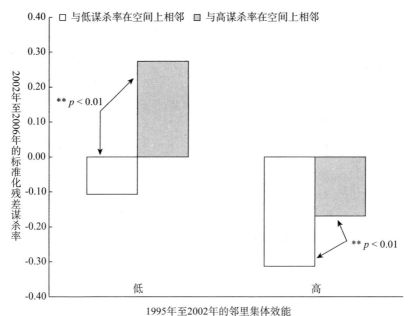

图 10 - 2　根据邻里集体效能（1995 年至 2002 年）和与谋杀在空间上相邻
（2002 年至 2006 年）调整过的谋杀率（2002 年至 2006 年）

重点在于，未被发现的空间过程（如被遗漏变量中的空间相关性或测量误差）可能导致传统模型（假设邻里单位各自独立）的估计偏差。估计内部邻里因素与一个给定结果的联结的方法是说明误差项中空间相互依存的原因。因此，本模型是一个评估可能存在的空间依存结果稳健性的简单方法。我在第6章（失序）、第7章（集体效能）、第8章（组织密度）以及第9章（社会利他主义）中，对关键结果都进行了这种检验。实际上，本书中所有的分析都受限于对空间误差的控制。除非另有说明，否则尽管控制了空间依存，但它们的结果均非常相似。从上一章的一个例子来看，在控制了空间关联误差之后，当我估计图9-2的关系时，谋杀与少女怀孕（$p < 0.05$）两方面的社会利他主义关键预测因子出现了相同模式。本结果实际上意味着，即使当我们控制了潜在空间过程所导致的误差，地方（或内部）邻里特征持续扮演重要角色——此处指帮助有需要者的倾向。[8]

一个相关但更具雄心的模型试图直接估计邻里的邻居的效应，即技术上所谓的"空间滞后"（spatial lag）回归模型；这一模型还有一种叫作"空间效应"（spatial effect）模型的简化版本。空间效应模型之所以比误差模型更具雄心，是因为它针对空间接近性测量中的单位变化与其结果生成了一项估计值。以谋杀率作为示例，对于一个指定邻里 i，空间滞后指的是 i 的一级邻里的平均谋杀率的单位变化对 i 的谋杀率所产生的影响。[9]这一模型提出了一种扩散过程，根据该过程，一个邻里中的高谋杀率会向外扩散，并会影响周围邻里的谋杀率。[10]然而，"空间滞后"（spatial lag）模型也将"接触"（exposure）概念纳入由空间上相邻邻里的测量协变量和误差项反应的因果风险因素。

虽然刚开始这一切看起来很复杂，但是，空间误差和空间效应模型蕴含的基本概念却非常简单、直观：焦点邻里的居民同时与周围邻里测量出及未经发掘的特征相接触。[11]我希望聚焦于这一重点，来描述由数据得出的基本空间模式。三组结果值得一提。第一，在先前的工作中，我们已经证明了人口变化的人口结构与周围邻里的犯罪率变化密切相关。[12]当附近的犯罪率高或在增加中时，任何指定焦点邻里的居民都倾向外移。第二，如上所述，邻里社会结构的某些形式囿于空间限制。虽然存在测量误差，但控制了种族、贫困和其他因素之后，第一份社区调查中的社会控制和代际闭合（成人与儿童关系）情况似乎深受邻近区域的这两项水平的影响。[13]第三，通过控制一个邻里的内部特征，这一邻里中的暴力与周围邻里的暴力率有显著的正相关。[14]这些发现展示出一个扩散或接触过程，通过该过程，暴力受空间上相邻邻里的特征的影响，而后者本身又受空间连接过程中的毗连邻里的影响，该过程最终会涉及整个城市。例如，若邻里 A 的风险取决于邻里 B 的特征，而邻里 B 的特征继而取决于邻里 C 的特征；那么，事实上，A 在空间上与 C 连接，即使它们并不相邻，甚或相隔千里。该过程以阶梯方式持续，一次并入更高阶层邻居的邻里特征，从而（间接地）遍及芝加哥的全部邻里。

当充分纳入空间乘数过程时，这些空间结合的累计幅度可以很大。例如，通过控制各式各样的其他邻里特征，焦点邻里谋杀率的增高与其集中劣势的单位标准差增加相关：根据芝加哥警察数据，谋杀率增加达 40%；而根据来自人口动态统计的独立谋杀受害率，这一数字则为 24%。然而，在所有其他条件均相同的情况下，焦点邻里的谋杀率增加这一现象，与焦点邻里的一级邻居的集中劣势平均水平的单位标准差增加相关：根据芝加哥警察数据，谋杀率会额外增加 9%；根据人口动态统计，这一数字则为 4%。劣势效应随着每一层连续的毗连呈指数递减。为了衡量这种累积效应，我们认为，谋杀率的增加与焦点邻里和第一、第二、第三级邻居的集中劣势单位标准差的同步增加相关；根据警察的数据，谋杀率有 52% 的增幅；根据人口动态统计，该增加率则为 28%。这些都是明显的关联，因为以固有邻里因素形式存在的潜在混杂因子（如密度、以前的犯罪、居所稳定）已被明确地调整过。针对集体效能出现了一种类似的空间模式。层层累积下，焦点邻里与第一、第二和第三级邻里集体效能的单位标准差增加会降低 15% 的焦点邻里的谋杀率（警察数据）；根据受害率，这一数据则是 14%。

总之，我已经通过使用正式检验深入挖掘了芝加哥的空间逻辑，并发现无论我是否使用所谓的空间误差或空间效应（滞后）模型，本书的主要结果从根本上都是相类似的。综观不同层次的收集、测量、成果和论述，结果都殊途同归于揭示邻里的空间相互依存，以及前面章节探讨过的内部因素的持续性影响。这意味着邻里效应既具地方性且在整个城市环环相扣。

种族维度下的产生的空间不平等与生态相异

15 年前，我与威尔逊提出种族和城市不平等理论来解释非裔美国人高比例的暴力犯罪受害者和罪犯角色。[15] 按照本书的说法，这一现象的理论解释是，社区级的种族不平等模式使真正劣势者呈现生态集中，从而导致结构性障碍与文化适应问题而降低集体效能，并最终破坏犯罪控制。根据这种观点，种族不是暴力或其他社会行为的明确或可信原因；对于该问题，确切地说，它是一个社会劣势和资源群的标志，该劣势和资源因为美国社会中的种族地位而形成差别分配。我们根据这样的逻辑，主张社区级暴力原因没有黑白肤色之差；但是由于社区的种族隔离差别地将少数群体成员暴露于暴力诱导和暴力保护的社会机制，而这个过程解释了暴力行为的黑白差异。[16] 这已在文献中为人熟知，即"种族不变"理论（racial invariance thesis）。我重新审视该理论，因为在根本上它的依据是空间不平等的种族形成机制。

种族不变理论的第一部分指向黑人邻居、白人邻里间的巨大变异，这与犯罪率的变异吻合。我们的假设是，如果犯罪中的结构性变异来源并不单独是种族，那么与白人类比，黑人犯罪率应该随社会生态条件的变化而变化。数据证实，白人和黑人社区间的犯罪率有很大的变异性，且有稳健的关键预测因子的相似性。[17] 此外，尽管经验基础有限，但种族相关的邻里因素解释了个体间暴力的黑人、白人种族差距的悬殊比例。通过使用芝加哥邻里人类发展项目，我们发现，与移民集中度较高的邻里相似，职业人士或从事管理工作的人口高于平均水平的邻里不受暴力侵袭移民。约 1/3 的黑人、白人暴力差距可用这些邻里因素解释。此外，我们没有找到系统性的证据显示邻里或个人层面的暴力预测因子与种族有交互作用，而且在暴力变化轨迹中也没发现显著的种族差异。

"不变"理论逻辑的第二部分聚焦于种族造成的生态相异。我们于 1995 年提出一个问题："是否有可能在白人社区复制有许多黑人生活的社区结构环境？"第 5 章给出一个近乎否定的答案，我们在 1995 年的较早期研究、丹尼尔·莫伊尼汉（Daniel P. Moynihan）于 1965 年的研究，以及克莱尔·德雷克（Clair Drake）和贺拉斯·卡伊顿（Horace R. Cayton）于 1945 年依据芝加哥学派所做的研究都得出相同的答案。[18]这最终意味着，在研究暴力的关键社会预测因子时把少数族裔为主的邻里作为白人社区来进行研究，根本就是风马牛不相及。换言之，在选择可比较的邻里来检验种族不变理论时，必然排除了无相应黑人邻里的绝大多数非贫困白人邻里，这实际上会导致"异常"（outliers）或虚幻的邻里比较。因此，在比较了黑人与白人情况类似的生态分布节点后，出现了各种各样的矛盾：少有证据证明上述两者间导致暴力的邻里因素截然不同。但是，这些比较掩盖了一项较广泛的事实，即种族如何在大都市系统中组织邻里不平等的空间动态。

为了更好地理解空间外在化如何被置于种族和族裔隔离制度的对立面，我研究了以下种族/族裔组成的邻里：①至少75%的白人；②至少75%的黑人；③至少75%的拉丁美洲人；④混合族群/其他。正如玛丽·帕蒂略－麦考伊（Mary Pattillo – McCoy）在他的芝加哥南区社区民族志——《黑色警戒围栏》（Black Picket Fences）一书中所说，相较于白人中产阶级，黑人中产阶级在经济上处于不利地位，原因就是他们与贫民区的空间接近性。[19]芝加哥邻里人类发展项目数据显示，这种情况遍及整个城市；甚至是当考虑附近邻居的经济地位时，白人工薪阶层区域的情况比收入最高的黑人邻里更好。然而，另一项重要的发现是，空间脆弱性的概念甚至延伸到了黑人中产阶级的关键社会过程中。使用两种社区调查（截至2002年）测得的高集体效能的邻里中，几乎所有以白人为主的社区（95%）在生态分布上都接近其他高效能邻里，黑人和拉丁裔邻里则不及50%。由于隔离与移民的增加（将于下一章进一步探讨），即使少数族裔邻里有高水平的集体效能，在空间上仍相当脆弱。相反，从可能被称为"搭便车"（free – rider）的空间优势角度来看，在低集体效能邻里中，超过一半（60%）的白人邻里仍旧接近于高集体效能，拉丁裔邻里仅1/4，黑人邻里则不及20%。[20]

上述结果发人深省：当非裔美国人邻里（以及在较小程度上，拉丁裔社区）产生集体效能，或者当它们达到中产阶级的地位时，其居民仍面临一个较广泛空间环境的附加挑战，该空间环境除了具有经济劣势外还有社会劣势。白人邻里的情况几乎相反，即使当他们因内部特征而处于高风险时，他们的居民仍会受益于附近地区的高水平的社会控制、凝聚力以及经济特权。那么，毫无疑问地，数据显示：即使白人邻里对其集体利益的内部贡献不彰，它们仍持续于邻居处获益。

因此，生态相异甚至可能比大多数先前研究所预测的更加重要。该证据意味着在产生种族不平等这方面，黑人和白人邻里的不同空间环境所扮演的角色不亚于其包括集中劣势在内的内部结构特征。那么这些空间差异从何而来？我将在第 11 章和第 12 章通过审视随着时间推移，黑人、白人、和拉丁裔在芝加哥城内外的居所流动如何产生种族不平等的空间流动来研究这个问题。如第 6 章所证明，在促成美国城市中种族造成的持续空间劣势和生态相异的过程中，与觉察到的失序相连接的社会心理机制可能是进一步解释为什么人们选择离开或留在一个特定种族或移民配置邻里的关键。

移民：一个被空间塑造的社会过程

美国正变得愈来愈种族多元化，不仅事关城市，郊区和农村地区亦然。[21]拉丁裔美国人是当前最大的少数族群群体，占近 15% 的人口，而移民数量已经接近历史高峰。目前人口的约 12% 是在国外出生的，其中超过半数来自讲西班牙语的拉丁美洲。虽然桑普森 – 威尔逊（Sampson – Wilson）的"种族不变"理论及其空间诠释主要关于黑人和白人，但是这一理论可以被应用到研究族群性（ethnicity）和犯罪吗？在这之中，空间又扮演何种角色？整合答案之后，我在此主张拉丁裔移民与空间扩散过程息息相关，并且它们在像芝加哥这样的城市中产生了令人惊讶的结果。

第一个相关数据是，尽管拉丁裔暴力的其他预测因子有些独特，但在集中劣势的预测能力方面，拉丁裔美国人中的谋杀行为与黑人和白人间的一般模式相同。特别的，黑人、海地人和拉丁裔的经济贫困和谋杀之间的基本联系均十分类似。[22]由此看来，当涉及劣势因素时，种族不变理论可以扩展到社区层面暴力原因的种族不变。

然而，第二个相关数据是，族群性和移民带来超越种族的新问题，并直接影响了城市的空间逻辑。细想所谓的拉丁裔悖论，在劣势水平相对高的情况下，拉丁裔在包括暴力在内的各项社会指标上表现得比黑人甚至白人都好得多。在暴力方面，相较于非裔美国人，移民的集中看起来也表现出不同的结果。杰里弗·莫仁奈夫、斯蒂芬·劳登布什和我通过芝加哥邻里人类发展项目数据发现，墨西哥裔美国人的暴力率明显比黑人和白人低。[23]造成该结果的一个主要的原因是，超过 1/4 的人墨西哥后裔在国外出生，并且一半以上居住在墨西哥人占多数的社区。具体而言，在调整了个人、家庭和邻里背景之后，第一代移民（出生于美国本土以外）实施暴力的可能性比第三代美国人低 45%，第二代移民实施暴力的可能比第三代低 22%。这种模式也适用于非西班牙裔的白人和黑人。最为相关的一点是，我们发现居住在有集中移民的邻里直接与较低暴力相关（已经考虑了包括贫困和个人的移民身份在内的一系列的相关因素）。因此，移民表现出抵抗暴力的"保护性"（protective）。[24]

　　与美国近几十年发生的最重大社会变革之一的背景做对照，即可看出这些发现具有深远的空间意义。到美国的外国移民——尤其是墨西哥人——在 20 世纪 90 年代飙升；同时大城市中形成了移民聚集地。总体而言，在国外出生的人口在短短十年内增长逾 50%，到 2000 年时已超过 3000万。皮尤拉丁裔中心（Pew Hispanic Center）的一份报告发现，20 世纪 90年代中期，移民的增长最为显著，且增幅在 90 年代末期创下高峰；同时全国谋杀率跌至 20 世纪 60 年代以来未见的低点。自"9·11 事件"以来，移民潮已经趋缓，但仍然居高不下；同时全国谋杀率趋于稳定，最近则一直攀升。[25]该模式颠覆了普遍的刻板印象。公众、政策制定者和许多学者心中存在一个共同的预期，即移民的集中和外国人的涌入助长了失序和犯罪。这出于一个假设倾向，即这些群体会作奸犯科，并定居于贫困且想必杂乱无章的社区。这种信念是如此之普遍（如第 6 章所证明），以至于不论当前的骚乱程度或已举报的犯罪率如何，拉美裔的邻里集中都意味着失序。然而，移民的增加确实与较少的犯罪相关，他们似乎不比出生在美国者更加暴力，尤其是当他们生活在有大量其他移民的邻里。

　　其结果是，我们正在目睹一个与 20 世纪初期的美国既相似又相异的情景。同样地，移民的增长和更普遍的族群多样性通常与犯罪增长相联系，并形成了第 2 章"社会解组"理论的基本论据。当时全国最大的城市是该理论的实际典型，因为它们迎接了欧洲移民的涌入。然而，即便如此，一些犯罪学家质疑这种移民联系，并指出，与其将其视为社会变革，不如说它是第一代移民（相比较高）的犯罪倾向。[26]今天，移民潮的起源完全不可同日而语，但是最吸引移民的纽约，数十年来均被评为美国最安全的城市之一。洛杉矶的犯罪在 20 世纪 90 年代末和 21 世纪初大幅下降。其他有大量拉美裔人口的城市，如圣何塞、达拉斯和凤凰城等也与洛杉矶如出一辙。边境城市也是如此，如埃尔帕索和圣地亚哥等，它们在很长一段时间内被列为低犯罪率地区。有集中移民的城市是最安全的地方，而且在 20 世纪 90 年代，许多衰败的内城区都出现了人口增加的情况，并变得更充满活力，这很大程度上得益于移民扩散的过程。芝加哥在 20 世纪 90 年代末经历了犯罪率下降与移民激增，而它并非个案。整个芝加哥地区经济活动最繁华的地区之一就是"小村庄邻里"的第 26 街走廊区，仅次于密歇根大道上著名的"繁华一英里"。

这些类型的经济和人口变化是社会发展的中坚力量，而移民并非唯一的受益者。在美国，本土出生的黑人、白人和其他传统群体受益于低犯罪率，包括，隔离与集中贫困的减少和大中型城市的经济和市民健康改善等。例如，纽约市史上头一回，皇后区黑人的收入超过了白人；黑人中产阶级的崛起，很大程度上是由于西印度群岛（West Indies）来的黑人移民的成就。除了芝加哥皇后区和下西区之外，许多内城区邻里通过移民重新复苏。从布鲁克林的布什维克（Bushwick）、迈阿密、洛杉矶中南部的大片地区、南方农村，再到芝加哥南区和北区的小角落，移民正在重塑美国。由此可见，与移民相关的空间"外在性"具有多重特质，它构成一个合理的机制来解释在本地主流社会（host society）中，所有群体犯罪率的某些生态变异。

这一论点具有重要意义。简单地调整像经济振兴、城市变化以及其他看似混杂的解释，不能作为因果解释的途径；因为，它们反而是移民效应起作用的中介物或管道，本身即解释途径的一部分。倘若移民与重大社会变迁和空间扩散过程有密切的因果关系，而这两项因素反过来又是犯罪减少的解释过程的一部分，那么，仅评估移民的"直接"效应会给我们错误的答案。实际上，很多研究不去精心定义解释的调和途径，反而采取这条捷径。此外，运用外在化的空间逻辑得出的假设是，移民的健康效应在城市的某些地区或空间体制被放大，如从前遭隔离的"贫民区"现在正通过移民重新焕发经济活力。最近没有过许多种族多样性的工人阶级白人区域，也可能因移民的增加而受益。由此而言，空间接近性并非唯一的重要因素，空间位置在加强或削弱移民扩散效应方面也颇具影响。

科里纳·格拉伊（Corina Graif）最近的一篇论文支持这种思路。我们发现的总体模式是，在调整了大量的内部特征后，20 世纪 90 年代移民和语言多样性的增加预测了邻里谋杀率在 90 年代末到 2006 年的减少。这是一个基于邻域内对比而产生的稳健发现，这种对比足以说明深植于社区不可测因素中的替代解释。[27]尤其是，通过审视与移民变化有关的犯罪变化，我们可以调整邻里的固定（或稳定）效应。在此，我将重心放在语言多样性，因为它更直接地体现了"扩散"的概念与不同群体间的文化接触。类似于医学文献中"治疗异质性"（treatment heterogeneity）概念，我们的分析显示出，影响谋杀行为的移民多样性效应的级别会显著变化且有本质性影响；在某些情况下，移民多样性会根据空间位置表现出抵消效应。

图 10 - 3 显示了模式的惊人变化，整个城市表现出的独特空间异质性超出了我们基于随机变异所做的预期。调整了邻里内部的劣势、居所稳定、

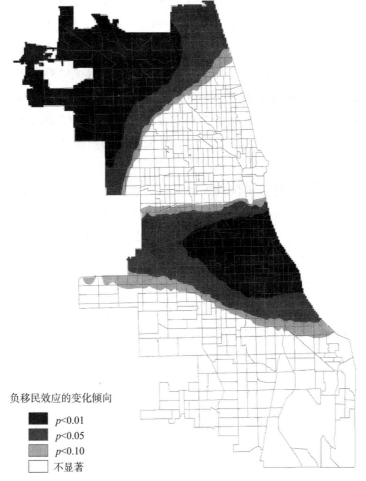

负移民效应的变化倾向

■ p<0.01
■ p<0.05
■ p<0.10
□ 不显著

图 10 - 3　1990 ~ 2000 年，语言多样性变化效应的空间变化
对 1995 ~ 2006 年谋杀率变化的影响
（控制集中劣势、居所稳定、人口密度和空间误差）

人口密度、时间不变（基于"字符"的）因素以及空间外溢后，地图上的白色阴影反映数据上没有显著模式的区域，而较深色的区域反映与语言多样性变化日益密切相关、谋杀率降低的邻里。在芝加哥中间和近南区处，移民相关的增长与犯罪的减少相关，且该地区与墨西哥移民的中心相邻；同样的情形也发生在芝加哥的偏远西北区域，那里历来为白人大本营。[28]

芝加哥范围内地方系数衰减最多或最微不足道的地区，往往是有波多黎各新移民（洪堡公园社区、西城区部分）或黑人隔离（东、西加菲公园社区）的地区，或是受年轻都市职业人士青睐的地方（近北区社区、卢普区、林肯公园）。但是，部分白色阴影区域相当多样（住宅区、湖景社区）或具有悠久的欧洲移民历史。一种猜测认为，对芝加哥北区的许多地区而言，移民的变化大致上影响甚微，因为这里已经有制度化的文化和有组织的基础设施，以支持各种类型的人口多样性。相反地，在南区附近的传统的黑人地带（例如，奥克兰社区、格兰大道社区、华盛顿公园社区）和远西北区的传统白人区域，移民的增加对改善经济和产生新商机的作用可能相对更明显且更重要。

令人感到不解的是远南区的大量区域，那里在历史上并没有多样性存在，并且其中的很多地方至今仍存在种族隔离。这种情况的出现可能只是因为移民扩散尚未及于这里；远南区在地理上是相当孤立的区域，并远离经济增长的发动机——城市心脏地带的繁华拉丁裔中心（例如，佩尔森社区和小村庄邻里）。如果这个逻辑正确，那么墨西哥移民中心的影响力可能很快在朗代尔社区（Lawndale）这样的地区产生溢出的"移民效应"（immigration effects），它继续向北推进并进一步向南进入恩格尔伍德社区（Englewood）和更远的地方。拉丁裔人口业已进入西边郊区，定义了像西塞罗（Cicero）这种地方的特征。图 10 - 3 与这种预测一致。无论机制为何，数据表明，在芝加哥某些社区，移民效应弱化，然而在其他社区则加剧。这意味着空间位置决定了移民和谋杀行为之间的总体关系。这是空间环境的影响超越地方边界的另一种方式，这种方式甚至可以帮助我们理解社会变化在国家层面的模式。

空间文化渗透——社会重建？

　　因为移民导致了各种多样性以及此前外部文化的传播，这在逻辑上代表了空间扩散过程的文化内涵。简单地说，如果移民文化较不鼓励暴力和犯罪，那么，移民渗透到从前的"本土"（native）区域可能有助于降低犯罪。毕竟，这已经不是什么秘密，长期以来，美国一直是一个高暴力社会。很多学者认为街道的亚文化（subculture）或规矩是其主要原因。学界一种影响甚广的看法是，要求尊重和"保全面子"的共同期许，导致贫困内城区的"街头文化"参加者以暴力的方式面对察觉到的轻视、侮辱以及其他日常生活中司空见惯的小冲突。[29]但是，根据这一理论的逻辑，如果大家不认同这种文化归属或（侮辱、冲突）事件的意义，那么产生暴力的可能性就比较小。这种文化局外人不大可能陷入助长暴力的交互作用（和反应）的恶性循环中。

　　在包括农村地区和南部地区在内的美国各地，移民的渗透都代表了伴随着空间分歧的文化扩散过程。一种可能的结果是，美国文化正在被"稀释"（diluted），一些对移民最不遗余力的批评者都接受了这一观点。有些人声称，由于多样性及移民（特别是墨西哥人）的增加，美国主体性的本质正濒临危险，已故的萨缪尔·亨廷顿（Samuel Huntington）就是著名的持此论点的人物。[30]他的观点也许没错；但是，如果美国文化的特征之一是赞同并延续暴力密码的"边疆心态"（frontier mentality），那诊断可能不至于那么糟糕。在这一点上，我认同亨廷顿的观点。如果说是移民将暴力带至美国，那么，暴力极可能以另一种形式的空间扩散出现，如爱尔兰和苏格兰（白人）移民在18世纪和19世纪之初落脚于南方农村时那般。罗伯特·奈斯比特（Robert Nisbett）和多夫·科恩（Dov Cohen）提出的耐人寻味的证据表明，在缺乏强制性国家公权力的区域里，从欧洲农村来的边境正义传统依旧根深蒂固，而且极度强调通过报复和使用暴力来解决争端，决斗文化是其最清晰的演绎。[31]

　　那么，在当今社会，我假设移民和随之而来的日益增加的文化多样性会产生各种"文化冲突"；这些冲突非但不会导致犯罪增多，反而会使结果近乎相反。换句话说，在当前的时代，移民可能会使对非暴力风俗共同追求更显而易见，其影响所及不只是移民社区，还将通过社会交互作用扩散，从而整体地抑制暴力冲突。[32]最近的研究显示移民已扩散至美国各地，包括中西部和南部的农村地区。这为上述假设提供了证据。对于芝加哥的移民扩散和其在城市较黑或较白区域影响的扩大，图 10 - 3 诠释了上述假设的简化版本。

图 10 - 4　移民拒绝犯罪的刻板印象，芝加哥，2006 年摄影者：Seth Anderson。通过"署名 - 相同方式共享 2.0 一般性创作公用许可协议"转载

因此，新的叙事既复杂又发人深思。虽然集中劣势和邻里社会过程以类似的方式预测了跨种族和族裔群体的暴力率，但是，对拉丁裔美国人和移民的模式的认知与普遍看法仍大相径庭。未来研究的一个主要任务就是解决所谓的拉丁裔悖论，并解释移民如何使之成为较低暴力的预测因子。这个任务变得愈加困难，其原因有二。一是对移民集中的知觉偏差（第 6 章已论证）。二是迥然不同却如教科书般的空间模式，这一模式主宰了 20 世纪早期美国的发展，当时蔓延的移民也被认为与日益严重的犯罪有关，并因此成为犯罪社会解组理论的创始基础。但事实表明，移民和多样性并不总是导致犯罪，移民的空间扩散反而与犯罪下降相关。移民和拉丁裔不仅相较之下不倾向暴力，而且当他们住在移民聚集的地区时，这种品质还会增强。正如图 10 - 4 芝加哥示威者直接的自白，移民敏锐地意识到文化成见的力量，以及这些成见对巩固现有的权势阶层的作用。

结　论

并非万事都有空间联系，但绝大多数的确如此。Waldo Tobler 是正确的。本章与前面章节的研究结果一致，但进一步将空间逻辑推往新的方向；本章展示了 5 种一般模式，并有助于我们理解芝加哥市甚或其他地方的变化。

首先，空间集群并非仅是一种视觉现象或错觉。对于一些重要的社区层面因素，特别是经济劣势、居所稳定、移民、集体效能、利他主义和犯罪而言，正式的检验表明，它们之间的空间相互依存影响深远、强而有力且经久不衰。

其次，这些模式不是简单地源自"某种邻里"（kinds of neighbourhood）的解释，这种解释可能会认为，如果我们说明邻里的成分和内部特征，那么，空间的相互依存就会消失（就是已知的"邻里异质性"论证）。相反地，调整了本书展现的一套丰富的邻里特征后，空间依存的重要性几乎没有受到影响。这个结果告诉我们，整个生态边界的社会联系和交互作用间存在着一种根本的东西。

再次，虽然我的数据存在限制，但是，本书和相关论文中一些连贯的分析可以支持一个概念，即"邻里的邻居"的社会特征可以单独解释焦点邻里结果的变异。这种模式在犯罪、集体效能和劣势方面表现得非常强烈。

复次，虽然空间接近性无法改变内部特征的效应模式，但是它增加了一层独立解释。一系列控制了空间关联自相关的检验支持了前面几章的主要结果。那么"超越地方性"（extralocal）的空间过程可以被视为加诸本书第三部分确定的持续性社区过程中的一层新效应。

最后一组结果突显出，在解释种族不平等和移民扩散效应时，空间的重要性。种族劣势的"空间外在化"（spatial externalities）观点探讨的是，超邻里和全市性空间动态如何在各种各样的社会过程中创造种族不平等，这些过程可能比那些已经在邻里间活跃着的过程更为重要。正如我之前说过的，这种观点对理解以下两点有直接的影响：一是贫困黑人邻里中暴力、失序和外迁的持续，二是具备中产阶级特质的地区中时刻存在的暴力威胁。本章展开的空间逻辑也与移民辩论有关。在芝加哥的邻里层面，移民的增加与较低犯罪率相关，特别是在那些较贫困和有种族隔离和排斥背景的地区。比较图 10－3 和第 5 章数据后我们知道，增加移民可能有助于减少黑人、白人和拉美裔之间的隔离。

那么，总体而言，空间过程有许多形式；而且在对现代大都市进行高屋建瓴的观察时，空间过程似乎是无所不在的元素。但本章中考虑的空间过程是较为侧重邻里邻居的一种特定类别。同时，超越空间接近性的较高阶链接——如无远弗届并跃过毗连邻里的网络，或移居到遥远郊区的邻里——也与空间过程的作用旗鼓相当。因此，本节的其余部分将探讨城市社会结构的密切联合。接下来的两章对照芝加哥的社会结构，该结构以从下往上（个人选择）和自上而下（结构上）的方式同步建造，两者都是持续邻里效应和较大空间环境的一部分。

第 11 章

颠倒乾坤

——社交世界中的实验与邻里效应

> 那么，城市的贫民窟居民为何要以郊区的病理来交换他们自身的
> 病理？
>
> 肯尼斯·克拉克（Kenneth Clark），《黑暗的贫民窟》
> (*Dark Ghetto*)（1965 年）

国家为了根除集中贫困曾做出诸多努力，其中之一的结果令人费解。"搬向机遇"项目（MTO）是一个旨在将贫穷家庭从集中贫困中解脱，并带领他们实现美国梦的实验。[1]20 世纪 70 年代，高特里克斯住房项目（Gautreaux housing program）帮助贫困家庭从芝加哥的种族隔离贫民窟迁移至白人区以及推测较富裕的郊区。受到这个划时代项目的启发，联邦政府于 20 世纪 90 年代中期在芝加哥、纽约、洛杉矶、波士顿和巴尔的摩发起了一项抽签活动，获奖者收到只能在低贫困邻里兑换的住房券。

尽管众望所归，但"搬向机遇"项目并未出现预期的脱胎换骨效应。除部分特例外，研究人员发现项目实施后，儿童福祉发展微弱或者说毫无改善，在某些情况下，还出现了负面效应，短期来看，在他们的新邻里中，男童的处境似乎雪上加霜。此外，最近的一些批评者断言，保障性住房居民的移居增加了目的地区域的社会问题。例如，汉纳·罗辛（Hanna Rosin）在《亚特兰大》(*Atlantic*) 杂志上大胆断言，贫穷保障性住房居民从内城区孟菲斯（Memphis）移居，为城市郊区的新区域带来分散犯罪和无序等令人措手不及的结果，可能为新一轮的集中劣势揭开序幕。[2]是哪个环节出问题了吗？如果是，为什么呢？这些问题的答案直接影响未来人们在住房、邻里

和经济政策方面的选择。

　　"搬向机遇"项目也暴露了社会科学中关于如何看待邻里效应的巨大分歧，这也正是本书关注的问题。一方面，针对"邻里对贫困个体的生活至关重要"这项一般理论，对于"搬向机遇"项目的研究似乎让人对此产生怀疑。以实验方法的影响力为依托，已有诸多针对开展研究的最佳方式、邻里效应理论的有效性，以及应该采取的政策方向的言论。举个例子来看这个主张：因为"搬向机遇"项目"使用随机化来解决选择问题"，它为"重要邻里效应是否存在的根本问题提供了迄今为止最清晰的答案"。[3]或者细想这个来自国家经济研究局（National Bureau of Economic Research）的标题——"改善后的邻里并未提高学习成绩"[4]。另一方面，批评者指责说，"搬向机遇"项目住房券诱发的邻里种族融合仅仅产生了微小差异，根本就无法提供邻里效应的稳健检验。[5]

　　因此，"搬向机遇"项目激发我进一步探询邻里效应的本质、"选择性偏误"，以及在一个基本水平上的社会不平等结构，从而为后面章节中的分析打好基础。通过考察连接遥远邻里的居所迁移，本章的分析将采取鸟瞰的视角研究大都市如何进行互相连接。讽刺的是，我们将看到，"搬向机遇"项目的个人主义干预为观察邻里不平等的再现提供了一个耐人寻味的媒介。

阐明"搬向机遇"项目及其逻辑

　　20世纪90年代中期，在5个城市中，处于贫困线以下且生活在集中贫困（40%或更高）的家庭，有资格申请住房券。那些申请者被随机分配到3个组中的一组：实验组、第8款（Section 8）组（译按：因为这个补贴项目根据美国《住房法》第8款的规定以及后来的补充规定来运作）和对照组。如果要使用提供给实验组的住房券，则必须用于申请贫困率低于10%的邻里住宅，同时政府会提供房屋迁移的咨询和协助。被分配于第8款组者所收到的住房券并没有强制限定他们的迁移地点。对照组则没有任何处理。有资格申请住房券的基线人口不仅是穷人，而且绝大多数是黑人或拉丁裔，主要是女性为户主、接受福利救济且居住在集中保障性住房的家庭（或是在1995~1997年许多人所谓的"内城区贫民窟"）。

有 5 项测试结果可供研究：成人经济上的自给自足、心理健康、身体健康、教育和冒险行为。在成人经济自给自足或身体健康方面，"搬向机遇"项目研究人员并未发现实验组和对照组间的明显差异。在成人心理健康、年轻女性教育、女性青少年身体和心理健康，以及年轻女孩的冒险行为（例如犯罪、违法）方面，出现了"搬向机遇"项目干预的显著积极效应。在"搬向机遇"项目样本中，身体健康和青春期男性犯罪方面出现副作用。部分结果出现零效应，例如认知成绩。因此，"搬向机遇"项目迄今取得的成果各样，并非全然消极，有时邻里效应关系重大，有时则不。

"搬向机遇"项目所隐含的反事实范例的问题在于：一个居住在贫困邻里的人，如果他或她实际上居住在非贫困邻里的话，是否会走上不同的历程？因此，个人是分析单元，而选择性偏误则是主要关注的问题。随机地将个人分配到邻里的做法，是一种将原本不同的人相提并论的权威科学方法，从而估测了平均因果效应。当然，"搬向机遇"项目没有（也不能）指定人们的居住地，但它确实通过住房券的随机分配而诱发迁居。

另一个独立问题，同时也是本书中几个前沿问题之一，就是如何解释跨越邻里的社会行为率的变异。在这一点上，实验的反事实和"可操纵性"（manipulability）并非仅与个人相关。相反地，处理、控制条件和一个引入的宏观层面干预（Macro - Level Intervention）被随机分配至各个邻里。与"生态计量"（ecometrics）一致，这种反事实着重将邻里分析本身视为重要的分析单位，尤其是关于社会和体制进程。

值得强调的是，旨在解释邻里层面变化与解释邻里如何在个人发展上发挥长期效应的两种理论在逻辑上并不相同。例如，我们可以通过一种社会控制理论，准确地解释所有邻里犯罪事件率的变化，无论是谁的犯罪行为（居民或另有其人），另一种则准确地解释邻里如何影响其居民的个人行为，无论他们身在何处。在后一种情况下，邻里有发展效应；在前者中，邻里则产生情境效应。[6]两者并不相互排斥。通过考虑现代城市中的日常活动模式，强化解释的逻辑分离；而生活于其中的居民，在一天的行程当中，通常在多个邻里边界来来去去。

总之，如果我们想在实验设计中了解邻里干预的效应，最好的方法就是在邻里层面或其他生态单位层面（而非个人层面），随机地分配干预措施。例如将基于网络的艾滋病干预措施、社区警力、调动社区集体效能等干预项，随机分配到不同邻里中。关于这点，理论上所隐含的干预单位指的是社区本身。尽管这一点鲜为人知，但仍有一些干预措施至今尚存，如芝加哥地区项目（Chicago Area Project）。[7]如果性病或公开的暴力行为发生率在随机干预后显著减少，或者如果不同的结果受到特别影响（例如，公民信任、社会交互作用），那么我们可以论及一个新兴的邻里层面效应。从公共政策的角度来看，邻里或人口层面的干预措施可能会比针对个人的干预措施更具成本效益，我会在最后一章回顾这一重点。[8]

问题何在？又是对谁而来？

在不区分干预层面的情况下，另一个事实是，"搬向机遇"项目自我设限于一个狭隘的人口份额。有资格参加"搬向机遇"项目者包括有儿童的贫困家庭，他们居住于保障性住房和贫困率超过40%的邻里中。在像芝加哥这样的城市中，这实际上意味着所有的黑人（98%）、户主为女性（96%）、非婚（93%）和特困家庭（平均总收入低于8000美元）。[9]为了理解这种限制所体现的份额之小，我将"搬向机遇"项目"调整"应用于本书的芝加哥邻里人类发展项目研究之后，从具有代表性的样本中计算出衰减。因为在基线没有居住于保障性住房的充分测量，所以我选择了由接受福利、以非婚的黑人女性为户主，同时生活在邻里贫困率逾40%的那些家庭。此选择以公布的"搬向机遇"项目数据为基础，它表现了"搬向机遇"项目的芝加哥抽样地点；此外，它可能是一个宽松的定义，因为其包含了一些非保障性住房的家庭。在大约4600个家庭中，有139家符合"搬向机遇"项目条件。当经过加权以说明分层抽样设计时，5%的芝加哥邻里人类发展项目人口是"搬向机遇"项目对应者。这些"搬向机遇"项目"对应者"仅证实了"搬向机遇"项目研究有多深入贫困与种族分布的极末端。因此，我们可以合理地得出以下结论：5%的人口不能作为测量总体邻里效应的样本。

当贫困的"搬向机遇"项目家庭从一个邻里迁移到另一个，整个变量群也同时发生不断变化，因而，由于相关的环境结构和文化特点中的同步变化，我们很难厘清邻里贫困的变化。此外，因为迁移是一项重大且可能造成分裂的人生大事，它与许多儿童负面影响有关；所以，邻里变化与迁移的因果效应混淆不清。因此，至少在实验上，"搬向机遇"项目不能将迁移本身的影响从邻里情境的变化中独立出来。出于同样的原因，"搬向机遇"项目的设计无法估计移入贫困的影响，或是围绕那些从未迁移的家庭所发生的邻里变化效应。

现在，我们可以更好地判断"搬向机遇"项目所提出的因果问题。这项研究的目的在于回答一个政策问题：提供仅能在较低贫困邻里兑现的住房券，是否影响极端贫困人口的后来结果？除此之外，对那些在贫困中长大，且可能已经历其发展效应的人是否有影响呢？决策者在考虑是否提供住房券，以便在非常贫穷者间诱发流动时，以上问题不但重要且具实质影响力。但是针对一组选定人口的住房政策不应掩盖从邻里效应理论衍生出的诸多其他问题，这些问题都是关键所在。由于"搬向机遇"项目在实验上凸显了邻里是否至关重要的"根本"（threshold）问题，有人主张"搬向机遇"项目具有科学上的优越性，但这样的主张只有配合以下条件才是正确的：①我们认为针对住房券诱发的流动问题，"搬向机遇"项目的回答广泛且准确地反映邻里情境效应；②我们坚持个人层面的推理，并搁置邻里层面的实验（无论是概念或实际）；③我们排除产生邻里效应的机制理论和处理的选择，即"为什么"的问题。

虽然证据和理论逻辑致使我拒绝认同这些立场，但是我依然同意："搬向机遇"项目是一项重大进步，因为它有能力解决遗漏变量（或选择）偏差这个已被察觉的问题。观察研究中的选择性偏差给问题的分析造成麻烦，"搬向机遇"项目通过平衡或调整所有随机化"未观察到"的特征，确实凸显了这一点（在个人层面的推理）。"搬向机遇"项目的随机设计因此将它从研究中分开，研究假定事后解释（ex post explanations）源自观测数据的分析，而观察数据则使用控制变量调整潜在的混淆。在评估此类型的观察研究中，社会科学家在提倡像"搬向机遇"项目这种实验时，主要担心遗漏变量偏差（omitted variable bias）。他们关心的是，我们没能够或无法测量一些就在那里的不确定或不可观测的数量。

然而，我们起码应该担心我称为内置变量偏差（included variable bias）的问题；这个问题尽管较不明显，却对观察研究造成毁灭性破坏。许多甚至大多数进入观察性研究的协变量代表了潜在的因果途径，邻里可以通过该途径影响利害关系的结果。例如，个人和家庭特征可能会同时影响贫困邻里的选择和个人结果，观察性研究在企图说明这两个特征时，通常会控制变量，如收入、家庭结构、抑郁、健康问题、犯罪、身体残疾、教育和朋辈影响等。但是，如果我们想将由此产生的估计解读为邻里效应检验，我们必须做出假设，即所有这些控制都是预处理协变量且不受个人目前或以前邻里的影响。然而，虑及前几章所改进或公布的研究，以及根据健康、家庭规范和组成、成年劳动力市场结果等来断定邻里效应的一套完整理论，这样的假设毫无根据。"搬向机遇"项目印证了我的观点，因为它证明了改善后的邻里抑郁率降低，而这又是往后生活结果的主要预测因子。[10]在观察性研究中，控制抑郁通常被认为是为了说明邻里效应中的选择性偏差，但反而会扭曲邻里可以影响发展结果的潜在途径，如此产生的讽刺结果是，偏差非但没被降低反而被诱发。[11]虽然有前景看好的方法可以整合动态的生命历程框架与邻里效应，但引入时便调整会使事情的发展更加糟糕。

　　在着手这个研究方向并将社会进程作为可选的修订方案之前，有必要对有关"搬向机遇"项目处理的主张进行评估。毕竟，一个实验的成功取决于其如何处理。了解"搬向机遇"项目的处理本质对理解其意义和邻里效应的实验关联非常重要。

迁向不平等

　　接受住房券的家庭的邻里环境变化一直受到质疑，因为实验组在广泛隔离的黑人区域移进移出，这些迁移受限于劣势，这种劣势是威廉·朱利叶斯·威尔逊和道格拉斯·梅西的研究中所强调的劣势。最初的实验 – 对照组贫困差异随着时间推移而减少，因为越来越多的家庭搬回到与基线邻里相似的邻里中。此外，在"搬向机遇"项目试验中，在种族组成、平均测试成绩表现和教师/学生比例方面，实验组上的学校与对照组之间的差异甚少。因此，尽管经济状况得到改善，但隔离邻里情境间的迁移对成人的经济自足影响并不大；苏珊·克兰派特 – 伦德奎斯特（Susan Clampet – Lundquist）和道格拉斯·梅西这两位评论家对此结果并不感到惊讶。对此，詹森·路德维格（Jens Ludwig）等人声称，邻里贫困中产生了巨大差异，此乃"搬向机遇"项目的预期目标。[12]当被要求针对此辩论做出回应，我认为关键不是种族构成的本身，而是它与美国城市中的资源剥夺与劣势的剪不断理还乱的关系。[13]如克兰派特－伦德奎斯特和梅西注意到的，美国以其独特的种族关系史，伴随着使黑人处于劣势的种族经济分裂，导致持续性壁垒分明，从而形成了社会分配过程。

为了阐明与贫困相关的种族劣势联结和"搬向机遇"项目辩论，我考察了两个不同的问题和各种数据。我首先分析了包括静态和动态迁移在内，"搬向机遇"项目参与者在多重社会面和邻里层面的居住迁移结构。其次，我通过分析"搬向机遇"项目样本以外的模式，更广泛地考量社会生态混淆对选择性偏差的影响。为了获得与芝加哥邻里人类发展项目的策略比较，我分析了芝加哥"搬向机遇"项目抽样地点的数据。此外，芝加哥是威尔逊《真正的弱势群体》(*The Truly Disadvantaged*)的主现场，该著作激发了"搬向机遇"项目的原始设计。我的主要目标是考察作为"搬向机遇"项目处理结果的邻里成就，而不是如犯罪以及经济上的自给自足这种个人特征。这种分析策略与我在本节中的目标一致，即估计较高阶结构联结；以此情况而言，这些联结由个人决策和居所迁移构成。

如果"搬向机遇"项目干预在住宅区位产生根本或持久的差异，这种差异将反映在人们居住数年之久的地方，而非受到住房券限制的迁移、实验后的短期居住地。为了验证这一点，在 2002 年——实验开始后六七年——的后续追踪时，我考察了住宅邻里。居住在目的地的平均年数：实验组为 3.38 年，对照组为 3.29 年，均为充裕而非短暂的时间长度（两组间的差异并不显著）。我从集中劣势的测量开始，借助第 5 章对芝加哥和美国的分析，以及第 2 章改进后的长期研究方法，该方法演示了跨越时间和多层次生态分析的种族与社会经济隔离的集群。[14]

"搬向机遇"项目始于高贫困邻里，在芝加哥，这些邻里被集中在南区的一小部分人口普查区。这些区域位于格兰大道（Grand Boulevard）、道格拉斯（Douglas）和奥克兰（Oakland）等社区，或多或少是德雷克和卡伊顿所谓的铜色村庄邻里（Bronzeville）。接受住房券的家庭将迁往何处？首先，实验对留在芝加哥大都市的人没有进行差别处理，每一组的 92% 留在该地区。其次，我已经表明，即使我们考虑整个大都会区，人们迁移地点的模式也没有太大区别，对照组和实验组都以同样的方式进行。[15]两组都倾向从内城区向南移动到稍好一点，但集中劣势还是相对高的地区。

为了增强描述性并提供更保守的检验，我为那些实验"迁居者"（compliers），即那些使用"搬向机遇"项目住房券迁移到一个较低贫困邻里的家庭，构建了全新的蓝图。这是一个理所应当提供远离贫困的最大转变的自我选择组。图 11-1 显示"搬向机遇"项目后续追踪结束时的迁居者位置，描绘了整个芝加哥都市区，以阴影表示集中劣势总和指数，以大都市的分布为基础划分为三等分。然而，尽管迁居者的人数不及领取住房券人数的一半，但迁移者仍从内城区外扩至同样处于劣势的最终目的地。整个芝加哥大片区域完全原封不动，大多数都会区也一样。如同控制组和未迁居者，"搬向机遇"项目迁居者倾向迁移至位于劣势的上限范围内的其他芝加哥南区社区附近。迁移至其他地区者相对较少，但是当他们如此做时，我们在图 11-1 中看到，这些目的地在西北区和大都会区南部的近郊区形成一个有组织的社区集群，并且又一次显示出劣势上的相似性质。由此所观察到的迁居结构令人震惊，因为它的地域分布扩及根深蒂固的劣势独立小区。所有组别呈现出二元迁移的情形，向南发展并呈现倒 T 形，形成一个劣势的空间体制。

因此，有明确的证据来证明我们对"搬向机遇"项目做法的忧虑。从长远来看，它所导致的居住结果在贫困上有差异，但对定义集中劣势的种族融合或因子群却未必有差别。我将进一步论证，即使在贫穷方面，"搬向机遇"项目的差别是程度上的差别，而非种类差别。对于目的地区域，实验结果是低于贫困线的人数由 42%，降至 37%。这 5 个百分点的减少（或调整顺从后的15%）在统计上是意义深远的，并与以前的"搬向机遇"项目研究结果一致。所以玻璃杯是半空还是半满的呢？细想之下，实验组仍然生活在大多数定义为高贫困率的邻里，而且是一般美国人将永远不会经历的水平。从全部 5 个抽样地点聚集而来的数据，在两组中均显示出相当大的（平均 >30%）贫困率，较低的组也有迁居者不容小觑的 20% 贫困率。隔离状况没有丝毫改变，实验组和对照组在芝加哥都居住在黑人几乎占 90% 的目的地区域。[16] 在其他的抽样地点，所有组别中，少数族群的平均占比都超过 80%。[17] 在比较对照组和所有实验组之后，我的结论与图 11-1 和先前的结果一致，虽然邻里贫困一如预期地有所不同，但是，当在较大的不平等结构情境间进行比较时，"搬向机遇"项目对于集中劣势的实验差异整体而言微不足道。

本书的一项重大主张是，社会和文化机制的影响力不亚于标准邻里的

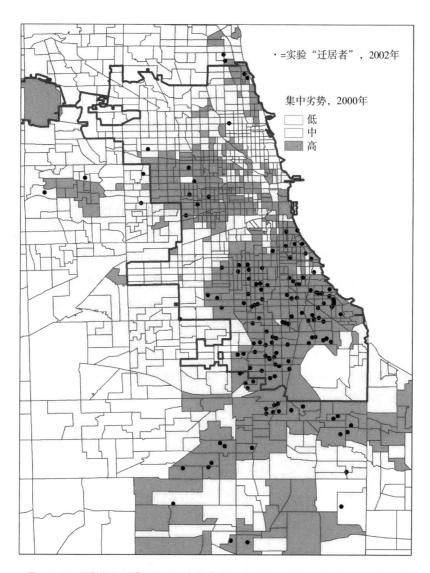

图 11 - 1　"搬向机遇"项目组住房券使用者的居所迁移：按集中劣势原则
2002 年芝加哥大都会区的目的地

贫穷和种族成分。邻里的社会结构至今并未成为"搬向机遇"项目辩论的核心。我利用来自 2001 年和 2002 年芝加哥邻里人类发展项目的芝加哥社区调查（与"搬向机遇"项目后续追踪的时间密切吻合），创建了邻里层面（对比个人层面）的测量，包括集体效能、代际闭合、合法的犬儒主义、邻里间的回报与交流、朋友/亲属关系、对越轨行为的容忍度、组织参与、受害经历、察觉到的暴力，以及无序。针对有警察资料可查的芝加哥区域，我还审视了 2000 年至 2002 年的杀人和入室盗窃率。从"搬向机遇"项目单独测量出的十几个特征，没有一个在处理组和对照组之间出现显著差异（$p < 0.05$）。[18]若仅局限于芝加哥，差异减少一些，因为实验组比对照组更可能离开这个城市（17% 对比 12%），但针对绝大多数留下者，随机组之间的邻里过程相似性显而易见。[19]

最后，虽然随着时间的推移，邻里在其相对定位方面具有相当的持久性（第 5 章），但这并不意味着处理方式一成不变。迄今为止，关于"搬向机遇"项目的辩论已经广泛展开，仿佛人们所迁往的邻里没有丝毫变化。但是，邻里就像个体一样具有发展轨迹，因而我们需要考虑的不只是邻里贫困的水平（即使随时间推移而改变）。例如，我可能使用住房券迁移到一个比对照组成员较低贫困的邻里，但该邻里可能处于一个向下的发展轨迹（例如房屋贬值中），而对照组邻里则处于稳定的贫困状态。问题在于邻里的变化率以及未来的可行性中，是否存在处理差异。因此，我调查了 1990 年至 2000 年，贫困百分比、黑人百分比和集中劣势中的原始数据和剩余变化以及介于两者之间的点。在去除了较大的城市动态效应之后，剩余变化为我们提供了邻里变化轨迹的独特优势。

动态情况展示了一个有别于静态的情况。首先，在处理组和对照组之间，黑人百分比和贫困百分比的原始和剩余变化都没有显著差异。其次，集中劣势的变化稍有差异，但向有利于对照组倾斜。平均来说，在芝加哥劣势随时间推移而减少，但处理组减少的幅度低于对照组。这意味着，以邻里变化的轨迹来衡量结果，"搬向机遇"项目并没有让处理组以境遇更好的邻里为归宿。最后，我检查了上述邻里社会过程的测量于 1995 年至 2002 年的变化（例如凝聚力、控制），处理组还是没有轨迹变化的显著差异。这些结果证实，在邻里的情境过程与动态方面，"搬向机遇"项目并没什么效果。[20]

空间劣势

如前一章所论证的，包括中产阶级黑人在内的非裔美国人都面临着一个独有的风险，即生态上的邻近劣势，该劣势远超越了地方邻里。其影响简单明了：尽管贫困黑人也许能够凭着"搬向机遇"项目住房券迁移到较富裕的人口普查区，但该区域仍有可能处于一个较大的贫困和犯罪区，因此也就是空间劣势。在第 10 章中，我已提出邻里溢出效应的有力证据。

由此可知，我们需要考虑的不只是"搬向机遇"项目所确定的任何人口普查区。为此，我再次利用芝加哥地方正式划分的社区，它们的名字众所周知，且具有比人口普查区更鲜明的边界，如高速公路、公园和主要街道（第 1 章和第 4 章）。尽管部分社区名称及其边界的生态性质都发生了变化，但行政机关、涉及提供服务的地方机构，以及居民，都广泛认可芝加哥正式划分的社区。它们的名声也因为媒体而更加响亮。因此，我根据正式划分的社区，依托实验组和对照组绝大多数的迁移群聚于芝加哥内这一发现，来重新校正"搬向机遇"项目迁移。

尽管集中劣势并没有受到"搬向机遇"项目处理的极大影响，但仍需强调暴露于关键社会进程的效应。"搬向机遇"项目既定的动机之一就是减少"社会孤立"，并增加对家庭的社会支持。另一个动机是增加儿童和青年与较健康环境的接触。还有一个动机则是将家庭迁至更有能力建立安全和社会控制的邻里。我直接为芝加哥的 77 个社区估计上述的每一项。我首先创建社会支持网络的测量，供社区居民利用，以提供财政援助、就业信息和个人建议。[21]其次，以来自伊利诺伊州人口动态统计的独立档案记录为基础，创造了"健康受损"（compromised health）的测量指标。我计算 2003 年至 2005 年每个社区的婴儿死亡率、低出生体重率，以及青少年产子率，并将它们结合成一个总体规模。[22]最后，我研究了每个社区的集体效能。

图 11 - 2 显示了来自"搬向机遇"项目基线原始区域的空间连接网络。为了寻求结果中显示的目的地社区的社会支持密度（分为低、中、高三等分）的差异，我通过隔离干预的因果关系，对比对照组和实验组，并绘制邻里内部和邻里间的流动，以捕捉变化的动态。尽管从新的观点出发，在"搬向机遇"项目参与者之间（实验组和对照组成员都一样），我们再次看到令人瞩目的社会劣势的复制过程。[23]事实上，邻里流动的模式难以区分，并隐含了一个深奥的结构束缚，使控制组和实验组大量地迁移至低支持区域。值得注意的是，在较大的原始社区中，沿着统计调查划区的迁移大"搅动"（churning），以及更深入芝加哥南部区域的主要流动，

几乎都在社会支持网络最低的 1/3 部分。在累积劣势的模式中，最初处于低社会支持的社区是脆弱"搬向机遇"项目家庭集中的地方，这些家庭需要支持系统。同样，我们从图 11－1 所预期的结果可知，这些相同的社区高度受限于集中劣势。[24] 因此，不能说"搬向机遇"项目已经克服社会隔离。

图 11－2　1995～2002 年，根据芝加哥正式划分的社区（2002 年）的
社会支持网络密度，"搬向机遇"项目家庭从原始邻里
到目的地邻里的居所流动。社会支持被归类为三等分。
环形箭头反映了同一邻里内的"搅动"（churning），
且统计调查划区之间的纽带与迁移量成正比

　　根据健康受损和集体效能，"搬向机遇"项目参与者网络流动也呈现相同结果，健康受损和集体效能这两项因素的重要性不亚于贫困和支持网络。书中未出示的地图确认了这些家庭所面临的部分重叠风险，不论他们属于对照组或实验组。具有婴儿死亡率高、出生婴儿体重低和少女怀孕率高等特征的南区和西区是吸引"搬向机遇"项目家庭的地区，而这些家庭几乎都是单亲女性户主家庭。另一张地图显示，这两个组的目的地区域的集体效能也相对较低。从本质上说，迁移在系统的流动中群聚，并且对于社会过程群聚，社会不平等和地方分层的结构基础也是如此。其结果是，"搬向机遇"项目对照组和实验组倾向落脚的区域都具有集中劣势、种族隔离、低社会支持、受损的公众健康，以及低集体效能（与其他风险）的特征。[25]

另一种考虑人口迁移的方式是，计算每个芝加哥正式划分的社区中，来自实验组和对照组被作为移入者接收的家庭数量，然后计算出一个相关排序。由此产生的斯皮尔曼相关系数（Spearman Correlation）为 0.79（$p < 0.01$）。另一个则是计算每个风险社区的"搬向机遇"项目渗透（MTO penetration），我将之定义为自 2000 年起每 10 万居民中的"搬向机遇"项目移入者数量。当我们将注意力集中于"搬向机遇"项目所诱发的纯粹实验来进行比较时，我们发现这两个组不仅落脚在弱势社区，而且多数迁移到一模一样的社区。出人意料的是，即使在统计调查划区层面，也出现了集群现象。逾半数（55%）的实验组仅落脚在芝加哥大都会区所有可能的统计调查划区的 4%，而 55% 的对照组则落脚在所有统计调查划区的 3%。在网络方面，该地不分处理组或迁居者身份接收了大多数"搬向机遇"项目家庭，这种强烈的空间集聚表现出一个相对较小的邻里核心的集中性。在另一端，51% 的芝加哥社区都未接收"搬向机遇"项目参与者。约 57% 的地区未经历对照组的迁入。

相关性和百分比并不能印证这些模式，所以图 11-3 在视觉上印证了这一点，显示了"搬向机遇"项目对照组和实验组按社区的渗透率关系。我们看到该联结非常明确，但近南区的道格拉斯社区（Douglas）和奥克兰社区（Oakland）承担了几乎所有的迁移。即使我移除这两个区域，相关性仍然很高（0.70）。伍德劳恩社区（Woodlawn）、华盛顿公园（Washington Park）和格兰大道社区（Grand Boulevard），长期以来都是贫穷的黑人社区，排在"搬向机遇"项目家庭接收线的第二顺位。来自原始社区的整个"搬向机遇"项目渗透中，这 5 个社区就占了 40% 以上。接收实验组成员（与对照组相对）的社区，如富勒公园社区（Fuller Park）、罗斯兰社区（Roseland）和南岸社区（South Shore），几乎不占优势。极其贫穷的恩格尔伍德社区（Englewood）也经历着住房券用户和"搬向机遇"项目家庭的迁入。我将在第 16 章回顾穷人越来越穷的整体机制。

那么，不管如何削减，该数据显示，"搬向机遇"项目排序根据地域而高度结构化。这是"搬向机遇"项目家庭的特点吗？图 11-4 暗示着

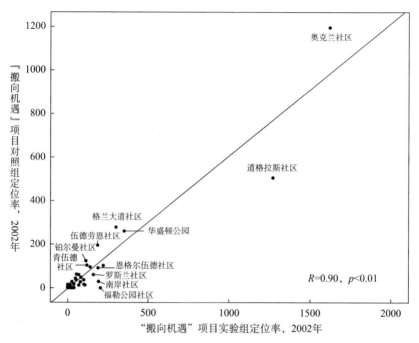

图 11-3　芝加哥社区中按实验身份的"搬向机遇"项目渗透，2002 年

事实并非如此。与此同时，我检验了在相同时间内，独立芝加哥邻里人类发展项目样本和与之对等的如上述定义的"搬向机遇"项目家庭的迁移轨迹。

　　为了便于对比，我检验了集中劣势和集体效能，图 11-4 呈现了后者的结果。[26]芝加哥邻里人类发展项目贫困家庭在邻里中表现出惊人的相似"搅动"。"搬向机遇"项目原始社区在近南区被芝加哥邻里人类发展项目捕捉到，在那里我们看到了大量的社区间的流动，以及与"搬向机遇"项目流动产生的模式相同的向南迁移至其他劣势邻里的现象。我们也观察到一个西区集群和远北区集群。不出所料，所有的原始地域均为低集体效能且贫困地区。虽然没有住房券对芝加哥邻里人类发展项目家庭迁移地点的限制，但他们迁移的目的地却令人惊讶地受限于邻里结果，并且近乎全部都流动到低集体效能的目的地。

　　那么，一般而言，地方结构在这两项研究中是经久不衰的。当然，芝加哥只是诸多"搬向机遇"项目的研究城市之一，而且在"搬向机遇"项目抽样地点中，它的接受率最低；但基本模式也适用于巴尔的摩的"搬向

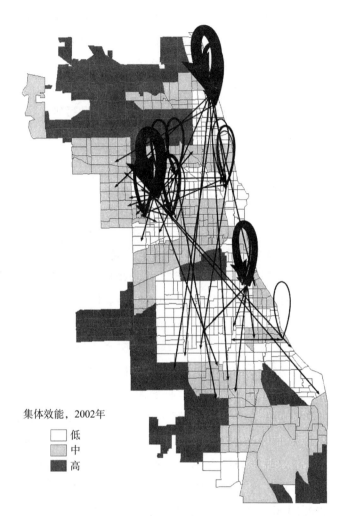

图 11－4　大约在 1995 年至 2002 年，根据芝加哥正式划分社区的集体效能，芝加哥
邻里人类发展项目纵向队列研究（$N=139$）中的"'搬向机遇'项目－
对等者"贫困家庭的邻里循环流动。其中，集体效能（CE）重新
编码成三等分。最淡的阴影部分表示"低"CE，最深的则是
"高"CE。环形箭头反映相同邻里间的"搅动"，且统计
调查划区之间的关系与迁移量成正比

机遇"项目研究，之后我将假设在其他地方也存在类似模式。[27]在国家层面，夏基（Sharkey）展示了集中劣势的代际传递，并进一步证明了，种族和阶级的隔离对邻里成就的轨迹形成了长期禁锢。[28]无论是在实验性的"搬向机遇"项目或观察性的芝加哥邻里人类发展项目中，穷人都迁向不平等，并且有可能嵌入大都会社会结构的僵化且增强的动态之中。可以用下面的思路来思考这个过程，即穷人的迁移有点像社区连锁。"搬向机遇"项目迁移决定的复制本质是一种研究思路，提示我们在检验观察研究的选择性偏差和社会实验的顺从时，需要重新斟酌我们所采用的典型方式。

顺从与邻里排序

> 经常听到这样的说法：无论物质上多么优越，让一个家庭同意搬出贫民窟都难于登天；然而，要阻止他们搬回贫民窟更是难上加难。
>
> 亨利·佐尔鲍（Henry Zorbaugh），《黄金海岸和贫民窟》
> （*The Gold Coast and the Slum*）（1929 年）

正如我们从医学经验中所知，人类是行为者，拥有接受或拒绝治疗的决策权，他们可以不把药丸吞下去，而是丢进厕所里。就接受率的统计显示，大多数获取住房券的"搬向机遇"项目家庭实际上并没有使用它。虽然使用住房券的家庭经历的邻里贫困比未迁居者少，但绝大多数家庭都留在距其原始邻里相对较近的距离内。此外，许多家庭搬回到与他们的出发地相类似的贫困邻里，这一发现使研究人员十分惊讶。但这一点并不应该使人惊讶。早在 20 世纪 20 年代，佐尔鲍就指出了贫民窟的"拉力"（pull）以及现有的社会关系如何使人们一再回巢。正如本章开头肯尼斯·克拉克（Kenneth Clark）的引述所言，那只是中产阶级的视角，或是佐尔鲍所谓的"经济型的社会作用"（budget minded social agency），他们都认为那些成长于贫困中的人的行为似乎"难以捉摸"。[29]

处理组中的这种自我选择是否给有确实根据的因果推理造成困难？由于顺从差异，"意向处理"（intent to treat）效应显著地低估了"被处理者的处理效应"（treatment effect on the treated）或实际迁移的效应。为了应对这一挑战，"搬向机遇"项目研究人员将被提供住房券的随机化作为"工具变量"，以识别实际使用住房券的影响。但在这种情况下，有效的因果推理依赖于一个假设：只有当参与者使用住房券时，提供住房券才会影响结果。如果这个假设是合理的，则支持了关于被处理者的处理效应的推理有效性。此处的被处理者（迁居者）如果被分配到实验组，即指将使用住房券者；若是被分配到对照组，就是指将不会使用住房券者。例如，路德维格等根据迁居者的比例加权各种结果之后，认为还是可以估算出"附带的""搬向机遇"项目处理的无偏整体效应。然而，从社交世界的角度检视，应用于"搬向机遇"项目的工具变量方法是有问题的。

首先，"搬向机遇"项目参与者之间的社会互动将构成统计"干扰"，违反作为实验基础的"稳定单位处理价值假设"（SUTVA）。[30] 路德维格等认为通过考察目的地邻里的"搬向机遇"项目参与者的小型样本，可以缓解该干扰忧虑。但更具相关性的忧虑是原始邻里的强大集群。举个例子，倘若我是一个迁居者，并迁往芝加哥的更南边，以满足住房券的要求，一如图 11－1 至图 11－4 显示的普遍现象。如果我或我的孩子在旧邻里有朋友或家人，他们具有住房券资格，然后我们抱怨迁移的辛苦，或相反地，表达了对新邻里的热爱，这些社会互动可能会影响与我们同在一个网络者的迁移决定、目的地和结果，尤其是随机化具有多时效（因此 lease-up，译按：lease-up 指新近可利用的所有权的时限，用以吸引居住者并达到稳定入住率），并且事实上，许多迁居者"漂移"（drifted）回了贫困邻里。路德维格等假设干预对未迁居者没有影响，且干扰是不可能的，因为"整整55%"的人表示没有朋友在基线处的邻里。但是，这意味着45%或者将近一半的人确实有朋友在这一邻里中（其中的35%是家人）。根据我的计算，大约有20%在基线的核心居住人口参加"搬向机遇"项目，这是一个不容小觑的饱和水平。

其次，社会影响不只来自朋友，熟人和"弱关系"也一样重要。正如前面的章节所显示，看法和意义从各种因素衍生而来，而地区声誉在陌生人、报刊以及日常的互动之间传播。在这一点上，我们可以想到在"搬向机遇"项目抽样地点内部和周边，有广为人知的事件发生于住房项目中，例如附近的泰勒公寓（Robert Taylor Homes）被拆除（逾15000个住户）的大幅报道，很难想象没有关于迁移的社交讨论，特别是在接受住房券作为财政补贴的群体中。

最后，顺从存在着意义深远的极大差异。在初期随机组中，有25%的人接受提议，后期组则有42%。随着时间的推移，据说管理"搬向机遇"项目的非营利组织的建议更加有效，但接受模式同样与社会互动或联结的迁移流动一致。迁居者是否告知其好恶，或以其他方式与其他"搬向机遇"项目成员互动，这些最终均未知。

更大的教训就在眼前。虽然观察研究经常被批评为制造不能被证明的假设，但是实验研究也并非更具优势：它们正好需要做出不同的假设。在目前所谈的情况下，假设如下："搬向机遇"项目参与者不善社交，且参与家庭（占原始邻里的20%）和其他居民间缺乏社会互动。然而，这样的假设也并不比观察研究的假设基础更为合理。正如经济学家安格斯·迪顿（Angus Deaton）所说："随机对照试验不能自动地胜过其他证据，它们在某种证据结构中不占有任何特殊地位；称它们'麻烦'（hard），而其他方法'省事'（soft），这种说法也没有意义。"[31]一旦我们从受控实验室走出来进入社交世界，实验研究面临的问题就如同观察研究一样。可信的知识不能只是基于原始方法的假设。

发展邻里效应

在实验之初，住在高贫困邻里的"搬向机遇"项目家庭中的大部分都在当地或其他地方的高贫困邻里长大。这产生了关于生命历程以及长期/短期邻里效应的对比等发展性问题。特别是，如果劣势效应累积、滞后，或者在人生早期最显著，如最近对认知能力和青少年心理健康的建议方面的证言，那么向外迁移尽管仍具有潜在重要性，但它并不能消除邻里对儿童的早期影响。[32]在这个意义上，"搬向机遇"项目可能与理论观点不一致，后者强调早期大脑发展和情境效应"锁定"的关键时期。[33]由于大多数儿童生活在极为劣势邻里的家庭，他们好几代以来都生活在类似的环境中，这提高了劣势影响跨越数代的可能性，使得问题更加复杂。[34]因此，邻里效应有一些"发展性"，而不仅仅是静态的。

为了说明这一过程，我考察了集中劣势对语言能力轨迹的滞后效应，研究已经证明了这种效应是有力预测诸多生命结果的因子。帕特里克·夏基（Patrick Sharkey）、斯蒂芬·劳登布什和我制定了一项策略，旨在估测集中劣势对语言能力产生的影响；在此情况下，情境"处理"（劣势）、结果（语言能力），以及混淆因子都可能随时间推移而变化。[35]我们的想法是利用随时间推移从居所选择分析中所获得的信息，根据实际接收到的处理（劣势）的逆概率，加权每段观察期。[36]这些结果更普遍地直接影响"搬向机遇"项目的解读和邻里效应。

首先，基于邻里变化的时变模型，我们估计，生活在严重劣势中的非裔美国儿童后来的语言能力降低超过 4 个百分点，标准差逾 25% 且大约相当于减少一年的教育。此结果意味着，语言能力的邻里效应是滞后的，甚至在孩子离开极为劣势邻里之后还会残留下来。其次，生命历程的框架使我们预测到，语言技能的影响在发育敏感的童年时期最为明显。[37]我在另一个分析中测试了这一发展互动，方法是估算邻里劣势在语言能力上的影响，对象是芝加哥邻里人类发展项目队列所估计的最年轻的非裔美国儿童，即年龄介于 6 岁至 9 岁的基线儿童。我在语言能力轨迹中发现全部 6 点缺陷，它们与研究中期居住于劣势有关。这是实质且显著的差异。[38]如果根据论据而做出如下假设：如果我所使用的加权模型可以合理地被用来调整基线（或"预处理"）和协变量的时变混淆，那么，它对"搬向机遇"项目和类似研究的影响则是显著的。

例如，让我们考虑住在芝加哥集中劣势的黑人孩子的语言能力轨迹。如果我们随机地提供住房券给这些孩子所在的家庭，再于日后比较结果。如果对那些以前生活于劣势（或接受处理）者之间进行后续追踪，处理组和对照组之间无明显差异，我们可以得出没有邻里效应的结论。[39]然而，这个结论可能非常容易引起误解，因为它并没有提出以上问题：与那些生活于优势邻里者相比，生活在劣势邻里者的滞后或发展效应又是如何？当我在芝加哥邻里人类发展项目提出这个问题时，得到的答案是：存在一个估计的实质邻里效应，相当于减少一年以上的学校教育（6 分的"IQ"缺陷），这与居住在劣势有关。在这个模型中，并发劣势的效应并不显著。

由此可见，对生活在贫困中的儿童或青少年的现有研究仅能提供邻里社会情境因果效应的有限检验。我们可以在像"搬向机遇"项目这样的研究中审视发展互动，但是对身陷贫困者的选取，限制了我们的研究深度——只有 14% 的中期评鉴样本介于 5 岁到 7 岁间，年龄为 12 岁或以上者远超过半数。虑及"搬向机遇"项目家庭因为贫穷而被选择的事实，可知像本章这样的分析均受限于研究设计。[40]

总结与展望

就个人层面的操作社会科学实验而言，"搬向机遇"项目就算不是最好，起码也是佼佼者。通过引入随机设计，诱发贫困者将居所迁移到较低贫困的邻里，"搬向机遇"项目的设计堪称突破。那么，为什么学界对结果曾有过不同意见？"搬向机遇"项目对未来的预示又是什么？因为相信"搬向机遇"项目辩论的水落石出对社会科学至关重要，我在 2008 年的一场辩论中提出，我所希望的是一个公平的总结。在此，我根据本书较新的成果和更广泛的发现来更新、扩充我的论点。[41]我想强调十几个相互关联的主题。

1. "搬向机遇"项目具有明确的推理限制。按照设计，"搬向机遇"项目是个人层面的干预，提供住房券给赤贫者，即绝大多数的少数族裔家庭。虽然这可能是一个非常好且人性化的政策，但是关于邻里层面的成败，"搬向机遇"项目没有提供任何一样信息可以做解析推理，而且有关现在或未来的住房券效应的任何论断都仅限于一小部分人，即赤贫者。

2. "搬向机遇"项目处理仅能应用于一个非常有限的范围内。较之对照组，"搬向机遇"项目住房券的处理在统计上导致人口普查区贫困的显著降低（整体约 8 个百分点），但这都是在通常意义上的高贫困地区。尽管逾半数通过"搬向机遇"项目（迁居者）使用住房券迁移的家庭在 2002 年的统计调查划区的贫困率约 20%，但整个抽样地点的实验组和对照组的平均贫困率都大于 30%。这意味着，从长远来看，总体"搬向机遇"项目导致邻里贫困差异，是不同程度上的差异而非本质上的差异。

3. "搬向机遇"项目处理效应随着时间的推移而衰弱。从"搬向机遇"项目公布的结果证实，直至 2002 年的中期后续追踪，由于参与者要么搬回贫困区，要么就是他们所迁入的邻里周围的贫困提高，所以对邻里条件的处理效应衰弱。"搬向机遇"项目的第二次后续追踪于 2009 年至 2010 年进行，美国住房和城市发展部门（HUD）预定在 2011 年公布一份报告。本书的逻辑和理论认为，较新的"搬向机遇"项目结果将反映 2002 年观察到的趋势，原始住房券对当前贫困的效应进一步衰减，因此，对个人结果的邻里效应也衰减。换言之，原始实验维持不变，所以我预测，本章中所描述的基本趋势将继续遵循同样的轨迹。

4. "搬向机遇"项目面临的问题不仅限于贫困。相对于贫困水平，还存在"搬向机遇"项目在劣势中所导致的较小差异，即定义上的非裔美国人的隔离，他们身处横跨多领域的资源匮乏邻里中。此外，无论我们调查目的地邻里或考量暂时迁移，对照组和实验组均经历过超隔离（hypersegregation），而且在种族组成中并无因为处理所导致的有意义差异，因而更容易理解整体结果。

5. 邻里轨迹也很重要。尤有甚者，就随机组而言，芝加哥的贫困或众多邻里层面的社会过程（如集体效能、代际闭合）变化率，无论是静态还是动态均无显著差异。其结果是，目的地邻里的轨迹竟然实际上与实验组和对照组相同，社区的社会组织特征绝大部分不受处理行为和方式的影响。当调整过迁居者状态后，差异的显著（与否）没有变化。

6. 空间劣势是一项额外的影响。不管人口普查区测量的邻里贫困的任何差异，实验组和对照组家庭均落脚于相同或类似的正式划分的社区。因为迁移导致的社区层面纽带的模式结构（见于芝加哥的鸟瞰图，如图 11-2 和图 11-3），揭示了实验组和对照组相较下近乎相同的网络。此外，在社会过程中，正式划分的社区差异并不因分组而有所不同，空间滞后贫困或劣势的情况也是如此。特别的是，无论是否有住房券，"搬向机遇"项目家庭的目的地都具有低社会支持、低集体效能和健康受损的特征。

7. 果不其然，"搬向机遇"项目会产生不同的结果。在个人层面上，"搬向机遇"项目已经证明了根据结果、抽样地点、子群，特别是性别相异的不同结果。有些具有较大的效应（例如对心理健康和女孩的行为），而其他则无影响，例如成人经济上的自给自足。由于设计上的限制再加上适度的处理，任何重要发现的持久力都值得注意。甚至连邻里环境质量的微小变化，似乎也对心理健康产生持续差异，这一发现与我在第 6 章中对不平等的认知过程所做的论证相关。

8. 迁移具有因果意义。"搬向机遇"项目仅通过迁移观测邻里变化。因此，在一定情境中，居所流动和变化相互交织，其中也可能存在根据邻里交互作用的流动，这或许可以解释性别差异（例如，作为邻里中新来的孩子，男生可能更易受攻击）。因为迁移是具有理论重要性的生命历程事件，所以最好是将其效应从邻里效应中分离出来。我将在下一章描述这种路径。

9. 发展邻里效应需要详细审查。因为"搬向机遇"项目受试者是被选择的，是由于他们生活在持续的邻里贫困中，所以劣势的早期发展效应不能在成人身上有效地研究，只能以一种有限的方式对儿童进行研究。[42]大多数情况下，"搬向机遇"项目试验的是，走出贫穷是否可以克服以前积累的缺陷。因此，缺乏任何"搬向机遇"项目效应并不一定意味着在个人生活中缺乏持久或发展的邻里效应。

10. 重新审视的假设：社会交互作用和移民相辅相成。"搬向机遇"项目要求我们援用有关使用住房券的强烈假设，其中有些假设对迁移行为并不具备说服力，如假设实验中没有来自社会交互作用的干扰。如果说我们从迁移研究获得了什么，那就是迁移被嵌入链状的社会网络。坏消息是，要克服干扰，则需要我们描绘其特征并详细陈述它究竟如何发生。否则，在研究群体中，我们的因果估计需要结合不同的且可能抵销的效应。[43]我们需要一个包含用以估算其主要功能的（观察性）数据的合理干扰模型，以及可能产生一致估计的统计过程。虽然，有越来越多的统计文献在随机实验中的干扰与顺从方面更进一步，但目前我们还有众多未知。[44]

11. 随机化不能解决因果推理问题。当随机化在个人层面上被调用，我们发现提供住房券影响个人成就的证据，然而目前还不清楚被操纵的处理方式与所得结果以何种机制进行联系。实验并未回答这个"为什么"问题，而且也不能毫无理论根据地干预观察对象。邻里效应和社会机制的原因是一个黑匣子，且邻里层面的干预一直被忽视。我将在第15章回顾这一点。

12. 在一个社交世界中，选择并非麻烦事。在构成现代生活的社会结构中，选择性偏误被错误地视为主要是不可观测的异质性和统计的"麻烦事"。这颠倒了它的意义。选择是一个社会过程，它本身与创造约束个人行为的结构密切关联。

总之，就像任何其他研究，甚至是一个想象的实验一样，两个个体"颠倒乾坤"（trading places）的研究有效性取决于我们想要回答的问题。1983年由艾迪·墨菲（Eddie Murphy）和丹·艾克罗伊德（Dan Aykroyd）主演的热门电影《颠倒乾坤》（*Trading Places*）中，一对富有兄弟进行了残忍的实验，将个人（本性）和情境（教养）分开。电影的结果是有趣的，人们因为演员之故早已心里有数，但"设计"（或者特质和处理本质的脚本背景）以自己的方式预示着一个答案。在现实世界"搬向机遇"项目提出了一个重要问题，但那只是邻里效应的社会理论应该问的许多问题之一。正如逾一世纪以来的研究表明，我们可以通过多种方式，以多层次分析和影响力的时变比例尺来构思邻里效应。因此，像"搬向机遇"项目这样的实验已经提出个人层面的问题，但只给我们一种答案，并且没有提出选择的因或果、邻里层面的干预或邻里社会机制的研究；上述这些只是本书的重点之一。下一章我们将讨论选择挑战。

第 12 章

作为社会过程的个体选择

2008 年年底，《芝加哥论坛报》刊登一个特别系列，是关于他们所谓的"分离的芝加哥"（Separate Chicagos）。该报将芝加哥描述成"美国种族隔离最严重的大都市"[1]，打破了奥巴马胜选之夜从格兰特公园（Grant Park）照耀出的和谐融合的幻影。该系列报道以生花妙笔描绘多年前勾勒的种族界限是如何根深蒂固并通过人们的选择而强化的。

"选择"关系重大，这个看似简单的问题，实际上很复杂，而且备受社会科学家争议。一派学者认为，种族隔离和不平等的限制凌驾于选择，在极端情况下，个人几乎就像一场预先决定的游戏中的人质。另一派则更为认可选择的价值，据说已经到了将邻里情境效应的研究投入大打折扣的地步。个体要"摆脱"贫困，比如说可以根据自己的能力和喜好，择地而居。根据这个逻辑，邻里效应针对犯罪、死亡率、少女生育、就业、低出生体重、心理健康、儿童的认知能力等结果的观测估计，不仅被推翻了且因而失之偏颇。在前面的章节中，就所谓的邻里选择性偏差"诅咒"而论，"搬向机遇"项目辩论是主要的论据。[2]

以定量为研究方向的学者对个人选择的典型反应是，将它视为一个需被控制的统计问题，而不是本身有实质利害关系之物。出于这个原因，他们对选择路径的想象大过审视。在文献中最常见的方法是，在控制选择的个人层面变量之后，评估关于个人结果的"结构"因子效应，例如集中贫困。另一种"搬向机遇"项目例证显示的做法则是进行随机化实验。

然而，正如我在第 11 章所论辩的，当我们考虑到选择与邻里成就与城市进程中的不平等的直接联系时，选择就不仅仅是一个统计学议题。为了拓展说明这一点，在本章中我将详尽阐述另一个观点，它同时调用结构和抉择的力量，可以称之为"选择链"（chains of selection）。我主张，对于研究邻里效应者而言，根据地方的个人排序不只是一个技术问题，更是一个定义城市社会生态结构并使之密切结合的过程。这种说法与经济学家詹姆斯·赫克曼（James Heckman）所说的"因果科学模型"（Scientific Model of Causality）一致，其目标是直接面对并实现对社会过程的基本了解，此处的社会过程指从因果利害关系的"处理"中选择个人。[3]正如我们得自"搬向机遇"项目的观察，实验随机化并没有告诉我们因果机制如何在一个社会世界中被构建，而这个社会世界则由结构间的相互作用以及个人的刻意抉择所定义。尽管在文献中罕见，但研究排序的预测因子和不同类型邻里的选择，乃是理解邻里效应的较大理论项目中的一个基本要素。

本章基于与帕特里克·夏基（Patrick Sharkey）的协同工作并加以扩展，焦点放在选择的一个关键点，我们的方法是将个人邻里成就的收入水平和种族孤立本身当作问题来处理，并且做出解释。通过返回芝加哥邻里人类发展项目，我强调排序的起源和后果，以复刻个人生活中的种族和经济不平等，并最终复刻分层的都市景观。针对个人对其环境做出抉择的想法，生命历程轨迹和邻里变化依旧是正确的重心，不仅在于是否要留在原地或迁移到不同邻里，也在于是否要离开这个城市到郊区或更远之处。这样的决定不仅受到资源、偏好和改变生活环境的意愿的影响，也受到个人的种族/族群性和社会行为交互作用的限制，更广泛的结构性情境支配着相因而生的生活决定。

通过同时研究迁移者和滞留者，该方法帮助保存了一个动态的概念化过程，并找出引起社区变化的竞争性资源。当个人迁移时，当移民进或出一个社区而改变个人周遭的情境但个人状况并没什么改变时，当客观变化在更广泛的环境中发生（例如城市层面的收入增加或减少）时，都能发现是哪些资源在起作用。留在一个不断变化甚或式微的邻里终究是一种选择形式，而且完全和决定迁移一样重要，这一点在关于邻里效应的辩论中被忽略了。此外，推进迁移者－滞留者模型（mover－stayer model）让我得以研究迁移的预测因子以及迁移结果的发展效应。在最后一章中，通过混合"搬向机遇"项目的迁移和邻里变化，强调了此一问题的重要性。基于先前的研究和理论，我们有充分的理由假设：迁移本身就是生命历程中的因果因子，特别是对青少年而言。

本章以几个具体方式追踪迁移问题。首先，我提出关于"选择邻里"的发现，该选择产生于一个迁移模型，考量个人和邻里层面先前未被调查过的异质性起源。我调查犯罪和抑郁等个人层面的因子，而且我利用第6章超越了邻里贫困和种族要素，以审视被集体察觉的失序对他们决定从一邻里迁离的影响。其次，我根据种族考察向上和向下流动，以评估这类"选择"的盛行率（prevalence）和预测。最后，我考虑从邻里变化独立出来的迁移效应。数据显示，要理解迁移就必须理解邻里如何嵌入城市较大的社会结构。换言之，迁移效应不仅仅取决于内部邻里特征，还取决于目的地在城市中的区位。因此，这种分析有助于直接实现本节的首要目标，阐明一种新邻里效应，这种新邻里效应受超邻里（supraneighborhood）动态和自下而上迁移的限定，从而构成当代城市的社会结构。

本章的最终目标将此一主题往前推进，旨在介绍"居所选择"带来的后果。在这一点上，问题变成个人决定如何互相结合以创造人口流动，从而在社会上复刻生态不平等结构，对此现象，社会科学家和非专业人士似乎都难以用占主导的自由市场和行为主义范式做出解释。该困境是微观到宏观关系的"科尔曼现象"（Coleman phenomenon）的例证，我已在第3章描述过。在本章中，我将图3-1的图表应用到不同社会地位的邻里间交流的结构性流动分析。我的起始点是基于流动变迁的邻里间的种族间（inter-racial）和收入间（inter-income）"交流"。我也考察邻里如何通过迁移流动来连接，这些迁移流动基于以传统方式构思的个人特征，如犯罪倾向和抑郁。第13章接着将重点扩展成一个全网络分析，分析我称之为"结构排序"（structural sorting）的资源。因此，这些分析兜了一圈回到原地，探测了因为邻里不平等而做的选择所产生的社会后果。

成果：邻里成就

邻里选择问题可以通过研究邻里环境中的个人变化提出来，作为一个多层次过程，随时间推移而展开。以被理查德·阿尔巴（Richard Alba）和约翰·洛根（John Logan）称为"位置获得"（locational attainment）的模型为基础，一系列的研究评估了个体层面的特征和邻里特征的测量结果之间的关联，通常为白人（或黑人）邻居的百分比和贫困率间的关联。[4]根据个人资源、优势对于邻里成果需要的程度，这种方法已经被用来提供种族和族裔群体间差异的实证证据。这与芝加哥学派早期著作中发表的都市人口统计模型一致，该模型假设少数族群或外来移民群体的成员试图将经济进步变为居住优势，他们使用的方法是移出隔离区并移入被优势种族/族裔群体成员占据的区域。[5]虽然社会经济地位（SES）中的个人和家庭差异解释了邻里环境间巨大差异的一部分，但有一个共同发现，那就是即使在控制了社会经济地位的多个要素后，白人和非白人之间的实质差距仍然存在。地方本身就是分层单位，这违反了芝加哥学派所强调的"自然区域"（natural areas）间的自由排序（或空间同化）。都市人口统计学文献从而转向同时思考个人分层与地方分层（place stratification）。[6]然而，尚有一重要问题，就是有关产生地方分层的机制和社会过程。如果未随时间推移追踪个人，我们无法从生命周期或经济地位中的个人层面变化中，辨别出邻里变化的路径，以及它们如何继而与邻里变化产生关联。为了提出这个问题，一些学者已经利用国家收支动态长期追踪调查（PSID）的纵向数据，评估不同的个人群体如何移入或移出贫困邻里。[7]这种方法象征我们得到了进展，因为它采取时间观点并考量更广泛的个人层面预测因子，尤其是以社会经济资源的形式。结果表明，在那些迁移者的邻里收入成就中，种族/族裔差距仍旧持续，伴随着黑人对其社会资源的区位"回报"（locational "return"），且其人力资本大体上低于白人，足以说明家庭财富情况。[8]

2008 年，帕特里克·夏基和我进行了邻里变化背景下个体间轨迹分析，接着分析个体和更大的地方不平等结构的后果。为此，我们利用了芝加哥邻里人类发展项目的显著特征。[9]芝加哥邻里人类发展项目为研究排序和不平等提供了重要的分析优势，在最后一章和国家收支动态长期追踪调查里充实了从"搬向机遇"项目获得的知识。第一点，高水平的外来移民进入芝加哥及其丰富的族裔多样性，为我们提供了一个样本，使我们得以对白人、黑人、拉美裔进行详细的比较，他们当中有许多新移民，而其他人则在美国居住了数代之久。第二点，通过追踪人群，我们可以分析邻里变化，将居所流动产生的变化与滞留者经历的自然变化做一对照。最重要的第三点是，芝加哥邻里人类发展项目使我们能够超越关于邻里成就的研究，这种研究将重点放在一组如今已成标准的预测因子和结果。但我们有理由相信，部分个人落脚在贫困邻里，而其他人则落脚在更具优势的邻里，其中原因远远超出人力资本（human capital）和人口统计学的正规预测因子。例如，罗伯特·法里斯（Robert E. Faris）和沃伦·邓纳姆（Warren H. Dunham）提出的"漂移"（drift）假说，该假说认为，具有认知脆弱性的个人受困或漂移到选定的劣势环境。[10]技能和社会支持系统也被假设为生命历程的多层面的重要预测因子。[11]而在"成果"层面上，值得注意的不仅仅是经济成就，还有广义上的社会地位。在芝加哥邻里人类发展项目纵向研究中收集的大量数据，使我们在达成居所成果方面，能够评估对家庭能力或脆弱性可能很重要的特质（如沮丧、家族犯罪、接触暴力及社会支持）。

测量和分析策略

稍早，我们从芝加哥基线的芝加哥邻里人类发展项目多层次设计及研究的第三波被实验者的目的地中，观察到了群聚性质（图4-2和图4-3）。分散性和迁移相当可观，第三波涵盖了整个芝加哥加上往西绵延的大片都会区，北到威斯康星州，东南到印第安纳州。虽然家庭也迁移到其他许多州，但无论他们迁移至何处都能被追踪到。从对家长的访谈中，我们将所有三波调查中的详细地址做了地理编码，我们继而将之与全美人口普查区的编码结合。接着我们将这些信息与可用的社会和人口统计数据合并，这些数据涵盖1990年和2000年美国的所有人口普查区，从而使我们得以在研究过程中，审视邻里层面成就的稳定性和变化。对于这些人口普查区，收入中位数（median income）是我们的关键指标，为2000美元。虽然大多数的邻里分层研究探讨了贫困率形式的分布低端（low end），但收入中位数能更好地捕捉邻里中完整的收入分布，并产生能够清楚判断邻里居民经济地位的测量（以熟悉单位——美元计量）。对此，我也调查了黑人占比，以作为邻里层面的种族隔离指标。在基线或第一波采访，我对一套广泛的定常协变量（time-invariant covariates）进行了评估，我从基本特征开始着手，例如照顾者和被照顾者的年龄和性别。照顾者的种族/族群性显示照顾者是否为白人、非裔美国人、西语裔/拉美裔，或另一个种族或族裔群体的成员，亚太裔美国人是"其他"类别中最常见的群体。我们捕捉照顾者的移民代际（immigrant generation），分为第一代移民（在美国以外出生）、第二代（亲生父母至少有一个是在美国以外出生）、第三代或更高。公民身份显示照顾者是否为美国公民。英语水平指照顾者的语言是"好"（参照组）、"尚可"或"差"。以四个变量来测量照顾者的教育程度，显示照顾者是否具有高中以下毕业文凭、高中文凭或 GED（回归模型中的参照组）、大专或职业学校，或者至少是大学学历。我们测量了五个构成，它们都同时利用邻里抉择中照顾者的脆弱性与能力。在脆弱性方面，我们涵盖的问题有刑事司法系统、暴力和心理健康，众所周知，它们会危及生命历程的结果。家庭犯罪代表有犯罪记录的家庭成员数。家庭暴力代表 9 个调查项目的反应总和，调查项目询问照顾者关于和目前或以前任何伴侣的暴力或谩骂互动。[12] 照顾者抑郁是基于复合性国际诊断访谈（CIDI）简表的一种二分法测量，如果照顾者被归类为访谈前一年经历过一段重度抑郁，编码为正数。[13] 用于产生测定尺度的个人调查项目的信度非常高（0.93）。芝加哥邻里人类发展项目的产妇抑郁也使用相同测量，当控制其他因子时，该测量是对儿童心理健康问题有力的预测因子。对接触暴力的测量根据照顾者（30 岁和 60 岁队列的个案）或被照顾者（从 9 岁到 15 岁队列）是否在采访的前一年看到某人被射杀或刺伤。这种暴力形式影响在一个邻里中的安全感知水平，特别是有关儿童。在能力方面，来自社区成员（包括朋友和家人）的社会支持，一直被认为是使家长能集体管理育儿任务的方法，因此对移动或滞留在自己的社区有着潜在的影响。照顾者的社会支持感知水平由 15 个调查项目捕捉（信度 = 0.77），依此所达到的程度，照顾者可以依赖朋友和家人的帮助或情感支持，以及照顾者及其支持网络之间的信任和尊重程度。

时变测量

整个生命历程中，生命历程框架和对于邻里选择发展的关注，均必须审视关键的时变环境。[14] 为此，我们涵盖了照顾者和照顾者配偶或伴侣的就业状况（工作或不工作）；显示照顾者是否正在接受福利救济的变量；照顾者的家庭总收入，以 6 个变量显示家庭总收入是否低于 10000 美元、10000 ~ 19999 美元、20000 ~ 29999 美元、30000 ~ 39999 美元、40000 ~ 49999 美元，以及 50000 美元或以上；房产权；家庭规模（家庭中的个人总数）；婚姻状况，包含照顾者是否单身、同居，或已婚的指标；以及基于社会经济指数（SEI）的职业地位。如果照顾者未被雇用并有一名伴侣，则使用其伴侣的社会经济指数分值。如果照顾者和一名伴侣都被雇用，则记为满分。所有时变协变量适用于采访的受试者或家庭地位。由于项目的约束，要跨越所有利害关系的变量，在每一波调查之间收集详细的时变信息是不可能的。[15]

轨　迹

在研究之初，芝加哥的非裔美国人所居住的邻里，收入中位数低于白人约 17700 美元，而白人和拉美裔之间的差距超过 18000 美元。其他种族和族裔群体的成员所居住的邻里，收入中位数低于白人约 12000 美元。因此，数据显示邻里的种族和族裔的层次结构幅度相当大，其中，白人居住的邻里收入中位数超过 54000 美元，黑人和拉美裔居住的邻里收入中位数大约比这个数低 1/3。户主的种族/族群性解释了邻里收入中大约 1/4 的家庭间方差。

随着时间的推移，白人与非白人之间的差距略有增长，但各组经历了正的变化斜率。[16]芝加哥邻里人类发展项目家庭不论滞留于原来地址或迁移，且不论他们迁移到何处，都强而有力地塑造这种趋势。特别的是，邻里收入的最大变化发生于离开这个城市的迁移者中。与留在芝加哥者相较，离开城市的白人迁移者的变化斜率差几乎是 6300 美元/每次调查，离开芝加哥的白人所进入的邻里，收入中位数比他们的起源邻里高近 9200 美元。在调查过程中，离开城市的白人迁移者的总变化是可观的 18400 美元。离开芝加哥的非裔美国人，其邻里收入中位数从第一次到第三次调查的总增益为 13900 美元；拉美裔的增益则大约是 17300 美元。

每组迁移者和滞留者中都存在稳定的种族/族群不平等，不过也有相反的解释认为他们之间的差异是由经济地位、生命周期阶段，或其他可能影响居住地选择的因素的异质性造成的。这种可能性是通过调整前面描述过的整套协变量来处理的。关于个人层面预测因子的结果，我不予强调，而是注重邻里成就的总体模式。[17]或许会令读者感到震惊的是，涵盖全套协变量并未改变基本情形。图 12-1 描绘了关键成果的一部分，它描述滞留者（图 12-1 上）和迁出芝加哥的迁移者（图 12-1 下）的邻里变化轨迹，两者的全套协变量都经过调整。尽管未经调整，种族和族裔邻里收入差距稍微降低，但不同群体的显著差距远远超过这些微小差异。例如，滞留者收入不高，而轨迹依旧根据种族保持平行。对比之下，迁移者获益较多，特别是那些退至郊区者，但其方法只是以平行方式转移种族差距。例如，在迁出芝加哥的迁移者之中，白人超过黑人的优势不仅没有缩小，相反还产生了一个分形般的转移。因此，我们无法通过改变经济环境、生命周期阶段，或者说其他影响居住抉择的主要家庭特征，来解释邻里成就中大多数的种族和族裔不平等。在说明了这些及先前未在流动文献中考量过的其他因子之后（从抑郁，到犯罪，再到社会支持网络），最后的结果是，白人到达的邻里远比非白人的更加富裕，而且居住流动性致使所有小组的邻里收入获得明显改善，尤其是那些离开芝加哥者。

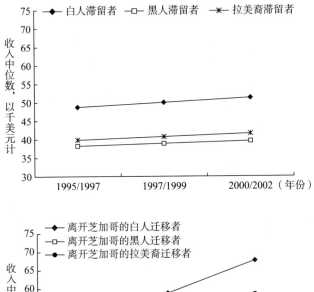

图 12 – 1　控制稳定与时变混淆因子后的邻里收入成就轨迹

邻里种族构成

现在我要调查的是，通过模拟非裔美国人邻居随时间推移的百分比变化，是否会出现种族构成的相同模式。我在图 12 - 2 展示了全面调整过的轨迹，芝加哥的极端种族隔离表征立刻现形。非裔美国人所居住的邻里，几乎全部是由自己种族的成员所组成；如果他们留在城市里，这种情况尤为明显。相比之下，即使控制了全套个人和邻里层面的协变量之后，离开芝加哥的黑人所进入的邻里，比他们过去在城市中所居住的邻里更加融合。在整个调查的过程中，无论白人迁移至何处，他们所居住的邻里中，非裔美国人的比例低于拉美裔。对于白人和拉美裔而言，离开芝加哥导致黑人邻居普及率的最大降幅，然而，与出城流动性相关的趋势线远不如非裔美国人的趋势线陡峭，在预测邻里收入中位数模型中，也是如此。换句话说，迁移出城只为"拉美裔"和"白人"邻里的种族混合带来轻微的变化。其部分原因是拉美裔（以及某些白人）倾向来自只有一小群非裔美国人的芝加哥邻里。因此图 12 - 2 中的较大结果无误。除了少数主要从芝加哥迁至郊区的黑人家庭（占总数的 14%）之外，无论他们的个人特征如何或他们如

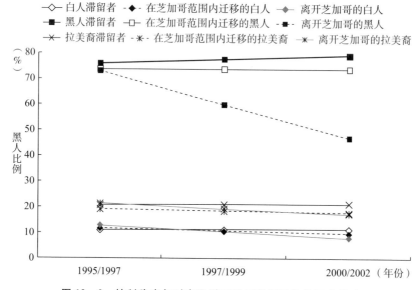

图 12 - 2　控制稳定与时变混淆因子后的邻里种族组成轨迹

何改变生活环境，居住邻里的种族分层都重现于所有种族迁移者目的地的社会中。而且即使对于那些真的离开芝加哥的黑人家庭来说，本书的逻辑预测，实现的种族融合很可能是暂时的。这个可能性将我们直接导向我所提出的下一个问题。

谁是迁移者，为何而迁移？

30 年前，彼得·罗西（Peter Rossi）提出这个问题：为什么家庭要迁移？基本的答案视一个家庭的生命周期阶段及改变家庭需求而定。[18]罗西的著作影响甚巨，后来的社会科学文献补充其观点，纳入了经济和社会地位的多重面向。在本节中，我受到罗西的问题和上述发现的启发，继续下一个研究方向：哪些因子可预测谁将离开这个城市与谁将留下？更具体地讲，是谁向上迁移并摆脱了贫困，以及预测何为向下流动的因子？除了 20 世纪90 年代前半叶（也就是说，直到第一次调查）邻里的种族和经济组成的初始状态和变化以外，我们也可以用不同的方式来回答这些问题，即利用芝加哥邻里人类发展项目中的一套丰富的个人和家庭层面的预测因子。此一策略揭示，迁出芝加哥的家庭与邻里的种族和族裔组成变化相呼应。[19]虽然1990 年的非白人普及率并没有对未来流动的模式产生独立影响，但是从1990 年到 1995 年黑人和拉美裔邻居百分比的增加，使 1995 年研究展开之后，家庭离开城市，整体上变得更有可能。然而，黑人百分比的增长对迁出的广泛效应仅限于白人和拉美裔，形成白人和拉美裔群徙的现代轮廓。黑人的迁移并未反映黑人（或拉美裔）百分比的变化，这是一项明确的指标，显示邻里的种族组成对黑人的重要性不及对其他群体的重要性，这项解读与证明黑人群体最想居住于融合的邻里的研究一致。因此，结合过去的态度研究（attitudinal research），这项关于种族变化不同效应的实验发现预测了"暂时种族融合"（temporary racial integration）现象。[20]也许更为有趣的是，当我扩张这一由第 6 章结果所赋予的基本模型，我发现，集体察觉到的失序预测了一个家庭迁出芝加哥是否超越种族和阶级组成。回想一下我的观点：关于失序的共同认知发送一个具有文化意义的信号，攸关邻里的声誉和信心。也请回想另一个观点：关于失序的认知受到先前的种族/族裔组成的强烈影响，此外，集体认知里的失序预测了很多年以后个人层面的看法。因此，针对这一点所进行的测试在于，是否邻里的这种情境属性不只影响认知（如第6章所述），也影响着个人迁移行为。其结果是，在原始邻里中全社会认知里的失序不仅显著地预测总样本中从芝加哥的迁出比例，而且这种现象主要体现于黑人而不是白人。回想一下，当邻里的黑人百分比增加时，只有白人和拉美裔直接通过迁移来回应，且第6章揭示，黑人的百分比强烈预测所有群体间失序增加的看法。那么，关于迁出芝加哥，对非黑人至关重要的，就是种族组成中，明显而直接的变化"推力"（push）。但如同所有的群体，黑人间也很容易受到带有种族色彩含义的失序（显示于第6章）的影响，1995年对于失序的共同认知影响的预估结果是肯定且显著的。[21]针对黑人，最接近的影响因此就是认知（不像白人），无论是变化或基线水平，种族和族裔组成对黑人而言仍然是微不足道。同样是来自第6章的回想，在邻里层面上，针对日后贫困结果的共同认知的预测能力，以黑人为主和种族混杂的邻里强过白人区域。那么，与第6章的理论解释一致，言外之意就是，邻里变化的形成除了通过其不断变化的人口统计之外，也通过关于邻里的共同认知。在这个意义上，邻里情境再次关系重大，"选择"实际上产生于一个网络基础，该网络具有与地方相连的共同意义与社会结构。但是，当涉及流动行为时，个人种族确实与这个过程相互作用，具有不断变化的种族组成，这似乎诱导白人和拉美裔人的行为。至于黑人，重要的似乎只有文化方面关于失序的共同认知。值得注意的是，相比之下，少数个人或家庭层面的因子与横跨三个种族和族裔群体的流动性有一致性的关系。在总样本和拉美裔中，高职业地位与出城的流动性有关，但一般而言，社会经济地位（尤其收入和教育）各项测量的影响弱于人们的预测。真正以一定的连贯性来预测流动的因子是房屋所有权和年龄：业主和较高龄照顾者比较不可能迁出芝加哥，样本中有较大年龄孩子的家庭也是如此。同居的照顾者也比较不可能离开芝加哥，而第一代移民比较可能离开这个城市。曾接触严重暴力形式的非裔美国人照顾者较可能离开城市。处于严重抑郁中一段时期的白人照顾者也更容易离开芝加哥，这提供了额外的证据，证明非经济因素对于理解有关居住区位的决策可能很重要。那么，基于先前解释，足以令人惊讶的是，流动未受个人或家庭特征的太大影响，即占优势的选择可能性，影响反而是来自原始邻里的变化和看法，因此，如果白人和拉美裔所居住的邻里中，黑人和拉美裔人口不断增长，那么他们更可能离开城市。这一证据表明"白人和拉美裔群徙"反应，是作为种族结构基础的另一种机制。证据还表明，拉美裔与白人相似，都渴望生活在只有少数非裔美国人的邻里，在关于持续性居住隔离的文献中，"拉美裔群徙"（Latino flight）的重要意义值得更多关注。更加耐人寻味的是，这些结果为第 6 章所阐述的基于失序的理论提供了进一步的支持，该理论并非根据观察到的条件，而是根据双方一致同意的共同感受，增强社会分层的认知基础，并且最终重现不平等。失序的文化内涵与种族的变化有密切关系，是邻里间移民和迁移出城的诱因。

向下与向上流动

我现在通过提出一个现象将上述分析带入下一阶段，该现象就是，那些邻里效应的批评往往着重在向下和向上流动这一点。此时脑海中的画面是，母亲基于其杰出的人格特征和个人倾向，而选择迁出贫民窟，如果这些倾向性或"性格的"（characterological）的特点也是导致其孩子后续发展一项不同的原因，那我们将受到质疑。因此，我扩展了上述的先前分析的逻辑，以提出一个新问题：这种"白手起家"（Horatio Alger）类型问题的个人流动有多普遍？答案是：远低于一般的想象。芝加哥邻里人类发展项目让我得以调查在美国任何地方的起源邻里和目的地。我按照邻里收入中位数 2000 美元的四等分和三等分，将起源地和目的地分类。这样做可以研究个人在收入结构中相对空间位置的稳定性和变化。所有目的地的结果均相似，因此为简单起见，我在此提出按照低、中和高（三等分）的分类。使用这种分类，大多数家庭停留在相同的地方类型，落在流动表的"对角线"上或附近。虽然起初只有一小部分白人（601 人中占 39 人）处境危险，但在芝加哥邻里人类发展项目中，大约有 70% 的白人和近 80% 的黑人家庭从低收入地区开始并留在原地（最末的 1/3）。当然在低收入地区中，只有 5% 的黑人、5% 的拉美裔，以及 15% 的白人搬出贫困社区并进入邻里的上 1/3。因此，在这个意义上，向上流动是罕见的，而且，当它真的发生时，发生在白人身上的可能性比其少数族裔对手多 3 倍。向下流动也罕见，但却有类似的种族分裂发生：不到 2% 的白人失去优势（$N = 6$），被定义为从邻里收入的上 1/3 迁至下 1/3，但约 12 % 的黑人和 10% 的拉美裔完成这一转移。有点令人震惊的是，与近 70% 的白人相较之下，只有 20% 的黑人和 38% 的拉美裔最后留在邻里收入的上 1/3。鉴于美国社会中收入水平和种族之间的持续性联系，部分原因是上述的"白人群徙"（white flight）。为了进一步了解关于摆脱贫困与向下流动的对比，我也使用了全套个人和家庭因子来审视向下和向上邻里流动的预测。至于邻里收入成就，大部分的预测来自于一小组分层因子，如种族、大专学历、收入和家庭规模。白手起家不仅罕见，而且当它们真的出现时，其通往繁荣的路线开展趋向于沿着结构路径，而不是那些由个人差异所定义的路径。我的分析不仅包括抑郁、犯罪和社会支持，在最终的子模型中，我也调查了"两大"个人差异，即理查德·赫恩斯坦（Richard Herrnstein）和同事在《贝尔曲线》（*The Bell Curve*）和《犯罪与人性》（*Crime and Human Nature*）中所强调的，将之视为"IQ"和冲动性等人生结果差异的核心。[22] 我调查五种不同模型规格，但结果都大同小异。在最终的"IQ"和冲动性模型中，只有三个因子预测向上流动，即基线的低暴力接触、较小的家庭规模和更高的收入。对于向下流动，很显然的，失去优势的最大预测因子是作为黑人，OR 值（odds ratio）超过 5。唯一的其他预测因子是房产权，作为对抗邻里收入走下坡的保护因素。这些结果再次强调了在美国城市中，根据种族的空间不平等的持续性，个人因子并不能推翻结构，向下的收入流动确实存在，且是黑人的极度负担。

迁移是否影响个人？

邻里居所流动造成一种断绝，革除个人在起源邻里中所发展出的社会关系和网络，并不得不在另一个地方产生新社会纽带的发展（或隔离）。这可能也意味着重大的制度变革，如不同的学校、警察部门和政治制度。虽然因此不可避免地要探索迁移本身的后果，但不平等的逻辑和至今的结果致使我们预期迁移可能不是"好"就是"坏"，这取决于所讨论的结果和较大的迁移结构情境。例如，一次迁移可能意味着儿童可用社会资本的流失，因为可用于儿童的代际网络和集体效能被中断。但中断也意味着与一个劣势和暴力环境决裂，如果新邻里提供帮助且安全，这将有所裨益。这似乎正是卡特里那飓风导致住房被毁后，一些被迫移出新奥尔良的释囚身上所发生的事。[23] 帕特里克·夏基的芝加哥邻里人类发展项目近期分析支持了一个概念，即迁移本身的过程扮演塑造儿童暴力行为轨迹的重要角色，更不用说迁移产生的邻里经济和人口统计特征的变化。[24]然而，与此同时，该结果支持针对居所流动影响的一种"受社会条件限制"的观点，这种观点避免对所有迁移一视同仁。对此，我的意思是不仅邻里特征真的至关重要，更宏观的地理目的地也一样（特别是迁移进城与出城的对照），这个结果与第 10 章关于空间体制效应的基本论据一致，而本章所提出的关于经济的鲜明差异则言归正传，回到芝加哥内外流动性之对照。在一项扩大该调查方向的分析中，夏基和我特别注意到，由于芝加哥内部迁移导致高暴力风险，居所迁移出城减少了芝加哥邻里人类发展项目儿童间的暴力犯罪以及暴力接触。该模式在三个结果中均一致：在城市中迁移导致暴力行为测量中约 0.13 的标准差增加，并将暴露于暴力的可能性乘以 1.56，将成为受害者的可能性乘以 1.45（均显著）。相比之下，迁出芝加哥减少暴力行为逾 1/3 的标准差，并将接触暴力的可能性减少一半。[25]此外，解释芝加哥内外迁移者之间的暴力差距，不仅可通过目的地邻里的种族和经济组成，也可通过学校环境质量、儿童对其新环境的控制感，以及恐惧暴力。当与来自高特里克斯住房项目和"搬向机遇"项目住房研究的先前结果一起考量时，芝加哥邻里人类发展项目数据显示出一套局限于情境条件的关系，从而可以区别居所流动、邻里变化，以及更广泛的机遇地理。正如我们所看到的成人邻里成就，我们的分析是，如果我们要评估流动如何影响孩子的发展轨迹，我们必须同时考虑迁移的多重面向。在本情况中，内部邻里因子和目的地都关系重大，如生命历程文献中所熟知的，"出城"或"斩断联系"（译按：个人通过与有害环境、人，甚至与过去的切割，从而改变人生的过程），似乎对减少儿童暴力有重要影响，这一发现与来自高特里克斯住房项目的准实验结果一致，也符合更近的一项暴力降低研究结果，根据该研究，暴力降低是因为卡特里那飓风之后，将释囚与高风险环境分离所致。尽管在另一方面收益成就极可能在未来逐渐销蚀，但如上文所示，搬离城市对邻里成就同样至关重要。

超越个人移居

居所迁移不仅受到了较大情境的限制，它们也有助于构成和定义较大情境。当一个人在邻里之间迁移，其意义不仅限于个人结果的发生，还建立地方之间一种社会交换的形式，这是邻里如何变化的重要部分，关系到邻里间关系的形成与否。因此，我转而更明确地考量关于这一点所获悉的分析的更高阶影响。[26]我的动机在于开始了解个人迁移所创造的"空间流动"（spatial flows）。其核心思想是设想流动的模式，将芝加哥的芝加哥邻里人类发展项目家庭的起源邻里连接到美国任何地方的目的地邻里。为了在分析上实现这一点，帕特里克·夏基和我逐步进行归类，对象是以芝加哥内外地方为基础的所有邻里（主要是芝加哥郊区）、占主导地位的邻里种族/族裔群体或混合群体，以及研究之初和结束时的贫困状况。收入中位数位于芝加哥分布最低的1/4的邻里被定义为"贫穷"。跨越邻里的重大变迁的定义是：每个起源邻里中至少5%的居民所采取的转变。与变化路径的分解一致，如果至少5%的居民迁移地址，但在调查过程中留在指定的邻里亚型，那么滞留者流动途径也被表示为显著。通过专注于最突出的转变，分析显示聚合迁移如何连接邻里并产生分层的交联网络。[27]这些流动的曲线是惊人的，所以我在图12-3展示我们的主要结果。[28]首先要注意的是，种族和族裔结构存在于芝加哥邻里甚至以外的地方，在跨越这种结构疆界的意义上，只有一丁点儿芝加哥居民产生向上流动。最常见的结果是留在自己的起源邻里（请回忆第11章），这是复刻地方分层系统的关键因素。此外，下一个最常见的变迁导致迁移者进入相同亚型的邻里。在非裔美国人邻里中的循环尤其常见，如在隔离、贫穷的黑人邻里中所见的20%家庭，它们更改地址，但仍留在"贫民窟"。同样，在黑人非贫困邻里的18%居民搬进了另一个相同类型的邻里。黑人贫困邻里的20%家庭确实离开，但却是到其他隔离的黑人区域。跨越黑人、白人种族差距的最大途径，是从黑人中产阶级地区到芝加哥郊外的白人非贫困地区。这个转移微不足道，图中并未画出，因为它代表不到5%的居民。

　　数据表明，五个迁出芝加哥的主要路径中，有四个是通往白人非贫困地区，而这些路径中最大的一条起源于白人邻里，而且都是非贫困的白人邻里。芝加哥的白人邻里也是受到偏爱的目的地，但不转往任何其他邻里亚型，唯一的例外是拉美裔非贫困邻里（这种转移占5%）。[29]考虑到与城外流动相关的邻里质量的改善，这种模式揭示一条主要方式，其中白人维持在邻里结构中一向的优势地位，甚至在像芝加哥这样一个多族裔和经济多

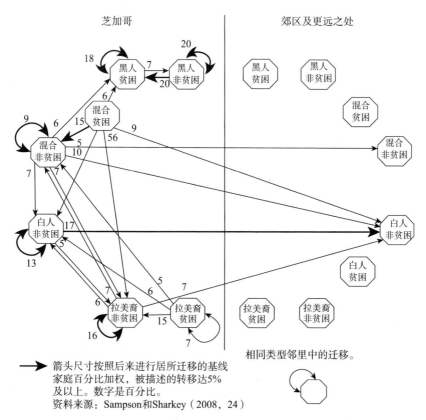

图 12 - 3　根据贫困类型学和芝加哥目的地之地位，白人、黑人、拉美裔和
混合族裔邻里间的人口流动占主导地位的流动跨越种族或
族裔的边界，反而加强而非破坏了邻里的结构

样化的地区也是如此。图 12 - 3 进一步揭示了涉及拉美裔和混合族裔区重大的邻居 "交流"，以及拉美裔和白人区较低程度的交流。例如，尽管从白色非贫困邻里退往芝加哥外的路径表明，拉美裔正在迁入处于过渡期的白色芝加哥邻里，因此正在形成拉美裔飞地，但我们仍观察到拉美裔和混合型（异质性）非贫困邻里之间，以及白人非贫困和拉美裔非贫困邻里之间的相互交流。与此同时，连接拉美裔非贫困邻里与芝加哥郊外的白人非贫困邻里的路径，主要由拉美裔组成，这表明不少拉美裔正在迁入白人为主的郊区邻里。由此证实了一个严峻的现实：缺乏通往芝加哥郊外的任何黑人邻里及任何黑人或拉美裔邻里的显著路径，所以构成种族和经济居所交流的层次结构，从而复刻邻里分层，这个过程进而直接地影响在该问题上别无选择的儿童及其人生。

数据背后的含义

　　本章的结果产生几个用以理解邻里变化的含义，从而理解邻里效应。它们还有助于我们了解本章开头提出的"分离的芝加哥"，该观点似乎让许多观察家感到意外。此处的数据表明，起因是根深蒂固的，而且没有道理对此感到惊讶。

　　首先，一些先前观测不到的因子，在邻里效应研究中代表着选择性偏差的假设性来源，尽管在文献中存在诸多猜疑与主张，但在实际或已揭示的邻里选择决策中，这些未被观察到的因子重要性微乎其微。随着种族/族裔分界线和社会经济定位，居所分层大大地下降，尤其是收入、教育和置业方面。这些绝大多数是解释邻里成就中显著方差比例的唯一因子。即使在引入了多种成为理论主题的协变量之后，通过它们捕捉区位成就迄今尚未被研究过的维度，如抑郁、犯罪、IQ 冲动性和社会支持等，我们研究结果的实质性情况依旧不变。由此可见，如本研究的纵向研究，正确地说明邻里选择决策连同关键的个人和家庭因素，可成为邻里影响的有效测试。

　　其次，数据显示情境对流动的关系重大，意味着个人解释的研究可能被误导。白人和拉美裔生活在非白人人口日益增长的邻里时，最有可能迁出，这提供了流动出现的证据，至少可作为起源邻里的种族混合变化的部分解答。虽然黑人不受种族变化的影响，但当集体察觉到强烈的失序时，他们就会被迫离开。但很可能由于某种隐藏于分离的芝加哥背后的不平等被"选择"了，并非就预期结果的意义而言，而是因为一些家庭，特别是非裔美国人，会离开较富裕（白人）的邻里，而迁移去那些被认为更友善且种族更多元化的地方。鉴于芝加哥种族关系的严峻历史，这是一个合理的假设。通过全盘衡量一切，将白人郊区视为测量的尺度是错误的，如同肯尼斯·克拉克（Kenneth Clark）于 1965 年（以及如第 11 章开头所引述的）的论证。确实，数据与以下观点是一致的：在制度性歧视已减少的时代中，少数群体成员基于他们对地方种族化结构的认知来做出居所排序决策，即便他们仅仅只是感觉到不平等。尽管预期的歧视可能诱发非白人滞留者的动机，但低收入地区的非裔美国人以及无论是混合族裔或拉美裔邻里之间，并没有显著交流，这些区域大概就不会出现地方分层理论所建议的那种强烈反对或制度性障碍。

偏好和约束从而共同维持第 5 章和第 11 章提出过的不平等自我强化循环。因此，贫困陷阱不仅难以摆脱，且可能继续，缺乏国家主导的干预措施（例如，保障性住房的分散）或文化变化来产生社会生活的愿景，让种族和阶级多样性被视为城市中令人愉悦的事物，而不是一种耻辱。2008 年奥巴马的胜选被认为在促进这种变化的道路上往前迈了一步，尤其是因为他在芝加哥的家乡邻里，如今已成种族多样性的国家象征。积极的变化可能正在进行中，但例外情况提供洞察力，正如在第 8 章所见，海德公园社区（Hyde Park）组织致密，并已投入大量资源很长时间，以维持稳定的种族融合。[30] 并不是每一个社区都有芝加哥大学或其他机构来稳固其实现种族多样性的努力，几乎所有其他社区都自食其力。对于一般的邻里，邻里的种族和经济结构非常牢固。在本书的最后一节，我将返回到解释邻里轨迹重新定位的问题。

现在，我们看到排序的各种各样矛盾出现，甚至当"分离的芝加哥"持续不断且显而易见时，有一种恒定不变的"暗涌"（churning）和流动横跨邻里边界，混合了一些社会类别，如犯罪、抑郁和其他通常未被考虑的因子。然而，即使在这一点上，情境还是至关重要：人们为各种各样的原因而迁移，但甚少与起源地和目的地邻里的特征与认知评价无关。失序的含义就是一个很好的例子，社区种族组成的变化也是。此外，讽刺的是，邻里条件对影响自下而上的选择决策至关重要，这意味着有别于正常设想的不同类型社会影响力：排序犹如社会过程。下一章将在居所迁移的全市网络层面上，继续探讨这一理念的结构性影响。另外，如果真有什么区别的话，那就是本章已经证明，选择性偏差本身就是邻里效应的一种形式。

第 13 章
邻里间迁移的网络机制

　　如果真有一个社会研究领域存在，一个被许多人视为抵抗"个人还原论"（individual reductionism）的领域，那就非社交网络莫属了。作为一个出色的且不断发展的领域，社交网络已经虏获公众的想象力。"六度分隔理论"（six degrees of separation）这句名言，如今已成流行文化的一部分，"我们的朋友会让我们发胖"，这个想法最近成了头版新闻。[1]这项新发现的受欢迎程度，与社交网络在社区和都市文学中长期扮演的角色形成了鲜明的对比。[2]事实上，邻里中的社会纽带密度是最常被提到的特性之一，它被认为是健康改善或犯罪减少的影响因素。如第 2 章所表明的，这种想法至少可以追溯到早期的芝加哥学派。因此，实际上，现今的网络普及是重新发现过去的一个例子，而在这里则是经典城市社会学的例子。

　　但令人惊讶的不是社区网络这一概念常常出现在譬喻中，而是对于这一概念的详尽的研究是如此微乎其微。

　　即使是在关于社会纽带的实证研究中，网络也指的通常是关于一个地区的纽带性质或个人层面纽带聚合的看法，而不是一个实际网络的结构。换句话说，以往研究的侧重点在于，关于个人联结和社会结构的"自我中心"（egocentric）看法。这种分析步骤可以为许多重要问题提出解答，而我也毫不犹豫地在适当的地方使用自我衍生的测量。例如，第 7 章所提出的社会凝聚力、亲戚/朋友纽带，以及互惠交换等测量，都是基于个人自陈的总结。共同期望作为集体效能的主要组成部分，也必然与人们世界观各异有关。然而，尽管这些及其他构建体已经显示具有某些问题的理论含义，但在社交网络中却少有社区间的社会科学记载变异，更遑论在城市范围内的探讨。

因此，我在本章中提出一个研究"邻里网络"的不同的方法，以第 11 章和第 12 章中铺陈的发现和逻辑为基础，我将证明选择迁进和迁出邻里的重要性。根据与科里纳·格拉伊（Corina Graif）的合作研究中衍生而出的结果，我分析了居所选择的结构和邻里间移民的社会资源。[3]邻里间的关系成为分析的单位，这反过来有助于实证评估结构和文化特征中的相异如何影响人口流动。我考察了三套相互竞争的因子，以它们为假设来解释邻里间网络：①空间接近性，②种族和收入组成中的差异，以及③社会和文化氛围的相异（觉察到的失序、集体效能、地方纽带和组织参与）。结果显示邻里间人口流动的空间和结构距离效应，我还进一步证明，社会氛围的相异不同于社区间经济地位和人口组成的紧密关系。我特别强调集体觉察到的失序的显著作用，并考察像抑郁和犯罪行为这种个体因素如何与邻里间移民模式产生关联。总体而言，结果显示，邻里迁移的二元模式根本上是社会性的而非个人的，并从中形成一种在不断塑造芝加哥相互依存的社会结构的因素。

在第 14 章中，我把网络的想法推进到另一个层面，通过审查芝加哥主要机构领导人间的影响力纽带，看这些纽带如何形成社区间与横跨社区的联结，以及这些网络结构继而如何影响社区层面的结果。综合来看，这两章所表达的就是我所主张的一种新方式，得以使本节的邻里网络概览和城市的社会结构趋于完善。

居所迁移如何创建网络

两个邻里区间的迁移类似国际移民，都是在起源地与目的地之间创建了一条纽带，共同编织较大的居所流动结构。[4]根据这种观点，在微观层面上选择一个新邻里或决定留下来，都可以被看作一个具有结构影响的机制。虽然威尔逊并未通过这些措辞来表达，但他就黑人中产阶级外移对集中贫民窟的贫困所产生的效应提出了十分有影响力的观点，该观点与居所流动的社会影响相联系。与第 11 章和第 12 章的论点一致，邻里间的排序或个人选择具有引人注目的或宏观层面的影响。

图 13-1 呈现居所流动动态结构的样子，展示芝加哥正式划分的社区（圆圈）间的联结，它们被设置在相对的地理位置上，并具有箭头，箭头的

大小比例根据居所迁移的方向和量确定。[5]圆圈的大小表示全市网络中的不同
社区数量，一个焦点社区与全市网络连接，根据样本的大小标准化。左侧
网络图反映"入度"（indgree），或不同社区的数目，一个焦点区域从这些
不同社区接收移民。在右侧的"出度"（outdegree）测量不同社区的数量，
一个焦点区域往这些社区发送居民。发送纽带只与当初包含芝加哥邻里人
类发展项目抽样邻里的正式划分的社区有关。[6]很快地我将研究具体的社区，
但目前图形显示，在社区间移民的接收和发送模式中，同时具有相似性和
可变性。例如，远东北区有几个社区，它们往往是流失而非吸引居所流动
家庭，也就是说它们是主要的发送者。相比之下，在西北区社区相对较小
的区域中，明显地出现移入与外流的致密集群。然而，总体来说，大多数
社区都处于入度和出度相近的情况，且部分居所迁移达到越过整个城市的
跨度，从而连接遥远而不仅是毗连的邻里。这些结构化迁移的起源为何？
哪些社区在整个过程中扮演中心角色？

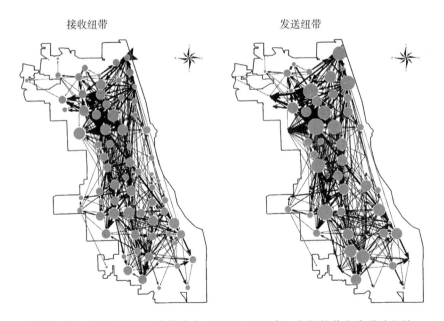

接收纽带　　　　　　　　　　　　　　发送纽带

图 13－1　芝加哥居所流动的动态，1995～2002 年：根据接收和发送地位的
正式划分社区的联结。入度的圆圈大小根据社区数量决定，
一个焦点区域从这些社区接收移入者。出度与社区数目
成正比，焦点区域往这些社区发送迁移者

图 13－2 将整个芝加哥邻里人类发展项目研究过程中的居所迁移，细分

为黑人、白人和拉丁裔家庭，并将它们置于特定地方的情境。为此，我识别每个正式划分的社区，但为了减少混乱，我只命名每个种族/族裔型中的重点部分，其余的都以数字识别。[7] 由于种族的样本规模较小，我绘制了反映所有纽带的二元迁移。我侧重于接收纽带（入度），以比较整个城市中最大数量的社区。我们发现，在看似几乎处于平行世界中的邻里间，白人和黑人形成了动态联结。例如，白人大量地在远西北地区社区（例如，杰弗逊公园社区、波蒂奇公园社区）之间迁移，少数在西南区社区迁移，像可林社区（Clearing）。黑人迁移高度局限于西区社区（尤其是奥斯汀社区）和远南区社区。像西恩格尔伍德社区（West Englewood）、南岸社区（South Shore）和罗斯兰社区（Roseland）这些地方，将接收来自传统黑人带状区域的移入者。正如我们从其他地图获得的认知，这些地区也是集中劣势非常高的区域。同样重要而且极度引人注目的，就是大量未联结的社区，住在当地的人没有迁移。横跨整个城市的大片区域几乎没有黑人、白人种族交换，此外还有许多离群索居者。黑人家庭进行迁移的城市区域都受到集中劣势的高度限制。

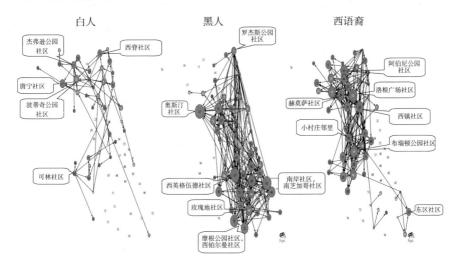

图 13 - 2　　在分离的社会中迁移：根据迁移者的种族/族群性随时间推移的
居所纽带。圆圈与入度迁移成正比。二元纽带和正式
划分的社区标识符显示在图中

　　最右边的面板中显示，西语裔形成流动的第三个区域，来回迁移于西北地区的一组社区间（例如，洛根广场社区和赫莫萨社区）、传统 "barrio"

（说西班牙语居民的集居区）——小村庄邻里（Little Village）/皮尔森社区（Pilsen），以及新兴的拉丁裔社区——布瑞顿公园社区（Brighton Park）。在东南边，海格威斯社区（Hegewisch）和东区社区（East Side）也将吸引拉丁裔家庭。我们看到拉丁裔移民和异质社区间的高度迁移，但几乎没有迁至黑人社区，这意味着第12章开头就提及的"分离的芝加哥"已扩展到黑人和拉丁裔人口，而不仅仅是一般的黑人－白人二分法。无论从哪点来看，真正意义上的混合并没有跨越明显划定的种族和族裔界线而出现，个体选择是一个高度结构化的过程。

流动结构的解释

图13－2和第12章的模式可推出一个假设：社会学家所称的"同质性"主宰居所的选择。在其最简单的层面上，同质性的原理是物以类聚。言下之意是，相似的人或实体之间的相互作用或网络纽带的发生率高于相异的人或实体之间的。因为迁移涉及空间中的网络，可想而知同质性影响的不仅是个人相互作用，也影响着邻里联结。我们的目标在于了解同质性的社会过程。

在回顾个人间纽带的形成与维持的研究（横跨各种面向）时，麦克弗森（McPherson）及其同事认为："地理是构建同质性的有形基底。"[8]巴里·韦尔曼（Barry Wellman）认为，尽管理论上科技使远程关系变得可能，但个人关系的建立和维持都仍然在很大程度上依赖于直接接触，因此人际关系也持续地受到人们地理上的邻近的影响。[9]接触的空间机会也可能影响到相近邻里的信息传输，例如，觉察的愿望。即使是在当今的全球化世界，且与第1章回顾的"距离的消亡"（death of distance）主张背道而驰，但是，我们有充分的理由预测，与遥远的邻里相较，相近的邻里之间将会有较多的居所交换。这种"空间逻辑"意味着地理距离对移民网络的直接负面影响。然而，从第12章的回顾来看，长距离的迁移，例如迁至郊区，经常会为社会和物质环境带来相当大的变化。距离常常被看作（或者说就是）变化的积极标志，比如某人迁移以远离内城区显见的危险。在这些情况下，我们可能预期空间相邻的角色被削弱。本章仅依据区位优势（在迁出地与迁入地间一直存在的不同）这一简单事实，直接预测迁移是怎样进行的。

人们倾向与相似的人接触，并且是基于种族、收入和教育等非空间的社会特征，这种倾向已经在社会学领域中有据可查。人际纽带的同质性通过人口的同质而日益巩固，这种同质性是基于种族、族群性、宗教和家庭属性的。当人们积极寻求社会上的相似关系时，起源地和目的地邻里的组成相似性会更有可能。因此我们将社会距离作为第二个假设因素，用以研究影响由居所流动定义的邻里联结。有关于"超个体"（superaindividual）单位的分析研究支持这种总体思路，例如，地位、权力和其他社会属性的相似性促进了组织间的规范和信息传播。[10]如前面章节所示，隔离的空间机制加强排序，将黑人贫穷家庭归入高度劣势和隔离的黑人邻里，而高收入的白人家庭则归入有更多资源优势的白人邻里。

存在一个对立假说，就是居所流动与美国城市的社会流动性有关，这在第 12 章中已展示过一个例子。邻里收入随时间推移最大幅度的增加发生在迁出芝加哥的家庭中。就居所流动性作为向上流动的标志而言，具有不同收入水平或种族组成的邻里间，产生联结的可能性高于具有类似地位属性的邻里之间。换句话说，"向上迁移"是有目的的求异。但也正如第 12 章所证明的，异常的向上流动是罕见的，绝大部分的家庭仍然留在城市中迥异的社区起点，以及经济回报与选择性流动的比率（而这个比率通常是相似的）导致了不平等的社会复刻，在这种情况下最终目的地是非趋同的（nonconverging）（例如，图 12 - 1 和图 12 - 3）。这些同步模式表明，尽管居所流动是社会流动的机制，但具有同等收入水平和种族组成的邻里，仍然将通过居所流动形成大规模地联结，从而形成一种较高阶的结构限制。这种结构限制影响着每一个迁移者。

最有趣但研究得最少的或许是本书中所强调的基于集体过程的社会氛围（social dimate），如觉察到的无序和对控制的共同看法，该社会氛围是邻里排序的独立诱因与迁移链的强化物。虽然梅西及其同事专注于美国的墨西哥移民，但他们仍提出证据表明，地方社会结构和志愿者协会（例如，足球俱乐部）有利于特定的起源地社区和特殊的目的地社区间的流动。其他的研究证明，朋友、亲戚和地方机构在非裔美国人的远距居所流动轨迹中发挥了作用。[11]虽然有关美国城市居所迁移路径的证据少之又少，但是本书的邻里逻辑表明，社会机制扮演要角。例如，看重紧密社区（居民参与志愿者组织的社区）的非裔美国人在选择新的居住社区时可以积极地寻求这些相同的属性。邻里协会往往直接参与致力管理有关邻里变化的公共叙事。[12]社会凝聚社区也可以通过组织和其他机构的渠道，选择性地将相关的住房信息，传达给来自其他有凝聚力的社区居民，因此而联结来自具有相似特征的社区之居所流动。[13]

邻里声誉也至关重要，或许对于邻里无序或"糟糕"的看法更是如此。"破窗"理论（"broken windows"theory）在这里具有讽刺意味，因为无序（如涂鸦、无人监督的孩子在大街上徘徊、空置房）意味着吸引犯罪分子和宣扬犯罪，这种的想法越强烈，人们就越有可能根据这种想法的预测来行事。这种增强循环（reinforcing cycle）有助于解释为什么关于无序的共同看法内嵌于邻里特质的演变以及这种共同看法是如何随时间推移而得到增强的。第6章证明了，在预测日后的贫困方面，共同看法的作用不亚于邻里的社会和人口组成。无序的社会看法实际上对后来的贫困水平产生的效应，比惯性路径依赖来得大，先前的贫困可直接代表惯性路径依赖。想来，系统性观察到的无序与后来的贫困没有单独的关联——这两者的联系是通过先前的共识建立起来的。由于邻里声誉与无序的意义密不可分，并通过非正式制度上的机制（例如八卦、地产转向、信息流）而增强，可想而知，觉察到的无序的相似性将塑造邻里间迁移的模式，一种文化同质性的形式。由此产生的假设是，以邻里的经济和种族组成为条件，并控制相关条件（如犯罪率），关于无序的集体评级相似性将预测邻里间的人口流动。

总之，本章评估反对另类观点的三项主张，该另类观点主张：空间的相邻和社会距离将不再控制邻里间移民的机制。第一项主张扩展了载于第10章的空间逻辑：任何两个社区间的地理相邻，将直接增加基于居所交换的纽带之可能性（和力量）。第二项主张是第11章和第12章的延续，而且是关于邻里组成。是否任何两个邻里间的社会经济相似性都能预测它们之间居所纽带的可能性或力量？平均而言，我们预期，具有相似社会经济水平和种族构成的邻里，将通过居所交换流动而联结。第三项主张将辩论发展至超乎邻里的物质和成分质量，对准一个直接焦点，即集体或社会生活质量。虽然也许比不上人口组成来得显眼，但一个地方的社会氛围和共同意义所捕捉到的重要机制，可以加强邻里流动的社会秩序。

策略与结果

为了评估这些想法，传统上被视为属性的邻里特征，被重新定义为一组邻里间居所交换的矩阵。作为这种方法的一个示例，我们考量一个矩阵，通过它来定义芝加哥邻里人类发展项目中 80 个被抽样的邻里集群间的联结。这组 80 乘 80 的矩阵将有 6320 个单元（cell）或邻域间关系，不计算对角；整个城市中的 343 个社区产生 117306 个单元。首先，将矩阵单元定义为每对邻里间的空间距离。距离的计算根据来自邻里质心的经纬度坐标的欧几里得函数。接着，计算每一对邻里间的社会特征中的绝对差。收入中位数是社会经济地位的主要指标。黑人百分比是种族组成的主要指标，两者都基于 2000 年的人口普查数据。得自 2000 年人口普查（每公里的人数）的人口密度和官方公布的 1995 年至 1999 年的犯罪率，均为控制变量。社会氛围指标基于联合社区调查，并调整测量误差。它们反映了各指标的平均水平，每样指标对应于基线和最终评估（1995～2002 年）之间的时间，且与两个社区调查（1995 年和 2002 年）中所测得的时间一致。集体效能、觉察到的无序、朋友/亲属纽带的密度，以及组织参与，都定义于前面的章节中。

为了分析这些数据我们需要一种关系学的方法，这种方法能够估计空间距离和邻里间的社会相似/相异是如何解释它们之间由居所迁移所形成的关系的。在主组分析中，任意两个邻里间经评估的纽带表示基线和终评间的居所流动量。在第二组的分析中，纽带经过二值化处理，这样一来，会有一个值用以指示两个邻里间家庭（一或多个）的任何居所交换。分析的进行根据芝加哥所有正式划分的社区（$N=76$，不包括奥黑尔社区）和所有邻里集群（$N=343$）的关系，也根据基线芝加哥邻里人类发展项目样本所代表的正式划分社区和邻里集群（N 分别为 47 和 80）。我提出了关于实质性情况的总结，上述情况在这些不同样本规模中均有出现，但我把主要侧重点放在出自完整空间网络的结果，该网络由芝加哥邻里人类发展项目研究明确定义。80 个被采样的邻里集群和 47 个正式划分的社区是按城市的设计典型，同时允许一个相当大数量的邻里作为分析输入，并有足够的邻里间研究成员来产生可靠的流动性评估。[14]

图 13-3 是一张柱状图，显示标准化效应的相对大小，该效应来自一项

二元分析，分析的是 80 个被采样邻里集群与相关的正式划分社区（$N = 47$）间的居所流动量。从邻里集群开始，我们看到，空间距离极力压低通过居所交换形成的直接纽带。该关系甚为牢固，而且标准化系数比任何其他预测因子大得多，在理解更大的迁移结构方面，距离显然至为重要。[15]经济组成及其相关资源也是如此。通过控制任意两个邻里间的空间相邻，家庭收入中位数的两两相异导致较低的直接居所交换量。在其他结构性因素中，种族组成（黑人百分比）几乎等于重要性（$p < 0.10$）。在模型中，种族和族裔多样性代替黑人百分比，这种模式维持不变，所以这不仅与测量有关。犯罪率和人口密度也不能预测人口流动。

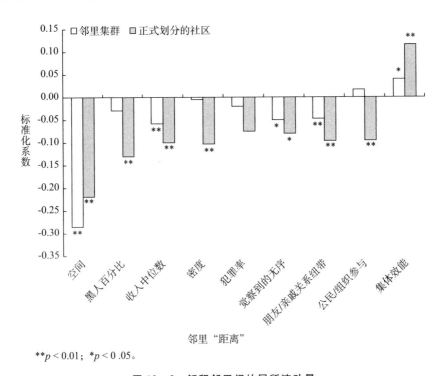

**$p < 0.01$；*$p < 0.05$。

图 13 - 3　解释邻里间的居所流动量

从理论的角度来看，最有趣的结果涉及邻里社会氛围和集体过程的角色。在调整空间相邻和社会距离基于种族和收入的效应后，联结原始样品中的 80 个邻里的纽带量，与朋友/亲属关系网络相似性及觉察到的无序水平有直接关系。图 13 - 3 中的系数符号意味着，在社会上觉察到的无序水平以及朋友和亲戚密度方面，两个邻域间有所不同，居所交换率明显较低，不能通过邻里组成的相似性、犯罪率，或其他社会因素来说明。朋友/亲戚纽带的结果表明，邻里层面的同质性扩展到社会相互影响的动态所造成的排序。进一步的分析也表明，觉察到的无序有力地控制了观察到的无序，这表明了促进跨邻里居所联结的是共同规范，而不是与无序相关的有形属性。值得注意的是，集体觉察到的无序和地方性的社会纽带密度堪比人口结构和收入规模的效应。

令人惊讶的或许是，鉴于本书中的其他结果，组织参与的相似性并没有直接影响邻里间移民纽带。此外，集体效能水平中的两两相异预测了较高的流动量，多少有些出人意料。这一结果意味着，在其他条件不变的前提下，有证据表明，就集体效能而言，居民正在"向上"和"向下"迁移。格拉伊和我更详细地研究了这个模式，但没有发现证据表明，集体效能的差异形成特定方向的净流量，向上和向下移动均有可能。我们还发现，图 13 - 3 的主要模式概括了居所纽带，联结芝加哥全市网络中 343 个邻里集群，具有空间距离和社会距离，两者由社会人口组成、觉察到的无序，及朋友/亲戚纽带来定义，这些纽带均显著地预测了邻里交换。[16]

当我们将分析重点转至芝加哥正式划分社区中的人口流动时，空间和社会距离的解释力维持不变。这些都显示在图 13 - 3 的第二柱组。因为正式划分的区域是较大的地理单元，所以同一个正式划分社区中，空间上相邻的邻里集群间的流动不包括社区间纽带的计算，因此，我们可以预期，在形成网络纽带时，空间相邻的作用较弱。虽然对邻里集群这方面的作用较小，空间邻近性仍然是最大的影响因素，因为这减少了居所网络纽带的数量。这一点并不难理解，因为空间相邻愈突出，考量的社区愈小。然而，一般而言，当重点放在社区间移民纽带时，其他所有的关系的数量都更大。需要注意的是，每一个社会距离因素，通过社会氛围，在社区间移民纽带产生的效应比邻里集群间要来得大。在根据空间效应进行调整之后，收入、无序、朋友和亲属网络的密度，特别是集体效能的影响依旧显著。种族组成的相似在预测纽带方面变得更强大，甚至在更大的范围内，人口密度的相似和组织参与的相似也是如此。看来，根据关键分层和社会氛围的暗示，正式划分社区间的排序更加模式化，正如我前面所说的，也许是因为这些社区具有明确定义的声誉和社会意义，正好对应这些特征——强化了社会差别。社区组织通常也有比单一邻里更大的参考点或服务区。因此社区排序比邻里排序更体现社会建构的特点。

　　读者可能会关切，该分析并未充分考虑居所迁移过程中的家庭资源。虽然数据表明，邻里收入的相似性诱发居所交换，但这一模式是否适用于所有收入群体？以经济角度来看可能会认为，家庭在收入和可用资源的差异造成的后果，好像只是邻里收入中位数的情境效应。基于芝加哥邻里人类发展项目基线家庭收入的不同类别重新定义邻里间相互迁移时，这种担忧被凸显出来。低收入流动的定义是基于收入低于 10000 美元的家庭（以 2000 美元计）。中等收入流动是基于收入高于 10000 美元和低于 30000 美元的家庭。由于偏态分布（Skewed distribution）和较高收入的个案流失，我以几个方式研究了高收入类别，即逾 20000 美元、逾 30000 美元和逾 40000 美元。结果表明，收入中位数的相似性预测了几乎所有家庭收入组内的邻里间纽带，在邻里层面的流动交换方面，建立一个收入相异的"情境效应"[17]。

无序流动

　　图 13-3 总结的结果强调的是，觉察到的无序在形成邻里间居所交换的一贯作用。这种模式是值得注意的，因为人口－经济组成和犯罪率被明显地控制。但是，目前尚不明朗的是，是否如低无序邻里一般，本过程也存在于高无序邻里中。秩序的整洁和规范是美国邻里中的普遍主题，因此，居民从一个低无序（"保存完好"）邻里到另一个邻里间的流动，就成为主导模式。[18]换句话说，我们可合理地预测文化排序将在高端。我提出这个区别，并通过重新划分居所迁移，将前面的分析扩展至高与低无序的类别。为了在此一分析上保持交点和二元比较的最大数量，我研究了邻里集群。图 13-4 的左侧面板描绘超出觉察到的无序中位数（高）的邻里集群。右侧面板标示低于中位数（低）的对应邻里。芝加哥的地理边界叠加在各个领域，箭头反映邻里间的二元流动性纽带。

　　在位于较高无序邻里的相似性中，我们观察到一个密集而且可能令人惊讶的集群式迁移。请注意，在芝加哥西区和南区的这两个大型集群，本身就与东北区的一个小集群彼此相互联结。几乎城里的所有高－高纽带都落在这三个集群中的一个或与集群联结。与本发现一致的是，无序效应超越空间相邻，联结链往往穿越到极为遥远然而却类似的较高无序邻里。由于收入和种族组成无法解释这种模式，这些联结途径显然是由它们共同含义的相似性构成，是一种产生同质性结构的文化排序。似乎这一结果是由于对规范和城市环境下活动的熟悉造成的，而局外的观察者强化了这些规范。这些规范不仅存在于两个种族之间，也可以存在于种族内部。例如，芝加哥黑人社区的人种学研究已在低收入和中产阶级化的黑人邻里之中，发现对有序或正确行为的不同看法，且有时是相互冲突的定义（如门廊烧烤、青少年户外集会、大街上修车、存在无序的家庭成员）。[19]我们也设想公共"无序"的不同阈值和舒适水平发挥作用（第 6 章）。定位相似的"较高无序"邻里间将会有居所移民，这样的想法因此可从社会角度理解，尽管据我所知，这种现象以前没有被证实。

相比之下，尽管低无序邻里间的移民流动在地理上的形成与空间距离效应一致，但都集中在两个不同且基本上不重叠的城市区域（如西北和西南区），图 13 - 4 的右侧面板强调这些区域。我们在邻里间层面看到强烈的排序，具有联结低无序区域的纽带趋向。我相信这个经验规律支持目前的理论框架，将人口统计般的现象（移民）与社会信仰和规范的强化连接起来。也就是说，在集体信仰的认知层面上，起源地和目的地邻里的稳步相

高–高无序纽带　　　　　　　　　　低–低无序纽带

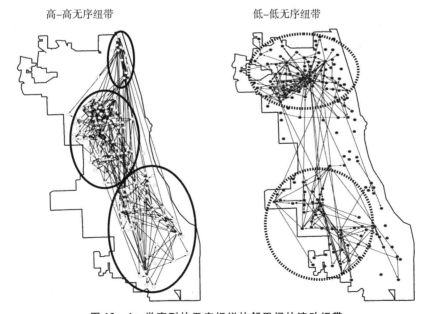

图 13 - 4　觉察到的无序相似的邻里间的流动纽带

似可用来不断复刻关于"保存完好"属性的规范，和"秩序"的共同看法。[20]虽然没有图示，但可想而知，移民流动没有跨越有效数字中的"无序分水岭"（disorder divide），亦即，社会同质性主导邻里间的联结。

个人倾向与情境同质性

数十年来，一项关于邻里效应研究的抱怨指向这个观点：持有不同个体"倾向"的人有差别地选择迁入和迁出邻里。我已经处理了根植于家庭可用财政资源的经济学批判，但也许更大的忧虑是关于真正的个体差异。举例来说，基于犯罪倾向的邻里选择就是一项共同忧虑，犯罪倾向可说是横跨整个生命历程的巨大分裂和耻辱的来源。[21]担忧也表现在心理健康方面，特别是根据沮丧的排序，这种担忧回顾前面提到的"漂移"假说。第12章分析的数据表明，当涉及评估邻里成就结果中的个人间差异时，包括犯罪、"IQ"、冲动性和沮丧等个人因素，并没有改变情况。但问题仍与偏差有关，偏差可以混淆邻里间关系联结新浮现的情况。因此，在本节中，我采取揭示居所交换的下一步骤，并以最重要的一组个人层面因素为条件。

我首先考虑的是，邻里如何通过不同犯罪倾向的人们的迁移而进行联结，这与犯罪活动或犯罪高发个人的时点地域集中这种平常策略大相径庭。因为居所流动和犯罪倾向是这么鲜为人知，所以我先介绍基本的描述模式。图13-5显示芝加哥邻里人类发展项目家庭的空间轨迹，他们的迁移横跨整个大都市区，按"家庭犯罪倾向"分类。[22]"犯罪"和"非犯罪"家庭的迁移追随外流的类似模式，甚至流动至芝加哥以外的郊区目的地。唯一的真正区别是样本规模（不出所料地，非犯罪家庭占多数），模式实质上是非常相似的。当我比较暴力犯罪的上四分位数的青少年（而不是家庭）与剩下的青少年样本，我获得了一个几乎相同的模式。既然如此，就不像核心分层因素，具有犯罪史的暴力青少年和家庭都在芝加哥和大都市区散布颇广，并联结着遥远的邻里与城市核心。

我还研究了芝加哥内的犯罪扩散，这是人们迁移的最主要原因。虽然部分邻里比其他邻里更有可能处于接收端，但仍存在每个群体的迁移所建立的邻里间高水平的联结。那么这些邻里间联结的驱动力为何？当根据那些有无犯罪记录的家庭拆分样本，并依循早前的方法论时，我们再次发现，连接到收入、种族、朋友/亲属纽带和无序的总体过程，就是了解迁移流动的关键。例如，对非犯罪和犯罪迁移者而言，空间相邻仍然是居所交换最强烈的预测因子，且收入中位数和黑人百分比的评估效应是相似的。此外，朋友/亲属的地方密度的二元相似性和觉察到的无序，均显著地预测邻里间的家庭流动可能性（和量）增加，无论它们在基线是否具有犯罪史。[23] 结果的一致性和一般性意味着，不分迁移家庭的犯罪倾向，居所交换具有作用相似的超个人（*supra*individual）组成部分。

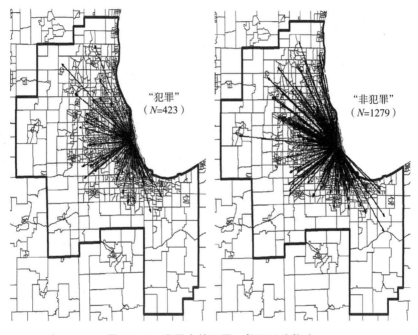

图 13 – 5　进展中的犯罪：郊区迁移轨迹

　　最后，我研究了芝加哥邻里人类发展项目照顾者，根据有无抑郁症的临床诊断予以分类，如第 12 章所定义的。正如犯罪行为一样，主要结果在群体中得到了再现。[24] 不论户主是否抑郁，空间的相邻、人口/种族组成相似和社会氛围的相似均是邻里间居所交换的显著预测因子。[25]

　　这组发现的其中一项含义是，有犯罪和沮丧、抑郁症倾向的个体网络流动，比肤色更不易观察到，而且在邻里间的流通比一般人所想的更加广泛。通俗来说，本节中的数据表明，居住在我们当中且穷困潦倒的罪犯绝不算少。根据个人冒险因子的邻里间排序，敌不过邻里分层更看得见、摸得着的特点，正是这种邻里分层定义了美国经验。

结构排序

我在本章中的主张支持邻里间居所流动的空间网络概念化。居所迁移反映个人行动，同时调用邻里间的联结网络，该网络兼具空间和社会本质。这种理论逻辑揭示一个焦点，即具有社会和历史意义的地理实体间的关系，而不只是这些实体的内部属性。这也澄清了居所流动中的反事实：就存在于城市中的整个社区分布范围而论，居民可能迁移至何处，等等。邻里间纽带的缺乏以及"邻里隔离"的概念，均被赋予真正的意义。

空间距离非常活跃于塑造芝加哥家庭的邻里间迁移，这个论点在本章中非但没有衰微，反而获得了证明。根据材料，原社区和迁入社区的地理位置、社会氛围是不同的，同样，它们的收入水平、社会压力和犯罪状况也不一样。这可能预示迁居者希望保持在原社区的交往渠道、社会网络和其他资源。从各方面考虑，在遥远的目的地建立新社交网络，并获得现有的社会资源，这当中所需的大量时间和精力，给长距离迁移造成很大阻碍。个体惯习和空间上的惯例行为的影响似乎难以根除，而且对自身周遭的熟悉程度往往被低估为一项选择因素，即使当人们已经决定收拾行装并前往新的家园。

除了空间距离这个赤裸裸的事实因素之外，结果还表明，两个邻里间在人口组成和难以言喻的社会氛围方面的相似性愈大，通过居所迁移来联结的可能性就愈高。这种社区层面的关系模式，主要是由于收入水平接近，以及朋友/亲属网络密度和觉察到的无序水平的社会相似性。在正式规划的社区层面上，种族组成和组织参与的相似性成为居所交换额外的预测因子，且在邻里集群和社区层面上都有证据表明，集体效能的不对称性也关系重大。我们按收入类别、犯罪和沮丧将家庭分级，根据这些家庭的空间流动进行调整，发现上述的总体结果在调整中表现稳定，并显示出模式兼具"情境"性和结构性。我想借此表明的是，虽然关系的概览是在邻里间或结构层面上，但是通过个人或家庭因素来定义基于分层的流动，这种方式让流动产生超越个人的传统意义上的情境。无序的共同看法和地方纽带是对居所迁移特别有趣的影响，加强了邻里之间的社会边界。但是，讽刺的是，我本人和其他人批评说，"城中村"在现代城市中大都已过时，可是当我们考虑较大的人口流动结构时，这种批评可能是错误的。与其说这是如城中村形象所显现的邻里内部效应，似乎更应该说，朋友和亲属纽带密度在邻里间联结中扮演的角色可能更重要。

这些研究促进了我在本节里随之建立的关于选择的理论概念化。社会科学已经采用了关于选择"偏差"的技术和概念上十分有限的立场，他们担心个体做出忽视社会过程的重要性的抉择。但根据我的分析，事实正好相反。事实上，本章和前两章的强烈观点在于，是邻里选择人，而不是人选择邻里的普遍想法。这个理论性解释将我们导向一个进行中的社会结构的重要性，该结构还在持续运行，且任何个人或家庭都在这样一个结构中做出决定。迁移流动和邻里连接在一起的方式是相关的，而且不是以个人可以很容易地控制，甚至是必然会觉察到的方式。因此我相信，可以得到理论上的解释：个人选择既是邻里效应也是较高阶"结构排序"的过程。

第 14 章

领导层与较高阶精英结构的联结

在上一章中，我们看到了邻里间的居所流动形成有联结作用的结构，是一个蛛网式的迁移流动，并且不能被还原为个人的组成特征。本章的主张与前述的概念是相关的，即关于连锁城市的想法。我认为，主要机构领导人间的纽带在社区内部及跨社区形成有系统的影响力联结，而这些网络的突发结构，影响着我们对城市如何运行的理解。即使一般人在日常生活中可能看不出来，但决策者之间的信息交流和机构纽带是成事的重要机制。因此，我的目标是揭开精英社会行动这个本来隐藏起来的结构，然后将之重新联结到内部社区特征和邻里间的居所交换网络。

为此，我利用芝加哥项目（Chicago Project）的一个独创成果，该成果我已在第 4 章简单介绍过。芝加哥关键知情者网络研究（以下简称 Key-Net）通过直接探测社区精英和其他有影响力角色之间的纽带，而促进了社交网络的比较研究。不同于绝大多数单一设置的网络研究，关键知情者网络研究专门被设计用来分析领导结构如何在不同的社区中变化。虽然已有一组开创性的社区研究巨细靡遗地调查了精英社会影响力的模式，但之前的成果囿于单一社区或网络，或顶多仅覆盖寥寥几个区域。[1]普遍而言，社会网络的文献中存在一个很讽刺的现象，即在所有完全强调"结构"（structure）的经验研究中，大部分都专注于人际影响和个体（选择）结果。也就是说，个人的行为或态度被认为受个人网络中的其他人所影响，这就是所谓的社会影响力模式。虽然一些针对社会结构的网络研究方法为整个网络下了结论（例如，一间教室或一个组织），但少有多层次情境或跨网络结构的可变性成为论点，且几乎从未与社会进程和机制的直接测量一致。[2]

关键知情者网络研究设计着手解决这些问题，并有助于在整个社会结构中，延续邻里相对位置的概览。如第 2 章中所指出的，芝加哥学派的最重要的遗产就是社区研究，随之而来的焦点包括社区内（*intracommunity*）动态、地方社会控制中的邻里间变异研究，以及社会解组传统中的其他内部邻里过程。[3]多年来，虽然城市学者已提出，但从来没有完全实现一个替代性研究计划，得以将社区视为连锁城市或大都市的一个较大整体的样本。在本章中，我将面对此挑战，研究社交网络如何串联领导者，他们代表的是建构着大量社交生活的机构。我实现更全面愿景的方法包括研究邻里内和跨邻里的关系，不仅作为地理距离的函数，也作为连锁及跨领域网络的函数，并以此网络联结精英、组织，及最终整个芝加哥（及以外）的社区。

关键知情者网络研究是一个大型而复杂的项目，其动因源自一连串足以单独成书的问题。我希望以本章中的发现为基础，在未来撰写这样一本书，重点放在治理的社会情境。目前，我努力做到言简意赅，将关键知情者网络研究归入一套有针对性的分析，其直接动因就是本书的理论框架和前几章的结果。我的策略是先凸显芝加哥领导层联结的四个基本面：①领导层的机构领域如何相互联结；②精英网络结构，像是整体纽带网络中的纽带密度和社区中心性，它们如何在所有社区中发生变化；③随时间推移，领导层网络特性中的稳定性和变化性质；④领导层网络结构是否主要由社区的人口和经济构成来解释，或是相反在根本上与社会过程更加相关，像集体效能和社区的组织生活。这四个问题切中我们理解社区层面情境以及领导层和影响力动态的核心。

第五点应该是最重要的一点，我审视领导层结构如何与社区福祉产生关联，我进一步探讨前面章节中的关系研究，我假设邻里间移民流动与领导层纽带定义的网络流动直接相关。我主张，如果这种联系存在，而且不能用空间相邻、人口统计，或经济地位来解释，那么就可以用它来支持我们的，同时考虑个人行动和每个社区组成的，关于城市上层的社会秩序的议题。总的来说，我认为，尽管有非常不同的经验背景，但是个人选择的实现（这里指的是精英）受到社会结构相同系统特性的支配，而社会结构则主宰移民流动。

关键知情者网络研究——芝加哥

关键知情者网络研究的设计旨在探讨社区领袖或专家，他们根据其职位，具有社区社会行动的专业知识，并为之负责。在实际意义上，我研究的关键知情者是精英，这群人凭借本身的职能在社区中行使权力或影响力。比起普通公民，他们的教育水平也明显较高，赚的钱更多。例如，1995 年，将近一半（46%）的关键领导者有大学或研究生学历，而同一年芝加哥的成年人代表性样本则不及 20%。我们倾向于只考虑在最高位的精英或领导者（主席、市长、企业主），省略正好在头面人物下的行动阶层，他们通常做繁重的工作。例如，不是每个人都可以成为一个戴利市长而且还必然地大权在握。但是，如果没有一个联结性结构，他的权力将化为乌有。这种联结性结构能够深入多层社区，并依赖于可以指挥行动的人。我们论及的不仅是著名市议员，还有警察队长、校长、企业领导人、部长等等。我研究的正是这种角色，没有他们，芝加哥社会秩序的运作将失速奔溃。

关键知情者方法借鉴文化人类学和组织社会学的一段杰出经历，即利用关键知情者来报告集体的社会和文化结构。[4] 利用位置性知情者来收集关于情境的定量数据，也被证明是社会科学中的可靠方法（尽管未被充分利用）。[5] 在本章中，我从位置性角度出发，专注于社区内和社区间的社区领导者联结，利用知情者来定义社会组织的全社区情境，方法是通过推荐他们网络中的关键角色，并通过滚雪球抽样。关键知情者网络研究是一个以定群（panel）为基础的研究，有两个主要组成部分。

定群Ⅰ：最初的设计是基于一个有系统的抽样方案，针对六个机构领域。我们从芝加哥邻里人类发展项目的 80 个邻里集群开始，它们是本书的研究主轴。这些集群根据设计具有城市代表性，且位于城市的 47 个正式划分社区中。由于抽样设计之故，这 47 个地区实际上代表城市的 77 个地区。有针对性的领域包括教育、宗教、商业、政治、执法和社区组织。在大多数情况下，这些领域的辖区超出邻里集群，所以关键知情者网络研究抽样设计针对较大的正式划分的社区，也就是集群嵌入的所在地。如前面章节中所描述的，在芝加哥，大多数领导人和组织代表六个机构领域，他们认得城市的正式划分社区的边界，每个社区平均计有约 37000 个居民，且许多居民依靠他们提供服务。[6]被抽样社区涵盖甚广，从远北区社区种族多样化的罗杰斯公园社区（Rogers Park）到远南区黑人工人阶级的罗斯兰社区（Roseland），从独特的林肯公园社区（Lincoln Park）到极度贫困的西加菲尔德公园社区（West Garfield Park），从墨西哥裔美国人（小村庄邻里/南朗代尔社区）到波多黎各人（洪堡公园社区），以及从白人中产阶级（可林社区）到黑人中产阶级（阿瓦隆公园社区）。卢普区（Loop）也包括在内。

该设计需要在公共信息源（如电话簿、工商人名录和服务指南）中，建立芝加哥一万多个位置性领导者的地理编码清单。其中，5716 人位于 47 个被抽样的正式划分社区。根据目标知情者的身份、工作及其所在地的性质来定义他们。按领域的关键知情者例子包括：

- 教育：公立/私立学校的校长，地方学校委员会（LSC）主席；
- 商业：社区再投资官（银行业务），房地产公司业主；
- 宗教：天主教神父，新教牧师，清真寺的伊玛目，犹太教拉比；
- 执法：区执法官，邻里关系巡官；
- 政治：市议员，区委员，州代表，州参议员；
- 社区组织：租户协会会长，卫生机构负责人，社区社会服务经理。

一共约有 2500 名抽样个案，但在研究随机发布前，有 10% 的抽样由于社区和领域分层而无效（如迁移、停止营业）。美国芝加哥大学国家民意研究中心（NORC）在 1995 年进行了数据采集，完成对 1717 个具有官职的抽样领导者的采访。如上面列表中所见，关键知情者在社区中是高能见度的角色且易于识别，因此我们以极度谨慎的态度来保护机密数据。例如，单单根据职业就能够识别一个市议员。

按照文化人类学和社区影响结构的网络分析所奠定的研究传统，一个"滚雪球抽样"被编为原始设计的附加分析。我们认为，社区中的许多重要角色都是新上任者或者并没有出现在正式名单中，因此没有成为样本。此外，一些在社区中有影响力的角色可能担任非传统职位。为了掌握全部的社区知情者，我们在采访中要求受访者在商业、执法、宗教、教育、政治和社区组织等六个核心领域中，推荐知识渊博或有影响力的人士。对于较为非传统但应该可以通报社区情况的人士，我们要求每个受访者："现在，除了我们已经讨论过的人和组织之外，在（社区名）中是否还有任何人是我们应该谈到，以真正了解这个社区的？这可能包括长居者、青年俱乐部或团伙的领导者、社区的青年导师等等。你还会建议我们访问谁？"被取样的位置性领导者产生 7340 个有声望的被推荐人，约 3500 人被重复推荐，也就是同一个人被推荐一次以上，或已是样本中的被推荐人。此发现本身作为设计的一个重要验证。

我们最终总共完成对 1105 个有名望的人的采访，当与位置性访谈结合时，最终的样本量为 2822。访谈平均长度还不到一小时，且整体完成率令人惊讶，符合条件的个案高达 87%。

定群Ⅱ：正因为这不足以研究在一个时间点上的个人发展，所以依靠社区层面过程（社区和网络变化）的简单印象是一种误导。我们用一个以定群为基础的定位方法，研究社会动态。这有助于获得多项测量，包括社区领导层的变化（例如，在同一个位置上是否有新领袖）、组织变化（例如，机构本身是否幸存）、社会网络结构规模的变化（例如，纽带密度），以及行动内容的变化（例如，预防犯罪、促进健康）。因此，我设计了关键知情者网络研究定群研究，以获取①1995 年仍在同一职位的领导者的采访，②与 1995 年同一职位或组织的新领导者，③新成立的机构和职位的领导者，及④领导者从 1995 年的职位退下后的去处。组织和位置抽样框（sampling frames）在 2000 年进行了更新，并与 52 名领导者进行前测访谈（pretest interviews）。

最终样本于 2002 年建成，如 1995 年的原始位置性领导者的随机选择，经由机构领域分层，再加上为获得新机构和新领导者而设计的滚雪球抽样推荐。为了控制成本，从原有的 47 个社区中选出 30 个，作为定群抽样框的代表性子样本。芝加哥大学的国家民意研究中心被选来执行接触受访者和进行面试的各方面工作。2002 年的夏天和秋天完成超过 1000 个（$N = 1113$）采访，合格者的回应率为 76%。2002 年的采访中大约有 60% 是新受访者，但与 1995 年受访者担任相同或相似的职位，这显示在一个相当稳定的位置网络中，个人转业率相当可观。最后的样本产生平均每个社区近四成的采访，使我们得以严格审视领导层网络结构如何在所有社区中演变。

评估精英网络

我首先将一个联结定义为一项提名（nomination），这种联结如同网络科学中已知的纽带或"影响力"（edge），通过社区内的一个机构代表或关键知情人，推荐另一个人，称之为"他人"（alter）。这些纽带可以指向同一社区内的其他人——我称之为"内部他人"（internal alter），或对另一个芝加哥社区的"外部他人"（external alter）。纽带能够而且也确实超越芝加哥，例如，当社区组织的一个领导者接触伊利诺伊州斯普林菲尔德市（Springfield）的一个州参议员时，而形成另一种外部纽带。为了建立这种类型的领导层纽带，原来的关键知情者网络研究开发了罗纳德·伯特（Ronald Burt）"名字生成器"（name generator）的改良版，我们先后根据焦点群体和1995年及2002年研究的正式前测进行修正。[7]在我们修改后的方法中，每个受访者被要求通过姓名确认他们为了在社区中"把事情做好"而接触的人，并最多列出五个名字。虽然我们前测过多个名字生成器，但是当受访者形成社会纽带时，受访者似乎通过这种表达法已掌握到具体情况。此外，通过不指定联系人类型（例如，询问关于"朋友"或"知名熟人"），且不要求联系人的预设数量（如"告诉我们你的三个联系人"），我们得以避免对常见名字生成器的批评：人为地仅归纳出密切纽带或者强索假联系人。[8]事实上，我们的很多受访者离群索居，并没有提名任何联系人，这一点是与接下来的理论问题直接相关的重要信息。我们记录每个关键联系人（最多5个）的姓名和地址，以及他们的职位和人事关系。

在1995年，社区领导者推荐了近5600个"他人"作为关键联系人，但是，正如理论上所预期的，在这些引用中存在重叠，"他人"中仅约2050人是独一无二的个人。受访者平均推荐2.5个"他人"，且1995年的每个不同的"他人"被2.72个领袖者推荐。尽管样本量较小，但2002年的集中模式是相似的，例如，"他人"引用的平均数稍微高一点，达到3（逾3000个推荐和1275个不同"他人"），且每个"他人"平均由2.4个不同受访者推荐。

图14-1显示2002年受访者和被推荐联系人间的纽带流动，涵盖整个城市且无地理位置的参考。箭头表示直接纽带，圆圈代表个人，圆圈大小与"入度"或每个人接收到的不同纽带数成正比。虽然1995年的数据就已

经显示了类似的模式，但为了更新评估分析我将先暂时搁置这些数据。在整个个人网络的层面上，我们在外围发现了大量的离群索居者或弱联结的联系人（例如，一些受访者没有任何联系人），中间则是数量相对较少的"联结者"（connectors），他们调解或控制大部分行动以及一些向外扩展的派系。在中间和亚组都有一些重要角色，包括在正中心可能会被我们戏称为"大人物"（Mr. Big）者，但他们是名副其实的大，因为他们接收了绝大部分的网络纽带，且像所有的领导者一样隐姓埋名。[9]

虽然像图 14-1 那样的网络通常是主要情况，但我的主要关注是社区层面和纽带的时间变化。还记得第 1 章介绍的海格威斯社区（Hegewisch）和南岸社区（South Shore）社区间的鲜明差异（参见图 1-4），从图片看来，前者似乎比后者更具"凝聚力"。我在此描述我是如何更正式地获得所有社区的这些差异。由于系统性和可重复的抽样程序，关键知情者网络研究设计使我得以用平行的方式，为 1995 年和 2002 年的研究构建每个芝加哥社区的网络测量，从而同时获得随时间推移的网络结构的比较和时间分析。为求简单扼要，我首先着眼于精英纽带的密度和领导层网络的集中化。[10]密度获得纽带间的凝聚力概念，特别是实际存在于关键知情者间所有可能的纽带的比例。凝聚力的反面是派系纽带的断裂。马克·格兰诺维特在其弱纽带（weak tie）的开创性论文中，将其分析观点对准波士顿的西区（West End）邻里，该地在 20 世纪 50 年代没能抵御都市更新。赫伯特·甘斯（Herbert Gans）将其动员失败的主因归于次文化和政治力量，但格兰诺维特认为，西区的纽带缺乏结构性的凝聚力，亦即一个只能从他所谓的"空中"透视（"aerial" perspective）才看得到的网络现象，"地方现象是凝聚力"（the local phenomenon is cohesion）[11]。换句话说，在人际派系间可能存在紧密纽带，如图 14-1 所显示，也或许存在如"城中村"概念描述的紧密邻里群体，但少有跨群体或超越地方性纽带，因而导致城市的政治或社会结构层面的碎裂。[12]尚未有人在横跨多个社区的空中层面上，随时间推移系统地研究这些重要概念。

为此，我先为每个正式划分社区建立一个"受访者乘受访者"的矩阵，在此矩阵中，非对角单元（off-diagonal cell）中的元素（entry），自动记录受访者 i 和受访者 j 引用同一关键联系人的次数。密度计算方法为：这些非对角单元总数除以可能共同引用的总和。[13]这种联结测量的三个特点值得注

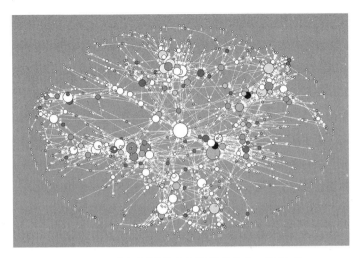

图 14 – 1　芝加哥领导者间的纽带结构，2002 年

意。第一，所有的受访领导者均包括在内，也就是说，那些连一个引用都没能提出者并未被排除。此举被采纳是因为，一个引用都未提出的这个事实，具有结构上的意义，亦即受访者是离群索居者。当我们假设，抽样程序在不同社区间产生一个可比较的网络"污点"（stain），那么，选择外围角色的趋势将反映这些邻里的聚合中的真正差异。第二，我们不以引用的可能总数来标准化，而是基于实际提出的引用来标准化。然而，这也意味着信息的流失，因为某人没有能够推荐五个，这个事实本身是有意义的。在所有邻里中，提出较少推荐的趋势，是我们定义"密度"的一个重要的概念组成部分。

　　第三，网络分析的一个重要的洞见是，聚合可能并非只是直接纽带的问题。相反地，间接纽带链（chains of indirect ties）可以桥接角色，这愈发接近格兰诺维特最初对西区邻里所提出的想法。密度测量是基于"路径距离"矩阵，即芝加哥领导人引用共同"他人"的倾向，是一种两级纽带（two – step tie）。有一些两级纽带存在于社区中，而其他的则不。譬如说，如果湖景社区（Lakeview）市议员与一个卢普区（Loop）的企业领导人相联结，一个湖景社区的部长也与同一个企业领导人联结的话，那他们就共享一个间接纽带。有越多的纽带重叠，就联结的意义来看，我们就越可以说，社区领导体制具有聚合性。通过更进一步地探究路径距离，我们获得网络中较大关系结构的意义。也就是说，当一级或两级联结可以指示一个相对稀疏的网络时，研究三级或四级或更多级纽带就可能证明，该结构最终是相当密集的。当考量多级联结时，若一个结构未显得更密集，就表示该网络是由孤立的派系所组成。为了更好地解释这个理论，我通过密度矩阵（density matrix）的连续作用力，产生较高阶的路径－距离矩阵，从而构成间接密度。[14]一个可资参考的发现就是密集联结的社区往往也有较高阶间接纽带链的特征，这表明它们正在利用同样的现象。例如，多级测量与两级密度测量的相关度为 0.87（$p < 0.01$），而海德公园社区（Hyde Park）在两者中均独占鳌头。因此，我在本章主要聚焦在两级纽带较简单的指标。

对于关键知情者纽带如何扩展到个别"他人"这一点，我研究的一个相关的网络测量获得更直接的集中化或"一致"。此处的焦点更集中于被引用的"他人"间的分布（将展开行动之处），而不是关于推荐人。在光谱的一端，我们可以想象一个社区中的异常情况，即所有领导人趋于相同且唯一的"他人"（而且，在社区的内部或外部），这将显示出完全的一致和重叠。在另一端，我们可以想象的情况是，领导者被孤立，且每个人仅推荐另外一个人。为了掌握这些变异，我考察了几个"他人"接收大部分推荐行动的倾向。对于集中化的总体指标，虽然推荐只能来自一个给定社区内的受访者，但我计算了全部的"他人"，即关系社区内或外的那些"他人"也包括在内。[15]该指数基于赫芬达尔公式（Herfindahl formula），是一种广泛使用的集中测量，在本案中该公式等于：每个"他人"来自一个给定社区的推荐份额，将其平方之后的总和。集中化指数获得的推荐范围是一个较小而非较大的"他人"数量，它也获得引用数量中不平等程度的变异，接收引用的是社区中受访者推荐的全部"他人"。[16]

格兰诺维特针对波士顿西区所提出的理念，存在一个更现代的表现，那就是区分罗伯特·普特南（Robert Putnam）所说的"结合型"纽带（"bonding" ties），即社区内的强纽带，和"桥接式"纽带（"bridging" ties），即社区间的弱纽带。[17]密度和集中化测量的斩获两者兼而有之，这取决于"他人"的所在位置。社区外面或外部的"他人"根据社区层面的桥接型纽带来定义。另一种策略是衡量每一个社区的入度和出度，类似于上一章的居所迁移分析。一个社区接收来自越多不同社区（入度）的领导层提名，就越处于连锁纽带结构的核心。一个社区发送纽带到更多不同社区（出度）也与外部联结，但以非常不同的方式。

在宏观层面上，有另一个也许更令人满意的桥接型纽带指标，即一个社区达到作为全市结构中的纽带联结者或调解者的程度。针对 1995 年的 47 个抽样网络，然后再次针对 2002 年的 30 个社区，我研究领导者联结到成对（pairs）"他人"的程度，这些"他人"彼此没有直接联结，这使他们得以控制无直接纽带的领导者间的信息与资源流动。我接着将此概念扩展至情境层面，以得出成对社区间的最短路径的数量，这些成对社区由芝加哥领导者产生，并且由一个给定社区联结而成。我们可以把这类联结想成社区间纽带的调解或斡旋，具体而言，该测量所利用的范围，指的是在此范围中，给定社区作为一个枢纽，领导层的联结通过此枢纽而流动，就是通称的"核心性"/中心性（centrality）。[18]

结　果

教堂不能成为一座孤岛。

——作者采访在芝加哥南区社区一间
主要教堂的牧师，2007 年 4 月 5 日

图 14-2 重新计算图 14-1 中的个人联结，以显示芝加哥的机构领域如何相互关联。还记得有六个机构领域被抽样，并从滚雪球抽样中衍生出第七个"其他"样本。社区组织和教育机构的领导者约占所有受访者的 1/4。执法、宗教和商界的领袖代表约占受访者的 12% 至 17%。到目前为止，绝对数中的最小领域来自政治，仅代表 6% 的样本。这是有道理的，因为没有那么多政治人物可以分配，即该领域迅速"饱和"，使得它可以不被当作来自社区的样本，而是来自总人口。[19]

因此，我们可能会对芝加哥领导者间的行动在领域间联结的表现感到诧异。虽然政治机构领域的原始数量少，但它却在两方面赫然耸现，即领域间联结以及所有组织关系的领导者转向政界的频率。事实上，我们在图 14-2 中看到，在所有的领域中，政治最深入公共机关。箭头与机构间联结的量成正比，政治不成比例地全面相连。我们也许可以预料社区组织和政治人物关系密切，而它们确实是如此，但政治与宗教机构几乎同样地密切

相连。上面引述的颇具影响力的牧师，表达了一个显而易见的事实，即宗教与日常生活的实际运作之相互关联，深刻之程度远远超越了信仰问题。他带领的教会与政治、政治人物、社区组织、商界领袖、教育改革者，和地方经济发展，都有着盘根错节的关系。被认为应该更广泛联结的社区组织，与教育和法律界的关键领导者的纽带却（或许是不幸的）显得相对较弱。虽然很明显地，各类机构领域也与这个较非传统的社区角色有所联结，但"其他"类别与各方面都属于弱纽带。

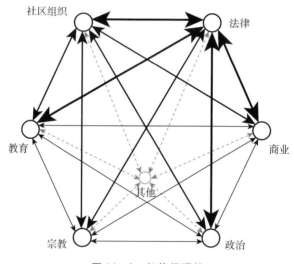

图 14 - 2 机构间联结

总之，图 14 - 2 揭示了一些不属于典型组织结构图的联结。宗教领袖不仅从事宗教事业，他们最大的影响之一便是攸关政治。教育领导者不仅从事教育。与教育或执法的联系比起来，社区组织中具影响力的领导者有相对较多的商业纽带。被孤立的机构领域似乎处于显著劣势，与孤立的个人领导者同病相怜。

社区和时间情境

本章的主要目的是探索社区间纽带，所以在余下的分析部分，我将侧重于因为个别领导者间的具体关系，而使社区有差别地紧密联系或被孤立的多种方式。其中最有用的策略之一，是从格兰诺维特的"空中层面"

（aerial level）观察纽带的本质，这我在图 14 – 3 已介绍过。[20]我们在此处看到，个别领导者纽带对芝加哥的社区社会结构产生引人注目的后果。交点是被抽样的正式划分社区，箭头反映纽带。交点的大小比例根据出度或不同社区的数目，一个社区对这些不同社区发送纽带。发送者只能是被抽样社区，如此一来，我绘制完整的发件者网络（N = 30 个社区）。任何芝加哥的正式划分社区可以并确实接收纽带（如箭头所示），但为求简洁，圆圈和标签仅限于具代表性的发送社区组，左侧有一重要例外：非芝加哥类型的接收者，即州长、州参议员和其他"外部"角色，他们处于原始样本之外，但仍然具有可观的实质性影响力。在社会网络和社区力量的大多数讨论中，经济状况至关重要，因此，我也将这些社区分类，根据的是它们高或低于 2000 年以来的家庭收入中位数。

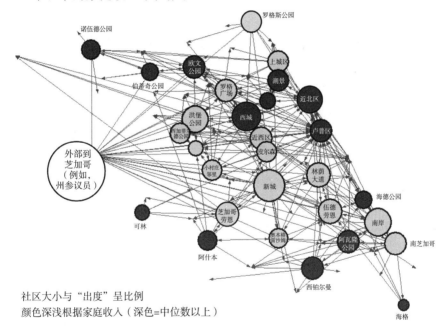

社区大小与"出度"呈比例
颜色深浅根据家庭收入（深色=中位数以上）

图 14 – 3　社区层面的影响力纽带结构：发送社区根据收入状况的出度

结果显示，城市的某些地区是联结方面的活动枢纽，最显著的就是卢普区和近北区社区。但也有区域交点积极地联结到南区社区和近西区社区。在整体城市网络中也有相当程度的联结，也就是说，尽管社区的孤立程度各有不同，但少有社区是孤岛。需要注意的是，虽然没有重大关联性，但当以每个发送社区的受访者数目进一步标准化时，收入与出度呈负相关

（相关 = -0.22）。部分贫穷社区似乎从而脱颖而出，因我们看到其领导者积极向外拓展，并与城市周围许多不同社区的领导者接触。尽管这一发现违背了一个著名信念，即贫困社区被孤立于与外部世界的联结或"主流"（mainstream）之外，但在特定条件下这是说得通的，就是当社区属于资源依赖型，并需要与觉察到的呼风唤雨者建立外部联系时。

人们自然会问，按社区来看，这些模式具有怎样的凝聚性。例如，它可能是一个资源依赖社区，且其领导者对外求助并发送许多纽带至其他社区，但它们之间几乎没有协议或者联结。同样地，一个社会可以直接发送大量纽带，而不是通过掮客或其他媒介，与其说这是城市联结网络中的积极干预，毋宁说是另一个依赖迹象。数据表明，领导层联系人的密度和"他人"推荐的集中，显示了相似的凝聚性领导层结构，存在显著且实质的相关：2002 年的相关性为 0.73 （$p<0.01$）。被我定义为一种社区调解指标的"中介性"（betweenness），与绘制在图 14-3 的出度测量不相关，而且尽管个案数量相对较少，但与社区内的推荐集中化呈负相关 （-0.41）。因此，我们发现两个不同的维度，一个是有凝聚力的内部领导体制，另一个则是调解角色，当中有一个给定社区作为接合点，将在其他方面断开的社区紧密联结起来。例如卢普区，相对于其规模，它有大量的外部联系人和大量的联结在其他社区间调解，但与此同时，它的领导者与其相互或重叠的联系人，在内在上并不十分连贯。

另一个重要发现是关于时间的稳定。关键知情者网络研究旨在测量领导地位之间的转业率，而事实上转业率是相当高的，与 1995 年相比，2002 年约 60% 的受访者为新上任者。这提出了一个简单但相因而生的问题：如果存在个人转业，那么联系人的整体结构有多稳定？个别领导者的"搅动"意味着关系模式的根本变化，但这并非不可避免。正如我已经在本书通篇中表明的，在社会结构自始至终呈现动态的同时，通常存在不平等、社会氛围和组织生活的持续性。例如，我在第 8 章指出，非营利组织密度中的高度相对稳定展延远超过 10 年。同样的，有大量的个人居所迁移，但也存在一个邻里不平等的强大惯性质量。这意味着，任何领导者新上任时，将步入一个进行中的关系史与结构，远远超出了他或她的特殊背景、组织关系或社区。

我直接检验图 14-4 的假设，我的方法是显示每一社区随时间推移的领导层影响力的集中或凝聚。我还以低、中或高来表示每个社区的居民层面集体效能。有两个模型显而易见。首先，尽管担任这些职位的个人转业率相当可观，但精英间社会组织的网络特性随时间推移（1995 年至 2002 年）相当稳定。在领导者联系人网络中（无论是社区内部或外部），易于有高密度重叠的社区，仍然维持相互间的紧密联结，即使当个别领导者被替换时也一样。核心性测量随时间推移也呈正相关（0.54，$p < 0.01$）。类似于居所迁移，尽管个人层面有相当大的变化，但跨社区的关系潜在结构却出奇地经久不衰。

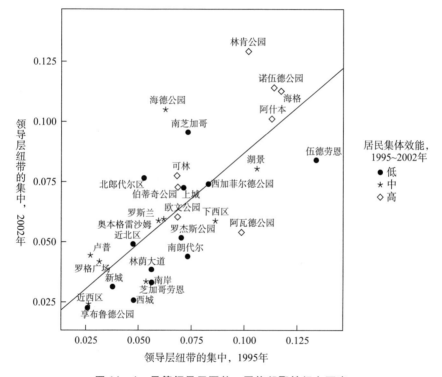

图 14 – 4　尽管领导层更替，网络凝聚性经久不衰

还有，图 14 – 4 示出，那些位于稳定内聚领导结构上端的社区，也往往具有高集体效能。伍德劳恩社区（Woodlawn）是局部例外，该地具有低集体效能，但在此期间经历了领导层相对凝聚力的显著下降。南芝加哥邻里（South Chicago）是另一个例外，同样是低集体效能社区，但其领导层联结出现增长。海德公园社区和林肯公园社区的集体效能应是从中到高，并经历了意想不到的增长，以至于它们在 2002 年的领导层集中方面，都居于其他城市的前列。然而，总体而言，以不完整的领导层或纽带提名集中度低为特征的社区，如近西区社区（Near West Side）、格兰大道社区（Grand Boulevard）和新城社区（New City），都具有低集体效能，其中有一些还重演甘斯所叙述的西区往事，经历了城市的激进干预措施：以它们无力抵挡的全新都市重建（或移置）的形式。

让我们再次回顾第 1 章介绍的社区网络结构是有意义的，即图 1 - 4 显示的海格威斯社区（Hegewisch）和南岸社区（South Shore）。这两个社区处于领导层集中化的正反两极，进一步彰显横跨芝加哥社区的内部网络结构密度的变异范围。南岸社区的领导层网络结构的特征是，其外部联系人和孤立的关键知情者比海格威斯社区更多。此外，一些与其他人关系密切的受访者易于形成孤立的派系，而不是像海格威斯社区那种紧密、联结良好的网络。有趣的是，尽管两地均非高收入社区，但与海格威斯社区相较之下，南岸社区在一些社会层面处于弱势。例如，南岸社区的低出生体重分数是一个完全超越全市平均的标准偏差，而海格威斯社区的低出生体重分数，则是一个低于平均水平的标准偏差。该模式说明，福祉与领导者网络相联结。

鸟瞰全局能得出一个甚至更全面的模式。在领导权联结集中或比较完整的地方，我们发现整个城市的健康水平更高而且犯罪行为较少。从整个芝加哥的社区来看，2002 年的网络集中分数与 2002 ~ 2006 年的婴儿死亡率、青少年产子百分比和杀人率的相关度分别是 -0.406、-0.309 和 -0.527。我们由此关注，这些相关可能是被这些相同社区的组成特征人为地归纳出来。但正如我们前面所见，经济情况与领导层的网络结构属于弱相关。更重要的是，在控制了一些潜在的混淆因子之后，包括集中劣势、居所稳定性、组织密度，以及与一个焦点社区有密切关系的社区数量（出度），未来几年，领导层纽带的集中化是较低杀人率和青少年产子率的显著预测因子。[21]因此，在一个社区中，领导层纽带联结水平直接关系到本书的核心成果，尤其是以较低暴力为形式的公共福利。

组成或社会过程?

那么剩下的问题在于：什么样的社区特征产生领导层联结的变异？在一个社区中，集体效能与精英纽带密度的关联是否只是虚有其表？那么集中劣势和种族组成呢？社区纽带的内外本质比较又是如何呢？这些数据告知一个简单但强而有力的内情。也就是说，社区的社会人口和贫困组成，并没有决定我迄今所规划的那种领导层配置。尤其是集中劣势，它与领导层凝聚力的联结反而淡薄，对于社区地位在斡旋精英纽带中的核心性，集中劣势也只有适度的预测性。居所稳定性、收入中位数和黑人百分比也是弱相关。但是，正如我们所见的，居民的凝聚力和共同期望与领导层纽带的性质有关。因为在根本意义上，领导者依赖于他们所服务的居民和组织，由此可见，不论社区的组成构造如何，居民对社会控制有高度共同期望的社区，将产生或至少有助于塑造一个更加融合，而不是支离破碎的领导层风格。

我通过研究同步影响力将这些关系作为一个整体评估。但是，由于个案数少，我的统计力量有限。所以，我研究一个极度简约的模型，借此研究那些在前面章节中所凸显的因素，这些因素在我所建立的理论框架中已逐项指出，即社会人口组成、组织密度和集体效能（特别参见第 7 章和第 8 章）。在单独的分析中，我研究了一系列的替代模型（例如，以收入和种族组成作为对照），但基本的发现相似。我感兴趣的结果是以下两项：社区在斡旋领导层联系人中的核心性，以及社区中一致的集中或密度。为了获得内部与外部纽带相比较的概念，我将集中测量分解为两个指数。一个利用领导者间针对同一社区的"他人"的集中或一致，另一个则限制社区外部共享的精英纽带的集中（或赫芬达尔指数）。换句话说，我提出一个问题：一个特定社区的领导人是否同意或凝聚于一组"关键"（go - to）联系人，即使这些联系人位于外部？然后我研究这个全然外部类的纽带中的变异。

图 14 - 5 的结果表明，劣势与较低的核心性有适度的联结，但领导层纽带的集中则没有显示。居所稳定性和社区的出度在三项成果中均无足轻重。为了简单起见，这两个因素都被控制，但未在图中示出。一旦劣势、居所稳定性和发送社区数都被考虑在内，我们可以看到，集体效能与更具凝聚力的领导结构呈现的正相关，但只有在那些共享同一社区的"他人"之间。此外，集体效能与核心性负相关，与"他人"推荐的外部集中则不相关。

情况似乎是，由居民集体效能和内部共享的"他人"——精英所定义的凝聚性社区，与那些作为最大的邻里间活动中心的社区不同，即使在这方面它们并未特别地孤立。当解释一个社区在调解社区间纽带中的核心性时，最重要的似乎是其非营利组织的密度，这是一个内部特性。在进一步的分析中，我复制这一发现，并以 1995 年的精英纽带集中化和 1994 年的组织密度作为预测因子，并搭配 1990 年普查数据和 1995 年的出度。这不仅符合第 8 章的发现，且以之为基础，然后，在组织密度愈高的地方，我们在其全城领导层纽带模式中，看到愈多的"外展"和愈高程度的社区核心性。组织效应明显地回响于任何给定社区的边界内外。

　　我们必须面对的一个现实是：社区的社会进程（集体效能和组织密度）才是促进联结性网络结构形成的重要角色，而非人口或收入。这个发现验证了本书的核心论点，以及本节中的论据：地方和超越地方性的因素不一定产生竞争，而可能是相辅相成地促进城市的社会组织发展。更广泛而言，社交网络研究的许多动力似乎是在追求一种概念，即只有关系性联结至关重要（"结构"），与较低阶单位（本案中的社区）的社会或文化特性背道而驰。我认为这种推动力被误解，因为本理论框架的主张是，这两种因素同时发挥作用，并以系统化及相互强化的方式结合在一起。

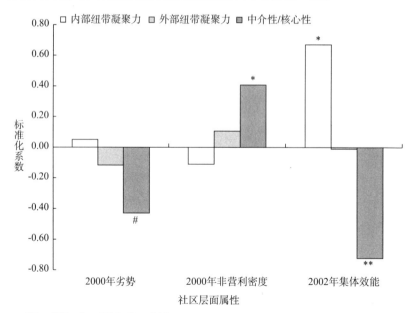

**p < 0.01；*p < 0.05；#p < 0.10。

图 14-5　三种领导层联结类型中的社区变异资源（内部凝聚力，
$R^2 = 0.34$，$p < 0.10$；外部凝聚力 $R^2 = 0.13$，不显著；
中介性核心性 $R^2 = 0.48$，$p < 0.01$）

连接移民流动和精英纽带

在一个现代通信日益发达与被断言为非实地性（placelessness）的时代，存在一个占主导地位的观点，那就是精英网络不仅不太受地方环境的约束，且不太可能单凭空间上的便利而被启用。尤其是精英间的通信，人们普遍认为它不受地理限制。甚至更少有人关注的是，在理解网络动态的关系特性中，网络角色的属性可以发挥多么重要的作用。

为解决这个差距，我研究一组有代表性的芝加哥社区中的成对纽带，我直接采用类似于第 13 章的方式，但此处使用根据领导层联系人定义的纽带。除了第 13 章考虑的特征之外（参见图 13 - 3），我研究 1995 ~ 2002 年的移民先前所形成的成对纽带。换句话说，现在的结果是 2002 年成对社区间的关键知情者网络纽带量，以此作为空间距离、结构距离、社会氛围差异和直到那个时间点的居所运移路径的函数。

结果再次表明，非实地性标准未描述人们如何行动，精英之间的互动进一步证明了这一点。空间距离的效应非常显著（$p < 0.01$），如同居所流动的效应且为第二大幅度，减少了社区间联结。一旦解释了空间距离后，收入和种族组成等标准结构特征就无法解释社区间领导层纽带的模式。无论是集体觉察到的无序或友谊纽带的相似性，均未解释不同社区间的关键知情者纽带，不同于它们为移民纽带做出了解释。最重要的是，有一个明确和实质性的发现，证明了社区间动态流动的重要性。在控制人口的相似性和其他社会因素的情况下，在 20 世纪 90 年代末及进入 2000 年时，经历较高居所交换量的社区，更容易加强其领导者之间的联结。事实上，在考虑替代的解释之后，移民网络的估计效应程度大于所有其他因素（$p < 0.01$）。看来，移民流动正在利用社区间人们的交换，产生大量信息渠道，并最终产生精英的影响力纽带。此外，组织参与层面的相似性也与社区间纽带相关（$p < 0.05$）。虽然幅度小于空间相邻或移民纽带，但基于发现和第 8 章及第 13 章所设置的理论预期，组织联结变得有意义。

第 13 章中所确定的居所排序机制因此似乎具普遍性，且深入触及社区间影响力纽带中的精英变异。虽然在日常基础上没有观察到，但我断定，有一股社会互动暗流联结了整个城市的社区、居民和领导者，从中所产生无法立即从单一社区内部显现的结构。

结　论

　　本章只触及了芝加哥精英联结本质的表面。有一些问题需要进一步探讨，并有待发展出一套详细的分析。[22]但我现在关心的是，在理论上专注于领导层纽带如何联结到本书更广泛的论据。因此，我遵循前面章节中的逻辑和理论，继续从事一组有限的分析。我相信，结果会很有说服力。

　　首先，如同第1章所预告的（图1-4），精英网络纽带结构的跨社区变化相当大。虽然理论上网络可以无远弗届，但它们极有规律地去往某地，我们已观察过的网络，极少是漫无目的或非结构化的。

　　其次，尽管在位者的转业率相当高，但精英间社会组织的网络特性随时间推移（1995～2002年）仍有高度的持续性。例如，在领导者网络联系人中易于出现高重叠密度的社区，即使个别领导者经常替换，这种倾向依旧持续。这类似于移民，尽管变化剧烈，但底层结构经久不变，这为本书的概念框架提供另一层经验上的支持。我在亲自采访一组领导者时，也察觉到这种模式，他们来自不同领域，包括先前引用的牧师、负责社区事务的一流大学副校长、住房开发主管、参与预防犯罪的执法人员，及著名慈善基金会会长等等。关键领导层结构随时间推移表现出稳定性，此一看法试图说明的是，互惠规范（reciprocity norm）巩固了芝加哥的许多精英影响力结构。

　　再次，我们发现每一社区的领导层网络结构的变异，并非完全或甚至大半都由社区的人口和经济构成所确定。这是一个重点，而且是标准说明并未预期到的一点。并非平常的城市"嫌疑犯"（译按：指先前提到的人口和经济构成），而是像集体效能和组织密度这样的社会特性，独立自主地预测网络结构。而且，这些变化取决于纽带的本质为地方性的或超越地方性的。格兰诺维特的直觉是正确的，空中观察产生了不同的情景，但也很清楚的一点是，内部观察也并非无关，包括甘斯所强调的多种因素。内部因素（如集体效能）和一个社区的组织基础设施，均影响着链接社区的网络结构。

　　复次，有证据表明，在理解社区福祉方面，领导层网络结构的社会性本质有独立的解释力。例如，控制了关键的社会人口统计学因素后，凝聚性强的领导体制与较低的暴力率和青少年生子率直接相关。因为伴随着这些面向的福利并非只攸关居民，也攸关组织和领导者，因此这样的结果向我们发出乐观的信号，结合前述章节的成果，本结果提出了可能的介入点。而这部分我将在最后一章探讨。

　　最后一点或许也是本书本节中最重要的一点，亦即，我已经证明，社区间的移民流动与领导层纽带所定义的网络流动直接相关。这些是完全不同的行为或选择，即居民决定迁移的地点，而精英与其他精英建立联结。两者之间的连接并非由人口或经济情况来解释，这就支持了结构性排序的理论——一个能同时考虑到个人行动和社会组成的理论。综上所述，本部分中的此章有力地表明，芝加哥的较高阶结构（或其相互依存的社会结构）有一个根本的"邻里网络"逻辑。

第五部分

综合和回顾

第 15 章
邻里效应和背景理论

对于邻里和其他社会背景所起的作用，有两大视角主导了当代社会科学家和普罗大众的思考。其一以个体（或者"选择"）作为分析和解释的单位。个体自主地选择和决定，因此邻里——言下之意是，和社交世界中的大部分情况一样——仅仅是个体选择过程的自然之物。在此推论下产生了优先考虑对个体层面的测量、个体的结果和为个体选择设计的实验等不同的研究方法。在经济学、心理学、公共政策甚至社会学学科中，个体作为分析单位主导了人们日常的研究实践。

另一个是自上而下的视角。无论是由于全球化、传播技术革新还是城市多样化的增加，大规模的结构性进程都被认为打破了各类边界，并产生了一个无本地性（placeless）的新世界。人们普遍听过这个说法：因为我们哪都能去，所以我们所属之地的情况对我们的日后生活并不会产生多大的影响。随着身份的"去中心化"，邻里被视作落伍之物，被具有可互替换性质的全球网络取代。其他所谓的能瓦解本地背景的因素还包括经济、政治和国家。我们不自觉地受到路易斯·沃思的说法的指引，但加上了一些新的比喻说法：人们愤世嫉俗地认为个体和地方一样——被原子化并且失去了自己成长的社区。出于另一个原因，这一视角与个体选择视角一样没有容下邻里效应的空间。它认为自上而下的（"大的"）过程是一种无所不包的力量，淹没了个体和邻里。

与这两种视角不同，我在本书提出了的另一个视角，即把邻里效应、城市生活中更宏观的社会组织和普遍的社会因果关系整合起来的框架。为此，我融合了来自各学术传统、学科、实证领域和统计单位的种种观点。与过往的经验相反，在本书中呈现的证据要求我们将注意力放在那些邻里生活上，并且认识到是邻里塑造了这些生活。我展示了（这些社区里）高度生态聚集（ecological concentration）的证据和邻里间显著的差异，涵盖了美国人的各种生活经历，无论这是否与犯罪、贫穷、儿童健康、公开抗议、精英网络的密度、公民参与、青少年生子率、利他主义、被察觉的失序、集体效能或外来移民有关。我甚至这样认为，真正的美国化并不是什么个体化而是邻里不平等。另外，某样东西是"大"的不代表它就高踞等级体系和解释体系的顶端。我不会从预设的理论或演绎理论出发，也不屈从于缺乏想法的纯归纳，而是以一系列实证考查的理论原则为指导，严格探究现象自身的本质。描述和解释邻里效应很显然就成为了我的目标。

　　为了回应第 1 章提出的分析上的挑战，我把当代芝加哥的社会景观和其经久不衰的活力当作我的实验室。在汲取了一个世纪的严谨的学术研究成果和背景理论的精华后，芝加哥项目既是一次知识上的努力尝试也是一次研究上的努力尝试。第 2 章和第 3 章揭示了我的分析重视背景理论的长期传统和城市社会进程的实证研究，既回顾了著名的城市社会学中的芝加哥学派理论，也回顾了欧洲的流行病学家和这个城市的顶尖学者的观点，如查尔斯·布斯（Charles Booth）。我并非固守于这个传统，因为我同时也被现代学者所启发，如威廉·朱利叶斯·威尔逊、道格拉斯·梅西和许多犯罪学家、社会学家（包括许多流派），甚至是全球经济学和政治经济学理论家，他们也意识到了在宏观社会进程下，邻里不平等结构上的含义。

　　这并非意味着个体与因果毫无关系。对邻里效应评论家的评论我总是很认真地看待，并把个体选择或抉择作为我进行调查的关键要素。但我这样做并非要将个体视作与现实脱离的或者孤立的决定者。人们对邻里的差异有所反应，而这些反应构成的社会机制和习惯反过来又塑造了观点、个体关系和行为。它们在传统的邻里边界内外回响（reverberate），并且作为一个整体定义了这个城市的社会结构。邻里效应因此本质上同时是本地性的和超越本地性的，并与个体行为和选择互为关联。由学科标准固守者竖立起的微观和宏观的屏障在最终的分析里是无法持续的。[1]讽刺的是，我的研究表明对选择或抉择的认真看待反而突出了背景。

　　我使用的主要实证工具是芝加哥邻里人类发展项目，它原本要在这个可能是研究得最多的美国城市或者说在人们心目中美国最具代表性的城市之一进行对儿童、家庭和邻里的纵向研究。芝加哥邻里人类发展项目和它的衍生研究，包括领袖网络、利他主义、组织和公民行动的研究，代表着对邻里效应的广阔前景和对人类发展的基本背景研究途径的长期承诺和集体劳动投入。由于它对一些方面有深远影响和需要大型数据收集，我在第 4章叙述了芝加哥邻里人类发展项目是如何设计并取得成果的。社会背景不仅对个体来说关系重大，对研究项目亦是如此，而对芝加哥邻里人类发展项目来说也不例外。依靠芝加哥邻里人类发展项目的密集的努力和更大型的芝加哥项目的支持，根据第 3 章提出的核心原则我想考察这些项目能带我们走到多远。第 5 章至第 14 章涵盖了目前所得到的结果。我采用了适合的架构来开展我对邻里效应这个观点的考究，接着追查社区层面的进程问题、个体挑选邻里的过程和超越本地性的网络和机制——它们定义了当代城市生活更高层次的结构。

　　然而，我必须承认，这本书既是一部介绍一个想法的思想史，也是一则讲述一项重要研究的故事，一段描绘了一座具有标志性意义的城市的传说，一套有关邻里效应系统化理论，一份反映了一系列社会进程（social process）中社区层面变迁的实证报告，一套汇集社会调查不同学派的思想并意在揭露新的事实的分析。因为这些多重目标，我开始了一场可被视为不止息的穿越整座城来分析芝加哥的马拉松长跑。我希望如是，因为这个论题的要求一点也不少。但现在是时候回顾本书更宽阔的观点和含义并向综合的方向调整了。我的做法是根据我开始提出的理论原则对实证发现进行仔细考虑，在结束之前的两章重游芝加哥大街和邻里，看看其被 2008 年经济危机锻造后经历的宏观社会改变和城市大规模公共住房供应后的改变。2010 年的芝加哥为我们提供了独特的情境，使我们可以带着新的数据和观察结果来回顾本书的主要观点。

社会探究的原则

　　在一般层面我认为空间不平等构成了基本的日常生活组织维度，表现为当代邻里和地方社区的差异的持久性。为此我拒绝学术上往无本地性的方向进行的思考，并修订传统的由上至下和由下至上的方法，并提出邻里不仅仅是一种个体在当中展现自主决定或跟随预设的剧本的情境，邻里也不仅仅是由外界力量决定的空无一物的载体。相反，我认为邻里背景是有社会生产力的——它本身就是人类行为的数量和质量的重要决定因素。从这个观点出发，本书竭力详细说明邻里效应的结构维度和文化维度，同时也仔细考虑个体的看法和选择，也考虑更大的社会结构所扮演的角色。我既使用"effect"的动词形式（"影响"）也使用它的名词形式（"效应"）——邻里既是后果也是起因，是结果也是制造者。所以我跨越多重的分析、结果和时间单位，拓展了传统的定义，以检验邻里效应。从这个观点来看，邻里效应控制着从个体认知到城市更高层次的社会结构的广阔范围。

　　这个总论点与我在第3章提出的十个原则一致，其中第一个是最基本的：①邻里效应不间断地聚焦于背景，特别是邻里不平等和社会分化。实证结果证明美国城市的邻里集中是跨越了差别很大的各种社会现象并且持续显著的。其他原则都以第一条原则的逻辑出发产生，并在此书中以多重形式来进行，它们是：②研究邻里层面变异本身的特性并采取系统的方法收集数据，即根据测量的公共标准使用多重方法；③聚焦于城市生活的社会互动、社会心理、组织和文化机制，而不仅仅是个体特征或者传统组成特性，如种族组成和层级；④研究邻里结构变化的动态进程；⑤同时评估邻里社会再生产和文化延续的机制；⑥将个体的选择及其后果和宏观效果纳入对邻里的动力学研究；⑦同时，超越个体也超越地方来检验跨越邻里界限的空间机制；⑧更进一步把城市的社会和文化组织作为一个整体来研究，包括以选区为单位的邻里之间和之外的更高层面的联结；⑨要一直关注人类所关心的公共事务和城市生活的改善——发展社区层面介入的影响；⑩最后，在强调以理论推动研究和解释性的实证研究的同时，对所需证据的性质采取多元化的立场来评估社会因果关系。我不会在这里尝试概括与这些原则有关的所有发现的细节，而会聚焦于简要陈述此书一系列的核心观点，我相信此书的实证根据证明了这些观点是正确的，并且这些观点足够广泛以形成背景理论和探讨因果关系。借此我希望能启发新一代对邻里、社会生活和城市的研究。当世界变得越来越城市化，并且"城市的胜利"在扩展，[2]以背景方法来理解人类和因果关系问题是指导社会探究最好的装备。

把生态计量作为量具

我认为，探究背景的项目直接导致一种研究方法论的产生。一个世纪以来，社会科学几乎被导向于个体层面测量的细致研究方法所淹没。为了应对背景研究的现实挑战，斯蒂芬·劳登布什（Stephen Raudenbush）和我遵循上述原则②并认为心理计量作为范本提供了基础的同时，生态计量也同样重要。[3]我相信，整体来说，本书为如何研究背景提供了路线图，并且它提供的结果能够促使生态计量被纳入社会科学领域中，并让它在其中起同等的作用。本书重要的理论论点在于邻里、社区和其他集体现象需要有自己的测量逻辑，它们并非是个体层面特性的替代品。这个任务并不轻松，它与社会科学包括大部分社会学的根深蒂固的传统南辕北辙。

我希望芝加哥邻里人类发展项目和此书的经验可作为模型来进一步发展社会机制的计量。这些机制不仅仅是美国城市的邻里和社区的基础，而且是各种背景的基础。如第 7 章所述，全国不少地方已经直接以芝加哥邻里人类发展项目为基础开始对社区进程开发系统的计量。有些在南方的乡村进行，其他的在小镇和郊区进行。从更大的范围来说，全世界都在生态计量方面努力着，从邻里背景收集社会进程数据，包括各个不同的地方，如坦桑尼亚、中国、英格兰、澳大利亚和荷兰。生态计量也被直接应用来评估各种背景中组织层面的测量，如学校。

生态计量有更多的机会被纳入对美国全国层面的测量。让人惊喜的是，美国劳工统计局暂停了传统做法，从 2008 年开始率先在全国具代表性的"当期人口调查"（Current Population Survey）中加入一系列公民参与问题，这些问题捕捉的正是本书调查的各种观点。[4]如果生态计量可以与地方的普查数据和其他的行政资源相连，那么它将开启一个全国层面背景研究的新时代。具有评估的标准协定的全国性测量系统或者成文的测量系统能提升以社区为基础的政策，也能提升政府、非营利组织和基金的系统规划。希望选民们，包括社区居民自己，可以将标准化的测量当作基准测试或用于监察他们目的达成的进度或能力。长期以来，美国的发展是被所谓的重要的经济系统测量如国民生产值等所驱动的；但极有可能的情况是，社区的集体健康和非物质福祉更加重要；若是如此，那么为了进步，是时候反对这种占主导地位的趋势，并将生态计量作为一种研究工具了。

系统的城市观察和日常生活中的地理定位即将实现重大的突破。之前，我使用了基于录像的系统社会观察（SSO）方法对芝加哥邻里人类发展项目结果进行了展示。一些人会担心我们的方法是劳民伤财、昂贵并且只局限于芝加哥的。然而幸运的是，世界最有能力的公司之一执行了我们这些程序。谷歌街景视图的广告上有一辆头顶着摄像机的车（我们的是隐藏起来的，并且没有打广告）。他们的车辆漫游于世界许多城市并得出令人印象深刻的结果。虽然没有系统社会观察的精准和调查人员控制，谷歌街景视图已被用于把各种城市街景进行系统编码，细化到了具体地方的层面。如果结合了创新的通信技术即先进的 GPS 数字制图（例如通过手机使用来追踪个体的物理移动）和常规活动的时间地点的新测量，我们十分可能制造一个关于邻里和其他生态背景的丰富的生态计量数据库。[6]已经有大量的研究在利用谷歌街景视图收集类似芝加哥邻里人类发展项目的测量数据。另外在我的指导下哈佛大学的地理分析中心创建了芝加哥地图（ChicagoMap），它最终会包括相关的系统社会观察、人口普查、调查、行政资源和最终在此书里呈现的所有数据。[7]在拥有了越来越多的数据、地理信息系统（GIS）革新和对社会进程进行实时分析（这在多年以前是需要花费好多年的时间的）的能力后，生态计量具有统一的能力，它有转变社会科学研究方式的潜力。

这些新的数据形式和未来必定出现的新数据形式都具有空间上的弹性特征，都与指导我进行步骤选择的探究原则一致。然而需要注意的是，我的立场背离于一般那些寻求"最好"或"正确"的邻里操作性定义的研究。相反我认为生态影响有多种规模，度量法的建构也有多种可能性，当中包括从微观层面的街区（或街角）到街区群、邻里集群、具有政治和组织重要性的正式划分的社区、空间上的"政体"和把城市边远地区连接起来的横切邻里边界的网络。[8]这个理论框架符合我对空间逻辑和社会逻辑两者间的互动的关注，特别显现于生态上定义的大大小小的地区中展现的互动、看法和机构力量的变化之中。例如，社会进程如社区名声、政治、组织网络和服务分配，不适用于一些人的主张；这些人提倡在分析邻里或地方时把它们分割成细小的切片来分别进行分析。以一个邻里作为单位或必须是小的单位来分析的这种主张与人们对各种维度或各种结果的反应和根据各种维度和各种结果将自己归类的方式的实际情况是不相符的。因此，生态计量是被设计成用于评估在各种情景中根据理论选择的各种度量法的属性的。

邻里分层和再生产

利维斯·芒福德（Lewis Mumford）——一位伟大的芝加哥学者——曾经说过："人们无论在哪里聚集，邻里就在那里以一种原始和初期的风格存在。"[9]半个世纪后考古学家迈克尔·史密斯（Michael Smith）也同意这个说法，并且基于全世界的研究声称："从最早的城市到今天的城市，城市的空间被划分成区域或邻里是城市生活的为数不多的通行规律之一。"[10]邻里，换句话说，是人类历史上近乎全体人类的主题，而邻里差异的显著性经历漫长的时间和历史演进后仍持续存在，尽管具体的边界、政治政体和城市布局已经发生变化。从远古城市到当代的芝加哥，邻里差异的持续表明了邻里效应的常规的和持续的过程，这曾被芒福德和史密斯提及，并且因此，邻里效应的研究的理论中心是分层和社会不平等。

与此观点一致的是，这本书已经展示了在 20 世纪后几十年至今邻里分层的深层结构持久地存在于芝加哥市，并跨越了社会生态中的多重单位。邻里差异的主要维度包括贫困、富裕、无业和家庭结构，这并不仅限芝加哥，全国亦是如此（第 5 章）。不幸的是种族隔离也是当中一部分，因为非裔美国人的空间孤立将人们暴露于资源被剥夺的多股力量当中，特别是贫困的和有孩子的单亲家庭。生态上的集中劣势是一种强有力的差距的形式，预测了个体的结果和不同邻里中的行为频率的变化。例如，在不同的章节里我展示了证明集中劣势的影响的证据，如对暴力、失序、利他主义、监禁、集体效能、语言能力和生活状况的其他方面的影响，它们都无法归因于个体的性情或个体组成特征。我已经在解释邻里间的移民和信息流动时仔细观察了邻里层面的社团、背景对个体的影响和经济状况起的作用。因此集中不平等具多重规模影响并且跨越了时间段，它也把分析从个体层面转到城市的结构组织。

变化中的延续

奥兰多·帕特森（Orlando Patterson）认为社会科学中未曾解决的大难题之一是什么东西能解释社会环境中的强大的延续性。[11]他认为将关注点放在"变化"的研究占了主流。这使系统性地大范围调查历史和文化之延续性的理论失色。尽管帕特森关注的是各种社会，他的论文还是引起了社区研究和邻里效应文献的共鸣。从芝加哥学派产生到今天，着重城市的变化占据了城市研究的主导地位，在某种程度上我亦如是。但我和帕特森一样，认为考查延续性的机制是基本的需要。就如第 5 章和实际上之后每一个章节里，邻里不平等的后遗症无处不在。

关心历史和地方持久的不平等并不代表存在一种固有的社会生活的方向性或者被很多人批评的"目的论"（teleology）。例如，我不会像经典的芝加哥学派认为的那样假定事物会朝向一些大师级规划的方向发展，如在第 1 章提到的唐纳德·特朗普（Donald Trump）设计的大厦。城市和邻里在不断地变化，也没有固有的方向。芝加哥在 70 年代衰落时经历了人口流失，但事实上 90 年代它又经历了人口回流。许多其他的城市也从 70 年代和 80 年代的阴暗和厄运中反弹，它们展现了显著的邻里活跃性。然而我们也看到就邻里聚集这方面，贫困和它的相关物同时顽固地持续着，尤其是在非裔美国人和少数族群地区。尽管在 20 世纪末，政治发生宏观改变，城市社会也发生转型，21 世纪早期也经历了绅士化的浪潮，但就邻里相对的经济地位来说，它们仍然保持了显著的稳定，哪怕它们经历了相当数量的居民个体流进流出。这也就意味着存在着一种持续的分层过程，这一过程并非只存在于任何单个的邻里中，并且这也不是单纯的能从个体角度、人口统计或经济角度得到的解释结果。

为了保持语言的精准，我避免使用社会建筑（social architecture）这个看起来适用的比喻来解释这种持续性现象。这个概念很吸引人，但它读起来可能意味着一个已预先编制好的设计。空间延续性不意味着上文的设计，也不逃避变化——相反，事实上这本书的每个分析都注重配合稳定和变化两者的机制，包括变化常常以新的和意料之外的方式来复刻现存的社会结构。邻里社会再生产这个观点更适用于将这明显的二元联合起来，因为它不意味着克隆和简单的复制。再生产的确意味着过去给未来编了码，以一种"社会 DNA"的方式——一批互动的个体在一组相互依赖的背景中做各种决定，然后产生了邻里过程相互联结的新的形式。美国城市的历史现实是，随着时间推移这些互动再生产了一种稳定的邻里分层模式。

对于那些认为邻里效应研究人员没有看到历史、宏观经济和全球力量的大局的学者，我的邻里再生产架构回应了他们的批评。威尔逊的具里程碑意义的著作《真正的弱势群体》（*The Truly Disadvantaged*）的基本洞见之一就是意识到地方社区的社会组织——尤其美国城市中种族隔离的贫民窟——如何深深纠缠于社会上发生的大规模变化，特别是去工业化和转型为服务业的过程。然而一些人将威尔逊的论点误读为邻里效应是这些外在力量的结果，今天我们可以在其之上进一步添加全球化和国际移民的快速增长。这些力量很重要，但是它们没有否认假定的"低层"邻里机制就如个体一样在任何社会情景中都无能为力。[12]正如我已经证明并且在下一章重新再解说的，甚至将重大的长期变化添加到再生产的社会结构之上也未必能改变邻里不平等的基础。因此我的策略是检验将这些进程联结在一起的社会机制，包括处于宏观不平等底层的个体认知。

认知不平等和文化机制所在之处

查尔斯·库利（Charles Cooley）创造了知名的比喻——"镜中我"，这是一个社会心理学概念，它断定个体自我是从社会中的人际互动和他人的看法中发展出来的。[13]一个世纪之后，这本书提出证据表明镜中邻里是在延续性（continuity）背后的一个社会机制，我相信这个概念促成了研究城市不平等的个体层面方法、社区层面方法和大规模方法这三者间的调整。我在几个章节里展示了社会心理学机制和各种各样的社会进程互动（例如，对失序的刻板印象和共同期望）对于集中不平等中的重要差异的解释，而这是一块被结构决定主义统治的研究领域。例如在第 6 章，对失序的共同看法而不是被系统观察到的失序构成了持续不平等背后的关键机制，这点当它在被用于预测一个地区未来的贫困轨迹和最终的贫困陷阱时尤甚。

这些结果不应被解读为具体线索是不重要的或者具体线索本质上是纯粹的结构主义。少数族裔和贫穷居民高度集中的那些邻里已经被相关的历史问题和结构上引发的犯罪和失序赋予污名。这些持续的和显眼的心理相关物不仅仅是海市蜃楼——它们在具体的美国分层和种族隔离历史中有深厚的根源，并且也不会因为短期的干预而消失。但是当经过社会互动、实践和集体声誉的折射后，观念会焕发新的生命并衔接到日积月累的结构中。[14]特别是我证明了失序根植于主体间共享的并因此互为相关的看法——而不是仅仅来自视觉上的（或者"客观的"）线索——形成了环境的重要社会特征，影响了邻里层面的结果。这就是我假设的邻里镜子自身的本质。

第 11 章到第 13 章继续证明个体和更高层面的效应与认知不平等的过程相关：我们发现，集体察觉到的失序，可以被用来预测个体居所流动的决定（是否搬迁），和预测共同看法相似的邻里间的搬迁流动。据此，选择是根据互相协调后的想法而决定的，这些想法反过来又影响了地方的长期发展轨迹和地方身份的塑造，这些轨迹和身份组成了城市的社会组织。如果从社会角度解读的失序是使未来人口变化、移民流动或者随后而来的贫困加深的机制之一，此书的纲要在信息上可能会对分层理论家、城市规划者、城市人口统计学家甚至文化社会学家有帮助。此外，由于"破窗"理论（"broken windows"thesis）受到全球的欢迎，我们有理由相信对失序的共同看法将在各种背景下越来越重要，因为它比环境呈现的物理线索拓展得更深：失序远远不只是有关于犯罪。

道德和法律上的玩世不恭反映了另一种处于邻里背景中的文化机制。为了尝试对道德规范的社会标准和居民每日生活的相关法律经历进行测量，我们询问了应答者对下列陈述，如"法律是用来破坏的"和"只要你不伤害到任何人，你可以做任何你想做的事"的看法。那些有着较高的主体间共同的玩世不恭和无视法律规定的社区的暴力程度更高，并且丢失信件的回寄率也明显偏低。这种关联大部分可以被劣势来解释，然而，它表明了一种反馈回路，其他受其影响的相关规范都表明集中劣势是有害的，如第 9 章所述。这个过程加深了玩世不恭程度，强化了法律外的行为（例如，用暴力解决争端），并回过头来进一步损害了信任和对社区公正的认可。法律上的玩世不恭也有助于解释为什么暴力在某些社区会持续存在和暴力中的种族差异，其原因是非裔美国人更可能谴责犯罪和暴力，尽管他们不成比例地被暴露于更大的劣势和道德/法律的玩世不恭中。[15]

因此我认为，在美国社区的生活状况、持续的种族隔离和持续的经济隔离中集体塑造的对失序的看法和持续对道德和法律的玩世不恭可能是未被正确评估的因素，甚至在其他城市也可能是这样。在这个剧本中，不平等的文化和结构机制被看作同一个动态过程中的一部分而不是严格的竞争性观点。在过去几十年的社会科学中，"文化转向"已经产出不少成果，如"工具包"和"脚本"等概念营造了学术界共同的工作默契和认可。尽管文化转向在过去和今天都依然重要，但对我来说，这些处于主导地位的概念在应用时太个体化，且无法适用于理解持续的文化机制、深层结构和宏观历史文化延续。例如，根据本书的发现，如下问题会变得很有趣：如果个体有那么多工具包可以选择，为什么在邻里社会再生产中的基本中介物具有那么多的持续性、稳定性和主体间的意见一致？我相信我提供的证明支持了这样的观点：文化结构是正在起作用的重要过程，即与帕特森的文化概念定义一致："相对稳定的信息过程的生产、再生产和移转以及以它们在公共领域的表现形式，是在群体和社会网络中传播的。"[16]社会规范和协调好的信念根植于认知过程，它们当中许多是内隐的或者说运作于意识知觉层面之下，并且如这个文化概念所指，它们以结构性的模式和相互关联的方式运作。与个体可以轻易取得和抛弃的可互换的工具或矛盾的脚本不同，理解共享和规范共享意味着更大的凝聚力，其持续的影响力穿透了生活的方方面面。[17]

集体效能理论（友好的国际都市）

我的分析里一个关键的概念是集体效能。我的一个理论主张是，共同期望对社会控制和社区居民间起作用的信任或者感觉到的凝聚力非常重要。这些概念形成了集体效能的更大的结构，我已证实它已被可靠地测量并且它在各种社区背景中是变化各异的。在解释了社会组成后它也与大量的行为存在着重要的关联。尽管一直存在关于因果关系的疑问（我稍后会谈到），但在考虑种种因素后，各测量结果依然持续存在和强化了一个基本的主题。我在第 7 章从这个主题追溯到了其社会解组理论先祖，然后为现代城市的这个主题进行详细的说明。换句话说，可以控制进程的共同期望，或者是所谓的社会管理效能，对我们理解社区生活状况非常重要。

结果显示，在其他条件相似的邻里中那些集体效能高的邻里不仅在当时也在随后几年呈现更低的犯罪率。我也展示了证明集体效能随时间的推移相当稳定的证据，也同时证明了在调整了个体的隔离特征和更传统的邻里网络形式（例如，友谊/亲戚纽带）后，集体效能预测的犯罪变化。更重要的是，效能高的社区在其他方面看上去表现也更好，包括出生体重、青少年妊娠率和婴儿死亡率，说明它与整体健康和生活质量相联系，与社会构成不相关。所以，我认为在大多数情况下，无论贫富，无论白人或黑人，集体效能都预示着一个社区生活状况的轨迹。

集体效能理论的显著特点之一是它虽然强调密集的个体纽带在过去一系列的城市调查中占据重要地位，但对它们来说人类机构和控制并非多余。密集的个体纽带可能促进了集体效能，但它们不足以形成概念的核心定义。这个论断已经被两个社区调查的分析和芝加哥与瑞典的斯德哥尔摩对比的分析所确认。这项规律在远地他方也得到证实。在最近发布的一项基本是直接复制了芝加哥－斯德哥尔摩研究的成果中发现，在控制了社会纽带的密度和其他构成特性后集体效能预测了澳大利亚布里斯班各社区的更低的犯罪率。[18]

因此，考虑到"国际都市效能"（cosmopolitan efficacy）这个想法，基于理论和实证证据我们有信心认为，在分析上，集体效能和密集个体纽带两者有所不同。[19]换句话说，无论在城市还是乡村，邻里中对控制和信任的共同理解是集体行动的基础。讽刺又非意料之外的是，在一个像芝加哥这样的大城市里，都市人在因太忙碌而无法发挥效能的同时又谴责社区的失落。事实上当代城市的近期研究表明，互联网的使用和与更广阔的数字世界联结并非阻碍了集体效能。即使有的话，这些看上去意见不一的世界却是正向连接的——最近有证据显示网络连接的社区和互联网提升了公民参与和集体效能，特别在条件不利的背景下。[20]如第1章的讨论，历史对社区衰落的哀叹不断，但社区的显现和其理念抱负显然从来没有消失过并且继续在我们的先进的科技时代里不断搅动。

我断定在集体效能的邻里层面变异中有一些基础性的东西穿越美国的各城市并跨越众国际边界和各色地方，如英格兰、坦桑尼亚、中国、荷兰、瑞典和澳大利亚。集体效能里变异的出现说明，对社会的控制能力和与他人连接的能力是一种基本的社会属性，它超越了个体成分的集合——超越贫困、种族、国家甚至互联网，在许多研究中预测了低犯罪率并提升了公共健康。把紧密交织的人际的纽带与社会控制和起作用的信任分离后，集体效能理论也可应用于除邻里之外的集体单位中，如学校、警察部队、金融公司和社会，这点在芝加哥－斯德哥尔摩比较研究中已经强调过。[21]

尽管集体效能的建构为多重和叠加的挑战提供了一个理论上的路线，我仍然要强调它是一个社会过程，其中的共同期望具有一种文化成分并由背景、历史和过去的经历塑造。因此集体效能既是结果，同时又是潜在的原因性动力，就如其他许多的社会事物的本质一样。例如，当我检验什么可以解释集体效能的时候，我发现过往的暴力会减低随后对社会控制的期望并且暗中削弱信任。理论上，期望根植于自我效能理论和我们个体生活的经验，这个发现讲得通——过去的经历对我们思考未来采取怎样的行动有重要影响。[22]但是集中劣势也对集体效能有重要影响，并且过去几十年的贫困与近期的贫困一样甚至更有力地预测了集体效能。地方的文化承诺也对集体效能有影响，在第 16 章我会继续探究这个问题。数码革命有可能不断成为一种提升或侵蚀集体效能的力量。除了这些经济、人口统计学、科技、文化和历史方面的影响，以组织生活形式存在的制度机制在集体效能和集体行动的传递中普遍起着更关键的作用。

有组织的社区

托克维尔（Tocqueville）从我们国家的历史中很早就观察到，美国社会是一个加入者的社会。[23]其最新的表现为，近几十年来非营利组织在全国各地的城市再度兴起，但是城市学者却迟迟不列出当中的影响。此书尝试强调在城市生活研究中被一些人称作"缺失的组织维度"（missing organizational dimension）的重要性。[24]

在第 8 章我用芝加哥集体公民行动项目（Chicago Collective Civic Action Project）的数据来检验处于各种条件下的非营利组织的解释力，这些条件除了各种程度的集中贫困、居所稳定、种族隔离和人口密度之外，还包括很多竞争性的社会进程，如友谊/亲戚纽带和公民成员（志愿者协会）。无论我考虑的是一些具有高度自发的集体公民行动项目的社区，还是一些集体公民参与甚至抗议的地点的社区，非营利性组织的密度都是最强有力的预测因子之一。当我检验隔离的黑人社区和将分析限于这个城市最大和历史最久的黑人社区报纸《芝加哥卫报》（*Chicago Defender*）中对集体公民事件的报道时，也得出这个基本的结论。看上去有一些普遍的东西在组织资源的社会分配中产生了集体公民参与，横穿了被种族和经济深深分割的芝加哥。

公民间的集体效能主要与非正规启动的社会控制和根植于信任的共同期望有关。第8章展示了这种集体效能是由组织资源来提升的，具体形式如邻里监督组织、街区群体、住户协会和课后班。正如马里奥·斯莫尔（Mario Small）最近提出，简单的活动如幼儿托管经常是在组织环境中进行的，这样却让人意想不到地增加了父母们履行集体义务的机会，如筹款和协助策划群体活动。[25]与斯莫尔的研究一致，我相信非营利组织和组织资源的供给，形成了一张"世俗"日常活动的网络，滋养着集体生活，尽管它们很少是被特意如此设计的。这在全芝加哥都在起着作用——具有丰富组织生活的社区处于曲线的前沿。

非营利组织的重要性和它出人意料的影响力，为人们思考如何介入和回应集体方面的挑战提供了一条新路径。我们的第一反应通常倾向于留意经济援助。但是组织的能力重点常常在于如何运作物质和社会资本。例如，有证据显示在飓风卡特里娜进行大面积破坏后，出现了各种邻里组织协助重建奥尔良。那些在水灾中经历了极大创伤的社区甚至有可能激发新的一波集体效能，并对被夷为平地的城市进行翻新。尽管最近的一项飓风卡特里娜五周年调查不是一个严谨的研究，但它显然提供了线索："那些回去的人们发现当地缺乏领袖，于是着手在平地重建城市。城市并非整个一起回弹，而是一个邻里一个邻里零散地发生，从湖景区（Lakeview）到布罗德穆尔区（Broadmoore）再到圣十字区（Holy Cross），新成立的协会和旧俱乐部、精力充沛的居民和外州来的志愿者、理想主义者和杂务工加速了这一切。许多人成为城市各自社区的坚定的守护者，收集着当地的数据，组织着委员会，甚至例如在越南人的社区里还起草他们当地自己的总体规划。"[26]所以新奥尔良的重建是在邻里间接连发生的，部分是被一种组织基础推动的，它并非专门为飓风卡特里娜而设计，却激发了集体效能和现时的集体行动。飓风加剧现存的地方不平等，重建也是以同样的具体邻里间的不平等和它们不同的历史含义为结构。唯一说得通的是邻里分化成就了不同的组织努力，辅以外界助力之后在城市的新生中起决定性领导作用并保持了很好的平衡。

因此第 8 章得出的结果和新奥尔良出现的景象成为美国城市的未来充满希望的象征和保证。尽管大自然母亲的力量确实从上至下加重了贫穷、种族隔离和其他方面的挑战，以社区为基础的组织却提供了提升集体效能和集体公民行动的机会，这点我会在第 16 章讨论介入的影响时再回顾。当中并非只有一种机构在起作用，在第 8 章我证明了教会并非如很多人相信的那样是解决之道。看上去是全体机构在促进公民健康方面起基础作用，同时意想不到地拓展了经济活力，无论是以重建新奥尔良的方式，还是以在全国城市中一些邻里改造因经济萧条空置的房屋的方式。从这种组织角度来看，公民社会充满活力并运作良好。更重要的是，以社区为基础的组织反映了它们是社会政策的战略之地，这些社会政策概念上与我们组织机构不断增加的世界和私有化的联邦政策协调一致。联邦政策即是把重要的资源下放到当地非营利机构调节的分配过程中。[27]

城市的空间逻辑

本书一个关键的论点认为，传统上只注重于邻里内部动态是不全面的。相反我认为重心在于超越本地性的空间动态和空间优势的机制。我认为本书一些结论毫不含糊地强调了在梳理种族不平等的影响和外来移民扩散的影响中空间距离的重要性。简言之，沃尔多·托布勒（Waldo Toebler）的地理学第一原则（不是定律）是对的。因此对于当前大家的忧虑，"距离已死亡"的论点犯了根本性的错误——物理距离和各种空间过程非常重要，尤其是当它们与社会距离互动时。我甚至认为若不直接考量印刻于空间的社会优势和社会弱势的角色，我们是无法理解美国城市的种族不平的。

举一个简单的例子。选取两个中等收入的邻里，一个黑人邻里和一个白人邻里，这对大部分观察者来说都是一个合适的配对。假设隔离是有害的，导致邻里间的资源不平等；我们进一步假设收入和其他与种族无关的特性在每个社区里都是一样的。这两个邻里会不会并不相似？收入平等是否无法解决过往的历史遗留问题？我的答案是"是的"。我在第 10 章论证了对于周边的背景来说，这两个类型的邻里在特征上毫不相似。芝加哥与其他大多数的美国城市中的黑人邻里面临着影响深远的空间劣势。关于种族不平等的外部空间的观点超越了强调邻里内部特征的传统观点，它把超越邻里性和城市的空间动态在经历了各种的社会过程后如何产生种族不平等的过程概念化，而这些社会过程从潜在意义上比那些已经在邻里内部起作用的社会过程更为重要。这本书关于空间不平等的理论框架有助于解释贫穷的黑人邻里中暴力、失序和向外移民的持续性和那些如果没有经常发生的暴力威胁，则会被划为中产阶级的地区。城市空间上的划分对于我们当中那些关心改善人类生存状况和减少不平等的人来说无异于是一则令人沮丧的消息。

　　好消息是近来外来移民的引进为芝加哥和全美带来变化，因此这种空间不平等可以稍微减轻。第一代移民的流入反映的是一个扩散过程溢出效应的典型例子，包括更低的犯罪率和重振此前被贫穷毁坏的邻里的经济。在我们根据一长串的相关社会属性列表（例如，收入、婚姻状况甚至个体智力）解释了他们的更大的贫穷和差异后，发现芝加哥的第一代移民比第三代移民少了近50%的犯罪率。最近的外来移民（无论是白人、黑人或拉美裔）不仅具有更少的暴力，当他们生活在移民聚集地区时，减少暴力的效果更显著，这就是移民背景效应的证据。

　　因此第 10 章开展讨论的空间逻辑表明，外来移民有着大量的正向连锁反应。最近发表的一些研究美国其他城市犯罪率下降和在全国层面犯罪率下降的独立论文支持了这个假设。[28] 在芝加哥的邻里层面，外来移民的增加与低犯罪率有关，尤其是在更为贫穷的地区和那些有着种族隔离和排外情绪的地区。第 5 章和第 10 章的分析结合在一起证实：不断增加的外来移民有效地降低了黑人、白人和拉美裔之间的隔离。[29] 这个现象在今日比过去更甚，那种认为外来移民和多样性自然而然地导致社会解体和犯罪随之而来的观点站不住脚。尽管是陈词滥调，但我认为至少在美国，外来移民的空间扩散与犯罪率下降相关联——遍布在各邻里、城市和时间里。[30]

选择作为一种邻里效应

　　许多社会科学家看待个体选择的方式有些奇特，好像他们受了什么惊吓而认为个体选择能让环境不起作用。"邻里不重要"这种带有文体风格的评论通常来自这些人，他们认为个体以一种所谓的让邻里效应发生偏差的方式选择性地创造了自己的生活环境。但正如基因不会在任何环境下都表现为显性，个体的选择也是嵌入社会背景中并由社会背景引发的。当谈到居所流动，很难想象在做抉择时有什么因素会比邻里本身更相关，要找一个"赤贫搬去富人邻里"的例子就更难了——毕竟水平流动占主导地位。因此尽管我们有意地避开一个邻里或者有能力选择在这里而不是那里生活，我们是受了邻里的社会地位影响而不是为了去证明邻里与个体选择不相关，这是普通常识。这种互动模式有助于解释美国不平等持续的机制之一——同质性强化了空间上的分隔，或者说个体倾向于选择与自己重视的特征相似的人邻近生活，远离非相似的人。人们可以认为这是不平等的需求层面，导致了背景层级维护机制的产生。个体和机构采取行动维护他们的特权地位，产生了社会学家们特别强调的各种结构制约和文化设定。我们生活的各地到处印刻着社会含义和结构性差异。

正如第 12 章所述的，结果看上去像是悖论。举例来说，一方面由种族和收入造成的隔离（"分裂的芝加哥"）依然持续可见，另一方面又在邻里间存在着不断的融合，以及跨越各种社群类别，如犯罪、抑郁和其他不常考虑的因素造成的社区边界的流动。背景在这里依然起着作用：人们因为各种各样的原因搬迁，但出发地和目的地的邻里特性毫不相干的选择却极为鲜见。结构特征——例如种族构成的变化——对个体评估和决定搬迁有影响，察觉到社会失序的线索也一样对个体的决定有影响。个体选择对于重新定义邻里有重要的影响。例如，一个黑人家庭搬到一个种族融合的邻里，然后这次搬迁或者同类性质的搬迁却引起白人家庭的搬离，接着环境的融合以这种方式衰退，这并非是当初搬来的人所希望的。[31]然后讽刺的是，邻里的条件对由下至上流动的选择决定的影响非常大，但这些邻里条件也解释了变化的背景如何孕育了更多的个体选择，表明了一种不同于过往构想的社会影响力——选择成为一种社会进程。因此，在第 11 章和第 12 章我尝试重新建构对选择偏误的理解，并将其从个体主义的杜撰中拯救出来。回顾一下智商、抑郁和犯罪——被称为"三大"占主导地位的主要抱怨选择——都被更大的结构特性分类模式所取代。因此，与第 3 章的社会背景探究原则一致，我的论点扭转劣势，击败常规处理模式，并为未来的研究提供了新的可能性选项：选择偏误本身是邻里效应的一种形式。

城市作为交织在一起的社会结构

严肃地看待人们的选择也启发了我用过去未曾检验过的方式研究更高层次的结构性论题并将其概念化。对原芝加哥学派的主要批评之一是它将邻里看作一个独立的实体。尽管这种评论不完全准确（参见第 2 章），政治经济评论却有相似的观点。结构理论家们也如是——非空间或者邻里间的关系可能和邻里内在特性和空间动态一样具有理论上的重要性；这表明我们不应该将分析眼光仅限于邻里的固有的特性上。我在第 10 章研究的那种空间分析适当地跳出了邻里但仍然停留在社区间的分析框架中。当横切邻里的网络被结合到城市的社会结构里，对它们的研究则变得非常少。

第 13 章和第 14 章直接回应了这个挑战——研究个体层面的行动如何参与到结构上连接不同邻里的交织层面。我用移民和精英影响力网络的形式来检测这种结构上的分层。我的论点是邻里间的搬迁产生了联结，正如一位领袖去不同社区的另一位领袖那儿去解决一个问题，甚至本质上解决的是当地的问题。除了空间距离直接起作用外，第 13 章证明两社区间的社会相似性越大，它们越有可能通过居所交换网络进行连接。这种邻里层面上的关系模式是由各种各样的社会人口统计学的特性引起的，尤其是种族组成和收入中位数的两元相似性。社会气候也有影响。对失序类似的觉察和友谊的纽带对邻里间的居住搬迁造成了独自的影响力，这是一种同质相吸的社会形式，它加强了象征性的边界和空间的边界。

精英也被类似的过程支配。联系什么人达到预定的结果是一种充满自主和选择的决定。我研究了受过高等教育的积极行动者，实际就是——在法律、政治、教育、商业、宗教和社区组织中的重量级人物。但这些机构领袖因社区不同，选择的差异性也很大，他们的决定同时创造了联结，以社会结构的方式横切社区边界并贯穿整个城市。尽管有种族组成、贫穷和其他常见的待检验因素，但整个城市范围内的精英的信息流动实际与集体效能相当，也与居民的移居流动模式匹配。在这两种不同的行为的网络动态中，隐含着一种更高层级的普遍的组织和结构。

其中的每一个个案——搬迁、拜访另一位领袖——虽是一种个体选择，但每个选择引发了比个体的独立行动更多的东西。第 11 章到第 14 章的解说强有力地翻转了传统的选择偏误批评：邻里选择了人们和信息的流动而不是人们选择了邻里和信息流动。这一断言的意思是，有一种行进中的社会结构不停地在运作；在这一社会结构中，个体和家庭做着各种决定。邻里间的空间网络如河流般流动，伴随着如湍流和漩涡般的活动。这些运动与邻里联结在一起的方式息息相关，却不是个体可以留意到或者轻易能控制的。就如暗流无法被人看见也通常不能被意识察觉。社会联结中的信息交换、声誉保持和同质相吸——这些日常活动强化了人们连锁式的反应和活动，邻里的优势和劣势更为牢固。尽管这并非城市有意为之，但可以因此说城市具有持续的更高层级的分层结构并伴随着持续的社会组织过程，尽管当中存在个体化的流动和邻里变化。

个体往何处去?

我的方法与社会科学中的一些有影响力的解释不一样，也与"方法个体主义"（methodological individualism）的实践不一样，它把个体选择假定为解释的基础。可以肯定的是，我接受个体选择作为一种因果关系的存在，但本书已证明邻里进程和更高层级的结构有自己的逻辑和因果关系。尽管我并不认为邻里层面的进程必然是最重要的，但对于许多社会现象来说，它如同齿轮般调节着由下至上和由上至下的机制。生态计量的方法和本书的理论进一步说明邻里机制和高层次结构并非像传统认为的那样屈从于个体选择。这个概念与等级模型不一样，它表明在各种层级间隐含一种连锁反应的过程——本书设想的起因过程并不必然由上或由下开始——实际我认为邻里具有向下和向上延伸的影响力。这或许是一种激进的观点，而且它不能同时解释所有的运动组成部分——没有任何研究能做到这一点。但我相信所有的证据都能得出这么一个结论：从根本上来说，个体选择既是邻里效应也嵌于"结构分类"的过程中。它引出了本书的全部发现，最后整合了个体、邻里和结构。

思考社交世界的因果关系

社会科学经历着"因果关系的转变"，如果我不应用它来解释我刚整合的理论的话，我将是非常疏忽的。实际上，顽固的批评家仍然会感到不满意并会追问："此书的因果关系处于什么样的状态？"在这部分我将直接解决这个问题并遵循一直引导我的社会探究的原则来总结我在社会因果关系方面的立场。

在邻里效应领域采用实验方法的呼声很高，在范围更广的社会科学领域更是如此。实验被认为提升了科学质量、以证据为基础的政策和因果性推断。美国经济学会前主席安格斯·迪顿（Angus Deaton）创造的术语随机实验派（randomistas）指的是那些坚信随机临床试验（RCT）是科学进步唯一的希望的人。[32]认为随机临床试验至高无上是不足为奇。实验长期处于科学的斗篷之下，尤其是医药的实验室随机范式。参照实验成为普遍的金科玉律，更甚者明确要求引进知识等级系统或认为有些知识高人一等。[33]实验的魅力不断增长，许多社会科学实际上"医学化"（medicalized）了——实验被视为黄金标准，并等同于证据。

与此同时进行着另一场提倡把因果关系推理范式应用于观察性的研究之中的运动。一场革新产生于对政府限价的研究过程之中，它接受实验的观念但配以最先进的统计工具而不是制造那些分析社会科学数据的随机临床实验。根植于反事实运动或者"潜在后果"（potential outcome）运动，数学和统计技术被应用于改进非实验研究中的因果关系推理。[34]我为提升因果问题清晰度的转向而喝彩，我也利用了新的方法工具包，包括复杂的技术，因为我认为它们对解决手上的问题很合适。

尽管这个过程中是有实际收获的，但是仅仅依靠实验或先进的统计方法无法为我提出的各种邻里效应问题提供解决方案；同样我认为对一般的社会生活来说亦是如此。现代实验主义者、随机实验派和统计模拟器等等的主要目标是获得无偏差的因果关系参数估计，通常运用于个体的层面并且这个个体常"嵌"于各种邻里当中。但是当因果关系跨越各种单位和层面时，等级制度倒塌了。与近乎封闭的医学治疗不一样，在社会情景中的个体行为是相互依赖的——当中没有东西永远"保持恒定"。尽管相互依赖不是新的洞见，我在本书通篇证明了实际所有社会生活都是以一种被低估的空间形式相互依赖的，即地方的内部和地方之间存在着"物以类聚"。

所以，我分析多种社会行为并尝试梳理用于解释它们在时间和地方上的聚集的普遍机制。它可以被称为邻里因果关系的过程，因为它们不是单一的效应。同时我检验了个体决定（选择）如何被邻里影响、个体选择又如何影响了邻里组成和社会动态，又检验了超越邻里的空间动态和更高层次（或跨越层次）的纽带是如何起作用的。这种理论立场孕育了多面分析途径，与当代众多研究的体裁版本或理想化版本不同，在那些版本中邻里效应被认为用来表示在统计或实验中一种具体的邻里特点"往下"对某些个体行为所产生的影响。这个问题很有趣但却未必是最重要的。

在社会科学的政策中邻里层面的实验对于占主导地位的个体层面介入来说无异于是一种例外。从社区层面出发的视角的价值在于它避开了单纯的"人的类型"分析，反而聚焦于集体活动的社会特性对介入政策提供了什么样的信息。现在在经济发展、公共健康和暴力方面已经有社区层面的实验，它们也许在为更稳健的人口层面的因果关系思量和政策铺路。[35]但即便我为群体随机化实验和邻里层面的实验喝彩，它们也无法摆脱社会生活相互交织的本质影响。本书的一个关键信息是假设邻里之间的社会互动各自独立或者不存在会是很严重的问题。类似于课室嵌于学校中并且因此嵌于社会教育结构中，邻里嵌于更大的社区中和大都市的不平等结构中（第10～12章）。[36]迁移流动或社会互动（例如领袖纽带）不仅是邻里内部进程和空间邻近造成的，相反，它们却常常把在相距颇远的城市多个邻里连接起来，因此它们进一步证明了相互依赖是普遍现象而不是被大家认为的例外（第13～14章）。总之，本质上社会结构对实验中的因果关系假设是一种威胁。这不足以为奇，因为随机制造的是非社会化世界，至少是瞬间的非社会化世界。

还有另外一个更基本的决定正误的问题。因果关系推理属于理论层面，并非直接来自数据。我认为，量化数据并非与生俱来就比定性的社会研究更有助于理解这个世界的运作。数据从来不"为自己说话"，也没有哪种完全不需要理论的研究方法——无论采取哪种实验或统计方法，了解因果关系模式都需要对未观察到的机制有假设和主张。[37]换句话说，因果关系解释需要理论而不是一种特别的方法或仅仅是一种数据。我在第11章证明了"搬向机遇"项目最后对了解相关的住房券分派的效果的机制毫无作用。因此，如果有人认为科学的解释在于找出因果关系机制并展示它们，那么实验结果或者统计结果也只能作为线索而不是答案。[38]有时定性实证数据会比看上去更严格的定量数据能提供更多的信息。

政策效度

　　实验和追求无偏差因果关系推理，与社会政策相关度其实不是很高，这是和大家普遍相信和宣传的那样所不同的。甚至尽管我们承认实验的内在效度很高或者因果关系推理很强，政策的有效性和我们最终所关心的东西根本上还是取决于外部效度。社会科学中典型的因果关系推理无论多么精心地通过随机或者统计控制来运作，提供的也只是处于假设或人为条件下一小撮个体静止的边际效应。然而，外部效度在传统意义上来说可能也不是最好的对这个问题的说明，因为社会科学面对的是一直在变异的背景。关键问题是当我们从一个具体实验或者研究结果转到制度化的政策或者进行中的社会机构中时，游戏的规则变化了，并且社会进程突然启动起来。例如，类似于"搬向机遇"项目，假设随机的临床实验发现将一小撮贫穷的黑人家庭从集中贫困的地方搬到种族隔离同样严重的城市中的高收入白人邻里或者种族融合的邻里后，他们的生活状况得到了改善。假设这是一个有效的因果关系推理并且我们同意所有的实验假设成立，那么这个研究与政策有什么关系？它可以迁移到更为重要的宏观政策上吗？毕竟我们想改善的是许多孩子的生活，而不仅仅是少数几个。

　　历史提供了令人清醒的部分答案。如果足够多的白人家庭因为他们不想与比例超过低临界值的黑人相邻而住而选择退出一些邻里，或者如果黑人中产家庭从种族整合的或者变化中的邻里离开来保持更高的邻里经济地位（"黑人迁移"），那么这个地区的居住组成和机构组成按搬迁的规模成比例地变化。新的成员不会选择这种变化，并且在某一时刻计划好的政策开始失效或者必须重新设计，因为新的社会现实已形成。威廉·朱利叶斯·威尔逊认为黑人中产家庭的迁出是一个恰当的例子，并且可悲的是，白人大迁移在美国许多城市早已是现实。例如在芝加哥，我证实了种族变化的极度不对称——在四十年中没有一个邻里从黑人邻里转变成白人邻里，但有不少邻里反其道而行之。然而相比之下，在一些社区，如海德公园社区，种族融合被再生产；其证据则是，依据时间、地点和在海德公园社区个案中则是机构的不同，社会介入有异质性的效应。要理解这个进程，理论和观察数据与邻里背景的动态理论再次一起发挥决定性作用。

我的结论并不是想说，人们搬离贫困或者开展旨在改善学校教育的公共汽车实验是不好的，只是，与给土地施肥或者吃一片药丸不同，人类对政策的反应未必与原来的实验或者统计估算的因果关系推理一致。政策的实施总是在邻里或者其他的背景下与相互依赖的和有前瞻性的人类相遇，并且产生意料不到的后果——包括那些与政策期望的方向背道而驰的效果。更宏观的角度是社会机制如分类、引爆点、等级制度维持、组织能力和集体行动——这些社会结构的材料——组成了一个舞台，所有的政策和推理都必须在这个舞台上有所表现。另外，政策反映了价值和假设，但并不是观众里的每个个体都会与政策制定者以同样的方式分享或解读当中的权衡；所以介入政策需要以社会层面的相互依赖和因果关系的角度的解释来评估，我在最后的一章会回顾这一点。

走向背景社会科学

我所叙述的一切都在努力把社会探究往多元主义但依然严谨的方向推进。尽管在一定的社会科学趋势中可能显得另类，但我认为无偏差的因果关系推理并不是唯一甚至不是最重要的目标，对于什么构成了解释性的证据，我们需要放宽概念上的视野。简单地说，没有一种方法在技术上是决定性的，也做不到，这本书也不例外。这对实验、统计技术或清晰的因果关系是一种肯定而不是反对。事实上，在我的整个调查中我也在调整了混淆的条件后评估了"独立的"关系，并要求以全部的适用方法进行研究。

我不会基于我报告的任何单一的发现建立我的主张，因为每个发现都与不确定性绑定，并且采用的方法有明显限制。相反，证据必须根据整个项目来考虑，也必须从我们眼前的现象的实际本质来考虑。尽管不便和耗时，本书通篇的论点认为解释性的方法、描述性的方法、定性的方法和观察的方法理论上可以与生态计量和严格的经验分析整体结合，为社会因果关系提供证据。依此观点，理论不仅是文字故事或"假设"故事，它也不局限于一种特别的数学或统计模型；相反，它是对一整套相互联系的经验事实的分析，这个分析由一系列解释性观点整合，同时也形成了一套解释思路。最后，我的论证建基于不同方法学照射之下和不同角度投影下收集的许多不同证据的共性——更多的是几乎站到了"至关重要的实验"的对立面。

　　我认为《量化的反思：重探社会研究的逻辑》（*Making It Count*: *The Improvement of Social Research and Theory*）的作者斯坦利·利伯森（Stanley Lieberson）是正确的，他认为社会科学对经典的类似物理学的决定论学科的模仿已经是误入歧途；相反，我们应该借鉴支持进化论的生物学家的思维方式。达尔文的理论并非产生于实验室或随机实验，[39]而是"基于观察数据而不是真实的实验得出严密的结论"，和"一种吸收大量不同数据到相对简单的系统中去的能力"。[40]类似于进化论的理论家们，城市的研究者关心因果过程，它们以历史和机构的维度呈现，跨越时间的长河，却无法经受随机性的检验。例如，解决累积弱势、贫困陷阱和利他特征意味着我不得不面对几十年来展现的因果过程。就如我在第 5、8 和 13 章所述，我们因此需要一种更具弹性的因果关系的概念，而不是那些由个体实验和在数学方面与其类似的方法提供的概念。与科学的实用主义一致，也与因果关系只能在背景中被理解的观点一致，我相信这整本书论证了邻里效应这一支系——背景因果关系中例子之一。[41]

　　具讽刺意味的是，利伯森甚至号召以进化生物学作为研究的模式，这种来自生态学的生物性的比喻经常被早期的芝加哥学派的评论家们批评。[42]我同意他们批评生态学的功能主义、过度强调物理环境、忽视政治生态和平衡假设，但有一点是真实的：人类生态学的核心聚焦于在一个整体环境下个体与环境的互动——正确地理解，就是聚焦于时间地点中的社会互动和它们在社会层面上引发的后果。除去功能主义的根源并加入象征性的和相关的结构，那么在概念术语上把邻里效应当作社会生态互动主义也可能就合乎情理了；就如欧文·戈夫曼（Erving Goffman）遇上了社会生态学。

　　有许多实际证据证明，研究背景因果关系和社会生态过程的观察性方法可经受科学的检验并且有助于重新定义当代证据的标准。请思考一下我们医药中一些最稳健的因果结论和"硬"科学，它们其实都是源于一些最简单的方法的。美国疾病预防控制中心（Centers for Disease Control，简称CDC）最近注意到美国人的寿命预期猛增，单比 1900 年就增加了 30 多年。这当中 25 年的增长得益于公共健康政策。[43]值得注意的是，在疾病预防控制中心列出的前十位增长原因中，基于观察的介入占了主导地位。Salk 疫苗是最有名的田野实验或者说是实验上的成功，不过机动车法律和汽车安全、食品规定、传染性疾病的控制和减少吸烟等方面的改善都对寿命的增长做了最大的贡献，而这并不是依靠随机实验。例如，我们对吸烟是否引起癌症这个问题不需要决定性的实验来下结论。在经过持久的严格而老式的多样化观察研究后学界已达成共识。全世界许多国家的人口政策（例如，生育率、婴儿死亡率）也取得巨大的成功，它们当中许多政策也是从基础的非实验性研究中得来的。[44]同样，早期青霉素的发现也是基于观察，进化论亦如是。

意　蕴

从这个社会研究观点出发得出更宏观的结论是，没有技术可以成为黄金法则，因为根本就不存在黄金法则。[45]没有任何方法、任何实验甚至达尔文，可以在这片田野上全方位地称霸；所谓的证据的黄金法则也只不过是修辞手法。方法要根据研究的现象的问题和实质进行选择，严酷的事实是，我们的选择很少，因此不得不采用创新的方式对待社会科学家遇上的各类证据。[46]利伯森和霍里奇（Horwich）在提出"意蕴分析"（implications analysis）理论时认为，因果关系的"决定性测试"的提法也是有误导性的。[47]追溯英国统计学家菲舍尔（R. F. Fisher）的观点，他们认为我们应该给因果关系假设列出尽可能多的各种后果，然后实施观察性的研究来考察这些后果是否支持假设。尽管我们被教导要优先考虑决定性实验，但实际上甚至在一些硬学科中这也不是通常的做法。任何一个正向发现证明理论成立比一个负向发现证明理论不成立的说服力是一样的，尤其是在背景不断变异的社会世界里。

在维多利亚时期，约翰·斯诺（John Snow）行走于伦敦时发现布罗德街（Broad Street）的水泵是霍乱大流行的肇因，因此这个具有启示意义的故事就成为好研究的模型。与数学模型或者实验一样，侦探性的工作是我们工作中必需的部分。[48]不能采用纯粹的归纳或纯粹的演绎，相反，必须根据手上个案的理论来权衡各类证据。从这个意义上只讲究研究方法从来不能成为答案，但理论也不能与方法分离。在斯诺和我们的世界里，只有将多重有用的信息小块拼凑一起，像一个运用身边现有的工具摆弄修理的人一样组合数据来源，最后按理论整理实证发现，解释性的论证才会最终显现。

第 16 章

余　波

——2010 年的芝加哥

在 2010 年的夏天，我重回芝加哥的街道，那是多年前我曾走过无数次的地方，在第 1 章我也向读者介绍过。重溯过往足迹给了我一个机会去反思我在前几章所总结的经验性发现以及整体想法，同时将它们置于有利于分析效果的背景下。2008 年秋天发生了如今大家都非常清楚的情况，灾难性的经济危机始于美国，并向外蔓延开来。经济危机打击了经历长期繁荣的美国城市，并同时摧毁了精英和民众的信心——在 2009 年，贫困率升至 15 年来的最高峰。如同飓风或热浪，经济危机为分析者提供了一个机会，以探讨社会结构如何转移或加重"灾难"，而这次面对的无疑是因果起源中的一种显然反常的灾难。[1] 芝加哥公共住房的大规模改造增加了另一层人为干预（此处指政府），导致数以万计的家庭陷于混乱。芝加哥在其他许多方面已经经历或大或小的改变，包括理查德·戴利（Richard M. Daley）不再是芝加哥市长，这在 22 年来是首次。[2]

接下来，我的目标是在近期社会变革的背景下总结本书的理论观点。回到我在第 1 章开始的逻辑，扎根于特定的地区，我同时对城市进行街道层面的和鸟瞰式的观察，而在较高阶或是结构性的层面上，注重邻里分化的持续特征。这一策略提供了芝加哥邻里人类发展项目开展 15 年后对芝加哥邻里的情境写照，同时提供了对这座城市如何应对全球性经济危机和大规模的公共住房改造的粗略了解。基于本书的比较策略及关键发现，我的着重点在于稳定和变化的关联过程在不同邻里中如何呈现。具有特殊理论影响的社区，是指那些反其道而行且违背其过往历史所预测的趋势的，或者是正以显著方式对抗外部挑战的社区。例如，要怎么看那些落在"对角线外”要不然就是在应对经济危机时脱离常轨，或是打破常规的犯罪增加的社区？本书还提供关于邻里社会再生产机制的确凿证据。持续的不平等是否会继续被维系，以及是以怎样的方式维系？

实际上，我的经验性来源是多渠道的，包括个人的实地观察、在经济崩溃期间与之后提交的住房止赎、2010 年的暴力事件、新闻报道和地方报告、关于公共住房的选址和在芝加哥房管局（CHA）项目的拆迁之后住房券使用者的行政记录，以及信件丢失研究的较小规模复制。那是我在 2010 年 6 月，以策略性选择的邻里样本所进行的研究。这些定性和定量形式的数据交织在一起，描绘出社会组织和深层结构的最终整体情况，该情况至今仍在影响芝加哥。

纵观变化

那是一个温暖的六月天，但感觉很像我在 2007 年 3 月及之前无数次去参观繁华一英里时的那种冷天。卡地亚、梵克雅宝和蒂芙尼商店闪闪发亮。在伊利街和密歇根大街上，我注意到施工中的起重机，在丝毫未见竣工踪影以前，公寓的广告已标示着“起步价 140 万”（大概是较低楼层的工作室）。很难看出社会正处于严重的经济萧条中，而高端商店则以有趣的方式展现它们对困难时期的回应：一个男人站在密歇根大街上，身上挂着一个巨大的厚纸板展示卡，打着古驰、阿玛尼、普拉达和迪奥“现在打九折”的广告。人们似乎注意到了。但北密歇根大街看上去和往常一样忙碌，看不太出来全球经济衰退的影响。

在芝加哥河畔，唐纳德·特朗普的摩天大楼已竣工，而且大楼傲视四邻，特别是正好位于其东侧的经典的箭牌大厦。后者建于 20 世纪 20 年代，被认为是美国最有名且最美的办公大楼之一。虽然新旧并列极不和谐，但这象征着芝加哥稳定和变化的同步相互作用。我在这个六月天拍下这张照片（图 16-1），体现了这种超现实的并行现象。在前几次的造访时，特朗普大楼正拔地而起，而游客们则在拍摄着大楼以及芝加哥河畔令人印象深刻的建筑阵容的照片。邻近沃巴什街的入口，一个保安人员在外面走来走去，密切地注意着周遭。体面的穿着加上头部佩戴着的最新电子通信设备，甚至连他看起来都符合特朗普优越的光鲜形象。忙碌、地位和财富全都呈现在特朗普大楼的入口周围。

图 16 - 1 新旧芝加哥的对比：特朗普大楼凌驾于古典的箭牌大厦
（Wrigley Building）之上。照片由作者拍摄，
2010 年 6 月 12 日

当我跨越芝加哥河进入卢普区时，千禧公园在经典的背景下继续传达着大胆与时髦的主旨，并持续吸引着大批游客。我不得不承认，这个充满争议的大胆作品令人印象深刻，该项目确实是芝加哥的雄心壮志和建筑的傲视群伦的证明。从路易斯·沙利文（Louis Sullivan）到弗兰克·格里（Frank Gehry），看起来近乎浑然天成。无论如何，在这一天，盖里（Gehry）设计的音乐厅反射着阳光并与环境恰如其分地融为一体。紧挨着密歇根大道的地方如冬天时一样人群涌动，普通市民的脸庞被照耀着，他们从喷泉正面向外凝视眺望。唯一的区别在于，不是溜冰者在滑行，而是孩子们在水中嬉戏。朝向东区并继续穿越南卢普邻里，经过罗斯福路进入近南区社区，我们看到中产阶层化（Gentrification）的其他证明——旧的铁路站场

及单人房出租公寓酒店已被改造。新公寓在整个地区随处可见，特别是新"东区"（东卢普区），以及沿着第 13 街和第 18 街之间的南密歇根大街。

顺着密歇根大街再往下，大约从第 35 街开始，近南区到中南区的改造正在进行中。许多高层和低层住宅项目已消失，混合收入住房出现在过去以集中贫困为主的地方。就在南密歇根大街外，我看到几个新公寓楼的迹象，而在不到一年以前我没有看见过它们。但和以前一样，街头上没有充满朝气的活动，且当稍微往西或往东移动时，并不难在街上发现垃圾或空置及用木板覆盖的建筑。甚至直接就在南密歇根大街上，潘兴大道附近，人们可以看到废弃的地段和窗户以胶合板覆盖的公寓，而通常旁边就是有人居住的单位。玛丽·帕蒂略（Mary Pattillo）指出，格兰大道（或铜色村庄）在重建方面是矛盾的，而从市容来看，似乎也反映了这一看法。[3]新公寓楼以及蓬勃发展的黑人中产阶级的迹象紧挨着从前住房项目的空地，两者间形成奇特的混合，这也与上述的矛盾看法一致。2007 年 3 月，我在第 47 街上注意到用木板覆盖的多层建筑，并且在卓克索大道和第 43 街及第 47 街附近，看到一群无家可归的人在遍布垃圾的空地上围坐在火堆旁。三年的时间，感觉并没有太大的改变。无家可归的人虽然不在同一地点，但我在附近的其他地方看到较小的人群，他们显然是无家可归者。该地段仍然是空的，第 47 街的景观还是布满年久失修的迹象。经济萧条似乎已经使发展趋缓，因为沿着主要街道的许多建筑都是空的，看起来像是房屋止赎增长的受害者。

虽然还处于转型期，但奥克兰及格兰大道社区的绝大部分的邻里代表着芝加哥贫困史一个明显的转折点。虽然城市方面的主要干预没有起到奇迹般的效果，但不论好坏，它确实显著地改变了社区轨迹。过去的住房项目所在地区的周围是变化最明显的地方。鉴于我已经解释过的不平等后遗症，这可不是件容易事。但后遗症通常不会凭空地消失，它们徘徊不去，并需要不断地解决。还有一些难题被简单地传到了其他社区，也就是说即使穷人迁移到其他地方，它们仍然存在。因此，必须始终将社会服务需求置于一个更广阔的都市情境中考量，而且不能限于一个邻里。南边的郊区已经感受到城市变迁带来的影响。

回到南联邦街，泰勒公寓旧址周围的形势在今天看来与图 1 - 1 中所呈现的几无二致。我来到了同样的地点并发现它一如从前——可以说是空荡荡、静寂且了无生气。唯一的区别是，一位芝加哥的警官坐在停放于大约100码远的巡逻车中，那里过去是人声鼎沸的街道。当我在四周闲逛，他小心翼翼地观察着我。似乎很长的一段时间里，除了该名警官之外，我视线范围内别无他人。虽然在我面前是一望无际的绿油油草地，但显然我的行为不属于日常活动。这个空间标记着过去一段激荡的历史，它的烙印显然挥之不去。如果本书的结果多少有一些指导意义，距离社会转型完成还有一段路要走（若真有完成的一天）。

往南面和东面去，海德公园社区地位突出，这里是芝加哥大学所在地，也是美国总统的故里。[4]在20世纪中期快速变化的动荡过后，海德公园已经变得稳定，并保留着其有着组织和结构优势的融合式住房。虽然最明显的是大学，但社区拥有活跃的公民生活、一定密度的非营利组织、受过良好教育的精英，以及与权力的联结。我利用第8章中使用过的相同资料来源，查看我所能找出的非营利组织密度的最新可用数据（2005年）。在芝加哥市的所有社区中，海德公园社区排名第六位或前10%。它在2000年的集体公民行动事件比例（另请参阅第8章）是全市第五名。使用第14章中的关键知情者网络数据的话，它在领导者间的直接和间接纽带密度方面名列前茅。这些外部指标与人们走在海德公园社区以及跟社区居民和领导者谈话时的主观感觉相符合，同时也符合12年来我在当地所搜集的地方知识。如第1章所指出的，社区的投入和机构的联系表现于可视信号（如标志、教堂、书店、请愿）和社区组织的密度。奥巴马的存在只是从内部和国家两个层面巩固了社区的组织认同。

然而，就在海德公园社区西边，鲜明的差异（再次）依然存在。跨越整个华盛顿公园的同名社区已经做出恢复的尝试，但还在等待就业机会和经济复苏。沿着加菲尔德大道的干道，空置及用木板覆盖的建筑、关着门的商店和空地并不少见，并顺延到其巷道。如第1章所指出的，如果肯伍德社区和靠近湖边的格兰大道社区中，中产阶层化接近"黑人黄金海岸"的程度，那么华盛顿公园社区和对泰勒公寓旧址周边区域挥之不去的记忆，可以构成许多芝加哥人心目中有关附近的"贫民窟"的印象。市长戴利的努力人尽皆知，他试图以规划2016年奥运会新建筑的形式对这个区域进行投资，然而芝加哥最终申奥失败。每一天，我们都可以看到许多华盛顿公园社区陷入困境的人，在失业中度日，并寄希望于明天。

经济萧条以加剧先前劣势的方式增加了社区的负担，这是结构性力量如何被当地情境介导的一种表现。我研究了 2009 年关于所有房屋止赎申请的数据，将之计算成如 2007 年的每一千个抵押中的比率。这项测量提供了关于经济危机后引发的止赎活动强度的最新情况。在芝加哥的所有社区中，华盛顿公园社区的止赎率名列前茅。尽管有刚才提到的中产阶级复苏的迹象，格兰大道社区的止赎率在全市中排名第九。在对止赎的观察中（止赎渗透率最高？），排名前十的社区都以黑人为主。[5]

当继续往南到伍德劳恩社区，我在其西部边陲看到更严重的劣势和住房的破损。但是，在近几年的其他造访中，向东朝着湖区的方向进发，我们看到了复苏的迹证。中等收入和混合收入的新住房，开始出现在大量过去曾是出租屋所在地的街区。倘若伍德劳恩社区是"异类"的话，我认为它得益于其组织行动的历史，以及与就在北边的芝加哥大学（本身具有与关键角色联结的网络）的空间相邻。以伍德劳恩社区为例，尽管有着持续性的贫困，但在非营利组织密度分布方面，它在全市中排名第十三位（前 1/5）。伍德劳恩组织（TWO）是这些组织的其中之一，在 20 世纪 60 年代初建立，当时正值对芝加哥大学的不信任达到高峰之时。[6]亚瑟·布拉齐尔（Arthur Brazier）是有多达两万教徒的"圣使徒教堂"的荣休牧师，自从在 50 年前为伍德劳恩组织奠下基础以来，他一直在伍德劳恩社区联盟的建立中扮演着灵魂人物。[7]尽管有争议性，且在某些情况下受当地居民怀疑，并被指责为了发展商的利益而牺牲长期居民的利益，但伍德劳恩组织毫无疑问是一股政治和组织力量。关键知情者研究显示，伍德劳恩社区的组织交往集中化程度 1995 年在芝加哥排名最高，2002 年则位于前 1/4，其影响力网络集中于伍德劳恩社区内的少数领导者。可能得力于其网络交往中的结构性凝聚力，伍德劳恩组织和其他社区组织结成的具有争议性的联盟，结合来自芝加哥大学的干预，急剧地改变了伍德劳恩社区——无论好坏。

伍德劳恩社区的情境示例与我所提出的更大的观点相一致：当面临着极度的物质匮乏和宏观力量时，邻里必须依靠本地和涉及整个城市甚至以外的组织联结，以提高获得外部资源的能力。当经济危机减缓房屋市场活动，且失业率滞留在大多数美国社区从未经历过的数字时，这些资源的重要性就有可能提高。因此，稳定性和变化同时存在，这点与我的总体发现一致：伍德劳恩社区的改变轨迹具相对性，而且它仍然是一个脆弱且以贫穷为主的社区。它在 2009 年的房屋止赎率是全市的第八高。

　　继续往南前进，我重访了阿瓦隆公园社区及查塔姆社区，看看它们在经济萧条所带来的新经济环境中的情况。我在第 1 章中提出，不像它们北面和西面的邻居，这些黑人社区多年来一直稳定处在工薪阶层或是中产阶层。当我在 2010 年 6 月路过相同街道时，我注意到很多与过去相似的情景。在温暖的傍晚，男人和女人出来浇灌自家庭院、谈话，并在门廊休憩。这是一种平静安宁的感觉。在第 79 街以南和石头岛大道以西，穿越大街小巷，我可以看到整齐的砖瓦房屋、街区群体组织的迹象，以及快乐玩耍的孩子。虽然表面上看起来与其他街区并无二致，但标志却格外显眼，它们警告那些胆敢破坏这份众望所归的安宁的人，而告诫的对象不只是预料中的毒品和帮派活动。仅举一个例子来看，在南但丁大街的 7900 街区中，有个标志警告"嘈杂音乐"、"遛狗未拴皮带"、"散步道玩球"和"洗车"。这里到处都看不到普遍归给黑人社区的那种刻板形式的失序，而且如果将这些常见标志上的信息视为一种文化表现，那么，即使本质上并非明显的保守者，共同期望仍是不可否认的主流。这一观察证实从芝加哥邻里人类发展项目研究中获得的更广泛的经验性规律，即芝加哥的黑人（和拉美裔）对喝酒和吸毒行为有着比白人更低的容忍度，这一规律反驳了媒体中经常出现的描绘。[8]

　　但这里有所变化，就像在伍德劳恩社区的那样。一间又一间的整洁砖瓦房与废弃或空置的建筑物混杂在一起，虽然不是每一条街道都是这样，但这一现象明显到足以让我做笔记。在一个街区的中间，不难见到一间或一排两到三间房子以木板覆盖，或是在门上贴着告示，估计是止赎的结果。经济萧条以空置房屋的形式体现，在华盛顿公园社区或许并不稀奇，但在像查塔姆社区这种较高收入的地方，止赎率在全市排第十四位对居民而言是件令人震惊的事。我的亲自观察与宏观层面的数据一致，表明黑人工薪阶层正在以明显消极的方式体验着经济危机，这是一种弱势群体越来越穷的主观感觉。或者说，在这一案例中即工薪阶层被挤下一个等级，止赎带来的损失则由剩下的房主承担。

　　因此，较大社会结构的影响对不同邻里来说并不均匀，不仅以影响收入作为表现形式，而且与本书的主旨相一致。在 6 月的同一次造访中，在我所观察的白人工薪阶层或混合邻里中（例如，欧文公园社区、波蒂奇公园社区、上城社区），我没有看到同样的止赎、废弃或空置的迹象。阿瓦隆公园和查塔姆两社区，多年来见证着家庭抚养自己的孩子、照料自己的家园，并且平静地生活在美国梦中，唯一面临的新挑战就是他们的住房基础设施。好像这还不够似的，在另一个更公共且具争议性的方面，社会基础设施正在面临挑战。

直面暴力

当人们想到芝加哥的南区，他们就想到暴力。但在查塔姆社区，这并非我们所见。它已经发生了，而我们将解决它，让它不会再发生。

高尔公园咨询委员会主席托马斯·沃瑟姆（Thomas Wortham）[9]

暴力已经扰乱了查塔姆社区的宁静，这或许与经济危机有关，也或许如一些官员和当地居民所称的与来自先前"公共住房项目"的有着许多青年人的贫困家庭的流入有关。不管是什么原因，根据当地的看法和一些官方统计，2010 年，查塔姆社区邻里的暴力率上升，由于该社区一直以其安全港的美誉为傲，暴力威胁变得前所未见的突出。[10]

2010 年的春天，一个令人心碎的故事占尽报纸版面，该故事涵盖了本书关于暴力的观点的一个重要主旨。查塔姆社区居民在 5 月时，共同组织起来对抗纳京高尔公园爆发的枪击案，该公园位于第 85 街和国王大道上。多年来，园区一直是篮球比赛、儿童玩耍、野餐和家人享受日常活动的场地。但 4 月时，一名枪手在一部停着的面包车中，向一群正在打篮球的男青年开火。这是几星期以内的第二次枪击事件。虽然没有人死亡，但篮球场被关闭，而愤怒的社区试图"夺回公园"。托马斯·沃瑟姆和他的父亲及祖父一样，一家三代都在公园附近长大，据他表示，居民并没有被吓倒。尽管发生了枪击案，但公园很快地再次充满跑步者、秋千上的孩子和渴望上场打球的青少年，尽管是在成人居民警觉的关注下。另一名居民喃喃表示："有必要进行监控。"警方巡逻也有所增加，但区域指挥官承认警方无法独力解决犯罪，他运用了集体效能的通俗表达，称："但如果我们共同努力，警察、社区、民选官员，所有人群策群力……就可以有所改变！"[11]

可悲的是，查塔姆社区将很快见证到，集体效能和警方力量并不总是足够的。尽管有托马斯·沃瑟姆和其他人的努力动员，但仅仅一周后就在不远的地方，正是这位托马斯·沃瑟姆便正面遭遇了攻击性暴力。5 月 19 日，身为芝加哥警官和伊拉克退伍军人的沃瑟姆，在一场企图抢劫其新摩托车的过程中被枪杀。当时他刚从父亲家参加完家族聚餐后离开，那里是他长大的地方，离高尔公园仅几步之遥。沃瑟姆的父亲那天晚上在门廊处，当看到一把枪指着他儿子的头时，他大声呼喊。沃瑟姆的父亲是一位退休警佐，他走进去拿他自己的枪并试图阻止，在过程中枪击了三个罪犯之一。但为时已晚。当他的儿子奄奄一息时，另外两个劫匪驾车逃逸，压过年轻的沃瑟姆并沿着街区拖行他的身体。这一事件震惊了这个平静的邻里和整个城市的居民，据称罪犯参加了喝酒游戏，看谁可以先抢劫某人。震惊不已的市长戴利怒斥："这是一个两度于伊拉克服役的年轻人……这应该敲醒美国了。"[12] 震荡并未结束。2010 年 7 月，在这股暴力风潮中，两个芝加哥警察在南区社区的不同事件中被杀害，南区社区就在查塔姆社区北边，是一个类似的"安全港"。虽然受到较少的关注，但南面和西面也发生了其他暴力突发事件，造成人员伤亡。[13]

不幸的是，芝加哥以黑人为主的社区，无论是贫困、工薪阶层或中等收入社区，一直都面临着各类白人邻里根本不曾体验的空间在面对犯罪时的脆弱程度。在试图抢劫沃瑟姆警官时被枪杀的 20 岁男子，并不住在该邻里中，而是来自附近的南区社区，就在前泰勒公寓西边的温特沃思花园社区，这一事实与种族间接触的不对等的主旨相一致。另一个被逮捕的劫匪来自恩格尔伍德社区，那里是高速公路以西极度贫困的社区。集中贫困和空间脆弱性的总体效应已经在前面的章节中描述，但在这个悲剧性事件中，我们看到机制的融合在单个本地社区中发挥作用。随着黑人中产阶级的逃离、更多的房屋被止赎，以及随着被城市房管局移置的家庭大批涌入而上升的贫困，阿瓦隆公园社区及查塔姆社区是否将因此成为真正的新劣势地区？还记得我在第 1 章描述过的妇女，她们展开一条被子，用以纪念 20 世纪 90 年代中期被谋杀于泰勒公寓的所有儿童。情况在那个邻里中变得极糟糕，以致它不复存在；且不论是对是错，内部破裂被认为是唯一的出路。查塔姆社区是否将不可避免地衰落，终有一天遭受同样的命运？

当沃瑟姆的故事在我脑海里萦绕不去时，我反复思考着这个问题。基于本书的发现，我的答案是，不会。尽管有潜在的结构性弱点，但数据显示，在其社会特质中表现出对犯罪的抵抗力、被挑战激发的集体效能，以及对区域的长期稳定性。查塔姆社区的居民表达出对社区的强烈归属，而且在谋杀事件以后，他们似乎比以往任何时候都更加警惕，不向暴力让步。总的来说，沃瑟姆凶杀案所引起的情感宣泄，激发了集体组织事件（例如，集会、邻里联盟），以及我概括描述为"稳步提升"的努力以逐渐形成集体效能。例如，有一位居民指出，居民们已联合起来应对这起谋杀案，因为"除非大家齐心协力，否则是行不通的"。[14]

虽然盖棺论定还言之过早，但沃瑟姆命案的两个月后，且媒体闪光灯也平息之后，该公园真正地实现了"零犯罪"。我利用地理编码和时间参照犯罪数据，做了一次关于通报给警察的所有犯罪活动的搜索（包括轻微的和严重的），罪行发生地点在高尔公园方圆 1/4 英里范围内，时间则是截至 2010 年 7 月 24 日的两周内。[15] 如图 16 - 2 的地图所示，在公园附近的街区一次犯罪活动都没有发生，甚至没有太多的失序行为。在靠近弗农大街的第

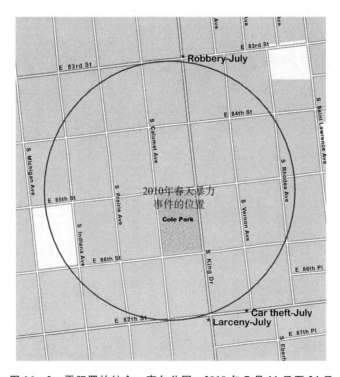

图 16 - 2　零犯罪的纳金·高尔公园，2010 年 7 月 11 日至 24 日

87 街的主要干道，有一件从汽车偷盗的案件，而在第 83 街则发生了一宗抢劫案。但是在公园内部和周围，则没有任何犯罪活动发生。而且从其数千人口来看，按比例平均到全年时，邻里的犯罪率低。

为什么暴力事件使一些社区分崩离析，但却使一些社区变得团结？本书提供了部分答案。在芝加哥邻里人类发展项目调查的集体效能水平方面的独立测量中，在芝加哥 25 个以黑人为主的社区中（定义为 75% 或以上的居民为黑人），阿瓦隆公园社区及查塔姆社区分别排名第一和第二。在组织参与方面，我同时查阅了非营利组织密度数据和芝加哥邻里人类发展项目。虽然在官方非营利组织密度方面，阿瓦隆公园社区及查塔姆社区处于中段，但是在组织参与方面（两轮调查的平均），阿瓦隆公园社区在全市排名第五位或前 10%，而且在黑人社区中排第二位，而查塔姆社区则是第八位。这是引人注目的表现，因为在组织影响力方面，这两个社区都没有像芝加哥大学这样的或类似的机构。有证据表明，在这些社区中，有相对大量的组织活动，以及集体效能的潜力，这使我对它们维持蓬勃的努力持乐观态度。

此外，我想强调的是社区的历史遗留不是只有负面效果。如果在我对社会再生产机制的强调中，解读出贫困和暴力是稳定性的必然要素的观点，那将是一大错误。如果我们回顾第 5 章的发现，将会得出恰恰相反的结论，即较高收入和低暴力地区也有强烈的自我复刻倾向。在查塔姆和阿瓦隆公园两社区中可能没有巨大的财富可传承，但是通过培育所有权意识和对邻里的文化责任感，居民会产生一种自给自足的社会资源，并作为一种独立的保护因子和可持续的特质，激发面对逆境的行动。因此，居民远非上当受骗，他们清楚地知道，他们称之为家的南面社区被许多外人低估了。但正如沃瑟姆被谋杀之前被引述的谈话——他说："我们将解决这个问题"，查塔姆社区居民并不仅是沉浸在其社区的暴力故事中，他们积极地寻求出路。人们只能希望他没有白白被害，而且终将证明他是对的，即图 16 - 2 中的模式将会持续。

罗斯兰社区是更远的南区社区，较靠近市区的分界。这也是一个几乎全为黑人的社区，但比阿瓦隆或查塔姆社区更劣势。无论如何，罗斯兰社区还不是最糟的，但它是社会经济梯级上的凹口，并呈现恶化的迹象。例如，它的止赎率是全市第十高，而且本身也面临着顽固的犯罪问题。伴随这个较大风险而来的是更多的利害关系，而居民似乎也认知到这一点。虽然罗斯兰社区的正式非营利组织的密度不高也不低，正好位于中等，但就其集中贫困的背景而言，其居民参与率却是出奇的高。根据芝加哥邻里人类发展项目调查所做的测量，在组织参与方面，罗斯兰社区在芝加哥市的所有社区中排名第十。在以黑人为主的社区中，它在集体效能方面和组织参与方面一样，排在前 1/5，集体行动事件则排在前 1/3。这些贯穿全书的独立数据和结果模式表明，居民将激活他们的共同期望，以重视（即使并非总是应对）社区挑战。

罗斯兰社区的组织生活在我到访的那一天大放异彩。6 月 11 日的下午 6 时 45 分，在第 111 街与瓦利斯街路口，我碰到一群穿着亮橘色衬衫的非洲裔美国男子站在街头，并活跃地接近过往车辆。出于好奇，我停下来想了解他们实际上在抗议什么。这些男子是"罗斯兰社区停火"的成员，那是一个以全市为基础的致力于防止犯罪的组织。[16]在这一天，他们正试着吸引其他居民来承担更多谴责暴力的责任，而且我近乎感觉到，他们想给那些受到帮派团伙威胁的当地青少年传递希望的信息。当我在观察路人的行动和反应时，我慢慢地领悟过来这个现场的重要性。2009 年秋天，全国上下惊恐地关注，16 岁学生迪瑞恩·艾伯特（Derrion Albert）在芬格高中外面被以木板殴打致死的事件。这场殴打是几十个年轻人之间群斗的一部分。即使是曾见过暴力的人，都会因为那场面而深深地感到不安。虽然美国经常有谋杀事件发生，但这一次有录像，并且迅速地呈病毒式传播。该视频是如此令人不寒而栗，以至于它很快地受到世界范围的新闻关注。有人认为，白天在校园外发生的暴力事件某种程度上是造成此后不久芝加哥申奥失败的原因。[17]芬格高中就位于那些抗议者聚集地以南的一个街区，在第 112 街和瓦利斯街。

我经过学校，思考着艾伯特之死的含义，以及社区中依然强烈的回响。刚刚所目睹的对暴力的集体回应给了我一线希望，但对奇迹般的结局我却不抱任何幻想。集体效能的一个根本原则就在于，其诠释与需求和风险有关。一个基本没有暴力行为的富有社区，通常不会经历这类行动，然而它也不需要。问题在于在何种威胁下什么资源被聚集，以及假设在许多种风险存在的情形下，如何衡量潜力。例如，因为市长戴利兴建第三座机场的提议，芝加哥东南区的海格威斯社区在 20 世纪 90 年代初面临切实的摧毁。愤怒的"反对卡柳梅特湖机场的市民"群起抗议，他们抗议的不仅是一个强而有力的政治机器，还有这个数十亿美元计划幕后的经济巨头。这项努力将居民、领导者和组织聚集起来。1995 年，在集体效能和关键知情者领导层纽带的密度两方面，海格威斯社区均属全市顶尖。提升了的集体效能的剩余力量可能是由于机场事件的挑战而建立起来，但若没有先决的潜力，海格威斯社区早已像之前全国的许多地方一样，在压力下退缩。许多跑道终究会铺过某人的旧家。

那么重点在于，如果没有挑战的话，效能就失去意义。这就是为什么本书提出了一个用于测量基于理论见解的集体效能的经验策略。该策略建立于这样一个理论见解，即当面对一个具体问题时，共同期望就构成行动出现的关键机制。虽然罗斯兰社区并不富裕，且面临诸多风险，例如 2010 年夏天的止赎和暴力，但至少它的一些居民正在采取切实可见的行动，且芝加哥邻里人类发展项目数据表明，其集体效能的储备尚未枯竭。我们不禁好奇，台面下还有哪些事正在酝酿。

示威那天我所拍摄的一张照片，表现出罗斯兰社区的矛盾（图 16–3）。一个显然是无家可归的人在街上溜达，路过待售（已止赎？）的房屋，那里离一个学生被当众杀害之处仅一个街区之遥。单单这样一个事件就足以击垮许多社区，但是，就像查塔姆社区一样，我们只能希望，也出现在照片中的那些愤怒的年轻人，他们的奋斗能够成功使街道恢复原样。[18]抗议者都是男性，这一点不应该被漠视。一些观察家（无论是左派或是右派）对黑

图 16–3　罗斯兰社区中集体抗议暴力，2010 年 6 月 11 日。照片由作者拍摄

人社区的批评之一就是，在抚养孩子及协助指引青少年长大成人这个一贯艰难的过程的两方面，内城区的黑人男子并没有尽到他们的责任。有些人尖刻地问，那些将迪瑞恩·艾伯特践踏至死的男孩们的父亲哪里去了？[19]在像罗斯兰这样的贫困社区中，带着孩子的女性主导家庭的普遍程度无疑是很高的，超过40%。虽然单一事件不足以形成趋势，但我在这一天观察到的罗斯兰社区的男人，他们走出家门、愤怒，很明显地与将他们描述成置身事外的脚本不符。

　　往西北边前进，经过丹·赖安高速公路，我们发现更多的贫困，绵延数百个街区，一直到延伸到恩格尔－伍德和西恩格尔伍德这些社区附近。大萧条，伴随着像泰勒公寓这种大项目的分散化，在长期脆弱性之上加诸更多的挑战，并威胁着抹灭来之不易的成就。根据2009年的数据，恩格尔伍德和西恩格尔伍德两社区的止赎率，在芝加哥分别居第三和第五高。此外，起初因为他们的廉价住房，许多芝加哥房管局（CHA）住房券持有人往南和往西迁移到像恩格尔伍德、华盛顿公园南岸这样的社区。南郊区如哈维、乡村俱乐部山丘和道尔顿，也在经历着从芝加哥迁入的低收入居民的激增。

　　贫困居民的新近涌入，凸显我强调过的累积性的马太效应过程，即资源最匮乏的贫困社区正在过度地承担额外的负担，进而加剧原有的不平等。这个劣势循环不仅能在结构层面更能在文化层面，长期持续地影响行为。如第13章所提出的，在驱动社区间移民网络方面，失序的集体感知与收入水平（个人或邻里的）一样重要。人口流动可以追溯社区声誉的历史，社区声誉是通过种族和移民的集中（第6章）而形成公众的看法，并被印刻在媒体和甚至芝加哥《本地社区纪实》（*Local Community Fact Book*）中的制度化身份，在不知不觉中强化。[20]因此，在结构和文化机制动态效应的交织中[21]，一个恶性循环由此形成。

　　然而，某些社区再一次违背了大众心目中以特定种族和收入归组对社会问题所做的简单分类和等式。普遍的种族刻板印象放在远西北区的白人社区十分有效，但不妨考虑一些异常的情况。虽然蒙格林木公园社区邻近被广泛认为是"南区贫民区"的地区，且其有着芝加哥中相对高的种族混合比例，但它仍培育了高集体效能。贝弗利社区是一个稳定的中产阶级区域，它更接近同样的贫困且种族混合程度更高——2000年，整整1/3的居民都是黑人，在 2005 年时可能更接近 40%。然而，融合的贝弗利社区脱颖而出，成为整个芝加哥 1995 年最有效的社区，在 2002 年则位居第二，仅次于蒙格林木公园社区。在第 7 章（图 7 - 3）中，我证明了阿什本也是一个种族混合社区（43% 黑人、37% 白人和 17% 拉美裔），但它也有高集体效能。这些社区是如何办到的？极度低或极度高集体效能的个案都在被普遍贬低的南区，这个事实强调我的主张，即对待社会过程必须像对待人口构成一样地认真。像贝弗利、阿瓦隆公园和查塔姆社区这些地方体现出一种共通性，即与强烈的社区认同和地方责任感相结合的持续的组织密度（或能力）。它超越住房居所稳定和社会经济资源脱颖而出。第 7 章至第 9 章中曾提到，不计经济和人口构成，居所稳定和组织密度解释了邻里层面的集体效能和社会利他主义。

虽然少见，但有时甚至是最贫困社区也经历显著的变化。例如，相对于它们的历史形象和发生在城市其他地方的社会动态而言，奥克兰和河谷这两个低收入黑人社区见证了随时间推移集体效能的最大升幅。正如第 5 章所讨论过的及上述所强调的，奥克兰社区是重大结构性干预的位置所在，包括拆除隔离的高层公共住房和城市的公共投资。除了显而易见的贫困下降之外，这些干预措施似乎已经增进了内部和外部对其效能的看法。然而，已经实现高集体效能或已提高集体效能的大多数社区，是在没有这种"宏观"干预措施的情况下达到的。例如，芝加哥西北区的爱迪逊和诺伍德公园社区都是稳定的高集体效能区域，它们几乎是全白人社区，而且多年来一直是处于中等偏上收入水平。河谷社区位于远南区，且同样未经历过重大的政策或经济干预。它呈现与爱迪逊和诺伍德公园社区——低收入且为黑人社区——几乎截然相反的情况。即使河谷社区仍然位于西北区社区集群的基准线水平以下，但它做到了随时间推移提升更多的集体效能。而蒙格林木公园社区在 20 世纪 90 年代末持续提升其集体效能水平，在 2002 年成为集体效能排名最高的社区，在同样没有"外生"干预的情况下。直接引用第 8 章的发现，我认为这种向上趋势的发生源自于社区的组织基础设施。1995 年，在集体效能激增之前，蒙格林木公园社区在居民参与民间组织方面，在芝加哥排名前 20%（与查塔姆和阿瓦隆公园社区并驾齐驱）。贝弗利社区在组织参与方面于 1995 年拔得头筹，且在 2002 年的集体效能中排名第二，仅次于蒙格林木公园社区。

这些例子表明，虽然社会过程与经济分层及种族隔离的结构特征之间存在相关性，但它们并非同构。换句话说，社区集体特征的层次和变化不能简单地"从人口统计中理解"。此外，由于每个社区的挑战不同，集体效能如何发展及随时间推移如何呈现的本质也不同。即使无所不在的机制覆盖并塑造较高阶的因果情况，但并不存在一成不变的路径。而且，如警官在其父亲的家中被杀或本地青少年被谋杀的视频，这类计划外事件有时会以一些我们无法通过数据揭示的方式改变轨迹。因此，我认为集体效能和组织能力反映出社会福祉深刻的社会和非简约论的一面。

鸟瞰视角的回访

通过可用的最新定量数据，我将视角拉远，以鸟瞰的形式观察我刚以更定性的方式描述过的社会过程。经济地位中的稳定与变化始终是一个关键问题。除了上述的不同社区的情况之外，经济或住房危机是否改变了城市的相关特质？或者，全球性的灾难是否已叠加到不平等的持续性结构上，如果是的话，在何种程度？

为了回答这些问题，我首先检验 2009 年的两组数据来源，一组关于住房券持有人，另一则关于从芝加哥房管局（CHA）项目拆迁的家庭[22]。无论是芝加哥房管局项目的安置户或住房券的用户，都直接映射出处于贫穷或经济脆弱的家庭。2009 年当我建立人均比率时，这两个指标如所预期的那样强烈重叠并存在高度相关性（0.84，$p < 0.001$）。因此，结合一个社区中芝加哥房管局项目和优惠券使用者的人均存在率，我创建了一个标准化的量表。我接着研究了其在全市范围内的分布，如我在前面章节研究过 2000 年的集中贫困指数所预测的。[23]同时我也研究大萧条发生后，2009 年每笔抵押的房屋止赎申请率。止赎行为是社会和经济脆弱度的显著标志，相比通过芝加哥房管局项目测量反映的贫困，这一点，或许通过房屋空置更容易一眼看穿。

图 16−4 表明，在经济崩溃及芝加哥公共住房政策的重大变化之后，不平等的空间分布基本没有受到影响。考虑到指标的测量差异、近十年的种族/族裔变化以及更显著的中产阶层化，2000 年和 2009 年各自的集中贫困相关性极其高（0.86，$p < 0.01$）。更重要的是，在经济崩盘后遭到房屋止

赎重创的社区，几乎全部集中在图的右上角。低止赎社区则紧密聚集在左下角，都是像贝弗利和林肯公园这些耳熟能详的社区。也有一些反常个案，如道格拉斯和奥克兰社区，相对贫困的起点而言它们经历了一些"增长"，且奥克兰社区逃过最严重的止赎危机。相比之下，华盛顿公园和东加菲尔德公园社区一开始最为脆弱，只能承受华尔街和芝加哥房管局所带来的一连串负担。[24]但总体而言，地方的不平等仍然非常根深蒂固——了解一个社区 2000 年的种族相关的贫困后，你就可以大致知道，经过十年和重大结构性冲击之后，它的芝加哥房管局项目拆迁户分配额、住房券持有人的分布，以及止赎申请量。而神奇的是，当我为 1970 年构建一个集中贫困指数时，它与 2009 年芝加哥房管局项目贫困指数和与 2000 年劣势的相关性几乎一样高，系数为 0.67（$p<0.01$）。1970 年的劣势也显著地预测 2009 年的止赎率（0.51，$p<0.01$）。尽管居民中存在着极高的流动率，但 40 年的延续再次表明社区层面的集中贫困的传递。正如我所主张的，这种传递有结构、文化和个人的基础，其脆弱性的再生产一部分是通过个人随时间推移的系统

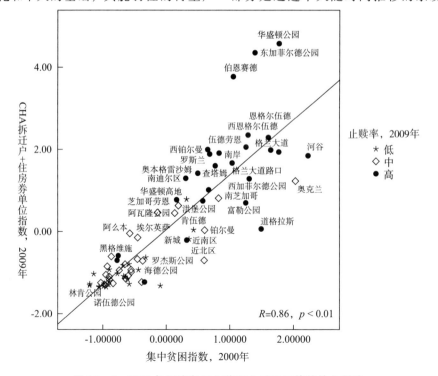

图 16-4 2008 年经济危机之前和之后不平等的持久影响

性排序实现的，但第 11~13 章阐明了这种遗传本身就是一种邻里效应。社区的组织生活也发挥着作用。

为了进一步探讨危机的余波，尤其是其组织特性，我研究每一住房和城市发展部门（HUD）抵押止赎率在经济崩溃期间和之后在社区层面的变化。此前的证据表明，低收入、无业（如失去工作）以及房价贬值，都是房屋止赎的重要经济因素。[25]2000 年的集中贫困具高度预兆性，它与 2007~2009 年和仅 2009 年的止赎率的相关性分别为 0.74 和 0.71（$p < 0.01$），与上述发现一致。更有趣的是在解释经济和种族构成后，止赎率的系统性变异。这本书的一个主要论题在于，组织的基础设施对社会福祉存在的显著影响，无论是表现于集体效能、涉他行为、集体公民参与，或是较低暴力率。我将此推理拓展到止赎和全球经济危机。毕竟，家庭处于邻里情境中，且大多数非营利性社区组织将改善当地社会和物质的基础设施视为其目标之一，而这又是未来转售机会的一个组成部分。显而易见，在住房危机时期，一个社区的组织概况是很重要的。此外，许多非营利组织恰恰通过将目光对准高风险邻里来预防止赎。地方主动支持公司（LISC）项目在这个领域特别活跃，它协调芝加哥和全国各地的非营利住房组织。支持的主要机制包括信用甄别、购买后培训和预防抵押止赎咨询。因此我假设，除了基本的经济和种族原因之外，住房止赎的密集程度也有邻里组织的影响因素。[26]

虽然我没有足够的数据来进行最前沿的测试或证明因果关系，但我研究了芝加哥 77 个社区范围的止赎率，作为劣势（例如，贫困、失业）、种族构成和住房稳定的函数。结果证实了一个预期，即在其他条件不变的前提下，在有更多自有产权的区域房屋止赎也更多。集中贫困也是一个重大的预测因子，如同种族构成，即黑人为主的和贫困的地区止赎情况更严重。但是，一个社区中非营利组织的盛行率也存在直接作用，这是同样有趣的一点，且进一步证实第 8 章所提出的组织框架。我发现，通过控制之前的经济、住房和人口特征，高组织密度的社区经历了较低的止赎率。[27]由此产生的推论是，止赎率随当地情境而明显变化，且组织能力是一个保护因子，例如那些在组织上"富余"的社区，无论其经济或人口背景如何，都经历明显较低的止赎率。因此，似乎有一个双重过程在发挥作用，即止赎被融合到城市经济和种族秩序的持久结构，但是个别社区的组织能力仍然缓和了损害。以社区为基础的预防显然不只是针对犯罪。

暴力的顽强纠缠

在我造访芝加哥的社区时，一个反复出现的主题就是暴力。尽管美国和芝加哥的犯罪率宣称已经下降，但暴力仍然是一个问题，而且是一个完全不随机按地方分布的问题。在公众和许多学者中存在两个常见的假设：经济萧条将增加犯罪，且其地理变化由公共住房的迁移导致的。通过证明本书的一个理论，我发现两个假设都不正确。绝大多数的情形是，暴力会跟随那些它一直都有的相同的社区层面的资源。

我收集了我能从芝加哥警察局记录所能获得的覆盖 2010 年 1 月至 7 月最新的关于暴力的数据。在这段时间，城市中通报的暴力事件略少于 15000 起，在所有社区中，从最低的 3 起到最高的 1189 起不等。我计算了 2010 年的人均比率，并将它与经济危机和公共住房改造等重大冲击之前的一段时期做比较。我选择了 1995~2000 年的暴力率，这是该城市近期历史上，暴力下跌最快速的一段时期，并且是在芝加哥房管局项目大量拆毁房屋之前。暴力顽固纠缠发人深省。这些大规模变化的十年后，暴力随时间推移的相关性非常高（0.90，$p < 0.01$）[28]，给予了一个不必要的线索，特别是因为靠近顶部、底部和对角线"外"的社区现在对大家来说已经十分熟悉。例如，查塔姆和阿瓦隆公园两社区有轻微上升，格兰大道社区（泰勒公寓原址）和近南区社区则下降，但尽管相关性接近一致，整体排名稳定地维持原样。因此，像贝弗利、爱迪逊公园和蒙格林木公园社区这样的地方，继续享受稳定的平静，而像恩格尔伍德、西加菲尔德和华盛顿公园等社区，则继续承受高水平暴力率之苦。

社区的暴力相对稳定性仍然明显。那么前面章节关于社会解释机制的假设呢？在本章中，我的目标不在于往下探讨技术细节，而是借助新的数据和最近的事件，打算最后一次尝试复制和更新关键结果。在理论根据上，我从两个社会进程着手，我在几个章节中已证明，它们在集体效能和集体的失序感知方面有显著作用。我使用 2010 年的暴力率研究了这些因子的关联，同时控制前文研究过的集中贫困的时间相邻指标，即 2009 年的止赎率和芝加哥房管局项目/住房券密度。2002 年的集体效能和觉察到的失序继续显著地预测 2010 年的暴力率（相关系数分别为 -0.65 和 0.54）。然后我研究同步影响力，即使二者本身明显相关且同样控制了两个劣势指标均后，低集体效能和觉察到的失序与后来的暴力率均独立地相关。[29]

下一步，我检验了前面章节中研究过的其他邻里过程，我将理论焦点侧重于朋友/亲属纽带、组织和领导层纽带。密集的社会纽带与提升的集体效能有关，但它们并不直接转化为较低暴力行为，这个结果与第 7 章的"城中村"发现以及第 15 章的讨论相符。同样的情形也出现在组织密度和公民参与方面，表明了组织和嵌入地方的社会纽带对暴力的影响受到集体效能的调解。当我进一步估算主要社会机制和暴力中的变化时，集体觉察到的失序失去其解释力。但是在调整了经济危机所带来的止赎和贫困变化后，20 世纪 90 年代后期的集体效能的增加，显著预测 2000～2010 这十年间犯罪的减少。

在最后一组的分析中，通过扩展第 10 章所陈述的空间逻辑，以及第 13 章和第 14 章的相关利害关系，我研究 2010 年上半年中的暴力可变性，以作为内部邻里特征和超本地机制的函数。我发现 2010 年的暴力仍然具有反映邻里邻居的强大空间相关性。不过，在控制了空间相互依存的影响和 2009 年的贫困指数后，2002 年测得的集体效能和觉察到的失序与 2010 年的暴力直接相关。集体效能中的一个标准差的增加与后来的暴力大约 25% 的降幅相关，这个估计幅度与第 7 章中的结果类似，也与先前的研究发现一致。[30] 我也控制了居所迁移网络形式的跨社区纽带因素，但结果都指向内部和超本地空间动态的持续同步影响：集中贫困、城市暴力生态中的空间脆弱性和集体效能，依然全部是未来暴力的重要预测因子。而在 2002 年关键知情者网络研究的 30 个子社区组中，我发现，在控制了 2009 年测得的集中贫困后，领导层纽带的凝聚力与 2010 年的较低暴力率直接相关。[31]

总之，尽管有历史性的犯罪率下降、全球经济冲击和住房危机，第 5 章至第 14 章的主旨在 2010 年成为了现实。正如第 15 章的论证，类似的模式表明，社会再生产机制在它们的运作中相当普遍：虽然社区不断变化，但却是以规律地遵循社会和空间逻辑的方式。由此，我在本节的鸟瞰式回顾也发现了重申本书核心论点的一个模式：不管我们的命运如何被全球的或"宏大的"力量所决定，它是在当地被亲身经历的，并是由共同意义、集体效能和组织回应的背景所塑造的。

被正确理解的利他社会特质

作为最后一个复制的经验性实验，我进行了我自己的斯坦利·米尔格拉姆（Stanley Milgram）风格的实地试验。在第9章我介绍了一项以返回"丢失"信件为形式的测量公共环境中涉他（other–regarding）或社会性利他行为的大规模项目。我认为，取出和寄回加盖邮戳的信件是匿名涉他倾向的直接行为指标。利他主义的常见经济学解释物质回报和策略性的声誉建立都难以令人信服。人们可以争辩说，返回丢失的信件受到信箱位置、刮风下雨、季节，或是街上行人数量的影响，但这些因素可以通过设计被随机化、受到控制，或者是被随机分布在较大的社区。我在第9章所证明的与此说法一致，即调整一长串的信件条件之后，信件返回率在不同社区中存在巨大差异。一封丢失的信件是否会被忽略，以及其结果根据邻里情境不同而存在显著的差异。

2000年早期的信件丢失实地试验通过联系个人访谈，进行了超过一年的时间。在全市的不同邻里中逾3300封信件被丢下，并按照一个精心的设计进行。由于时间和资源的限制，我在2010年的夏天采用了一个更有效率的计划。我基于理论根据选择了9个社区，目的在于代表主要社会类型间的差异。首先，我选择了卢普区和近北区社区，它们是密集且看起来像匿名城市环境的代表。它们往往充满了街头生活，特别是卢普区，该地的特征是白天具有非常多元化且大规模的人口。湖边的近北区很富裕，大部分是白人，具有国际化的且近乎雅皮士的刻板形象（请回想图1–5和这一地区网路使用者的高度集中）。它的西部边缘较贫困，且更多元化。卢普区以商业和上班族为主，但有越来越高端的住宅基础。接下来，我选择了两个中产/工薪阶层社区，一个白人社区（欧文公园社区）和一个黑人社区（阿瓦隆公园社区）。其次，我选择了两个收入较低的黑人区域，也是读者目前很熟悉的社区。我选择远南区的罗斯兰社区和近南区的格兰大道社区。虽然这两个社区在某些方面相似，但按照中产阶层化的程度和住房政策的干预来说，它们迥然不同。接下来，在西南区我选择了一个拉美裔移民社区（佩尔森社区）。最后，我选择了上城区和海德公园社区。虽然在组成和城市位置有所不同，但这些社区具有异质或混合的特点，并且按照大多数标准来说在组织上是密集的。就整体而言，这9个社区在城市区域和各种社会条件上均有所不同，而这正好刻画了理论上有价值的对比。

和以前一样，我的方法是有意识地简单化，并且旨在控制信件丢失条件和获得类似"生态计量"的可靠性。为此，我通过工作的高度集中，在3天内丢下325封信，而丢失数量与每个社区的人口规模成比例。每个社区的平均值36恰好低于较大研究的42。[32]总返回率反驳了因经济危机、日益增加的多样化和普遍存在的城市"距离"而产生的"窝着不动"（hunkering down）的说法。第一项研究的近十年后，在行人的被手机分心大大增加的情况下，近1/3（31%）的丢失信件被寄回（N = 102）。至于信件于白天丢失的那7个社区，返回率高一点，达35%。[33]这与近十年前相比没有实质上的不同，当时在相同社区中的返回率是37%。

但是，这样的结果并没有告诉我们，社区是否在城市的社会序列中换了位置，或它们是否维持其概况。尽管个案数少且有统计能力的制约，但在社区层面的涉他行为结构有着显著的连续性。信件返回率随时间推移的相关性大且显著（0.74，p < 0.05）。格兰大道社区似乎是个异常，基于其过往历史其结果远低于预期。当我剔除格兰大道社区时，关联增加至0.78（p < 0.05）。也许格兰大道社区中因住房拆迁所产生的不稳定，已经搅乱了地方规范或抑制了涉他行为，但主旨仍然是邻里利他社会特质中的显著"黏性"（stickiness）。

进一步观察社区如何排列揭示了第三种模式。有人可能会认为，卢普区和近北区是信件返回的不受欢迎的环境。在我进行研究的那些日子，街上人群杂沓，我怀疑是否有人会注意到连邮件都算不上的一封被掉下的信。有好几次我绕回来，只看到没有察觉的行人踏过我的信封。然而，人们注意到并返回信件的实际比例较所有其他的社区高，并且与这一十年之初的高倾向一致。无意冒犯路易斯·沃思，但近北区和卢普区中最国际化的都市人是芝加哥最涉他型的一些人。除了格兰大道社区之外，无论是高多样性或低多样性的社区（例如，海德公园社区 vs. 罗斯兰社区），在未经调整的返回率中均差距不大。利他型行为似乎来自社会规范，这种规范不仅仅涉及组成，至少与种族或族群性有关。情况可能是贫穷效应解释了为什么像格兰大道社区这样的地方会在返回率等级的底层，而像北区这样的富裕地区则在顶端。贫困和信件返回率之间的负相关证明了这种解释（−0.73，

$p < 0.05$)。得自第9章的另一个论证是,涉他行为部分源自社区的组织和文化背景。下列数据证明了上述说法,在组织密集的地方,丢失信件返回率较高(0.58,$p = 0.10$),而在道德/法律犬儒主义的区域则较低(-0.82,$p < 0.01$)。后者特别有趣,因为它引出了一个可以预测较早的丢失信件返回的文化机制。

虽然该样本太小而无法进行坚实的分析,但我以两种策略性方式来进一步探究这些想法。首先,在控制了最初(或基线)的倾向后,我考察先前的道德/法律犬儒主义水平是否与信件返回有关。虽然显著性水平因9个个案而有所折中,但就信件返回倾向的时间持久性而言,这是一个严密的检验,而负的犬儒主义系数仍然显著。此外,当我控制了接近同期的贫困指标后(2009年的贫困居民人均的住房券和芝加哥房管局项目指数),社区先前的犬儒主义水平继续显著地预测较低的2010年信件丢失返回率,而贫困的关联被排除。[34]图16-5显示了9个社区的主要结果。因此,一个社区

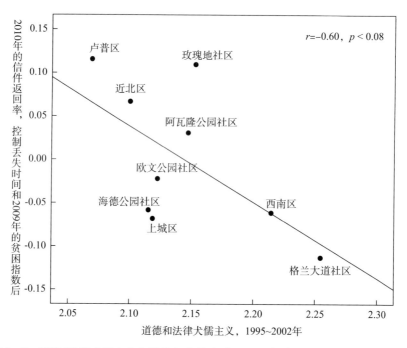

图16-5　道德/法律犬儒主义和涉他行为的衰减:2010年按照社区根据贫困调整后的
丢失信件返回率。2010年的丢失信件返回率控制了2009年的贫困指数
(芝加哥房管局项目和住房券使用者)和夜间丢失条件。
道德/法律犬儒主义的比例调整了测量误差

的利他特质不仅是持久的，而且与前几章的结果结合，即有证据表明，它可以随时间推移而通过集中贫困和关于他人动机的犬儒主义的中介文化机制而被再生产。

小　结

在呈现了隐藏于个别邻里之下的全市范围更大模式的 2010 年的版本后，我在第 1 章的结尾篇中总结了我对街道层面的观察，这可能会是芝加哥学派史上最有名的对比，也反映了芝加哥市重大的干预行动。重温佐尔鲍的经典调查，一方面证明了本书环环相扣的主旨，同时也训练我们如何以新的方式来思考政策和社区层面的干预。

第 17 章

21 世纪的《黄金海岸和贫民窟》

哈维·佐尔鲍（Harvey Zorbaugh）的《黄金海岸和贫民窟》（*Gold Coast and Slum*）发表于 80 年前，其场景已经受过历史的洗礼和人口变化的深远改造。但对于佐尔鲍而言，耐人寻味的谜题在于社会分化，而不是当下明显的特征或群体。在咆哮的 20 年代，在北部边陲的小西西里地区（Little Sicily，通常被称为"小地狱"），人们往往将意大利人与暴力和城市混乱相联系；但随着后来的欧洲移民、来自南方农村的大迁徙、邻里种族变化，以及芝加哥决定兴建隔离的大规模保障性住房之后，佐尔鲍所对比的"贫民窟"一边，人口结构出现转变。在 20 世纪后期，距离白人富裕地区的黄金海岸（Gold Coast）仅几个街区的卡布里尼绿色家园（Cabrini‐Green）住着逾 4000 户黑人为主的家庭，成为城市贫民高层建筑的国家象征。2003 年，哥伦比亚广播公司（CBS）的全国性节目"60 分钟"（*60 Minutes*）称卡布里尼为"全美最臭名昭著的保障性住房项目，是黑帮、毒品、苦难和谋杀的同义词"[1]。

如果社会差别和社会距离真的存在的话，今时今日它们将如何发挥作用？如第 1 章所述，在一片大张旗鼓的阵仗中，大部分卡布里尼绿色家园项目已在城市转型计划中被"移除"。数以千计的家庭被移置其他单位（没有人真的确定他们究竟去向何处），建筑物跟南区的泰勒公寓一样被拆除。从根本意义上说，佐尔鲍的对比也因此被政府的干预而彻底且蓄意地重塑。由于和繁华一英里（译按：繁华一英里是芝加哥最大的购物中心之一）在空间上相近，许多人当时预言此地会有可观的经济投资和富人的迁入，即在本质上，短期内将出现一个焕然一新的邻里。例如，2003 年哥伦比亚广播公司的报道描绘出一幅鲜明的愿景图："美丽的新的混合收入发展——贫富人等共居其间。"几年后，在某些方面，我们可以说这是真的，一个"正向"变化的个案正在被落实。在邻里的北部，北城村（North Town Village）的混合收入住宅按照市场价（market - rate）单位在 21 世纪前 10 年中期迅速畅销。我在第 1 章提过，在更靠近卡布里尼的许多住宅附近，2007 年 3 月一名妇女在新公寓外面的一块大招牌附近乞讨，以及北拉拉比街（North Larrabee Street）一间健身房的大胆宣言："裸体即美。"如今，该招牌和乞讨女子均已不复存在，为了锻炼而进进出出建筑物的人们，看起来就像美国主要城市中那些有健康意识的年轻专业人士。

但从另一个角度来看的话，那些进出健身房的人流与种族融合的场景正好相反。在两个街区以外，我发现一个似乎无家可归的女人，带着一只破旧的手提箱，正缓慢地穿过一块空地，走向一栋废弃建筑。衰败的市容仍然存在于许多街区，在西橡树街（West Oak）和北哈德逊大街（North Hudson）附近有许多用木板封上的建筑。此外，一间卡布里尼残留的住宅尚有人居的迹象，人们被围在电缆栅栏后方，在本来开放的过道前形成一道屏障。尽管阳光明媚，但我仍然只能听到一些妇女的声音，无法看清她们的脸孔。中年男子在外面游荡，显然处于失业中。当我在建筑物边绕了一圈，一只被重击过的死老鼠躺在一个无盖垃圾桶附近，未收的垃圾臭气冲天。东边的两个街区的交角是一间叫点心铺（Munchies）的便利商店，看上去还在经营。在调查期间，我在远西区遇见的那种年轻的专业人士，他们当中没有一个会冒险靠近这里，他们也不会接近随时会被拆除的几近废弃的项目。可悲的是，在我的最后一次访问这个邻里的最后一天，即 2010 年 10 月 16 日，点心铺的主人被一个无名人士从背后枪杀。

"死角"

社区变化是悲观的还是乐观的？据佐尔鲍的研究，在 20 世纪 20 年代，芝加哥"小地狱"（Little Hell）的橡树街和剑桥大街路口是"全市众所周知的'死角'"[2]。这个路口离点心铺（Munchies）仅几步之遥，它如今的所在地正是过去卡布里尼绿色家园的正中心。因此，我想这是一个兼具社会和历史意义的战略性地点，它可以被用来重新密切观察佐尔鲍描述的地方在 21 世纪的表现。2010 年 6 月 10 日，离卡布里尼的废墟仅一箭之遥，我观察到在橡树街以南约十码的北剑桥街东侧人行道上，有人围坐在一张临时摆放的桌子边。他们似乎在打牌，另外的四五个男人靠在附近的车子上，一块空地延伸到街对面。在远处，西边可见到新的多单元住房，东边则可以看到南黄金海岸的天际线。

为了让读者体会这个特殊路口的感觉，我拍了一张照片。在图 17 - 1 中，我们可以看到一栋被遗弃的建筑：横挂着链条的大门、破窗以及"降价"的标志。我注意到的那些男子就在建筑物右边的角落。摄像头的后面是一片空地，垃圾随处可见。这些多重的"失序"迹象在芝加哥的某些地区并不少见，但停在前面的宝马车（在一部没有轮轴盖的汽车后面）和高档住宅（西边可见低层单位）通常不会出现在同一幅画面中。也许这辆宝马的主人是本地的专业人士，住在离此仅三个街区远（在北克罗斯比街，是橡树街向北边和南边的延伸）的一套 50 万美元公寓中，或者，更讽刺的是，它属于一个来自郊区的毒品买家，他来这里是为了进行短暂交易。我不确定，甚至担心我在第 6 章的发现影响了我对于什么是，或什么不是失序的看法。也就是说，我并不比读者更公正。[3]

因此，这一天，在这个角落周围的公共场所弥漫着相当程度的不确定性。我们是否能看到正在进行的中产阶级化？抑或是短暂停顿后的改造？还是这一区域受过去贻毒太深，街道和角落店铺凶杀案的污点多到难以洗刷？这毕竟是相当引人注目的，这里就是佐尔鲍在 20 世纪 20 年代所强调的他那个时代紧挨着黄金海岸的意大利贫民窟。我们察觉到，当涉及社会距离、空间相邻、暴力和差异看法的概念时，无论是在自然环境还是社会环境中，有些事情真的是没有什么不同。

由于这些问题挥之不去，我在 2010 年 10 月份最后一次造访"死角"和近北区，以再次确认重点的观察对象。[4]近北区的繁华一英里和黄金海岸沿线仍是富裕如昔。在一个宜人的秋日里，街道上充斥着游客，但当我向西行，穿过北州街（North State）附近，人流瞬间变得稀少。沿着北剑桥大街东侧的西橡树街，我发现了和夏天时一样的空置住宅。图 17 - 1 中的被遗弃建筑仍然被以木板和链条封住，在上前仔细查看后，我注意到门上的"终止供水"通知。黄昏时，一群男子在大楼附近游荡，但离我上次访问地点约 20 码左右的地方，现在有大约八到十个人聚集在街道的西侧。经过这些人的时候，其中一个人直接问我："你发现什么了？"从拉拉比街南边往西走一个街区，当我走近北金斯柏利街（North Kingsbury）以及西芝加哥大街时，在高档建筑附近发现了空置的店面。沿着剑桥街南侧、芝加哥大街附近，有一个热闹的社区花园。这些对比都有点超现实，花园式的氛围与荒凉仅咫尺之遥。

图 17-1　卡布里尼绿色家园的过往阴影：2010 年，20 世纪 20 年代的
"死角"，照片为作者所摄，2010 年 6 月 10 日

从花园往北走时，我经过了一长排大多是以木板封住的低层建筑。大部分的门覆盖了黑胶合板，特别是在街道东侧。尽管有废弃的感觉，但我在街上遇到的人数相当惊人，全都是非裔美国人。一些儿童在玩，母亲站在门口，而男性和青少年都聚集在大街上。在几个街区中，我是唯一的白人，近北区这边处于完全的种族隔离。当绕回佐尔鲍"死角"的废弃建筑时，我在空置建筑的背面附近遇到两个倒卧着的人，其中一个仰躺着且失去知觉，这让我心生警惕。另一个目光呆滞，正垂着头来回晃动，好像就快要倒下了。但随后有一个人越过马路和我愉快地打招呼："喂，伙计"，还大咧咧地笑了一下。我回了个招呼，并继续前进。

第二天早上 11 点，那一群人还在同一地点，只是这一次有许多显然是无家可归的人加入了。毯子散落在地上，旁边还有一台前一天并没在那里的杂货店购物车。一群鹅被放养在街道对面的一块空地，背后传来建筑工地的嘈杂声，那里是过去高层建筑的所在地。该场地从夏天开始进行清理，而现在它让我联想起泰勒公寓旧址（图 1 - 1）。一种超现实的感觉弥漫着，就像格兰大道社区一样，当时我也同样漫步在一个不久前还安置着数千居民的空旷场地。当我最后一次离去时，这些留下来的居民命运未卜，这使我心情沉重。穿过离橡树街和剑桥街不到两个街区的一条小巷，我在建筑物的背面看到一大片醒目的涂鸦。集中监禁、种族不平等以及无法自由选择生活，种种现实被作者以尖刻的形式表现得栩栩如生，而这或许出自一个孩子之手。[5]有两个草图描绘着铁窗内黑人男子的冷峻表情，其中一个的下方画着一本打开的书，传达这样的信息："你必须有反抗的力量。"第二句是"智慧不在于抗争已经存在的力量，而是发展力量使之存在"，下方画了一本学位证书。这些图像具有冲突性，但令我感到震惊的是它所表现出的抵抗种族奴役和以教育作为向上的途径的两种意识。

时间和情境的教训

同佐尔鲍时期一样，21 世纪的橡树街和剑桥街交角仍在发展中。变革的确已经来临，但社会机制以一种细致入微的方式在分化着黄金海岸（译者按：社区名），而其他贫民窟还在进行某种根本性的搅动。无论是不平等，种族/族裔隔离，失序或有序观念，对公共场所的社会控制的共同期望，关于未来的犬儒主义，黑人社区的监禁渗透，劣势或优势的空间相邻，失衡的居民流动（自我选择），支配邻里经济发展的关键领导者的网络纽带，止赎，或是居民的组织性抵抗，个人、邻里和结构效应的多层次，都正在同步地被交涉和复刻。[6]我也认同，严重劣势的文化声誉和后遗症难以克服；因此，仅以经济力量为基础来预测一个社区的轨迹，首先不正确的。所以若以本书的理论来看，城市官员和权威人士的预测都没有实现并不足为奇。

本书理论的社会和空间逻辑表明，经济一旦复苏，或者卡布里尼移除导致的混乱消退，过渡就会终将完成。卡布里尼的后遗症劣势十分深刻，因此，它需要克服比其他南边的"伙伴"更糟糕的声誉和空间障碍。需要明确的是，我并不是说转型就一定是好事，或者说改变必然会进步。比如，当有的人对邻里拆迁欢呼雀跃时，其他的卡布里尼居民却联合起来抗议项目强行拆除他们的住房，毕竟这是一个他们称为家的地方，虽然这一逻辑看似藐视"合理"。而开发商的自身利益也很难名正言顺。一个旨在推动邻里发展的房地产的网站毫不掩饰地期盼着：黄金海岸将很快地吞并卡布里尼的遗产，"优雅的用餐地点、便利商店和不断增长的购物区已经进驻卡布里尼绿色家园，这里将是芝加哥的未来邻里"[7]。因此，我对富人与穷人的毗邻而居不再局限于少数住宅的愿景不抱任何幻想。毗邻而居可能会因为察觉到的和实际的有形距离而被阻止，特别是对于未来几年将获释出狱的许多男性。他们需要重新融入被彻底改变的社区环境。

我所强调的观点是分析性的，通过解析"死角"及其随后多年的表现，以缩影形式体现我在本书通篇强调的重点：邻里机制和芝加哥的连锁结构。它们不能被分开理解，因为两者的命运已相互交织。换言之，情境的因果机制在发挥作用。21 世纪《黄金海岸和贫民窟》也囊括了最后一组经验教训，即思考如何进行更加积极的干预，以克服社会挑战并减少都市不平等。

社区与城市阶级的干预

降低地方不平等的优势政策办法，其前提是促进个体选择，这一点与美国的个人主义理想一致。这种优势被视为象征并具体显现在住房券迁移过程中。这种优势也主张，住房券可作为一种手段，将个人迁离任何已被不平等渗入的不良学校或社区。但是，这不仅涉及将个人迁离，它还是一个联盟政策，旨在根除被弃置的毁损社区。卡布里尼绿色家园和泰勒公寓的故事正是这种逻辑的象征，按照该逻辑，"逃离贫民窟"之后就是将之拆毁。在一些道德剧中，劣势的起源社区首先被妖魔化，导致人们支持将它们移除，接着就是推广给流离失所者的住房券。虽然我们声称已从过去得到教训，但都市贫困政策的拆毁办法仍出奇地令人感到熟悉。事实上，20 世纪 50 年代和 60 年代的城市更新，都在"拆除不体面的都市穷人的所有邻里"的假设上进行。[8]

基于本书的调查结果和第 15 章的论述，另一种与之不同的政策措施是在邻里、社区和城市本身的层级全盘介入。该想法并非只是简单地将人们迁出被锁定的社区，而是更新已经存在的事物，同时对需求迫切但尚未被政策涉及的社区进行投资。在今天的芝加哥及其市郊中，这个次要的社区群体构成了保障性住房利用者可预见的目的地。需要明确的是，我不但无意于反对与日俱增的个人机会，还会全力以赴地面对像卡布里尼绿色家园和泰勒公寓这种地方所经受的不可否认的社会问题。我并不是在做负面争论，或反对住房券；而是想通过强调本书所生动呈现的一点，而形成一个正面的个案：社区既可以作为社会科学理论和方法，也可以成为整体政策干预的一个单元，后者为相互联结的社会结构决定优先顺序。当以宏观层面或社区观点讨论城市中的都市基础设施时，首先需要考虑的就是有形或物质的表现形式（如道路、经济发展、住房设计）。有形的基础设施和住房固然至关重要，但社会基础设施亦然。

总之，我想提出一种双重述事，双重指的是美国城市邻里中的社区层面的干预（而非个人层面的稳妥方法）和聚焦于连锁社会基础设施的政府政策。我的目的不在于评估或提出具体的干预，而是要指出新议程可以如何构思和提出。从这种观点出发，应该被引导的是想法，而不是具体政策，而研究的目标应该是提供强大的知识。要将它们转化为实践，我们需要那些站在前沿和手握权力的人来提供他们的技能和平等的伙伴关系。

基于本书的理论和研究，我认为，我们首先需要特别注意的是将暴力干预与重建风险社区的其他努力整合起来。虽然"事情齐头并进"，但安全是人类蓬勃发展的基本条件，因此，暴力是一个社区长远生存能力的先行指标。正如卡布里尼绿色家园的经验和我们的研究所证实的，连认知学习能力的基础也都会在暴力之中被伤害。[9]预防暴力没有灵丹妙药，但社区专注的努力可以带来希望，这值得进一步研究。其中之一即是已在包括芝加哥在内的多个城市内运行的"停火行动"（Operation Ceasefire）。正如我们在罗斯兰社区的行动中所看到的，这一行动的目的是降低未来暴力的风险，同时促进成人－青少年的关系，并试图维持社区的集体效能。与此类似的是，有证据表明，当社区真的将预防犯罪政策融入努力打造的非正式社会控制、信任和集体效能的网络时，"社区警政"可以奏效。其中一个机制是警察和居民的定期会议。这种会议可以在一个中立场地举行（例如，学校或教会），双方可以借此确定问题所在（例如，"多事地点"），然后实行以地方为基础的针对性解决方案。[10]真正做到解决问题和减少犯罪，非正式的社会控制和市民意见也因此得到融合，至少在理论上如此。

鉴于严峻的邻里监禁集中和已知的释囚脆弱性——尤其是在就业市场

方面——释囚的社区再入（reentry）方案应添加到安全议程中。[11]我已证明国家"大规模"监禁实验实际上是如何被高度地方性分层，并将一些芝加哥社区改造成超监禁（hyperincarcerated）异类；它们的入监率高到近乎不可思议的程度（图 5 - 5）。离开一个机能失调的社会制度，进入这种污名化和资源弱势社区，实际上是制造累犯的"处方"。但也许社区预入（preentry）应该先行一步。研究显示，减少新入监人数量的目标可以与降低犯罪同时达成，[12]其成功的关键在于以社区为基础、强调良好警民关系的焦点相结合的更智慧、更高效的警政。[13]因为刑事司法机构的合法性可能经由这样的政策举措而加强，所以与此切身相关的不只是成人释囚，还有那些在邻里中长大、未来将和法律打交道的孩子们。我的分析中曾经出现的一个核心概念就是法律犬儒主义，其中的法律不信任和关于制度的犬儒主义很普遍，社区规范逐渐毁坏，而暴力有望成为日常生活的常规特色。因此，监禁、警政和制度合法性的关系被忽略，风险由我们自行承担，但我们同时也提出一个全面的针对这些问题的建设性选择。

因此，我认为我们必须采取一个更广阔的视野以整合公共安全干预措施与更普遍的预防犯罪政策，后者参与处理社会和文化组织的成因和关系调解。无论是通过加强年龄分级辅导和监督青少年活动，以作为集体效能的一种形式来增加公民参与决策的组织机会，或者是提高政府机构的合法性（因为供职者间的信任已受损），我们都需要以手术般的谨慎，修复或更新现有的结构，而不是简单地设计逃生路线。当然，有时分诊（Triage）是必要的紧急措施，但在我的经验中，芝加哥还没有严重到如此地步，甚至最穷的社区都还控制着尚未被充分利用的人力资产和组织潜力。事实上，我的数据所支持的观点是，劣势社区有时具有相当高水平的涉他行为和潜在集体效能，但却被反复的日常挑战所产生的累积劣势所抑制，罗斯兰社区就是一个很好的例子（另请参阅图 16 - 5）。

然而，我的调查逻辑显然使我们超越了任何一个邻里的边界，并走向对组织、政治和宏观社会力量的关注。混合收入住房和社区经济发展的全市或都会区政策具有理论上的相关性，因为它们与第 13 章和第 14 章观察到的邻里层面移民动态和各种领导层联结都密不可分。泰勒公寓和卡布里尼绿色家园的拆毁伴随着对混合收入者的补偿承诺，而且在这方面，芝加哥领导层功不可没。但进步是渐进式的，而社区的干预活动范围之外的社区仍然从旧项目接收千家万户，并等待支援。许多目的地甚至不在芝加哥，极度出乎意料的是在南郊已有相关发现。因此，采取更具结构性或概览的观点有其必要，这与邻里效应的批评者立场一致；他们主张把重点放在集中贫困、种族融合、居所稳定以及现在的房屋止赎等因素上，并分析它们如何受到以下因素的影响：相互联结的房屋和学校政策、分区决策、经济发展和金融政策，以及任何给定邻里外部的一些其他政府行为或普遍的力量。但邻里的内部动态仍然至关重要，这不仅仅是由于与非居民相似的外部机构的反应。这样的姿态不仅同时尊重双方的"政治经济"和邻里传统，而且也兼顾来自全球化理论家和那些专注于个人选择者的批评。我认为，在因果的全面理解方面，不会在一开始就执着于一种分析方式。

可以从所有这些潜在的努力中得出结论：个人仍旧令人关注，尤其是我们当中最脆弱的儿童。因此，将儿童早期发展的投资与社会情境连贯起来的想法应运而生。[14]联邦政府现在在很多城市推进国家干预，如"选择性邻里"（Choice Neighborhoods）和"承诺邻里"（Promise Neighborhoods），以及本地化的努力，如哈莱姆儿童特区（Harlem Children Zone）。这让我们有理由乐观地认为，当我们根据规模大小采取行动时，有关儿童的新社会思维可以取得更动态的关注。[15]与都市变化机制的系统性观测和人种学的知识相关的社区层面的干预，似乎很有前景。如果处理得当，社区层面的干预不仅可行，而且从长远来看，这比针对个人进行干预更符合成本效益。其原因有二：一方面，预测个人行为十分困难、低效；另一方面，我已经表明，社区社会结构随时间推移而高度模式化。因此，讽刺的是，寻求促进个人发展的政策可能最好不要从个人开始，而是从社会背景着手，因为其中的与生俱来的不平等早已各就各位。

重新思考"是什么在结构上起作用"

我建议我们需要重新定义有助于政策评估的一切，以完善我已经勾勒过的更全面的干预方法。如果社会结构和持续性的社区动态对于建设性变化这一长期愿景来讲是关键性的，那么它们应该是任何社会政策评估的必要组成部分，即使它们表面上是为了个人或单一社区。[16]这还不足以将居民迁出卡布里尼绿色家园或泰勒公寓，消除过往错误的有形印证，或在他们过去的阴影中建立新的住房。社会结构从根本上以意想不到的方式进行改变，而流离失所的居民所迁往的其他邻里中，有许多也遭逢类似的问题。如果任其自生自灭，这些目的地将产生新版的劣势和社会烙印，并继而产生邻里社会复刻的新循环。

因此，我的最终观点是，干预从来就不局限于一个社区，即使它是被如此设计或描述。甚至没有一个像哈莱姆儿童特区（HCZ）这样的计划可以被隔离并预留作为一种复制模式，如同大众媒体对它的描绘。一个"特区"（zone）的概念本身意味着嵌入，而哈莱姆儿童特区存在至今的奥秘就是：何种机制正在运作以及该机制是否可以在其他情境按规模大小而实施。我怀疑它不能，至少以目前提倡的方式是没有办法的。一旦干预扎根，正式规则和非正式行为都将改变，而相互联结的行动将积累，以形成新的结构。甚至连迁至哈莱姆以利用其全社区好处这一简单行动，都意味着一些其他社区被置之不理，从而受影响；也就是说，居所流动的影响从来不是只涉及个人。因此，在考虑任何一个社区中的干预成本和收益时，都需要考虑这些类型的超本地影响（"是什么在起作用"）。通过回顾这一个世纪以来个人行动和结构限制对社会图景的影响，以及人口层面上成功的卫生政策，我们已经具备了对这些过程和相应地干预进行全面的估计的计量生态学工具和理论。虽然我们在回顾时似乎明显地将情境和历史带入正式的估计过程中，但在实践中，这方面很少顾及环环相扣的结构和机制。因此，本书认为一个重新调整的政策评估办法是值得探讨的。

结　尾

在本书最末，我想强调的是，本书并非仅仅关心一个单一的理论假设，而是关心两种根本不同的看待世界的方式：人生是关于独立的、自我最大化的个体的建构吗，还是关于根植于集体化——"我们"的重要过程中。这当中的集体化过程发生在邻里、社区和其他内嵌于共识的语境设定当中。无论是在意识形态上，或是在基因组学、神经科学和人类行为的理性选择模型的最新发展上，第一个概念在现代的美国都是强而有力的，就像每天一定会有新的报告称，人类的行为源自于早期生命中所确定的某些个别属性或条件。

　　然而，我把我的理论投注于第二个概念。我认为，即使受到个人行动的调解，组织生活机会的因果力量仍存在于社会层面。我与其他人合作构建了一个长期项目，以提供测试这个概念的原始数据，而这些数据现在已被广泛使用。这些结果是如何发挥作用的呢？如果我的理论主张、数据分析和汇总都正确的话，那我们就不能说行为的起源是基于个人，这种说法成立的可行性还比不上基因表达更胜于情境的说法。理性的角色模型在理论上优雅地替代了早期起源理论，而且可以被形式化；但生活既不优雅，也不是离群索居的。我们的选择决定虽被认为与个人效用有关，但其实是千丝万缕地依赖于社会环境。

　　我的言下之意是，许多关于已经证实了个人至上的发现，其实早已被预言。当我们只诉诸（或仿效）个人效应，即很多社会科学所使用的手法时，我们很有可能会获得成功。有人可能会说，我们已经成功了，但我们的胜利却得不偿失。一些社会分析家对这一难题的解答是退回到纯粹的结构主义（自上而下理论），并完全否定个人选择的重要性；但是，这同样没有充分尊重这种现象。在我看来，并鉴于目前的结果，社会科学领域将因为这一转向而受益：更深刻地融入从下到上再从上到下的因果情境机制，并理解它们如何通过都市生活的持久空间逻辑和我们所居住的相互联结的社会世界而成形。

　　本书的结论也寄希望于社会政策。因为无论邻里看起来多稳定（而且如我所证明的，这方面的证据强而有力），现有的连续性也不是固有的，而是通过可以被奉行的多重方式，在社会上复刻。我们总是遵照个人动机行事，而宏观的国家政策是被国家认同吸纳的。因此，对于预防社区和城市社会网络范围内的干预与照顾个人选择的现实这两者，它们的政策并不存在本质特性。我对芝加哥街道和邻里的考察使我确信，如果我们这样做，就会发现，镜中和结构性的邻里效应的逻辑和动力均体现在人们对繁复多变的日常生活的组织中。

注　释

第 1 章

1. 《错位的美国》（*Elsewhere USA*）探讨了美国人看上去固执于到处联系，却不和他们真正所在的地方产生联系（Conley，2009）。

2. Giddens，1990，19；1991，146. Giddens（1991）关于现代性的论文已经被学术文献引用超过 14000 次，这可能是无法匹敌的纪录。另一篇经典的但是引用较少（也超过了 2000 次）的关于无地域性的文章，参见 Relph，1976。关于"距离的死亡""正在改变世界"的论文，参见 Cairncross，1997。

3. Friedman，2005.

4. 近代对个人网络得出开创性实证结论的是 Claude Fischer（1982），他证明了都市化效应是特定的，疏远发生在公共领域，表现为更少的助人和更多冲突；但在个人关系和个人福祉的私人领域则没有这个问题。又参见 Tilly，1973，第 211 页。

5. Wellman，1979.

6. Brint，2001.

7. Louis Wirth（1938）因此是第一批把多样性与衰落相联系的人之一。我在之后的篇章以实证法研究邻里异质性的谜题时会再讨论这一点。有趣的是，Everett Hughes 在与 James F. Short Jr. 私下交谈时指出："Louis 过去常说，和整个家族和朋友以非常个人的交往方式生活相比，城市显得多么没有人情味。"显然 Wirth 在理论上对社区衰落的焦虑并未得到他所处的社会学界承认。这让人怀疑包括普通民众在内的当代灾难预言者的论断的正确性。

8. Wellman，1979. 又参见 Fischer，1982，第 1 章。社会解组理论的历史在第 4 章有详述；又参见 Kornhauser，1978。

9. Nisbet，1953.

10. 特别参见 Putnam，2000，2007。

11. Coleman，1988. 此概念广泛应用于城市社会学和社区。最近的例子是：Saegert，Thompson and Warren，2002。

12. Smelser and Alexander，1999；Skocpol，2004.

13. McAdam，McCarthy and Zald，1996.

14. 参见社群主义政策研究所，(http：//www. gwu. edu/ ~ ccps/index. html)，及它之前的刊物《反应社区》(*The Responsive Community*)。

15. McPherson，Smith – Lovin and Brashears，2006.

16. Putnam，2007.

17. 参考 Simmel 的《大都会与精神生活》(*The Metropolis and Mental Life*)(1903)，重印于乐文 (Levine)，1971。

18. Selznick，1992；Etzioni，1997.

19. Mailer，1969，opening line，Part Ⅱ.

20. Abu – Lughod，1999.

21. 城市社会学中的"洛杉矶学派"(如 Dear，2002) 可能被认为是此观点的领头人，但我意指目前更广泛的各社会科学的思考，如社会学、政治学、传染病学，特别是经济学。确实，在贯穿全书 (尤其第 11 章和第 12 章) 的例子里能看到，尽管学界已经有一些关于邻里效应的研究 (第 2 章)，但是对于个人理性和无地域性的世界来说，邻里无关紧要的观念已司空见惯。地理学中的洛杉矶学派尝试回答的是与城市社会学不同但逻辑一致的问题 (Sampson，2002a；Abbott，2002)。

22. Zorbaugh，1929，13.

23. 行程始于芝加哥的近北区 (后面与图 1 – 2 比较)：http：//www. mapquest. com/maps？ city – Chicago&state = IL&address = N + Michigan + Ave + % 26 + E + Pearson + St&zipcode = 60611&country = US&latitude = 41. 89757&longitude = 87. 62411&geocode = INTERSECTION。

24. Wilson and Kelling，1982.

25. 在 2006 年 (3 月 10 日) 另一次的街头行走的观察中，我见证了一次抗议游行。此事件的性质和地点与本书后面探讨的集体公民参与的理论相呼应。

26. Emporis Building，2007.

27. Algren, 1951.

28. 如果有人留意到人、建筑和芝加哥政治祖父戴利（Richard J. Daley）的相似处，请不要惊讶。"他声音沙哑、多愁善感、脾气暴躁、实用、简单、迂回、强大而有力。毕竟，这是芝加哥。"（Royko，1971）

29. Gilfoyle，2006.

30. 布里奇波特——白人工薪阶级标志性的邻里，这里产生了几代政要。它位于丹莱恩西部，相距芝加哥白袜队的科米斯基公园百米之遥。戴利从布里奇波特搬进近50万美元（1994年的美元）的中央车站联排别墅的事让当地人惊愕不已并被当地媒体广泛报道。这不是因为价格，而是地点所代表的身份给了那些父亲住在布里奇波特的Richard M的乳臭未干的小子们象征性的一拳。据报道，实际上他还打算更进一步——搬进千禧公园的对面的高层，卢普区的心脏地带。在沃巴什和兰多夫角落的前唐恩都乐店附近拔地而起的千禧公园，掌控了公园和密歇根湖到东边的壮丽景色。

31. 大家普遍认为Nels Anderson的《无业游民和流浪者》（*On Hobos and Homelessness*）代表"芝加哥学派"对流浪者的主要观点——参见 Anderson，1998。他研究了西麦迪逊大街地区，但近南区在早几年是另一个无业游民爱晃荡的地方。目前在路口矗立着拉丁美洲和加勒比风味的餐厅，我2007年曾两次与许多富裕和时髦的人出城到此用餐。

32. 稍后我会讨论"绅士化"，但不清楚这个术语是否适用于近南区。绅士化通常被认为意指低收入居民被挤走的地区。这里许多地区没有永久居民。从1990年开始南卢普区已经出现了数千单房间酒店单位的净减少。

33. 关于泰勒公寓的社会学历史，参见 Venkatesh，2000。

34. Chicago Housing Authority，2007.

35. 无论是犯罪、辍学率、死亡率或疾病，温特沃斯地区都脱颖而出，成为 William Julius Wilson（1987）所谓的"社会易位"的领跑者。

36. Field observation，2007.

37. 关于北肯伍德地区变化，尤其是"绅士化"引起的下层和上层非裔美国人之间的冲突，参见 Pattillo，2007。

38. 经典代表为南阿瓦隆8000号街区俱乐部，欢迎参观者，但"不准打球、洗车、超速、音乐声量过大、游荡和乱丢垃圾"。几乎每块街区宣示着同样的内容。

39. Zorbaugh, 1929, 14.

40. 在介绍鸟瞰时，我绘制了芝加哥的社区地图。密歇根湖确定了城市东面的自然边界——这个城市以拥有 25 英里的湖畔的资产为豪。芝加哥另一个风景稍逊的特色之地是从奥黑尔国际机场向西至西北角的城市地区，可能很多读者都去过这个地方。在第 2 章，我将会更为详细地对划分的社区进行定义，对此书重要的个别社区和在这些社区内驻扎的生态区域会在地图上标示，并随书的进程更准确地描述。我在图 1 - 2 将之前本章到访的社区名字标示出来，从近北区的黄金海岸南边的"繁华一英里"开始，延伸下去到卢普区和近南区直到阿瓦隆公园。我们最后回到在黄金海岸西边的近北区，即 Zorbaugh；它在 1929 年是"贫民窟"，而今天它被称为"死角"。读者可以在下面的网站检验街道名是否与图 1 - 2 上所有的 77 个社区名相符：http://www.cityofchicago.org/city/en/depts/doit/supp_info/citywide_maps.html。

41. 我将儿童健康定义为标准的婴儿死亡率和低出生体重婴儿组合——这些指标都高度相关（0.81, $p < 0.01$）。正如之前的研究所预测，贫穷与婴儿健康不良显著相关（0.78, $p < 0.01$）。我在图 1 - 2 根据各社区的贫困率预测了婴儿健康率（分三等级显示）。预测的婴儿健康与谋杀偶然发生概率之间关联的可能性少于千分之一，因此它们是高度非随机的。

42. 另一个证明空间上相关的方法是在控制贫穷因素后估计凶杀案与婴儿死亡率和低出生体重间的关联。当我这么做后，结果显示偏相关系数是 0.60（$p < 0.01$）。因此贫穷无法解释集群现象。

43. 人口规模也无法解释事件的分布格局，哪怕它在调整后也是如此。有趣的是，在芝加哥高犯罪率社区内部，犯罪活动在时间和地方上也是高度集中的，仿佛是更大的城市格局中的生态聚集折射到了一个单独街区的微观的地方层面。

44. Drake and Cayton [1945] 1993. 特请参考图 8 - 5 和图 8 - 6。

45. 关于社会解组传统的思想史最彻底的回顾，参见 Kornhauser, 1978。我将会在第 2 章将其进行综合。

46. 这些数据将在第 8 章进行详细解释。

47. 这是一个越来越占主导地位的观点（McCarthy, Miller, and Skidmore, 2004）。

48. 这些测量和数据将全部在后面的章节进行解释。

49. Florida, 2002. 对 Florida 的芝加哥的论点进行的评估，参见 Graif, 2010。

50. 在控制了租金中位数和平均收入后，所有社区的波希米亚人密度和互联网使用率的偏相关为 0.55（$p < 0.01$）。Keith Hampton 也表明，用数码"连线"的居民和互联网频繁使用者与少使用这些工具的居民相比，他们与邻居联系更紧密也更多地参与当地集体活动。（Hampton 2010；Hampton and Wellman, 2003）。因此甚至数码世界也是"被安置"的。

51. Sampson 2008a, 133. 在 2005 年左右在芝加哥罗斯福路南边只有少数几家星巴克，它们主要聚集在北区。在 2007 年我看到在柳条公园的星巴克被污损涂鸦。文化的冲突已经很明显。离开"高瞻远瞩二手书店"，这家可以买到任何数量的折了角的激进论文书店，AA 美国服饰广告牌上一位完美华丽的女子正俯视着我。

52. 例如 Wacquant 在 2008 提出的观点。

53. 同时也参见 Sampson 和 Wikstrom，2008。

54. Wikstrom，1991.

55.《不严谨的选址损害了星巴克》（*Lax Real Estate Decisions Hurt Starbucks*），《纽约时报》（Stone，2008）.

56. 正如第 2 章的回顾，邻里效应和地方分层文献已表明有重要的例外。然而，看上去高大上的学术和新闻专栏仍然坚持邻里不起作用这个说法。可能至少等到他们回到因经济能力分隔的社区里，名校所在学区里中高档的家，就不那么想了。或者是回到设立了精心的业主委员会来保护和提高邻里投资的个人私有的公寓时，也不会么想。值得注意的是没有几个"世界是平的"拥护者会买世界上布满暴力的贫民窟里的房子，在那里不动产和土地一样不值钱。如果他们真这样做了，那才是个人理性选择，而非邻居或邻里的影响起作用了。

57. Castells，2000，697；1996.

58. Sassen，2001；Massey 1996.

59. 根据当代的断言，人们对地方的感情依恋和当地互动已经死亡，但实证报告却发现并非如此。Albert Hunter 在 25 年后尝试在纽约的罗切斯特重复同样的 1950 年调查时，发现当地的设施使用率下降了（比如，商店、娱乐设施），但是邻里和当地的互动并没有改变。"社区意识"实际还增加了；这导致 Hunter 反对社区文化象征已失去这一观点（Hunter 1975，549）。在全国的层面，美国人继续从邻里中获取身份感，因为超过 50% 的人口报告说他们与邻居每周要说上几次话甚至次数更多 [社会资本共同体基准调查（Social Capital Community Benchmark Survey）2010]。还有人提出大家广泛讨论的美国人个人网络萎缩其实根源于数据错误（Fischer，2009）。

60. Gieryn（2000，465）为地方这个概念进行了出色的社会学方面的回顾。政治学的角度的回顾请参照 Agnew，2002。地理上的视角指明"地方的力量"（De Blij，2009）并没有消失，根据现代智慧的标准来说这个观点破除因袭，与本书立场一致。地理的思想史本身非常有趣的。但它作为一门学科渐退出时尚，所以在几所主要的大学里都被取消了。然而在这几所同样的大学里，地理学科现在又复兴了。社会科学关于邻里——一种特别的地方——的文献卷帙浩繁，我将会在下一章里进行综述。

61. 我想明确的是，本书并非要为整个项目做一份官方声明。未必所有早期参与者同意我的理论框架和分析。第 4 章透露了在规划芝加哥邻里人类发展项目时观点的多样性。

62. Daniel Burnham，非凡的城市规划师，在 20 世纪初广为人知地推动了芝加哥的"不小的制造计划"（Smith，2006）。Nelsen Algren（1951）和历史上的其他人一样留意到这个城市的特点是总是在成长。

63. Small，2009；Sampson et al.，2005；Marwell，2007；McQuarrie and Marwell，2009。

第 2 章

1. 人们可能甚至说我不知悔改，但他们不知道我坚信严格地固着于任何"学派"会失去更多的思考方式。幸好对于芝加哥学派来说，这种风险因其学派不具这种性质而被最小化。Howard Becker（1999）把思想学派（其意指智力观点的一致同意）和行动学派做了有用的区分。如果在二战期间城市社会学的芝加哥学派可以被称为一个学派的话，它就是一种实证活动而不是达成一致的理论许诺。思想学派通常是被外人用一些概念建构起来的。

2. Molotch 2002. Michael Dear 在 2002 年的一场讨论会上首先对当时煊赫的洛杉矶学派进行了攻击，之后 Abbott（2002）、Sampson（2002a）和其他一些理论家对其进行了回应。法兰西学派和新城市社会学之间的交流参见 Lefebvre（1991）和 Gottdiener、Hutchison（2006）。纽约学派参见 Halle（2003）。

3. 关于将生命历程应用于研究的讨论，参见 Laub，2004。我对他的研究中"路径"的概念和邻里效应的转折点十分感兴趣。

4. Levin，Lindesmith，1937，801. 关于之后对于邻里的不断重新发现，参见 Sampson、Morenoff，1997。

5. 参见 Morris 1958，第 51 页。也可以参见他对英国社会生态的大概回顾。

6. 参见 Quetelet［1969］1842，第 87 页。

7. 参见 Morris，1958。

8. 参见 Rawson，1839，第 336 页。

9. 参见 Mayhew，1861。

10. 参见 Booth，1889。

11. 参见 Shaw，1930。

12. 参见 Mayhew，1862，第 272 页。

13. 参见 Shaw、McKay［1942］1969。

14. 若想搜索 Booth 分别伦敦政治经济学院和伦敦大学图书馆的藏书档案，参见 http://booth. lse. ac. uk/［伦敦政治经济学院（LSE），2008］。

15. 参见 Johnson，2006。

16. 更深入的知识史参见 Abbott，1997。

17. Park，Burgess，1921。这一地图可在网站：http://www. csiss. org/classics/content/26 上找到. 对《绿色圣经》的评论，参见 Short，1963，xvii。

18. 参见 Park，1915。

19. 参见 Park、Burgess［1925］1967。

20. 社工 Jane Adams 和 Merritt Pinckney 使住房恶化、精神错乱、旷课、婴幼儿死亡率和少年犯问题进入研究者的视野；他们认为上述越轨行为是迅速工业化和社会变革的结果。Sophonisba Breckinridge 和 Edith Abbott（1912）检验了库克县少年犯法庭受审的案件的地理分布，发现大多数案件都不成比例地集中于特定邻里，尽管这些早期社会工作者使用的研究方法并不复杂，但他们对少年犯数量和本地社区特质之间联系的强调仍影响深远。

21. Shaw，1929.

22. 更多对邻里和健康的回顾，参见 Sampson 和 Morenoff，1997；以及 Sampson 和 Morenoff，2000。

23. Goldberger，Wheeler，and Sydenstrycker，1920，2707.

24. Sampson and Morenoff，1997.

25. Kawachi and Berkman 2003.

26. Shaw and McKay［1942］1969，106.

27. Faris and Dunham 1939.

28. 这是真实的。Drake 和 Cayton 最初发表于 1945（［1945］1993，203，205）的关于少年犯和精神病的地图分别借自 Shaw 和 McKay 工作的少年犯研究中心和 Faris 与 Dunham。

29. Kornhauser，1978；Bursik，1988. 社会解组理论脱胎于 Shaw 和 McKay 的研究；这二人又吸收了 Park 和 Burgess 的研究成果。但 Thomas、Znaniecki（1927，introduction，chaps.1，3）和 Wirth（1938）的研究同样影响深远。他们辩称，种族异质性及其规模和密度削弱了社会整合。

30. Sampson and Groves，1989.

31. See also Janowitz，1975.

32. Whyte，1943.

33. Gans，1962.

34. Jacobs，1961；Stack，1974.

35. Putnam，2000.

36. Bursik，1999.

37. Sampson，Morenoff and Gannon‐Rowley，2002.

38. Robinson，1950. 更多当代的有趣看法参见 Subramanian 等，2009。

39. Shevky and Bell，1955. 从很多方面来说，社会区域分析传统都可以被视作 Rawson 在 20 世纪的伦敦提倡的类型学研究的延续。

40. 参见 Berry 和 Kasarda，1977。

41. Morenoff and Sampson，1997.

42. Harvey，1973；Castells，1977；Gottdiener and Hutchison，2006.

43. 他们的辩论在《城市财产》一书中达到顶峰（Logan and Molotch，1987）。

44. 大卖场、对混合收入住房的限制、商业区与居民区的隔离、最小地块、围墙、监控需求和废止人行道都被认为侵蚀了城市地区的真实性。关于 Jane Jacobs 之后对纽约的有洞察力的研究，参见 Zukin，2010。

45. Bursik，1989.

46. Skogan，1990. 在全国范围内，20 世纪 60～70 年代间，仅由于城市再发展，就有超过 20% 的黑人居住的中心城市住房单元间消失了。这其中还不包括被常规市场占据的住房（通过驱逐居民或者涨租金）。

47. Wacquant，1993. 对于纽约城中国家资源"有计划的减少"，参见 Wallace、Wallace，1990。

48. Wilson，1987.

49. 也参见 Massey、Sampson，2009。

50. Wilson，1996.

51. Wilson，1987，56.

52. 也参见 Jargowsky，1997。

53. 对于因为 Wilson 没有适当地将不平等归因于种族主义而批评他太过保守的言论，参见 Steinberg，1995。另一个批评邻里效应研究太过保守的言论来自 Wilson 的学生。Wacquant 声称邻里效应实际上是"国家"效应。他以 1996 年美国的福利改革行动为例，说明了国家节省开支在集中城市"弃儿"方面的作用（Wacquant，2008）。然而因为这是联邦层面的行动，所以，何种机制导致贯彻到地方的国家政策创造了地方层面上超越原有事物的变异，这一点没有得到解释。宏观效应与本书的论述并不是相冲突的；事实上，宏观邻里路径是 Wilson 的原始理论和集群效应逻辑的一部分。我在之后的章节会直接提到非营利组织对邻里效应研究的批评，他们认为这一研究领域倾向于忽略邻里间联系以及国家资源的调节作用（Marwell，2007）。基于 Wilson 研究的社会孤立假设也因为预设了一种整体贫民区文化而饱受批评。我认为这一批评在一定程度上还是有据可循的；然而，我在深入阅读 Wilson 的著作后发现，他十分强调空间隔离的形式，认为其不太可能有多种宣泄口（包括主流价值观）。在本书中我还会再就文化议题进行讨论。

54. Massey and Denton，1993.

55. Morenoff and Sampson，1997.

56. Massey，1990，337；see also Massey and Eggers，1990.

57. Both 也在 Quillian（1999）的判决中找到了事实依据。

58. Nisbet 在 1953 年声称，真正的问题不在于这种衰减是如何发生的，而在于为什么大家都痴迷于不断重新发现这种社区衰退；我认为这种看法是正确的。对于智力转变的分化本质，参见 Abbott，2001。

59. 20 世纪末有一些最具雄心的基础工作，包括福特、洛克菲勒和麦克阿瑟的基础建设，目的是增强本地社区的承载力以解决大众问题。迄今为止，非政府组织（NGO）已经有了很多发展，其中很多组织都采取了类似的方式来建设社区。一个著名的例子是社区发展组织（CDC）运动，它将长期具有优势的社区视作提高贫民生活的社会干预的有意义单位。关于更多这方面的详尽描述，特别是犯罪正义政策，参见 Sampson，1999。

60. 对于新城市主义的回顾和批评，参见 Glaeser，2011。

61. 世界银行（World Bank），2010。

62. Robert Putnam 是克林顿和英国首相布莱尔的著名幕僚。关于布什对社区的看法，参见 Milbank，2001。各种迹象都表明，由于奥巴马在芝加哥南区的社区组织背景，他习惯于使用社区议题。我将会在第 8 章对这一点进行详述。

63. 有趣的是，Nisbet"悲怆"的意识形态似乎赢得了在婴儿潮时代出生的人的广泛支持。从历史来看，这群人收获了广泛的繁荣和教育成就。并且，在寻找城市蔓生、消费主义、主流机构（如保守的教堂和兄弟会）和全球化分裂效应的替代物的过程中，他们似乎更需要类似于新城市主义的事物，以及回归社区。NIMBY 综合征在这里有了新的意义，它使新旧绅士间形成对抗；后者试图阻止社区的快速发展，且其首要旨趣是恢复消退的邻里。

64. 这并不是说哲学关注是不相关的。正相反，在本书的后面，我会试图把关注他人和社会利他主义行为的实证发现融入对正义的标准描述。

65. 大约 30 年前，Gerald Suttles（1972b）研究了人们对"地方控制"的和社区建设的愤怒如何预示了这一行动的失败。一个最近的例子是社区警察的广泛流行。关于对社区理想及其以社区警察的形式采取的措施，参见 Herbert，2006。

66. 对于人们向被曲解的社区授予的重担，小说家一直比社会学家更敏锐。Dostoevsky 的 *Grand Inquisitor* 一书，以及 Nietzsche 的作品，是其中代表。

67. Sugrue，1996；也参见 Kaufman，2003。

68. Sampson，Morenoff，and Gannon‐Rowley，2002.

69. 社会生态文献也认为邻里分化与生命周期状态、居所稳定、房屋拥有者、人口密度、土地使用和种族异质性相关。这些相关性的证明十分复杂，尤其是在人口密度和种族异质性方面（Morenoff，Sampson，and Raudenbush，2001；Brooks‐Gunn，Duncan，and Aber，1997）。研究表明，居所稳定和低房屋拥有率跟许多涉及健康的行为持续相关，但也有证据表明居所稳定预测有害结果的能力比预测有益结果强得多（Ross，Reynolds，and Geis，2000）。最近一项替代性的调查是集中财富调查（Massey，1996；Brooks‐Gunn et al.，1993）。上述某些因素会在本书后面提到。

70. Sorensen，1998，240；Wikstrom，Sampson，2003. Robert Merton（1949）是最早关注社会机制的严肃社会学意义的人之一，他与另外一些学者（Hedstrom，Bearman，2009）一样，比较关注的议题是自我满足预言和"马太效应"。尽管学界对社会机制的概念和方法论路径有着尖锐批评，但社会科学的机械论转折还是如火如荼地进行着。

71. Sampson，Morenoff，and Gannon‐Rowley，2002，447. 我能找到的最近的对邻里社区机制的文献回顾，参见 Galster，2011。

72. Jencks，Mayer，1990；Mayer，Jencks，1989.

73. Woodward，2003.

第3章

1. 见 Park 和 Burgess，1925（1967），第147页。

2. 见 Park，1915，第579页。

3. 见 Suttles，1972，第8页。

4. 见 Choldin，1984。部分探讨了关于政治经济学批判的问题。

5. 见 Suttles，1972，第59页；Reiss，日期不详。

6. 见 Suttles，1972，第51页。

7. 见 Hunter，1974。

8. 见 Gieryn，2000。

9. 关于社会同质性（social homophily）概念，见 McPherson，Smith‐Lovin and Cook，2001。

10. 见 Suttles，1972。关于抵制改变行动中的防御性邻里的重要著作，见 Taub，Taylor，and Dunham，1987；Wilson and Taub，2006。

11. 见 Coleman，1961。

12. 见 Smith，2010；Smail，1999。

13. 见 Smith，2010；Jacobs，1961，第117页。

14. 见 Warren，1975，第50页。

15. 见 Zorbaugh，1929，第65页。他接着提到，在这种"睦邻友好"（neigh-

borly）的意义上，但实际上"并不存在邻里"（第 68 页）。

16. 例如，见 Powell et al.，2010。

17. 见 Brubaker，1996。

18. Suttles（1968）在其影响深远的著作《贫民窟的社会秩序》（*The Social Order of the Slum*）中呈现了差异化的社会组织是如何映射到领土形式的。见 Tilly，1973，第 212 页。

19. 我们可以将对邻里的差异化投入视为"差异责任社区"（community of *differential* liability），它是 Janowitz（1975）"有限责任社区"（community of limited liability）概念的一个变体。在这一概念中，对邻里的依附性是自愿的，且经常基于围绕投入的工具性价值而非过去以"城中村"为代表的强制性人际纽带。我接受 Janowitz 的大部分论证，但不赞同其中认为社区衰落看似必然的暗示。

20. 见 Wilson，1987。对于 Wilson 之前的学者分析，可参考 Massey and Sampson，2009。

21. 例如 Anderson，1990，1999；Bourgois，1995；Newman，1999；Sanchez-Jankowski，2008。需要注意的是"内城区"贫穷限制的例外，包括 Pattillo-Mc-Coy 在芝加哥的黑人中产阶级考察（1999）和 Lacy 的华盛顿郊区研究（2007）。另见 Kefalas（2003）和 Carr（2006）关于芝加哥白人工人阶级地区的民族志和 Katz（2009）对于较大的好莱坞社区中的洛杉矶邻里的比较研究。这样的研究传统十分缺乏对混合种族、拉美裔聚居地区（见 Small，2004；Klinenberg，2002；Wilson 和 Taub，2006；Katz，2009）和高收入白人地区的研究。

22. 见 Sanchez – Jankowski，2008，第 9 页。另见 Pattillo，1998。

23. 令人讶异的是，仔细阅读后我们会发现，即便只在单一地点进行经验观察，城市民族志研究也常会对邻里效应得出比较定论甚至是因果定论。不过，显而易见的是，我并非在质疑民族志研究中经验或是科学方法的有效性，而是指出具体主张的逻辑。

24. 另见 Katz（2001，2009）的方法论论证和人种学著作。

25. Firey，1947，通常被认为是最早系统地处理文化问题的城市生态学研究之一。

26. 在民族国家层面，Benedict Anderson（1983）1991 的《想象的社区》（*Imagined Communities*）是一个经典的呈现。如果想看有关中世纪马赛邻里以及对地图的精神应用的优秀史学研究，可查阅 Smail，1999。

27. 见 Gieryn，2000，第 465 页。另见 Katz，2009。

28. 见 Coleman，1994。另见 Clampet – Lundquist 和 Massey，2008。

29. 因此心理计量关注对个体差异的测量，生态计量则关注生态或邻里差异。见 Raudenbush 和 Sampson，1999。

30. Park 和 Burgess，［1925］1967.

31. Wilson，1987.

32. Janowitz，1975；Marwell，2005，2007.

33. 又见 Coleman，1986。再次声明，我此处的考虑并非表明对方法论个人主义或理性选择理论的认可，而且，我认为，Coleman 也无意主张研究微观 – 宏观间转换的方法只此一种。

34. 经济学家经常被认为处于选择偏误问题的最前线，但这是社会科学中普遍存在的观点，其中就包括 Jencks 和 Mayer（1990）提出的对邻里效应研究影响深远的批判。

35. Heckman，2005.

36. 方法论个人主义者的经验尝试背离了对个体的还原性着重（reductive emphasis），也缺乏对社会情境本身的深层关注（Abbott，2007；Jackson and Pettit，1992）。"分析社会学"及相关概念"结构个人主义"（见 Hedström and Bearman，2009）或许是例外，虽然在我看来，"随附性"假设及相关的分析社会学的认识论立场已经转移了视线，不再关注社会层面或情境因果关系的本体论（见第 15 章）。尽管出于各种原因，Bronfrenbrenner（1979）提出的发展心理学中生态情境的经典观点虽然强调"中间系统"和宏观系统，在实践中也关注个体。

37. Sawyer，2005. 又见 Hedström 和 Bearman，2009。

38. 这一框架扩展了我最初的论点（Sampson，2002a），我在其中结合了自己对城市学术研究的大量阅读，主要是从一战至今的文献。它还借鉴了 James Coleman 后期，即其生前提出的愿景（Coleman，1994，1986）以及 Andrew Abbott 的《部门和纪律》（*Department and Discipline*）（Abbott，1999）中的思想史。

39. Snow，1993.

40. Chapter 2；Abbott，1997，1152. 这一立场并没有跳出泛泛而谈，只是将城市视为实验室和社会领域之间的一个平衡的处理方式（见第 4 章）。虽然不是十分令人满意，但"中层理论"（Merton，1949）这一概念可以帮助我们跳过让许多社会科学头痛的无益分类，如基础/应用，理论/研究，以及实证/阐释（Sampson，2010a）。

41. 多年来，我们在保密协议允许的范围内（见 http://www.icpsr.umich.edu/icpsrweb/PHDCN/）公开了芝加哥邻里人类发展项目数据的几乎所有主要部分。超过 100 位学者已经就我们已知的数据发表了论文，或许还有更多尚未报告到 ICPSR 的论文，将来新的研究也会继续涌现。同时我也会将本书中所引用数据的大部分上传至哈佛大学地理分析中心的一个项目："芝加哥地图"（ChicagoMap）（见第 15 章）。

42. 见 Burawoy，2003，对其民族志田野中"回访"概念的阐述。在抽象层面，人们可能会说我试图对芝加哥的多个社区进行有目标的回访，这是以多种方式（但以定量为主）对已经被研究了多年的邻里进行的比较性重新审视。在这一过程中我的观点逐步发展，尤其是对历史和文化进程日益增长的理解。

43. 这类材料常见于附录，但附录的弊端是容易错误地把理论观点的主线和分析方法区别开来，且将其具体化。因此，我避免使用多个附录的方式，将方法和理论观点融入讲解的脉络中，并在脚注中提供了更多的细节。

第 4 章

1. 本章中对芝加哥邻里人类发展项目的解读纯属个人观点，毫无疑问是我的思想经验所塑造的。虽然我尽力做到准确，而且为拼凑出一个完整的故事进行了多方采访，然而很自然其他人当时可能会有不同看法。如果本书并没有充分提及每个项目参与者，我也提前道歉。毫无疑问，这是一个长期合作项目，参与者以数百计。

2. 弗雷明汉心脏研究（Framingham Heart Study，FHS）长期以来一直被视为健康研究的黄金标准，其实施地也以"改变美国心脏的城市"著称。FHS 是以社区为基础的集中研究，始于大约 50 年前，随着时间推移，以密集的测量持续跟进原始参与者。其影响是巨大的（Framingham Heart Study，1995 - 2006）。我们也将看到，芝加哥邻里人类发展项目有意避开了大多数调查采用的"全国样本"法，更接近弗雷明汉深入的科学评估的理想标准。研究城市也是在美国面临的各种问题上公认的具有广泛代表性的地方。

3. Cloward and Ohlin，1960；Wilson and Herrnstein，1985. Norval Morris 也很重要，但我认为他在项目设计上做出了更多行政管理贡献而非思想贡献。如下

文所述，虽然剑桥大学的 David Farrington 不是委员会的创始成员，但是多重队列纵向设计理念主要受到了他的影响。

4. 自 Cesare Lombroso 以及 19 世纪初寻找"天性罪犯"或"犯罪人"开始，这种思想角逐已经打乱了犯罪研究。他仍然受到人们的追捧。对这个影响深远的意大利犯罪学者的新解读，见 Gibson 和 Rafter，2006。

5. Wolfgang，Figlio，and Sellin，1972.

6. Published as Laub，2004.

7. 20 世纪对犯罪学预测的强烈思想关注走了一条有趣的路，这是 John Laub 和我在《The Sutherland – Glueck Debate：On the Sociology of Criminological Knowledge》（Laub and Sampson，1991）一文中探究的主题。又见 Laub，2004。

8. 分别为 1994 年 3 月 31 日（第 1 页）和 11 月 28 日（第 1 页）。

9. Farrington，Ohlin，and Wilson，1986.

10. 关于芝加哥学派精彩的思想文化史及其丰富多彩的特性，见 Abbott，1999。

11. Reiss and Tonry，1986.

12. 后期的 David Rowe 和我长期分歧，不过一直都很和睦。

13. 为何需要全新纵向研究的早期案例，见 Farrington，Ohlin，and Wilson，1986。进入芝加哥邻里人类发展项目规划阶段的设计相关特征，详细描述见 Tonry，Ohlin，and Farrington，1991。

14. 领导层的人员在各个时期并非一成不变。例如，心理学专家 Terrie Moffitt 在项目初期就离队转攻另一纵向研究；在项目接近尾声时，Jeanne Brooks – Gunn 入组演示了发展心理学；项目中期，Elizabeth Susman 与 Jeff Fagan 也提供了帮助；正如 Michael Tonry 在早期规划活动的团队管理方面功不可没，晚年的 Bob Cairns 则是该项目初期发展思路的关键人物。我时任社区设计的科学主管，Stephen Raudenbush 则是分析的科学主管。

15. 又见 Earls and Buka，1997。

16. Judt，2007. Mailer 称纽约为"一个世界之都"。

17. 正如 David Brooks（2009）的注解："奥巴马政府的所有的精明分析都始于芝加哥。"

18. Kotlowitz，2004.

19. 虽然纽约、洛杉矶和芝加哥这三大城市看上去各不相同，我们仍需要区别表面的不同和邻里不平等及社会进程的本质区别。想想拉美裔移民。读者或许会惊讶地发现芝加哥城市有接近 150 万拉美裔或拉美裔居民，有数据统计，芝加哥为美国拉美裔集中的第二大城市。芝加哥在 20 世纪 90 年代完全发展起来，成为美国族群最多样的城市之一。或许更出人意料的是洛杉矶的拉美裔/白人的隔离指数（相异性指数，范围为 0～100）为 63，纽约的数值与之相当，是 62，芝加哥的数值为 67。三者的亚裔/白人的隔离指数也十分相近，洛杉矶为 48，纽约为 50，芝加哥为 44。或许也要考虑洛杉矶和其他城市一样，暴力遵循一个生态集中的普遍模式。对洛杉矶县最近几十年的犯罪变化的可靠经验研究证明了一种陈旧的社会生态模式，将 20 世纪末洛杉矶的邻里退化和日益攀升的犯罪率联系到集中劣势和有关邻里因素，这些因素预示了美国城市的犯罪分布将回到 20 世纪初芝加哥的状态。确实，在"后福特主义"时期，某些形式的种族相关隔离在美国城市中还很新（而且在芝加哥仍表现得尤为根深蒂固），但是大量研究文献已经主攻过这一命题。也要注意 Mike Davis（1992）对洛杉矶未来的破坏激情澎湃的描述与事实相悖。犯罪率下降了，洛杉矶也像其他城市一样发展繁荣起来。总而言之，虽然洛杉矶和纽约看上去和感觉上都与芝加哥不同，虽然洛杉矶学派对该市的独特城市模式和生态途径定位十分准确，但问题是这对于我提出的这类问题究竟有多大意义。

20. 以芝加哥为案例研究，强调争取平衡领域和实验室方法的最佳论文之一，是 Thomas Gieryn 的《以城市为真实点》（2006）。在目前的例子中，我反复多次使用芝加哥既作为调查田野也作为实验室。

21. 当我初拟本章的时候，《芝加哥论坛报》的头条新闻过火地盛赞"我可以"的乐观品质和美国式的"自然本真"（相对于洛杉矶的"虚伪"）能够助芝加哥赢得 2016 年奥运会的主办权。几周后，芝加哥打败洛杉矶入选美国代表城市。芝加哥勇气再次胜出，但是最终的赢家却是里约热内卢。

22. 芝加哥正式划分的社区历史，见《芝加哥信息汇编》（*Chicago Fact Book Consortium*）1990。又见 1974 年 Hunter 对芝加哥邻里与社区身份的重要分析。

23. 例如，南朗代尔区（South Lawndale）拉美裔的拉美裔社区被当地人称为"小村庄"，但是该区域仍保有其独特性，且与北朗代尔互相分离。类似地，下西区（Lower West Side）也以"皮尔森"（Pilsen）的别名为大众熟知。

24. Suttles，1972. 又见 Hipp 对生态定义多变性的分析（2007）和 Grannis 对"第三社区"的描述（1998，2009）。"第三社区"，即斜酌街道布局，以构成无须穿过主干道即可连通的区域。

25. 黑人的贫穷我们并不陌生。没有哪个高度贫困的白人邻里是不被重视的。高收入的拉美裔美国邻里和高收入的拉美/非洲裔美国邻里同样也不存在（Sampson，Raudenbush，and Earls，1997，919）。在这个意义上，研究设计本身就对芝加哥的种族和阶级隔离做出了一个惊人的评论。但是同样的调研结果也在其他城市出现了，说明芝加哥并不是个例。

26. 我们雇了50多个负责筛选和采访的研究助理，许多采访都是以西班牙语和波兰语进行的。工作人员体现了语言的多样性，许多人本身就是移民，反映了芝加哥地区广泛的多样性（Holton，日期不详）。数据收集、正式记录、社区关系、跟踪摄影和统计分析均设有监察员和独立的调查单位。工作人员为长期聘用，许多研究助理在整个研究期内持续跟进同一组家庭，提高参与率。John Holton 担任芝加哥邻里人类发展项目最初的现场总监，1999 年离组。Alisú Schoua - Glusberg 担任调查行动总监，并监督修改过的组织结构。现场行动主管是 Kelly Martin，数据研究主管是 Nancy Sampson，行政主管是 Cynthia Coleman。

27. 更多芝加哥邻里人类发展项目队列研究数据收集的细节，见 Martin，2002。

28. 除芝加哥邻里人类发展项目研究员以外，其他参与学者为 Douglas Massey、Claude Fischer、Richard Taub、Ralph Talor、Lloyd Ohlin、Mercer Sullivan 和 Terry Williams。

29. 社区调查分为三个阶段。第一阶段，在每个邻里集群范围内对城市街区采样；第二阶段，在街区范围内对住宅单位样本采样；第三阶段，在每个选定的住宅单位范围内对一名成人居民（年满18岁）采样。咨询公司与芝加哥邻里人类发展项目的研究人员合作筛选和收集数据，最终创下了75%的高回应率。设计产生了一个芝加哥居民的代表性概率样本和一个足够大的集群内样本，以建立可靠的邻里间测量。邻里集群内的样本设定为大约自加权的形式，因此本书中的邻里间分析，均基于未加权数据，另外加注的除外（Sampson、Raudenbush 和 Earls，1997，第 924 页）。描述性数据为加权值。借助社区调查设计，我在多个地理尺度进行测量，包括街区群、人口普查区、邻里集群和正式划分的社区。在补充工作中我定义了由街区群集合构成的"第三社区"（见 Grannis，2009），社区内的街道无须穿过主干道也能连通。这一概念催生了 221 个略大于芝加哥邻里人类发展项目定义的邻里集群的区域（平均约 1100 居民）并且在社区调查测量中几乎形成了相同的计量经济学特性。在本书的分析中我主要借助三组单位——人口普查区（$N = 875$），邻里集群（343）和正式划分的社区（77）。这带来了样本大小和边界定义上最大的反差，中间单位（NC）最切合芝加哥邻里人类发展项目的设计。

30. 数据收集的初级监察员常用"积少成多"，但是，事实上这个词与其说是对当前进展的描述，不如说是期望。他很快就被承包商开除了。

31. 芝加哥热浪的社会学分析，详见 Klinenberg，2002。

32. 我很感激 John Holton，1993～1999 年芝加哥邻里人类发展项目的现场总监。感谢他的现场记录、对引用的许可权、对本章的评论以及以个人访问形式对前前后后事件的回忆（完成于 2007 年 3 月 22 日）。

33. 几乎同时，我在 Christopher Jencks 主持的一个芝加哥大学研讨会上见证了一起丑陋的事件。按计划，芝加哥邻里人类发展项目的早期顾问 James Q. Wilson 要在会上做一个正式的介绍。在他开始之前，约有六个反对者起立并开始不断喊着 Wilson 是个种族主义者，其目的是制造种族灭绝。反对者还提到了 Wilson 和 Richard Herrnstein 合著的《犯罪与人性》一书和他在芝加哥邻里人类发展项目的工作。大学警卫出动，最终带走了这几个反对者。但是据我回忆，直到研讨会差点被迫终止，警卫才把人带走。种族和犯罪政策一直都是极具争议的，但是在 90 年代初期到中期尤为动荡。在这种情况下，我尽力回忆，Wilson 那天甚至没计划讨论种族和犯罪。关于种族的学术政策，见 Massey 和 Sampson（2009），后来在莫尼翰报道（Moynihan report）中得到继承。

34. 借助 1995 年的技术，实际操作和收集生物测定值的成本解释了为何芝加哥邻里人类发展项目没有在这一领域走得更远，虽然反对之声也不无关系。此外，我们总结得出当时没有达成科学共识：当时能够可靠测量的生物差异是犯罪的主要预测指标。事物的变化快得惊人——如今抽血和提取遗传标记物已经是常规流程。

35. 在一次专业会议上，和一个生物学家关于行为遗传学的讨论中，他半开玩笑地表示需要成立一个"分子社会学系"。

36. 随着手机的应用越来越普遍，当面的家庭访问越来越难，加上我们人类项目的审查委员会强加了越来越多的限制，尽管如此，我仍然不会为大社会科学的未来感到担忧。

37. Abbott，1997。

38. Reiss，1971，第 4 页。

39. 美国芝加哥大学国家民意研究中心，1995。作为对质量把控的检查，新的观察员在全部编码过的街区面中随机记录了 10%，比较两次的结果，一致性高达 98% 以上。

40. Short, 1963, xvii, in his introduction to Thrasher 1927［1963］.

41. 概率样本被嵌入在芝加哥邻里人类发展项目最初定义的所有邻里集群中，同时对 80 个焦点邻里集群采样过密（队列筛选）。完成的 3105 个采访包括 1145 个焦点邻里集群的受访者（在全部样本中占 37%，即平均每个邻里集群刚刚超过 14 个人），1960 个非焦点邻里集群的受访者（在全部样本中占 63%，即平均每个邻里集群刚刚超过 8 个人）。为了研究种族－族群差异，采样十分平衡，包括 802 个拉美裔、1240 个非拉美裔黑人、983 个非拉美裔白人和 80 个其他种族/族群的样本。虽然随着时间推移，个人调查的难度逐渐增加，但是第二轮社区调查的回应率高达 72%，非常接近第一次 CS 的结果。

42. 为保证访问者的观察可信且有效，ISR 进行了一项试点研究，在 8 个焦点邻里集群中各选一个街区作为试验对象，指定两名评分员同时对同一街区各自独立观察。在系统社会观察的第二阶段，ISR 在芝加哥的几乎所有包含 CCAHS 调查样本地址的街区收集一个评分员的观察。在全部的 1672 个街区中共有 1664 个接受了评估（每个焦点邻里集群约 8 个街区，每个非焦点邻里集群约 4 个街区），共 13251 个街区面，分布于 1379 个人口普查街区群，703 个人口普查区，343 个邻里集群。

43. 我们也对新的组织进行了采样，并且查明了担任这些职位的原先领导者的去向。1995 年的关键知情者研究与芝加哥邻里人类发展项目社区研究涉及的关联性更直接。2002 年的第二次访问调查是由美国律师基金会（the American Bar Foundation）、麦克阿瑟基金会和芝加哥社区信托基金会（the Chicago Community Trust）独立出资赞助的一项同源研究。

44. 其中七年我曾在近北区（Near North Side）的美国律师基金会担任研究员。

45. 又见 Gieryn, 2006，第 24 页。

46. Becker, 1996.

第 5 章

1. Drake 和 Cyton［1945］1993；见第 203 页和第 205 页的图谱。

2. Moynihan, 1965. 与 Moynihan 同时代的 Kenneth Clark 在《黑暗的贫民窟》(*Dark Ghetto*)(1965)一书中表达了个人的煽动性言论,显然沿用了"病理"隐喻。

3. 在人文与历史情境下,见 Massey 和 Sampson, 2009。

4. 我认为或许如此,由于病理太容易让人联想到医学模式,并以此作为应该遵循的正确的范式。对诸如"病理"和"解体"这类用词的批评在后续的第7章会有进一步解释。不过要注意 Moynihan 使用的逻辑并不限于黑人社区。我们反而认为病理的表现在社会结构中根据地点变化。因此,虽然描述该社会现象的术语确实存在问题,但是我们不应该忽视 Moynihan 论点的结构逻辑。

5. 本章扩展了 Sampson(2009b)这一命题。

6. Moynihan, 1965, 第3章第1页。基于变量的方法,见 Abbott, 1997。

7. Bowles, Durlauf, and Hoff, 2006; Sampson and Morenoff, 2006.

8. Moynihan, 1965, 第5章第1页。

9. Shaw and McKay, 1942; Drake and Cayton [1945] 1993; Wilson, 1987; Massey, 1990.

10. Sampson, Morenoff, and Gannon-Rowley, 2002; Land, McCall, and Cohen, 1990.

11. 见第4章,将人口普查区作为邻里分析单位的利弊。

12. Sampson, Sharkey, and Raudenbush, 2008, 848, table 1.

13. 基于这一结果,我在后续的分析中降低了儿童规模的密度。当我考察排除种族构成的集中劣势时,结果范围与包含黑人比重的初始范围相关性为0.99。因而结果在跨定义的范围内是可靠的。

14. 全部分布详见 Sampson 2009b, 266。

15. 进一步展开,见 Sampson, Sharkey, and Raudenbush, 2008。

16. Massey and Denton, 1993.

17. 混合族裔地区的关联性为 0.59($p < 0.01$)。黑人地区的数值更高,达到 0.78($p < 0.01$)。该关系的图表,见 Sampson 2009b, 267。

18. 美国司法统计局(Bureau of Justics Statistic),2010。

19. Western, 2006.

20. Sampson and Loeffler, 2010.

21. 我们计算监禁率的依据是芝加哥 2000 年人口普查统计的 18~64 岁的居

民数量，以及仅发生在芝加哥，且在库克郡（Cook County）巡回法庭伊利诺伊州监狱局受审的重罪被告。我们之所以使用"有风险"的成人作为分母，目的是排除无法收监的未满 18 岁的儿童造成的变数干扰。类似地，我们排除年纪较大的样本，因为当社会老龄化时，超过 65 岁的囚犯只是极少数。这些数据收集自库克郡巡回法庭的电子记录（Sampson and Loeffler，2010）。

22. Wilson，1987. 又见 Jargowsky，1997。

23. Koval et al.，2006.

24. Sampson and Morenoff，2006.

25. Wilson and Taub，2006；Hunter，1974。

26. Suttles，1990.

27. 又见 Taub，Taylor，and Dunham，1987。

28. Massey，Condran，and Denton，1987.

29. Hyra 的书封，2008。

30. 2006 年，社会学家 Malcom Klein 在一次美国犯罪学协会全体会议上关于芝加哥邻里人类发展项目的讲话。讽刺的是 Klein 来自洛杉矶，并不是我们通常最先想到的"不怪异"的城市。

31. Peterson and Krivo，2010.

32. Small，2007；Small 和 Feldman，2008。有人也声称芝加哥的黑人邻里"与一般美国城市中的截然不同"（http://www. columbia. edu/ ~ jwp70/COMURB_ Ghetto - Chicago_ discussion_ 2008. pdf）。后续文集汇编又见报纸《城市与社区》（*City and Community*）7（2008）：347 - 98。

33. Sampson 2009b，268. 我使用了主成分分析法和加权回归范围来描述上文介绍过的指标：贫困、女性当家的家庭、社会福利、失业率和种族隔离（黑人比重）。我也使用了人口普查区作为邻里的概念（第 4 章）对美国进行对比。

34. 又见 Sampson 2009b。

35. Peterson and Krivo，2010.

36. 相关学术评估，见 Blumstein and Wallman，2000。

37. 见 http://www. census. gov/acs/www/Products/PUMS/。我用了 2005 ~ 2007 年时间段的数据以增加评估的准确性，因为每个地理区域包含约 3% 住宅单位的记录，而一年文件中只包含约 1%。

38. http://www. uic. edu/cuppa/voorheesctr/Publications/vnc_ woodsrpt_ 0706. pdf，

第 9 页。

39. Wilson，1996.

40. 图表见 Sampson 2009b，271。

41. 我评估了公式：2000 年的贫困率 $= \alpha + \beta * 1960$ 年的贫困率 $+ \varepsilon$。表达式（$\alpha + \beta * 1960$ 的贫困率）是 2000 年的预测贫困率，ε 是从预测率得出的偏差或残差。残差反映了给定邻里贫困值的变化量，这种贫困无法根据其初始的贫困水平衡量或解释。残差变化值在统计上独立于初始贫困水平，因而比原始变化值更具优势。此外，因为整个芝加哥被用于评估运算残差的回归方程，这些变化值具有并入整个生态结构的动力学的理想性质（见 Bursik 和 Webb，1982）。在正式划分的社区级别，2000 年与 2005 ~ 2009 年的贫困相关性为 0.91，意味着当后者被替换时，图 5 - 6 中的模式几乎不变。然而，由于 2005 ~ 2009 年的数据直到 2010 年底才可考，抽样亦与以往的十年人口普查不同，我保留了 2000 年的贫困率来衡量残差的变化。

42. 南部库克郡（Cook County）郊区贫困的加剧此处没有统计。Harvey、Dolton、Country Club Hills 和其他南郊的镇经历了贫困加剧、芝加哥房管局（CHA）之后的变革和原居民向公共住房迁入的过程。

43. Koval et al.，2006.

44. Pattillo，2007；Hyra，2008. 我会在最终章再次讨论这些领域。

45. 美国最近的一项研究表明收入不平等和收入隔离二者存在稳定关系，但是对黑人家庭的影响大于白人家庭（Reardon 和 Bischoff，2011）。

46. Moynihan，1965；Clark，1965.

第 6 章

1. Jacobs，1961.

2. Booth，1889；Charles Booth 在线档案，2010。

3. 引自 Pfautz，1967，第 191 页。

4. 《经济学人》（*The Economist*）2006，第 57 ~ 58 页。我在此处的讨论借鉴了 Sampson 2009a。

5. Sennett，1970. 又见其 30 年后的反思（Sennett，2009）。

6. Benedict Anderson 之后写作了关于"国家"层面的"想象社区"（imagined community）和身份认同形成，但是从广义的理论角度来说其机制是类似的

［1983］1991。

7. Hunter，1985.

8. Goffman，1963a，第 9 页。

9. Lofland，1973，第 22 页，原作中的强调。

10. Putman，2007.

11. Skogan，1990，第 75 页。

12. Kelling 和 Coles，1996，第 108～156 页。更新的例子，见 Duneier，1999。

13.《经济学人》（*Economist*），2006。

14. Jordan，2005.

15. Ross、Renolds 和 Geis，2000；Geis 和 Ross，1998。

16. Sampson 和 Raudenbush，1999。

17. 这一框架并不意味着失序对于解释邻里社会动态来说不重要。虽然犯罪和失序可能有共同的起因，但是犯罪对理解人口迁移等城市进程的关联度更低，因为它在很大程度上是未被发现的。相当于一个邻里中全部参与者阅读的"文本"，失序即使并非进一步犯罪的直接原因，但它是一个视觉上接近且直接的、有着理论意义的邻里信号。我将在下一节进一步讨论这一点。

18. 这是一个重大发现，因为个体可靠性（如对失序的感知）和一个考察邻里间差异的测量方案的可靠性并非一回事。关于该方法论问题的更多讨论，见 Raudenbush 和 Sampson，1999。

19. 我们提出的抢劫联系的原因，是失序的区域提供了潜在的易受影响的受害者，例如毒品交易者、酗酒者和嫖客。关于失序和抢劫生态的精彩讨论和分析，见 St. Jean，2007。

20. 我将破窗是否会"导致"犯罪这个有些狭隘的问题暂时搁置一旁。目前的数据并不能满意地回答这个问题，而且无论如何，详细的文献回顾也在别处可见（如，Harcourt 2001；Skogan 1990；Taylor 2001；St. Jean 2007）。不过我在这里要提及一个 2008 年刊登在《科学》（*Science*）杂志上的有趣的研究，研究员采用了一系列实地试验，通过控制物质性失序的不同方面（如涂鸦、乱扔垃圾）探究了"失序的蔓延"，以观察在荷兰格罗宁根市的路人是否会受影响而做出不恰当的举动。Keizer，Lindenberg 和 Steg（2008）称失序的"微观"环境显著增加了类似的失序行为。例如，荷兰人去自行车停车处取车时，如果停车区域覆盖着涂鸦，那么相比整洁时他们则更有可能乱扔垃圾。他们也更有可能打开或取走一个明显含有五欧元纸币的打算寄出的信封，如果测试者们将这个信封放置于一个失序环境中的邮筒之上。他们总结为：失序产生失序。由 Keizer，Lindenberg 和 Steg 所提出的破窗假设在于失序作为一种描述性规范能够削弱人们遵从合理强制性规范的倾向。因此，如果我看到了许多垃圾，我的决心将会被部分抑制，这可能会演化成其他的异常行为。尽管非常巧妙，这个研究并没有解释为什么失序现象常常集中在某处，而不是各处都有，它也没有表明失序会蔓延到攻击性犯罪，而这是破窗理论的原定目标。这一研究也并没有延伸到我们所认为的"永久的"失序。本实验中设计的失序现象只是暂时的，即使这样的失序现象发生在相对稳定的地区，人们还是很有可能认为他们乱扔的垃圾将被清理干净。从这个意义上讲，人们只是在暂时有涂鸦的情境下乱扔垃圾，或者人们在其他人都显得较为放纵的情境下饮更多的酒。因此，对邻里的评价也需要纳入考量范围。杀人、入室盗窃或者是抢劫作为乱扔垃圾的结果或是衰落的迹象，这还是一个未经证实的联系。

21. Ross 和 Mirowsky，1999，第 414 页。

22. Goffman，1974.

23. Bottoms 和 Wiles，1992，第 16 页。

24. Lamont，2000.

25. Loury，2002，第 17 页。

26. 关于贝叶斯思维的讨论，见 Rosenkrantz，1977。

27. Ariely，2008；Thaler and Sunstein，2008. 关于对目标的追求如何在自觉意识之外起作用，见 Custers and Aarts，2010。

28. Fiske，1998.

29. Bobo，2001；Quillian 和 Pager，2001；Rumbaut 和 Ewing，2007。

30. Wilson，1987；Massy 和 Denton，1993；Skogan，1990。

31. Loury，2002.

32. Fiske，1998；Banaji，2002.

33. Devine，1989；Bobo，2001，第 292 页。

34. Correl 等，2002，第 1325 页。

35. Werthman 和 Piliavin，1967。

36. Irwin，1985.

37. Goffman，1963b.

38. Hagan，1994，第 150 页。

39. Stinchcombe，1963。

40. Wacquant，1993。

41. Kefalas，2003，第 11、14、43、62、74 页。

42. 我也不例外。几年前的一天早晨，我走出门就发现了附近公寓楼上的一片新近涂鸦。我的第一反应是气愤，并且，我承认，瞬间担忧我和妻子住在了"错误的"邻里，一个即将衰落的邻里。但是意识到我居住在一个稳定、富裕的邻里，尽管有密集的都市特征也临近一个公园和公共交通线，我就放松下来。我向其他人一样和有关部门反映了乱写乱画的情况，涂鸦被清理掉了。随后很快，同样的事情又一次发生，我也又一次重复了这个程序。在循环了四五次之后，问题就消失了。在这一事例中，"破窗"是暂时的并且导致了集体行动，而不是犯罪或衰落（Sampson 和 Raudenbush，1999，第 638 页），但是这一经历却让我体会到失序可以引起怎样的主观情绪。

43. Laub and Sampson，1995.

44. Watt，2006.

45. Sampson and Raudenbush，2004.

46. 我们仔细地评估所有结果的可靠性（Sampson 和 Raudenbush 2004，第 333 ~ 334、339 ~ 340 页）。例如，我们在所有分析中都测量并考虑一日中的时间点。意料之中的是，物质性的失序随时间推移保持高度稳定。即使一些社会失序现象于夜间出现（如在酒吧打架），只有当这种情况发生在大量在白天并没有其他社会失序现象的地方时，我们的结论才可能被推翻。基于先前的调查和我们对芝加哥的了解，这一模式被颠覆的可能性很小。空间的错位是另一个值得关注的问题。假设有一个居民，在回答有关失序的问题时，回想起一个他或她居住街区以外的地方。但我们的测量将这个组群当成一个整体，并且在组群的内外并无可观察失序程度的区分。调查设计也在组群内部形成了一个有代表性的个体调查样本。考虑到诸多居民的意见，独特的定义不会对种族构成对街区群体差异的决定力量造成的系统性影响。此外，结果不受空间相关错误和邻里单元大小差异对照的影响，在社区层面也产生类似的结果，而芝加哥的社区平均有近 4 万居民。研究发现的高度相似表明空间的不匹配不能解释种族/族群构成的影响。种族/族群效应的重要性，尤其是在物质性失序测量几近无误的模型当中，削弱了任何声称我们的结论是基于对观察到的失序的不可靠测量的老古董的观点。

47. 我通过将 Sampson 和 Raudenbush 的数据和针对相同邻里的定组研究结合来实现这些目标。研究组的第一个组成部分是基于概率的多阶的社区调查（CS），这一调查基于 2001~2002 年由密歇根大学社会研究中心展开的访谈，新的样本包括 3105 名居住在 1995 年研究中相同邻里的芝加哥居民。1995 年的核心访谈计划被再次使用，并加入了额外的问题。因而这一设计是一个重复的横截面调查。这一调查准备完善，可以测量邻里层面上芝加哥典型的稳定和变迁。第二个研究也是一个重复的横断面研究，但这次是基于对邻里所有区域表面的系统社会观察（SSO），在这些邻里内居住着 1995 年和 2002 年社区调查的居民。基于预调查的成功结果，并为了节约成本，观察以日志的形式而不是录影，被用于超过 1500 个街区群（约 700 个普查地段）的研究中。2002 年的主要系统社会观察失序衡量基于以下在街头能觉察的项目：香烟或烟头、垃圾/碎玻璃、空瓶、涂抹掉的涂鸦、帮派涂鸦、其他涂鸦、标记涂鸦、政治寓意涂鸦、废弃的汽车、避孕套和吸毒用具。在街区群体层面上所得的最低可靠度为 0.93，而理论最高值为 1。观察到的物质性失序因此在所有的邻里层面都十分可靠。第三个数据来源是 2000 年美国普查与 2000~2006 年之间芝加哥警方记录的结合。

48. 如果以国外出生的移民百分比替代拉美裔百分比，会得到类似的结果。这并不令人意外，因为在街区群体层面这两个指标相关性大于 0.70（$p < 0.01$）。

49. 关于变量定义的更多信息，请参考第 7 章。估计的模型为：个人层面：2002 年感知到的失序 = $B_0 + B_1 *$（年龄）+ $B_2 *$（男性）+ $B_3 *$（黑人）+ $B_4 *$（拉美裔）+ $B_5 *$（其他种族）+ $B_6 *$（第一代移民）+ $B_7 *$（第二代移民）+ $B_8 *$（单身）+ $B_9 *$（已婚）+ $B_{10} *$（分居/离异）+ $B_{11} *$（儿童）+ $B_{12} *$（教育）+ $B_{13} *$（家庭收入）+ $B_{14} *$（自家）+ $B_{15} *$（邻里居住年份）+ $B_{16} *$（迁移）+ $B_{17} *$（#语言）+ $B_{18} *$（感知到的集体效能）+ $B_{19} *$（友好交换）+ $B_{20} *$（感知到的暴力）+ $B_{21} *$（朋友/亲属纽带）+ $B_{22} *$（组织参与）+ $B_{23} *$（邻里互信）+ $B_{24} *$（个人受害）+ $B_{25} *$（恐惧）+ R。

邻里层面：2002 年经调整的感知到的失序 = $G_{00} + G_{01} *$（2000 年密度）+ $G_{02} *$（2002 年系统社会观察失序）+ $G_{03} *$（2002 年系统社会观察物质性衰落）+ $G_{04} *$（2002 年贫困）+ $G_{05} *$（2002 年黑人百分比）+ $G_{06} *$（2002 年拉美裔百分比）+ $G_{07} *$（1995 年社会感知的失序）+ U_0。

方程式的估算同时使用了分层模型，其中稳健标准误包括随机个人和邻里组成（详情请参见 Sampson 和 Raudenbush 2004）。个人层面的协方差是总体平均数，以在评估邻里层面系数时捕捉构成差异为中心。在个体层面方差中的24% 得到解释，在街区群体层面则是 88%。黑人比例和拉美裔比例的 t 值（系数/标准误）分别是 6.67 和 9.18。邻里范围内黑人与白人对比的 t 值是 - 3.66；第一代与第三代移民的 t 值是 - 6.88（所有的 $p < 0.01$）。

50. 例如，在居住于普查地段内的调查回应者中，黑人和拉美裔人群明显比白人（$p < 0.01$）更加不愿意报告失序现象。相较而言，第一代移民在感知到的失序现象中得分的标准差比第三代以后的移民低将近一半（0.19，$p < 0.01$）。只有在更大的社区层面，我们才能看到在社区内种族差异在控制种族构成后逐渐减少。这样的发现并不令人惊讶，因为在社区内黑人与白人之间的隔离非常明显。社区范围内移民的差异也同样减少但始终显著；在其他条件相同的情况下，第一代移民在相同的社区内只感知到比第三代移民少 1/3 个标准差的失序。

51. 最初的研究展现了种族间的相互影响，因为随着黑人比例的上升，拉美裔的人比黑人或白人明显更倾向于感知到失序现象（Sampson 和 Raudenbush 2004，第 335 页）。我们没有对 1995 年的移民状况的直接测量。互相影响的幅度也在随后的跟踪研究期间减少，如果我们考虑到 Loury（2002）的观点，即移民态度的调整是需要时间的，那么这一趋势也是可理解的。以及事实上，移民身份和拉美裔比例或出生在国外的移民比例之间并不存在相互作用。

52. 由于重复的横断面研究，1995 年的被调研者与 2002 年的并不相同，这是一个保证邻里测量独立的重要设计元素。2002 年可感知的失序跨地域或是总体可信度，在社区是 0.91，在地段是 0.64。1995 年的数据见 Sampson 和 Raudenbush，2004。

53. 在街区和片区层面，集体失序系数在 0.01 的水平上显著（t 值分别是 7.43 和 4.39）。

54. 在分析前三个变量都已被标准化，使得平均值为 0 和标准误差为 1，便于直接比较：集体先验的估计影响是种族构成影响的两倍多。（0.15 vs. 0.07）

55. $N = 47$ 个社区。基于 1995 年系统社会观察的全部样本和简化样本的模型中，在个人和社区层面分别超过 40% 和 97% 的差异被解释。

56. Putman，2000. 而令人惊讶的是，在他的例子中犯罪并不是主要的因素。

57. 见 Merton 1968 年对自我应验预言的原始讨论。

58. Bursik，1986，第 73 页。

59. Skogan, 1990；Morenoff and Sampson, 1997；Sampson, 1986, Liska and Bellair, 1995.

60. 为了解释非线性, 我将 2000 年的贫困百分比转换成 logit 的形式。

61. 其中之一的华盛顿公园, 也被列入若芝加哥获得 2016 年奥运会举办权需要整修的范围。芝加哥输掉了竞标, 但是这个选择意味着华盛顿公园令人绝望的经济社会条件已经广为人知。

62. 进一步来说, 2000 年普查地段贫穷对数中变量的 68% 可以通过早先测量的六个邻里特点来解释。四个显著预测的标准化参数（元系数除以标准差）, 大小分别是, 0.35（1990 的黑人比例）、0.33（1995 失序的集体参数）、0.32（1990 年的贫困率）和 0.30（1990 外来人口比例）。有趣的是, 两个失败的预测指标分别指先前感知的失序和杀人率。因此, 结论证实了集中感受到的失序与先前的贫穷和主要人口仪器可以预测邻里层面的贫穷后果。

63. 相关性分别为 0.60 和 0.33。我也控制了居住稳定性、种族/族裔层面的种族构成以及先前的贫穷水平。集体感知的失序在黑人和拉美裔聚集区（分别是 0.35 和 0.26；$p < 0.01$）比在白人聚集区（0, 10, 不显著）与后来的贫穷有更显著并更独立的关系。

64. 例如, 在相对变化的片区层面, 与观察到的失序情况（$B = 0.09$, $t = 1.00$）相比, 1995 年感知到的失序标准化系数为 -0.49（$t = -4.70$, $p < 0.01$）。在社区层面, 预测指标间则有着更多的相关, 因此随着统计功效的降低, 评估的准确性也降低。然而, 结果的主要模式相似, 对失序的共同感知是某个地区人口减少的一个显著预测指标。感知失序系数为 -0.35（$p < 0.05$）。

65. 一项最近展开的针对家庭迁徙和种族转型的调研支持了本章的整体假设。采用一个全国性的家庭研究, Hipp（2010）表明在邻里感知到更多犯罪行为或是那些居住在更经常感受到犯罪行为的街区的白人, 更有可能迁出这样的邻里。此外, 白人不太可能迁入一个位于察觉到的犯罪率高的地区的住宅单元, 而非裔美籍和拉美裔家庭则更有可能迁入这样的地区。

第 7 章

1. 见 Bursik 和 Grasmick, 1993, 第 30 页。

2. 见 Reiss, 1986。

3. 见 Bursik, 1988。

4. 见 Warner 和 Rountree，1997；Sampson 和 Groves，1989。

5. 见 Wilson，1996。

6. 见 Stack，974。

7. 见 Pattillo，1998。另见 Pattillo - McCoy，1999。

8. 见 Venkatsh，1997。另见 St. Jean，2007。

9. 见 Browning、Feinberg 和 Dietz，2004。

10. William F. Whyte 的《街角社会》（*Street Corner Society*）（1943）有一个著名论断，康纳维尔（Cornerville）的问题并非混乱，而在于其组织形式与中产阶级社会的主导规范冲突。最近我看到的一篇关于差别社会组织、社区和犯罪的文章和我的方式广泛兼容，见 Matsueda，2006。

11. 见 Granovetter，1973。

12. 见 Bellair，1997。健康的证据，见 Kawachi 和 Berkman，2003。

13. 见 Sampson、Raudenbush 和 Earls，1997。自我效应理论，见 Bandura，1997。

14. 在公平中，要注意社会失序理论不等于"混沌"或者缺乏排列方式，而是意味着社会管控和居民的目标、需求和资源多变地排列。因此，错误的排列就造成了失序。社会失序理论的鲜明论辩，见 Kornhauser，1978。

15. 见 Portes 和 Sensenbrenner，1993，第1323页。

16. 见 Hardin，2002。

17. 政治学家 David Laitin 向我指出了集体效能和"常识"概念的联系。这一概念通常可以被追溯到哲学家 David Hume；常识的观点在于协调活动的基础条件是人类知道可以彼此之间期待什么行为。没有这些共识，或者我所说的共同期望，就不存在共同利益的约定。理解导致常识的条件至关重要。关键区别在于所有人都需要获得的共同信息量。

18. 见 Kobrin，1951。Bob Bursik 引起了我对这一点的关注；见 Bursik，2009。

19. 见 Pattillo - McCoy，1999；Anderson，1990；St. Jean，2007。

20. 见 Williams 和 Collins，1995。

21. 见 Raudenbush 和 Sampson，1999。

22. 因此区分我们对集体效能的概念和个人效应如何依赖于他人的集体信念。另见 Bandura，1997。

23. 邻里可靠性的定义可以归纳为：$\Sigma\left[\tau_{00}/\left(\tau_{00}+\sigma^2/nj\right)\right]/J$，它测量了

估计的精确度，并在不同邻里中取均值。它是①在每个 J 邻里集群中的样本规模（n）；和②邻里间方差的和相对于总方差（σ^2）的比例。

24. 见 Sampson、Raudenbush 和 Earls，1997，第 933 页。利用邻里集群进行分析，之后又在人口普查区和正式划分的社区中重复操作。

25. 见 Morenoff、Sampson 和 Raudenbush，2001。

26. 见 Browning、Feinberg 和 Dietz，2004。为了判断邻里结构是否能提供集体需求，我认为集体效能理论必须对社会公共利益采取非排外条件，即一个社区成员对公共利益的消耗是否削弱了对社区整体可用的总量。免于被犯罪侵害的安全是公共利益的核心，对社区所有居民尤其是儿童的利益产生了积极外部性。优秀的学校和清新的空气也同样如此。与此相反，我们不会把种族防御型邻里的种族排斥视为公共利益，一个例子就是 20 世纪 60 到 70 年代美国某些城市中白人组成邻里协会，致力于将黑人排除在白人阶层区域之外。

27. 见 Small，2009。

28. 见 Morenoff、Sampson 和 Raudenbush，2001。

29. 见 Pratt 和 Cullen，2005。

30. 另见 Sampson、Morenoff 和 Gannon - Rowley 的回顾，2002；Kubrin 和 Weitzer，2003；Leventhal 和 Brooks - Gunn，2000。

31. 见 Sampson、Morenoff 和 Raufenbush，2005。

32. 见 Bernasco 和 Block，2009。

33. 见 Wikström 等人，2010。

34. 见 Browning、Leventhal 和 Brooks - Gunn，2005，2004。集体效能似乎显著延迟了初次交际的时间，但这仅仅针对父母监督较松的年轻人，表明个人环境的互动。

35. 见 Maimon 和 Browning，2010。

36. 见 Browning，2002。

37. 见 Cagney 和 Browning，2004；Morenoff，2003；Wen、Browning 和 Cagney，2003 以及 Browning 和 Cagney，2002；Browning 等，2006。

38. 见 Sampson 和 Wikström，2008。

39. 见 Przeworski 和 Tuene，1970。

40. 见 Sampson 和 Wikström，2008，图 5 - 3。

41. 见 Sampson 和 Wikström，2008，表 5 - 6。

42. 图 7-2 中带有结构预测因子的多变量模型是实时控制的，芝加哥和斯德哥尔摩的集体效能的 t 值分别为 -4.55 和 -3.09（$p < 0.01$）。在两个城市中，伴随着少数族裔群体隔离（$p < 0.10$），它们的劣势都十分明显（$p < 0.01$）。我也对调查报告中两个城市控制个体被试者的九大特征的受害经历进行了多层次分析。在具有邻里稳定性、弱势和集体效能低的邻里中暴力受害经历的比率偏高，与每个城市地理编码的警方记录的独立暴力测量相符（两个城市都有各自的错误数据来源）。

43. 见 Mazerolle、Wickes 和 McBroom，2010。

44. 见 Zhang、Messner 和 Liu，2007。

45. 见 Karno 等人，2008。

46. 见 Odgers 等人，2009。

47. 见 Skrabski、Kopp 和 Kawachi，2004。

48. 见 Villarreal 和 Silva，2006。

49. 见 Cerda 和 Morenoff，2009。

50. http://www.nationalchildrensstudy.gov/Pages/default.aspx.

51. 见 Cohen 等，2006。

52. 见 Way、Finch 和 Cohen，2006。

53. 邻里可靠性是样本规模的功能，邻里间方差占总方差的比例与邻里内部的比例相关。考虑到样本规模明显偏小，2002 年的调查显示整体可靠性较低。例如，在邻里集群层面，相较于 1995 年的 0.80，2002 年的信度仅为 0.54。对应正式划分的社区级别，1995 年的信度为 0.92，2002 年为 0.76。

54. 由于上述原因，相关系数更低但是在聚合度低的层面仍然明显：邻里集群为 0.59，人口普查区为 0.43（$p < 0.01$）。

55. 另见 Molotch、Freudenburg 和 Paulsen，2000；Suttles，1984。前面章节更清楚地讨论过失序的主题。

56. 信任和多样性分析，见 Sampson 和 Graif，2009a。

57. 感谢 Loyola 的 Richard Block 提供的数据。我将人口普查区作为主要变化操作单位，以得到统计力和减少预测因子之间的协变异。在检验时，我重复了对正式划分的社区和街区群的关键分析。在此，我没有给出结果，而是关注以人口普查区为中心的主导模式。因为凶杀比较少见，所以我以连续五年为单位，1995 年到 1999 年是第一轮调查的结果，2002 年到 2006 年是第二轮调查的结果。

58. 对法律/道德犬儒主义的描述，见 Sampson 等人，2005。

59. 滞后因变量引发了批评，有人认为它们控制了潜在的因果途径（causal pathway），因而导致了自身偏差。反论点则认为它们考虑到了未明确测量的犯罪潜因。我在第一组中使用了 1993 年滞后凶杀的"预处理"协变量，在第二组滞后控制中使用了 2000 年的犯罪数据。

60. 我 HLM 6.0 建立了一个阶层线性模型。在时间层面，我估计犯罪 $= \beta_{oj} + \beta_{1j}CE_{ij} + \Sigma_{(controls)} \beta_q X_{qij} + e_{ij}$，其中 β_{oj} 是距；CE_{ij} 是在邻里 j 中与时间 i 相关的集体效能的值；β_1 是其对犯罪的部分效应。$\beta_q X_{qij}$ 系数反映了时间和其他测量随时间变化的邻里特征的预测因子。误差项 e_{ij} 是时间所起的独特作用，假定与恒方差 σ^2 独立且呈正态分布。在邻里间层面，两个目标参数为 $\beta_{oj} = \theta_{00} + U_{0j}$ 和 $B_{1j} = \theta_{01}$。其中 θ_{01} 反映在邻里 j 中集体效能的平均效应。U_{0j} 代表邻里层面的误差项，假定与方差 τ 正态分布。集体效能的方差参数并不显著。

61. 见 Kirk 和 Papachristos，2011。虽然他们用了法律犬儒主义的改良范围，包括警方不满的指标，该模式还是很清晰。集体效能低和法律犬儒主义高的社区持续表现出暴力倾向。

62. 回归系数 $= -0.25$，$t = -3.12$。以滞后的入室盗窃率为预测因子，对应的入室盗窃系数为 -0.27（$t = -3.15$）。由于普查区级的数据提供了更多案例，在预测因子中产生的重叠更少；和另一个试验类似，我输入了黑人百分比作为集中劣势范围的独立预测因子。在所有模型中，劣势仍然是强预测因子，黑人比重仍然占绝对多数。集体效能的估测效果并没有受到实质影响，根据种族调整后的凶杀、抢劫、入室盗窃的 t 值分别为 -3.25、-3.52 和 -3.18（$p < 0.01$）。

63. 我评估了由年份为第一层面、邻里为第二层面的阶层模型。基于描述趋势，我在第一层面考察了时间的二次函数（时间和时间的平方，以捕捉下降走势，继而水平降低），并在第二层面预测了犯罪下降线性部分的斜率。换言之，我考察了集体效能的变化如何与犯罪减缓的斜率相关，及变化的主要部分。这一模型控制了单位之间的时间稳定差（与未发现的差相异）并与集体效能变化相关的考察犯罪轨迹。

64. Hipp（2009）认为这应用更多的是控制期许而非凝聚性。我同意，但是要注意在我们的共识中"凝聚性"主要是指信任和感知的帮助行为，而不是联结的密度。后者是独立测量的。正如 Hardin（2002）的观点，信任是由共同期望构成的，因此在理论层面上这些概念是密切相关的。

第 8 章

1. 2007 年 4 月 6 日《芝加哥论坛报》刊登了题为《墨西哥人在芝加哥：新型政治》的文章。这些权力掮客是芝加哥地区的"移民俱乐部"成员，是"标榜伊利诺伊州到'密歇根墨西哥'（Michoacan）新政治运动背后的推动力"。

2. Obama 曾指导发展社区计划（Obama，1988，153）

3. Tocqueville，2000.

4. Putnam，2000.

5. 该研究的最初阐述，见 Sampson 等人，2005。

6. 本观点的更多信息，见 McAdam 等人，2005。

7. 此处有重要文献，经典出处可参考 McAdam 1999［1982］。

8. Wuthnow，1998，112；Wilson，1987.

9. 这一观点回溯到将城市自发协会和个人关系网作为集体能力来源（Komarovsky，1946）的文献经典主题。见 Fischer（1982）的回顾和更近的发现，他不支持人际关系网的变格叙述。

10. McAdam，2003，289；Henig，1982.

11. Putnam，2000，153.

12. Oliver，2001，202.

13. Alinsky，1946.

14. Marwell（2004，2007）认为非盈利社区组织能够影响其客户的利益和投票能力。虽然 Marwell 关注个人投票，这一原则上的网络进程能够产生集体公民投入的多重"客观存在性"。最近研究的一个细微但重要的主体表明非营利组织促进集体行动工作和非预期的个人利益，进而肯定了这一理论（Small，2002，2009；Warren，2004）。

15. Earl et al.，2004.

16. 自助型聚会，不像社区节日或教堂里的煎饼早餐会，它专注于个体行为，而常常不对公众展示、消费。需要注意的是，虽然定期的会议（例如，每周的教会服务）被排除在外，但是一些广泛的非常规事件，如为艾滋病患者的教堂募捐活动、公众要求的"父母与教师联合会纠错主题会议"、学校的五十年纪念活动以及一些特殊事件像"父母与教师联合会父亲之夜"等经常出现在有规律的会议背景下的活动事件，都被囊括在调查事件的范围内。

17. 一旦事件的认证工作完成，这些文章就会被检查，并被排除在同一事件的重复统计之外。另外，这些文章都被扫描过，用于确定在同一篇文章中是否有多起报道事件。基于发生事件的独立性年份数据而成立的编码模式，我们系统地把每一篇文章里的事件进行了编码。评判信度建立在数据收集程序的两个阶段基础上：事件的认证和编码。纵观不同调查人及调查地点，评判信度平均值为 90% 或更多。

18. 抗议和公民的事件之间的区别，在于他们在形式和要求上的差别。不同于抗议，公民事件通常不希望促成（或阻止）政策的改变，也不会表达特定的不满。虽然他们也是集体性质的，但是公民事件采取与集会或抗议不同的形式，比如社区庆祝（例如，节日、社区早餐），采购资源（例如，清仓销售、募捐），并实现集体目标（例如，清洁卫生，维护卫生）。

19. 更详细的评估，见 Sampson et al.，2005，687 - 87；703 - 7。

20. 时间趋势和模式的图表，见 Sampson et al.，2005，688 - 91。

21. Taub，Taylor，and Dunham，1987，184 - 85；Trice，2008.

22. 在整个 77 个社区中，总的公民成员关系与一个居住邻里社区里的公民成员关系高度关联（$r = 0.83$，$p < 0.01$），这说明两种测试都设定了公民成员的同一个倾向性。彼此也产生了类似的结果。

23. 朋友/亲属关系是基于受访者所住的邻里社区的朋友、亲戚的平均数来衡量的。互动问答基于下列五项问题范围：① "在您的邻居中，您（或者人们）与邻居相互帮助吗，频率如何？这里的帮助是指，诸如彼此看护孩子、帮助购物、出借花园或家里的工具，还有其他补充的善事吗？"；② "在这个邻里社区里，您和您的邻居的家庭互访或街上互访，频率如何？"；③ "在这个邻里社区里，您和您的邻居间的聚会或其他邻居们被一起邀请参加活动吗，频率如何？"；④ "当一个邻居不在家时，在您的邻里社区里，您和邻居间看护他们财产的机会多吗？"⑤ "在您的邻里社区里，您和您的邻居间彼此询问个人的私事儿，如养育子女、职位空缺等的机会多吗？"这些问题挖掘着被认为有潜在活动能力的传统上的各种人脉网络和人际交往。

24. 我们涵盖了预测调查（1995）社区水平社会经济地位、种族构成（非西班牙裔黑人的百分比）和社区暴力受害的总体水平等方法作为控制变量。当模拟这 2000 件事件时，人口密度（每公里人数）及基于 2000 年人口普查的人口规模也被考虑了。关于集体行动事件的建模策略，请参阅 Sampson et al.，

2005。对于许多可用的技术规范及灵敏度分析来说，这些结果是健全丰富的。

25. 采用滞后的结果是一个很严格的测试，因为滞后的组织测试并不可用，并可能是 1990 年的集体行动率的变化的原因。为控制滞后的集体行动的后续组织服务，在统计上重要性的欠缺，因而并不一定意味着先前因果特性的缺乏。

26. 相较于 87% 事件本身发生的位置率，我们能够根据当地报纸描述的事件对大约一半的发起组织做出识别及地理编码工作。我们没有找到任何信息，与事件发起人的地址信息或多或少呈随机跨区域分布的假设相左。

27. Taub, Taylor, and Dunham, 1987, 184.

28. 这项工作是与 Dong McAdam 合作完成的（见 McAdam, Snelleman, and Sampson 2010）。电话缩微胶片单子列出了宗教机构的名称，还有电话号码及地址。我们步行在这些街道地址，去获取雅虎维护的地理编码数据库，并且得到一个九位数的邮政编码。这些与数据库不匹配的地址，其中的拼写错误被手动修改。采用谷歌地图，类型及缩写也得以纠正。结果共有 11057 家有效的教堂地址，他们与普查小区与最终的芝加哥社区相匹配。非常感谢在斯坦福大学做研究助理的 Kaisa Snellman 女士，为收集全国慈善统计中心（NCCS）及教堂数据所做出的贡献。

29. 这些指标建立在 5 个与集中高度关联的赫芬达尔指数的首要主分析成分的基础上（见 Blau, 1977），其中，差异性 $= 1 - \Sigma \pi_r^2$；π_r 是一个特有族群人口比例（例如，种族/族群）。这种构成测试方法设定了 25 个语言群组的数量和幅度，出生在一百个国家的第一代移民的，五个种族/族群群组，都具有西班牙裔、亚洲裔的族群多样性。这个夏季测量的一个高分度，反映了社区的多元化和多样化。

30. 在事件的所有的发起者与发生地的比率中，我们发现只有少于 60% 的方差。对于非营利组织/每十万率作用于集体行动趋向的直接估计效应，其应标准化系数是 0.39（t 比率 $= 3.93$，$p < 0.01$）。只有居住稳定性拥有更加强烈的、也许惊人的负面效应。稳定的社区似乎显露了高度非官方且是非组织的效能，这再一次说明了新出现的集体行动形式并不符合传统类型。

31. 如图 8 – 4 所示，非营利组织密度与集体效能是负相关的，但是与零值相比，它们之间的影响并不明显，因为其相关指向性并没有什么意义。

32. McAdam 1999 [1982]；Cohen and Dawson, 1993.

33. Grossman, Keating, and Reiff, 2004, 134.

34. 更多采样、编码和长期趋势的细节，见 Sampson et al. ，2005。特别感谢 Heather MacIndoe 和 Simón Weffer Elizondo 为芝加哥集体性公民参与研究培训编码员和管理数据库付出的努力。

35. 因为事件计数的工作是有高度偏颇性的，为数不多的社区如卢普区控制着总体的统计，同时有很多区域记录里没有大事件，所以我们对于与每十年及其总体的累积值相一致的级数，计算出了它们的斯皮尔曼等级相关系数。30 年来，累积相关系数（rho）是 0.40 的水平上（$p < 0.01$），这说明每一组数据都是显著相关的。

36. Sampson et al. ，2005，706. 事件频发的例子包括马丁·路德·金纪念日庆祝活动、PUSH 机操作事件、联合国儿童基金会的募捐活动、抗议"采购联盟"的合同、芝加哥领事馆舞会、海德公园七月四日野餐、郎代尔艺术博览会。

37. Obama，1988，4.

38. McRoberts，2003.

39. 这种类型广泛分布于所有的种族划分中。在黑人社区里，非营利组织和教堂的密度系数分别是 0.30（$p < 0.05$）和 0.00。在非黑人社区里，相对应的系数分别是 0.22 和 0.00。即便是通过种族分类方法，教堂的作用为零。

40. 关于黑人公民社会及黑人教堂的作用，详见 McAdam，Snellman，and Sampson，2010。

41. 《芝加哥论坛报》（*Chicago Tribune*），2009 年 4 月 9 日。

42. 我长大的纽约州尤蒂卡市人口少了近一半，市中心的街区蔓延着大片废弃的建筑，与之前相比已经成了一个空壳。但是像无数其他小工业城市一样（许多都有大量少数族以和贫困人口），它并没有获得社会科学或者政治精英的关注。

43. Putnam，Feldstein，and Cohen，2003.

44. Skogan and Hartnett，1997.

45. 我们或许因此称邻里贫困和组织参与具有条件关系。又见 Swaroop and Morenoff，2006；Small，2004。

46. Fung，2004.

第 9 章

1. Abraham，2009。该案例在美国甚至国际上赢得了广泛关注。

2. 派遣员："他们是白人、黑人还是西班牙裔？"Lucia Whalen："呃，这个……他们是两个身材高大的男人。一个看上去像西班牙裔，但是我真的不确定。另一个人进屋了，我完全没看到他的样子。我只是从远处看见（他们），而这位年长的女人很担心，以为有人闯入了谁家。他们正闯进去，说实话，我发现的时候她正好打断了我，否则我或许根本就不会注意到。所以只是因为她是个为他人着想的邻居，我才打了电话。"

3. "我慎重考虑过了，是的，我会报警——我一定会再次报警，"她说，"如果你是个关心别人的公民，你就应该做正确的事。"Boston. com，2009 年 7 月 29 日，网址：http：//www. boston. com/news/local/breaking＿news/2009/07/911＿caller＿in＿g. html。

4. 不过我没有对 Gates 被捕一事的合法性进行后续的讨论，因为这虽然很重要，却并非我论证的重点。

5. Sugrue，1996.

6. Suttles，1972.

7. Wilson and Taub，2006.

8. 确定一桩犯罪是否由仇恨引起，虽然和确定任何行为的动机一样，却是问题重重。借助警方反而使事情更加扑朔迷离。邻里和县级社会组织与官方报告的仇恨犯罪的关联（Lyons，2007；McVeigh，Welch，and Bjarnason，2003），这一发现表明从社会性反应中分离冒犯行为的变化有很大的难度。

9. Rawls［1971］1999，461；1993，37. 我们可以在 Rawls 的列表上加上安全性和保障性。大量文献都得出了同一个结论：在不同的群组中存在犯罪严肃性排名和渴望安全的大量共识（Kornhauser，1978）。

10. 对社群主义的批评，见 Taylor，1989；Selznick，1992；Sandel，2009。尽管充满了深刻的同情，但或许最犀利的批评还是在 Amartya Sen 的《正义理念》（*The Idea of Justice*）（2009）一书中。Sen 驳斥 Rawls 的观点，力主建立一个比较的全面框架，在理想化的（或者 Sen 称为"超验的"）体制原则之外强调已经实现的成果。不过，在我看来，Sen 的批评并没有削弱我推断出的利他主义的基本论点，对 Rawls 核心思想的影响就更小了。

11. Rawls［1971］1999，458，463.

12. Gillman（1996）认为宪法传统一直在寻求平衡个人权利和发展社区健康和安全的需要，警方力量的概念意味着个人权利和社会秩序之间的调整。

13. 对原位的简略解读，见 Rawls，1993，23 – 28。

14. 虽然是另辟蹊径，也肯定利他主义和谨慎是基础概念的哲学分析，见 Nagel，1970。

15. Levitt 和 Dubner（2009）批评行为性经济实验的人为设定，并主张人类的自私或利他可以被操纵。我虽部分同意，但是会修改他们的主张。人类对社会情境做出反应，正如本章中提到的，目标在于找到自然发生的实例：利他主义的行为方面可以在与理论相关途径中变化的各种社会设定中被系统地观测（并且理想地操纵）。

16. 一个普遍的实验游戏给玩家 A 和玩家 B 一些钱：A 可以给 B 任意金额，如果 B 接受了，两个人都要保留各自的财富。如果 B 拒绝，双方都拿不到任何一分钱。理性的选择理论预测：因为任意金额都能让双方获利，没有任何"给钱"的举动会遭到拒绝，而 A 第一笔钱应该给的金额较小。但是实际上如果 B 觉得不公平，就会拒绝 A 的赠予，而 A 赠予的频率应该比自私模型预测得更高。回顾最近的社会规范的评论，见 Stout，2006；回顾更普遍的理论，见 Thaler 和 Sunstein，2008。也有证据表明，一个城市的帮助陌生人比率体现了一个地方具有跨文化意义的特征（Levine、Norenzayan 和 Philbrick，2001）。

17. Stout，2006，14. 关于政治理论，见 Mansbridge 的讨论（1990）。

18. 程序性正义的主要陈述见 Tyler，1990。Rawls 和 Tyler 的合法性原则之间的联系值得进一步推敲。把"社会身份"引入主流经济学理论的创新研究，见 Akerlof and Kranton，2010。

19. 这是社会控制理论背后的核心理念（Sampson and Laub，1993）。

20. 利他主义群组基础选择的进化论，见 Sober and Wilson，1998；Wilson，2002。文化选择和利他主义多样性，见 Jencks，1990。

21. Rawls，1993，16.

22. Sampson and Bartusch，1998.

23. 有人提出向联合劝募会（United Way）进行捐赠（Chamlin and Cochran，1997），但是激起了社会围绕慈善机构和美国政府角色的强烈反对，这一机构尤其遭受了尖锐的批判。"给予"的经济能力也令人反感。Healy（2004）提供了一个对器官捐献的组织影响的创新的分析。

24. Milgram，Mann，and Hartner，1965，438.

25. 技术上，我用了多变量统计应答模型。信件丢失条件的更多细节和分析，又见 Morenoff 和 House，日期不详。

26. 总体上，忽略集合单位，结果类似。

27. Iwashyna, Christakis, and Becker, 1999. 感谢 Nicholas Christakis 在数据获取和解读上对我的帮助。

28. Patterson, 2004.

29. 我用这一事实和分析建立另一个心肺复苏术指标，通过明确目击过程作为重要变量，因为目击的事件比例根据不同的社区有所差异。我特别地借助目击事实对心脏骤停层面的心肺复苏术进行预测，在划分完发病者的年龄、种族、性别和住宅地点的影响之后，根据正式划分的社区统计得出调整的心肺复苏术施救率。这一技术分析超出了本章的范畴，但是结果却十分相近，并给我增添了信心。

30. 1990 年和 2000 年的劣势和多样性的定义见前面的章节。

31. 我特别创建了一个"实证贝叶斯残数标度"在事件发生时同时根据多级模式调整心脏骤停和邻里预测因子。

32. 在这一模型下，组织系数的 t 比率为 4.64（$p < 0.01$）。

33. 特别是，我评估了位于邻里集群和正式划分的社区内部的 3303 封信件的多变量多层次分析，但是主要结果集中在后者。最后，作为结果，我评估了信件返还率的对数概率。形式上，基线模型可以写成如下形式：

信件模型：Prob（返还 = 1 | B）= P log［P/（1 − P）］= B_0 + B_1 *（炭疽热后）+ B_2 *（九月或十月）+ B_3 *（十一月）+ B_4 *（十二月）+ B_5 *（一月）+ B_6 *（二月或三月）+ B_7 *（下午）+ B_8 *（刮风）+ B_9 *（下雨）+ B_{10} *（地址类别）+ B_{11} *（目击）+ B_{12} *（工作日）+ B_{13} *（怀疑的）+ B_{14} *（街上的人）+ B_{15} *（居民区）+ B_{16} *（停车场）+ B_{17} *（滨水）+ B_{18} *（私人高层）+ B_{19} *（公共高层）+ B_{20} *（公共独户）+ B_{21} *（私人独户）

二级模型：B_0 = G_{00} + G_{01} *（2000 年的规模）+ G_{02} *（2000 年的密度）+ G_{03} *（2000 年的弱势程度）+ G_{04} *（2000 年的稳定性）+ G_{05} *（2000 年的多样性）+ U_0。

34. 集中劣势的标准化参数为 − 0.71（$p < 0.01$），控制所有信件丢失条件及其他邻里特征。组织密度和人口规模也是重要的预测因子（B = 0.34 和 0.26），但是种族/族裔多样性、居住稳定性和人口密度并不十分显著。为了解释弱势研究结果，有人提示我贫困的邻里或许邮箱更少。我无从得知这是否属

实，但是无论如何，研究设计是与此相悖的。信件随机分配到各个邻里，因而大部分的信并没有丢在邮箱附近。人们需要捡起信件并去其他地方将其寄出。我后面会论证许多对土地使用和住宅类型的控制根据正式划分的社区中"邮箱周边"做调整。

35. 读者不会惊讶，黑人和西班牙裔明显比白人更容易意识到法律规范，但更不容易受其约束，在法律犬儒主义的意义上，社会经济地位低的调查对象是社会经济地位高的对象的两倍。这一模式出现在 1995 年和 2002 年的调查中。不过一旦考虑邻里弱势，黑人对法律规范和警察行为的看法与白人相似（又见 Sampson 和 Bartusch，1998）。黑人更加自私自利，因为他们更多地生活在集中劣势的环境中。与此同时，即使考虑邻里层面的因素，少数族裔群体比白人对越轨和斗殴的耐受力更低。本章的分析在控制对越轨耐受性的邻里差异之后重新核查过，结果并没有影响。

36. Kaiser - Meyer - Olkin 样本实用性测量法反映了极可能被潜在因素影响的观测变量的差额比例。在当前的例子中为 50%，考虑其历时之久，这一数值相当高，并又一次支持了潜在的利他主义特征的理论依据假设。

37. 在这一分析中，首要组成部分在 2002 年的信件返还率和 1995 ~ 2002 年的集体效能中占普遍差额的 68%。鉴于时间跨度很大，或许可以预期自 1988 年调整的心肺复苏术施救率与后续的集体效能调查测量并不强烈相关。

38. 2002 ~ 2006 年的凶杀犯罪率以每十万居民的比率对数测量。我也考察了入室盗窃和抢劫率。这三项被广泛认为是所有犯罪中三大最有效和可靠的测量数据。

39. 该联系的更多内容，见 Browning，Leventhal，and Brooks - Gunn，2004，2005。此外，考虑到时间跨度和其中具体行为的各不相同，利他范畴和青少年生育率之间不相关，我认为这一假设是合理的。一旦人口和经济组成收到控制，对犯罪不相关错误项的假设也是合理的。

40. Sampson and Bartusch，1998.

41. 因为事件总数相对较少，我主张图 9 - 2 中的理论节俭，控制仅限于主要假设的邻里组成的干扰变量。也就是说，我进行了一些额外测试，以验证主要结果模式的可靠性。例如，我控制了集中贫困和黑人比率形式的可变人口标记，和居住稳定性和组织密度等系统性因素。我也考察了社会进程变量，例如上文提到的朋友/亲人关系、交流网络和组织密度，是利他主义的关键预测因子。尽管存在一些根据模型规范产生的波动，基本模型仍保持不变。结果与2002～2006 年的入室盗窃率和抢劫率也极为相似，这表明犯罪模型尤其可靠。

42. 在凶杀方面，丢失信件/集体效能和心肺复苏术的标准化参数分别为 -0.39（t 比率 $= -3.80$；$p < 0.01$）和 -0.11（t 比率 $= -1.93$；$p < 0.10$）。类比青少年生育率为 -0.23（t 比率 $= -2.50$）和 -0.20（t 比率 $= -3.78$），二者的 p 值均小于 0.05。相比于凶杀率，心肺复苏术利他主义的独立指标因而对青少年生育率的预测性相对更高。

43. 这一模式广泛地支持了 Patterson 的观点（2004，2009）。同样值得注意的是，我发现没有证据表明集中效应（或曰信任、凝聚性）与自私标准（即所谓的消极社会资本）或者反利他主义行为相关。

第 10 章

1. Tobler，1970：236.

2. 有关"第一定律"的辩论，参见 Goodchild（2004），与 Tobler（2004）的回复。

3. 对于空间互动生态可能的经典陈述，有一句话至今依然盛行，参见 Festinger、Schachter 和 Black（1950）。更近的年代，参见 Blau（1977）。

4. 我要感谢 Jeff Morenoff 和 Corina Graif 在早期论文中针对空间分析的协同工作。本章并未探讨更多统计建模细节。关于方法论的细节，参见 Morenoff 等（2001）以及 Graif 和 Sampson（2009）。对于空间模型的讨论，另请参阅 Messner 等（1999）；Tita 和 Cohen（2004）。

5. 有关空间统计的入门，参见 Anselin（1988）。Moran 的 I 是 y 的非标准回归系数，y 则预测 Wy。它如同一个相关性，上限为 1；因此，*Moran I* 越大，空间正相关越高。空间相关性的"假"－显著性检验（Significance Test）的计算方法：将观察到的相关性与随机置换相关性的分布进行比较。结果与基于最近的四个邻里的加权值相似。

6. 这里要注明的是数据对于非营利组织密度的测量十分准确，且该密度显示非营利组织与其空间邻居的相互依存性并不高；但这个模式表明，空间相互依存仅为保守估计。在第 14 章将会证明，组织机制是由一种超越其最近邻居的较高阶结构组成。

7. Morenoff、Sampson 和 Raudenbush（2001）。另请参阅 Sampson、Morenoff

和 Earls（1999），一项与儿童有关的集体效能与"社会资本"（social capital）层面的空间分析。

8. 因此在前面的章节中，当实质性的结果稳健到足以引入空间误差时，我选择呈现简单而非更复杂的结果。本章主要集中在直接空间分析的"附加值"以及空间优势概念。前者中，我特别着重空间滞后和空间异质性的角色，这正是我现在要着手的工作。

9. 在技术方面，我们可以定义 yi 为邻里（N）i 的杀人率，w_{ij} 为第 i 行 j 列的空间权重矩阵元素，表示 Ni 到 Nj 的地理接近性（Anselin 1988，11）。对于给定的观察 i，空间滞后 $\Sigma_i w_{ij} y_j$ 是邻近位置中的加权平均杀人率。这可以用不同的方式来定义，但在本数据中，模型的稳健性足以替代空间权重。在大多数情况下，芝加哥邻里人类发展项目工作已经采用所谓的一阶邻接，将邻居定义为有共同边界的 Ns［称为车标准（rook criterion）］。因此，$w_{ij} = 1$ 表示 i 和 j 相邻，$w_{ij} = 0$ 则不相邻。套用于焦点邻里最近的 4 个或 6 个邻里中也获得类似结果，如 Moran I 散点图。为了正式测试空间依存在多变量模型中的独立作用，空间滞后被当作解释变量。空间滞后回归模型如下：$y = \rho WY + X\beta + \varepsilon$，其中 y 是因变量的 N 乘 1 观测矢量；Wy 是由空间滞后因变量 $\Sigma_i w_{ij} y_j$ 元素组成的 N 乘 1 矢量；ρ 是空间自回归系数；X 是外生解释变量的 N 乘 K 矩阵，具有回归系数 β 的相联 K 乘 1 矢量；而 ε 是正态分布随机误差项的 N 乘 1 矢量，具有零均值和常方差。

10. 从技术上讲，扩散意味着随时间推移所发生的过程，而我们已经研究过的空间自相关则是原始杀人率在空间上跨社区相互关联并确定的。关于最大似然估计的进一步细节可参阅已发表的著作（Morenoff，Sampson，and Raudenbus，2001）。

11. 虽然空间误差无法从空间滞后中明确区分开来，但有经验测试可以探索哪种过程与数据更符合。我进行了这些测试，并只估计了更拟合数据的空间滞后模型。针对这一模型，有较强的理论动机断定空间扩散或似接触般的效果。然而，无法改变的事实是，空间滞后模型背后的假设不可能从数据中证明。

12. Morenoff and Sampson，1997.

13. Sampson，Morenoff，and Earls，1999.

14. Morenoff，Sampson，and Raudenbush，2001.

15. Sampson and Wilson，1995.

16. 非裔美国人被谋杀的可能性约为白人的 6 倍（Foxand and Zawitz，

2003），而谋杀仍然是年轻非裔美国人死亡的主要原因（Anderson，2002）。这本身就使暴力成为（黑人的）城市生存能力和追求种族平等的可能主要挑战。警察记录和自我报告式调查都继续显示黑人高比例的涉入严重暴力行为；近1/3的黑人男性一生中会进入一次监狱，相较之下，白人男性则不到5%。即使犯罪持续减少，但是非裔美国人的监禁风险与劳动力的后继乏力都在增加（Western 2006），进而加深黑人的劣势和其犯罪参与。

17. 这一结论在1995年到2005年既有文献的两次验证中都获得证实（Peterson and Krivo，2005；Pratt and Cullen，2005）。在 Pratt 和 Cullen 的元分析（meta – analysis）中，集中邻里劣势是整个研究中最大和最稳定的暴力预测因子。Peterson 和 Krivo 在黑人和白人两边，都发现了基本关系模式中的显著相似性。虽有例外，但总的趋势是基本模式中的相似大于相异。

18. Shaw 和 McKay（[1942] 1969）逾半世纪以前在芝加哥的观察值得重申："关于黑人男孩犯罪率的重要事实是，他们也按区域类型而各不相同。黑人男孩整体的犯罪率比白人男孩的高，但不能说在同类地区黑人男孩的犯罪率比白人男孩的高，因为不可能在白人社区复制黑人儿童的生活环境。即使有可能在白人社区举出相同的低经济状况和机构缺陷，但依然不可能复制隔离效应和向上流动的障碍。"（第614页）。

19. Pattillo – McCoy，1999.

20. Sampson、Morenoff 和 Earls（1999）建立假想模拟，将白人邻里中的 Wy 平均水平分配给黑人社区，从而均衡两个群体间的空间不平等。结果表明，在其他条件均等的情况下，给黑人邻里和白人邻里一样的平均空间接近性得分。这样在以儿童为中心的社会控制中，可减少38%的种族差距及64%的成人与儿童交流差距。利用集中劣势而非空间接近性来进行相同的操作，结果儿童控制中的种族差距减少了56%，但成人与儿童交流的种族差距没有变化。这些模拟提供进一步的证据表明，在产生集体效能不平等方面，黑人和白人邻里的不同空间环境所发挥的作用与其内部结构特征的作用相比起码也是旗鼓相当。

21. Saenz，2004.

22. Martinez，2002；McNulty and Bellair，2003a，2003b.

23. Sampson，Morenoff, and Raudenbush，2005.

24. 一个生活在没有移民的高风险邻里的普通男性，其参与暴力事件的概率估计比在高风险的移民邻里高出近25%，这个模式再次证明外来移民集中产生的是保护而非犯罪影响。这一发现与其他研究大体一致（Martinez，2002）。

25. Sampson，2006，2008c.

26. Sutherland，1947.

27. 我们首先在 25 个不同的外语人口普查区域（Census Tract）构建一个赫芬达尔（Herfindahl）集中度指数，以捕捉广泛移民的相关多样性。第二项外国出生者的百分比测量产生了尽管较弱但大体相似的模式。有关详细信息，参见 Graif 和 Sampson，图 10 - 3 即据此调整。

28. 有趣的是，集体效能的估计效应仍然显著，但没有空间上的变化；这展示了一个不同于移民扩散的空间不变过程。

29. Anderson，1999.

30. Huntington，2004.

31. Nisbett and Cohen，1996.

32. 更多关于我的移民渗透论文，参见 Sampson，2008c。

第 11 章

1. Briggs，Popkin，and Goering，2010.

2. 参见 "American Murder Mystery"（Rosin 2008）。

3. Kling、Liebman 和 Katz 2007，109。另请参阅 Oakes 2004。鉴于逾一世纪的邻里生态研究形成了基线，这是对一项研究的高度赞扬。

4. NBER，2006.

5. Clampet - Lundquist and Massey 2008. 无论对照组或实验组，目的地邻里仍处于隔离状态（平均 >75% 的黑人）。另请参阅 Sampson（2008b）。

6. 需要注意的是情境效应仍然可以持续，并形成持久的模式。例如，我们在芝加哥的研究显示，尽管集体效能不断地预测包括未来在内（第 7 章）的邻里暴力事件发生率，但是它不会预测邻里青年的犯罪率，后者可能发生在任何地方（Sampson，Morenoff，and Raudenbush，2005）。

7. Schlossman 和 Sedlack（1983 年）对社区层面干预的概念和实验内容做了再调查，主要针对驱动芝加哥地区项目（CAP）直到 20 世纪 80 年代的干预，其前身是第 2 章中再调查的 Shaw 和 McKay 的行为不良相关研究。CAP 于 2010 年庆祝其七十五周年纪念。人口层面的干预措施在公共卫生方面落实得较好，包括治本的宏观层面生态单位的实验随机化（Boruch and Foley，2000；Sikkema

et al. ，2000）。

8. 希望六（HOPE VI）联邦住房项目和麦克阿瑟基金会（MacArthur Foundation）的新社区项目（http：//www. newcommunities. org/），分别代表政府和私营部门在宏观层面的干预措施的两个例子。在这一点上，我并未主张成功或失败，关键是要进一步对照个人与邻里的问题。关于针对邻里干预措施的反事实方法，参见 Verbitsky 和 Raudenbush（2006）。

9. Orr et al. ，2003，appendix C2.

10. Langer and Michael，1963.

11. 尽管是由于不同的原因，但 Stanley Lieberson 20 年前一份详细警告的题目就是控制变量的滥用（1985，第 6 章）。

12. 参见 Clampet-Lundquist 和 Massey 2008 以及 Ludwig 等（2008）。

13. Sampson，2008b. 本章改进我先前的论据并提出新的数据。

14. 继"搬向机遇"项目发表之后，我开始以人口普查区作为分析单位，因为它们让我得以随时间的推移链接地理编码地址数据。从芝加哥市和整个美国（相当于超过 65000 个人口普查区）引出一个线性因子，该因子以主要组成部分的各种分析为基础，分析项目包括贫困、福利协助、女户主家庭、失业与黑人百分比（另请参阅 Sampson、Sharkey 和 Raudenbush，2008）。因此，我聚焦于集中劣势的汇总规模而非单一项目。后面的分析我将着眼于劣势以外的测量。

15. Sampson，2008b，figure 1.

16. 所有处理组的种族成分差异没有显著不同。需要注意的是"按比例放大"以说明迁居者状态，也同时将标准误差完全地按比例放大，并因此使差异的重要（与否）维持不变。

17. 集中劣势比种族更能增加贫困的加权值，就处理组而言，种族劣势的主要组成部分比例的线性差异是显著的（$p < 0.05$）。一份涵盖所有美国和芝加哥地区迁移的标准分数（z-score）量表并无显著不同。

18. 所有的 T 检验（t-test）使用 Ludwig 等（2008）所建议的随机权重。如上所述，就重要性而言，调整顺从状态并未改变任何结论。

19. 那么临时迁移呢？出于理论动机，我聚焦于目的地邻里，但与"搬向机遇"项目的发表一致，我在实验组和对照组之间，发现时间加权贫困的九点差分极为显著（$p < 0.01$）。然而，黑人百分比的时间加权差分仅两点且不明显（$p < 0.05$）。

20. 这与先前的研究一致，都显示出在邻里就业变化方面没有效应（Kling、Liebman，and Katz 2007，web appendix，table F14）。

21. 在2002年社区调查中的居民被问道："您有多少亲近的朋友和亲戚（您觉得相处自在、可以聊私事，而且可以致电寻求帮助的人）？""当需要借家庭用品之类的东西或一小笔钱，或者需要帮忙办一件差事时，您有多少朋友和亲戚可以求助？""您有多少朋友和亲戚可以询问建议或信息？"受访者针对每个问题提供朋友数量。我以每个芝加哥社区在这三方面的均值为基础，创建了一个总规模。

22. 这些指标高度相关，并只包括一个因素，所以我用第一个主要组成部分来表达公方差。

23. 我选择实验组的随机抽样，以均分样本量，并提供一个平衡和更显眼的比较。使用全样本产生了类似的模式。

24. 另请参阅 Sampson，2008b，图5。

25. 根据11个芝加哥邻里人类发展项目单独测量、基于调查的社会过程，在正式划分的社区层面，处理组和对照组之间在水平和变化上均无显著差异。我还调查了人口普查区层面的"邻里之空间邻居"，我用欧氏距离（Euclidean distance）为基础的测量，来计算贫困和劣势的空间滞后，通过这种测量方式，邻近的统计调查划区的平均值，根据与焦点统计调查划区的距离而加权。无论是空间滞后贫困或集中劣势，在处理组和对照组之间均无显著不同。在目的地，空间滞后贫困百分比的差幅低于 1.5 个百分点。

26. 关于劣势地图，参见 Sampson，2008b，220。

27. 关于"搬向机遇"项目的巴尔的摩迁移地图，参见 Clark，2005。

28. Sharkey，2008. 根据 Sharkey，这意味着从根本意义上来看，"贫民窟是世袭而来的"。他在一本撰写中的书里进一步审查这个概念。

29. Zorbaugh，1929，134.

30. 基本上，SUTVA 意味着，一个单位的可能结果不受其他单位特殊处理分配的影响。如需进一步讨论，参见 Sobel，2006。

31. Deaton，2008，4.

32. Wheaton and Clarke，2003.

33. Shonkoff and Phillips，2000，chap. 8.

34. Sharkey，2008.

35. Sampson，Sharkey and Raudenbush，2008.

36. 我在此抛开统计细节，但主要的战略是将 Jamie Robins 所开创的方法，改编成具有时变数据的因果推理：逆处理概率加权法（IPTW）；参见 Robins（1999）；Robins、Hernan 和 Brumback（2000）；Hong 和 Raudenbush（2008）。我的直觉是，我们想给予数据观察更多的重视，这些数据观察不会与选择处理的观察预测因子混淆。在后面的章节中，我将介绍验证信息，是关于模型中使用的居所排序原因的信息。因为白人和讲西语的拉美人没有以任何相近的可比方式接触到集中势劣，所以我们的语言能力分析侧重于非洲裔美国儿童。有关详情请参见 Sampson、Sharkey 和 Raudenbush（2008）。

37. Shonkoff and Phillips，2000.

38. 另请参阅 Sampson（2008b）。这个被估计效应的 t 值（t Ratio）为 2.74（$p < 0.01$）。当包含 12 岁孩子时，也有显著的按处理队列互动。

39. Sampson，2008b，852.

40. 选择和邻里效应的信息模型仍然可以应用到"搬向机遇"项目。Corina Graif 正在其博士论文探讨"搬向机遇"项目五个抽样地点的空间效应，而"搬向机遇"项目的长期后续追踪将考虑一个较为严格的发展效应测试（另请参阅 Ludwig 等，2008）。倘若由于提供原始住房券，而使地方邻里和较大空间环境中的显著（尽管仍然微小）差异维持不变，那么，观察发展处理效应的机会将会增加。此外，一项最新研究比较了"搬向机遇"项目和芝加哥邻里人类发展项目的芝加哥样本，连同另一个住房券研究，发现集中势劣在语言能力方面的类似负面效应（Burdick - Will 等 2011）。这种关系因此而在整个研究和评估方法中显得强而有力。

41. 本节更新我在 Sampson（2008b）中的较早期评估。在本书的最后一节我重回实验设计和社会因果关系的讨论。

42. 通过更进一步在时间上追踪最年轻的"搬向机遇"项目儿童，我们可以得到更多关于发展交互作用的影响力，因此，即使在本章中所分析的设计限制将继续存在，但"搬向机遇"项目的第三期后续追踪仍是重要的科学投资。

43. 从技术上讲，SUTVA 意味着，"搬向机遇"项目的因果效应估计为平均处理效应和未被处理者"溢出"效应（Sobel，2006，1405）之间的差异。不仅溢出效应有巨大的实质利益，政策推理也可以因为不分辨这两个处理效应的组成部分，而严重地误入歧途。

44. Hudgens and Halloran 2008；Rosenbaum 2007；Berk 2005. 在此我抛开其他讨论，甚至"搬向机遇"项目分析师为做出因果推理而必须采取的更苛刻的假设，例如，假设实验中的迁居者并没有比其他人更可能受益于邻里迁移。这是一个强烈的假设，与后处理介质的平行效应假设旗鼓相当。所有这些假设都未受到直接的实证检验，因此，欠缺必须条件来宣称其为社会理论的一部分。

第 12 章

1. Ahmed and Little，2008.

2. Ludwig et al. ，2008，150.

3. Heckman，2005.

4. Alba and Logan，1993. 另请参阅 Logan and Alba，1993；Logan et al. ，1996。

5. Massey and Denton，1985.

6. Logan，1978. 但请参见第 2 章，当中我特别提到，芝加哥学派理论中的细微之处大部分都没被人注意到，除了 Suttles（1972 年）以外。

7. 例如，参见 Massey，Gross，and Shibuya，1994；South and Crowder，1997，1998。

8. Crowder，South，and Chavez，2006.

9. 本章奠基于 Sampson 和 Sharkey（2008）的分析。与本章一致的一项较晚的选择性偏差和居所流动的再调查是 Bergstrom 和 Ham（2011）。

10. Faris and Dunham，1939［1965］.

11. Clausen，1991.

12. 测量基于修订后的冲突规模（Straus et al. ，1996），具有 0.84 的信度。

13. Walters et al. ，n. d. ；Kessler and Mroczek，1997.

14. Elder，Johnson，and Crosnoe 2003；Settersten and Andersson 2002.

15. 有关邻里结果的描述性统计和个人与家庭层面的所有协变量，以及有关分析建模策略的详细信息，参见 Sampson 和 Sharkey（2008）。如果个人退出了研究，他们的信息只会在每次调查中被排除。我们调整任何可能因为人员损耗（attrition）而产生的偏差，我们的做法是在每一次调查中，模拟个人将离开研究的概率，然后，加权时变文件中的数据，时变文件以逆减少概率（inverse probability of attrition）为基础。此外，对于在指定的某次调查中接受采访，但没有为特定变量提供信息的个人，我们使用了针对缺失值（missing values）的多归因程序方法。最后，为了根据邻里环境的变化来估算家庭间变化（如收入）的效应，邻里成就预测因子被分解成个人间（时间稳定）和个人内（时间变化）组成部分。大约1/4邻里收入方差是由于随时间推移的改变。

16. 邻里中的滞留者，其收入中位数变化斜率的信度是0.59，离开城市的移动者则是0.84，而城市里的移动者则是0.75。关于邻里收入随时间推移的变化率差异数据，数据中的重大"信号"通过这些结果获得证实。所有的结果都经过加权以说明潜在损耗性偏误（attrition bias）。

17. 结果与预期仍然一致。例如，与空间同化模型一致，家庭收入和教育是邻里收入的有力预测因子。相对于高中毕业生，至少具有大专学历的照顾者估计生活在收入中位数大约高2500美金的邻里。与家庭总收入介于每年30000至40000美元的家庭相比，置身于最高收入组（家庭收入逾50000美元）与邻里收入中位数跃升约7400美元有关。相比之下，置身于最低收入组（少于10000美元）与邻里收入中位数相较于参照组下降2500美元有关。家庭收入的变化导致邻里环境的改善，在研究的过程中，进入最高收入组的个人将其住所转移到更富裕的邻里。参见Sampson和Sharkey（2008），第15～19页。

18. Rossi，1980。关于后来的研究，参见Lee、Oropesa和Kanan（1994），Crowder（2000）。

19. Sampson and Sharkey，2008，table 4.

20. 关于种族态度，参见Charles 2000。有一项分析提供种族隔离在迁至融合邻里者之间卷土重来的直接证据，参见Sharkey（2011）。

21. t 值 $= 2.15$（$p < 0.05$）。我也同时考察其他社会过程的测量，如交换网络、个人受害，以及邻里中的组织参与，但无一显著。无序的共同感受脱颖而出。

22. Herrnstein and Murray，1994；Wilson and Herrnstein，1985。虽然IQ和冲动性测量仅适用于家庭中的儿童，但"天性"的论据建立在跨世代的双构建中所带来的高亲等遗传力。我取有两个或两个以上孩子的家庭平均值。

23. Kirk，2009a.

24. Sharkey和Sampson（2010）介绍的细节。这种分析考虑并调整本章前面所描述的所有稳定和时变混淆因子。使用Sampson、Sharkey和Raudenbush（2008）所描述的动态建模策略，我们的基本策略首先模拟迁移的预测因子，然后使用这些结果来启发一项分析，该分析隔绝了迁移对后来个人结果的时变效应。类似于倾向评分方法，我们获得了协变量组的平衡，并描述作为方法基础的假设的利弊。我们还使用了"工具变量"的方法制造不同的假设，但产生类似的结果。

25. 使用以倾向为基础的方法时，迁出芝加哥对于暴力受害没有显著效果，但使用工具变量法时，则有效果。有趣的是，进一步的分析表明，迁移在很大程度上与其他非暴力结果无关，如在校表现、酒精使用，以及语言能力。研究结果的特殊性表明，人为方法将无法达成暴力结果的一致性。

26. 除了 Quillian（1999）的分析之外，邻里成就变化的研究通常集中于个人过程，而不是他们的总后果。有一份丰富的文献使用正式的模拟，来估算邻里种族隔离如何产生。关于个人偏好如何以隔离居住结构表达，Schelling（1971）做过经典陈述。通过模拟显示，个别参与者基于他们对邻里组成的不同偏好，而做出流动决定，这种流动决定的集体后果会导致更多隔离，超出任何个人的偏好，是一个"门槛"或引爆点效应。但是，Bruch 和 Mare（2006）使用关于邻里偏好的数据发现，当越来越多的外集团成员进入邻里，迁移的或然率以连续而非线性的方式增加。Bruch 和 Mare 模拟所产生的较低隔离水平提高了偏好本身不能解释美国居住模式的可能性。

27. 与任何跟踪相同个人随时间推移而迁移的研究设计类似，由于非样本成员的内部移民，我们永远不能捕捉到邻里组成的变化（例如，来自墨西哥或从郊区进入芝加哥的移民）。流动的分析也受到目的地邻里供给的限制，尤其郊区的非贫困地区，当地主要为少数族群人口。

28. 详情参见 Sampson 和 Sharkey（2008），第 24 页。与其分析某一种族/收入群体人数间的差异，即比较在一个方向进行转移的人数，与在相反方向进行相同转移的人数（例如，Quillian 1999），我们不如分别地研究在各个方向上所发生的邻里间流动。我们选择了 5% 的转移门槛，以权衡对发现的关注与对强调常见的跨越邻里迁移系统模式的关注，两者间的利害得失。在其他的分析中，我们探讨了属于种族（race - speciflc）的流动、转移的不同阈值、贫困的另类定义，以及应用设计分层权重。基本的流动模式是稳固的。

29. 这种流动几乎完全来自拉美裔，他们从白人为主的起源区迁入拉美裔邻里。属于种族的流动也记录了 80% 的白人转移（或留在）到以白人为主且非贫困的邻里。

30. 这同样适用于已经实现稳定融合的其他社区："在像比佛利社区（Bev-

erly）这样的地方……有促进包容与融合的机构。"（Trice，2008）

第 13 章

1. Christakis and Fowler 2009；Watts 2003. 关于社会科学中网络研究的主要见解的评论，参见 Borgatti 等（2009）。

2. 参见 Fischer（1982）。

3. Graif and Sampson，2010；Sampson and Graif，2010.

4. Massey 及其同事（1990）提出一个国际移民网络的典型范例。

5. 芝加哥邻里人类发展项目的全部三波家庭地址信息经过地理编码，并链接到人口普查编码，使我们能够在研究过程中，根据统计调查划区、邻里集群和正式划分的社区，来追踪样本成员居所地点的变化。纽带（箭头）经过调整，以说明家庭层面的抽样权重，而迁移的计算根据基线抽样邻里人口的比例。抽样权重说明分层的邻里选择和基于孩子年龄的集群间选择概率。因此加权数据反映了有针对性的芝加哥人口。虽然没有显示迁出城外的流动，但以下分析调整每个邻里中的居民离开这个城市的有差异的概率。入度（indegree）和出度（outdegree）也出现类似的结果，它们是以 80 个抽样邻里集群为基础（Graif and Sampson，2010；Sampson and Graif，2010）。

6. 芝加哥的任何社区都可以接收迁移者，因此入度反映各个区域。逾 85% 的芝加哥邻里接收芝加哥邻里人类发展项目的迁移者。相比之下，未包含在原始样本中的邻里出度（和对应的大小）为零。

7. 因此，读者可以放大任何感兴趣的社区。要连接名称至图中未命名的标识区域，参见《芝加哥纪实年鉴 1990》（*Chicago Fact Book Consortium 1990*）或 http://www.cityofchicago.org/city/en/depts/doit/supp_info/citywide_maps.html。

8. McPherson，Smith - Lovin，and Cook 2001，431. 另请参阅 Blau（1977）。

9. Wellman，1996.

10. Burt，1987；Galaskiewicz and Wasserman，1989。

11. Price - Spratlen，1999；Massey et al. 1990.

12. Sugrue，1996；Bursik and Grasmick，1993.

13. 受保卫社区的理论也预测了这种模式（Suttles，1972）。

14. 基本分析的细节 Graif 和 Sampson（2010）有详细呈现。我们采用多元回归二次分配过程（MRQAP），排除对角线（Krackhardt，1988，1992），并说明二元邻里数据中的网络特定依存。该数据被随机排列，以形成无关系的零假设下的参考分布，据此计算参数估计，并将之与观察到的估计进行比较，以评估显著性。由于这种非传统的方法，我强调在 0.05 水平具有含意的系数。分析明确地控制了邻里间的相异，与迁出芝加哥的原居民成比例，也与前面定义的入度和出度相异成比例。

15. 总体模型测试表明，随机试验比例可以产生大于或等于解释能力的观察估计值，但比例低于 1‰。偶然观察到空间距离系数的可能性只有 3‰。

16. 因为非样本集群中的个人样本量较小，所以本分析研究二元制纽带，通过任何方向中任何迁移的存在来定义。全城分析还提出了样本设计控制，定义为矩阵，其中，如果二元关系中的邻里都是初始样本的一部分，矩阵值就等于 1，否则就是零。

17. 涵盖了被抽样网络和所有的芝加哥国家薪资调查（NCs），所有家庭收入类别的结果均显著，除了高收入类别以外，即被抽样网络单元（$p < 0.10$）。

18. Kefalas，2003；Carr，2006.

19. Pattillo，2007；St. Jean，2007.

20. 参见 Kefalas（2003）的丰富记述，那是关于西南区（图 13 – 4 右侧面板包围区域）的一个社区——《最后的花园》（*The Last Garden*）中觉察到的秩序和共同叙述的重要性。

21. Pettit and Western，2004；Sampson and Laub，1993；Western，2006.

22. 我为完整的芝加哥邻里人类发展项目样本创建了一个指标，以家庭暴力（由照顾者自陈）和任何家庭成员是否有逮捕记录为基础。我将那些有家庭内非正式暴力和家庭成员有官方逮捕史者定义为"犯罪"家庭。我还检查一项关于青少年暴力的更为严格的测量（方法），是基于别处验证的自陈前提（Sampson，Morenoff and Raudenbush，2005），这种测量方法把暴力群体定义为最高四分位数，虽然结果相似，但这一测量方法只适用于那些超过 12 岁的芝加哥邻里人类发展项目被实验者，所以我侧重于家庭犯罪。

23. 除了少数例外，这些结果仍然与纽带定义（加权或二元制）和被分析的网络无关，无论是基于所抽样的交点或所有交点。

24. 样本量不够大，无法可靠地通过 IQ 或冲动性来检测人口流动，因为这些只在选定队列的孩子身上测量（参见第 12 章）。

25. 如果以抑郁为自变量，迁出芝加哥的概率是不变的，就如同以犯罪为自变量一样，因此把研究限定于城市并没有使结果有所偏差。15% 的抑郁症患者迁出城市，相比之下，非抑郁症患者（不显著）则为 16%。结果的主要模式对纽带类型（例如流动量或任何联结）和被分析网络（被抽样的国家薪资调查或城市范围）也很可靠。

第 14 章

1. Laumann 及其同事对一个德国小镇及两个美国社区精英影响的研究做出了重大贡献（Laumann and Pappi，1976；Laumann，Marsden，and Galaskiewicz，1977）。另请参阅 Galaskiewicz（1979）和 Knoke（1990）。

2. Gould（1991）代表了本次观察结论的一个重大例外。从网络的社区间比较的角度来说，与当前研究最为相似的，或许是关于泰国 51 个村庄网络的 Rang Nong 研究（Entwisle et al.，2007）。总体而言，美国国家青少年健康纵向研究（Add Health）是近期的创新，提高了我们研究网络和社会情境的能力。

3. Janowitz，1975。特别参见 Marwell（2007）的批判。

4. Campbell，1955。

5. Houston and Sudman，1975；Laumann and Pappi，1976。

6. 例如，93% 的关键知情者网络研究受访者印证了正式划分社区的名称，并且有 84% 的人表示利用其官方指定边界开展工作。

7. Burt，1995。

8. Granovetter，1978，1541。

9. 在选定的社区里，即我对实际联结有详细了解的社区（如海德公园社区），一项在选定社区内个人纽带的研究表明了高度的建构效度。在该图中心或派系中央的领导者在芝加哥也是众所周知的。在后续的定性工作中，我采访了一组这些领导人、描述关键知情者网络研究，并探讨了个人和机构联结的性质。该项目超出本章范围，我将单独提出。

10. 有关网络测量的总体细节，参见 Burt（1980），Wasserman 和 Faust（1994）。关于关键知情者网络研究应用的更深入讨论，参见 Sampson 和 Graif（2009a）。

11. Granovetter，1973，1374。另请参阅 Gans（1962）。

12. 但正如 Gans（1974）所回应的，这并不是说西区（West End）内不存在桥接型纽带，更确切地说，是不存在与城市政治精英联结的外部纽带。总之，辩论的双方均未对网络纽带进行经验性研究。

13. 因为我们最多允许五个推荐，所以分母是［5＊n＊（n－1）］，其中 n 表示引用的次数。

14. 对于每个指数 k，单元中的数字表示 K－级纽带的总数，K－级纽带联结受访者 i 和受访者 j（Burt，1980，86－88）。一个新的矩阵被计算出来，矩阵为了让受访者 i 触及受访者 j 所采取的最少级数，均由其单元详细记录。在任何情况下，至多四级添加到这些网络的联结性，所以我停在四级。然后我重新编码所有非零（nonzero）等于 1，并计算出的新的密度测量：直接或间接纽带的总#除以 n（n－1）。我感谢 Ezra Zuckerman 早期帮助原始研究创建这些测量，以及 Dave Kirk 和 Corina Graif 的研究协助，特别是关键知情者网络研究的第二定组。

15. 需要注意的是，家庭居所社区是一个独立的问题。例如，一个人可以是洛根广场社区（Logan Square）的校长，但又同时住在林肯公园社区（Lincoln Park）。为了本章的分析目的，我所定义的内部和外部纽带，不是根据领导者的家庭居所，而是他或她工作或有管辖权的社区。

16. 更确切地讲，Σj［（ΣiXij）/#NOM］²，其中 #NOM ＝ΣiΣjXij，而 i 表示来自社区 k 的一个受访者，j 指的是社区 k 中的受访者 i 所推荐的一个"他人"，Xij 表示一个纽带（或推荐），联结社区 k 的受访者 i 到任何"他人"j，这个任何"他人"j 来自接收社区 k 受访者推荐的所有他人。如果存在一个纽带，Xij 等于 1，否则就是 0。

17. Putnam，2000.

18. 让 p_{bc}（a）成为所有连接社区 b 和 c 的最短路径的比例，这些最短路径经过 a。社区 a 的"中介性核心性"（betweenness centrality）被定义为所有成对社区的所有 p_{bc}（a）的总和，不包括 a，其中 a、b 和 c 是二分纽带的全城网络中的不同社区，总和根据网络规模而调整。中介性核心性是一个次数函数，次数指的是一个给定社区作为任何其他两个社区间的最短路径的次数（Freeman，1977），因此也就是核心性的概念。

19. 网络分析产生了边界和我们定义为全网络的复杂问题。根据抽样设计，我主张，关键知情者网络研究在各个领域已经饱和或接近饱和，且在后一种情况下，所选择的受访者是具有代表性的样本。首先就芝加哥邻里人类发展项目地区多级概率抽样（probability sampling）来看，我进一步认为，在 47 个正式划分社区（及 2002 年的 30 个区）的抽样网络中，网络可变性可以相提并论，且这些地区反映芝加哥的非样本社区。还有一个偶尔会被提出的分析问题，那就是网络规模，因为可能会有较大网络显示出较低密度的固有倾向。尽管一个特定的网络测量可能易受设计特点的影响，但我宁可错在过于保守，我通过尽可能地研究多种测量，并依靠那些具有结构效度的测量，即相对简单的诠释，虽然测量或模型规格中有变异，网络规模也有所调整，但最终产生相似的结果。

20. 正式划分社区是根据地理列阵，但不具有典型的 GIS 地图的精确度。用以调整大小的网络软件定位交点也是如此（此处的出度），因此，在某些情况下，圆圈并不位于一个给定区域的精确地理中心。

21. 特别是，通过精英联系人的较高集中化所显示的凝聚性领导风格，预测了社区中较低的杀人率（t 比率 = −3.09），仅次于集中劣势。内部集中化产生一个相似但略强的较低暴力联系。有凝聚力的领导层也预测较低的青少年产子率，但显著性水平降低（$p < 0.10$），次于集中劣势和组织密度。相比之下，一旦控制了这些其他特征，低出生体重与领导层网络不相关。

22. 网络分析经常被批评为过于技术性，并为强调测量而牺牲本质，产生关于网络的高度精练分析，但却少有关于网络的固有影响力。我试图脱离技术焦点，并转而强调关于理论动机建构的数据中的主要模式。但我们当然可以走得更远，例如，为社区和组织定义亚群集群，即区块建模和更精炼的嵌入性测量。我保留此任务作为日后的工作。

第 15 章

1. 学界长久以来都尤其对社会背景以及邻里效应这两个概念怀有深深的敌意，即便是在经济学科中亦然，但这样的想法正在产生剧烈的改变，而我认为正是这本书推动了这样一个进程（尤其请关注 Akerlof 和 Kranton，2010）。

2. 见 Glaeser，2011。

3. 见 Raudenbush 和 Sampson，1999，第 7 章。

4. http://www.census.gov/apsd/techdoc/cps/cpsnov08c.pdf（见附件 7 和 8）。

5. 美国的全国儿童研究（The National Children's Study，NCS）同样也可能包含对背景社会进程的计量经济学的测量。在社会层面上，见 Hall 和 Lamont，2009。

6. 见，例如，Wilström 与其他，2010。

7. 请浏览 http://worldmap.harvard.edu/chicago。

8. 见 Galster（2011）对在规模各异的地理层面中，研究邻里效应的重要性的观点。Grannis 在 2009 年的文章则提出，三级分层的社区是在微观层面的社会互动中被建立起来的，而后者则被街道的布局所塑造。

9. 见 Mumford，1954，第 258 页。

10. 见 Smith，2010，第 1 页。

11. 见 Patterson，2004，2009。

12. 请注意，这样的评论是有目的论和宏观结构决定论倾向的。跨越大范围的政治和经济变迁的持续性的不平等，决定了我们只能通过外在的力量来减少这种状况的持续。

13. 见 Cooley，1902。

14. 见 Suttles，1984；Permentier，Hamm，and Bolt，2009。

15. 第 7 章；Sampson and Bartusch，1998；Sampson，Morenoff，and Raudenbush，2005；Kirk and Papachristos，2011。

16. 见 Patterson，2009，第 1 页。在此我不会假装自己可以很全面很夸张地概括文化或者布迪厄关于文化再生产和"惯习"的开创性成果（Bourdieu，1977）。有关后布迪厄时代的"文化转向"，见 Lamont，2000；Small，Harding and Lamont，2010；Patterson，2004，2009；Harding，2010。另见 Wilson（2009）对解释城市生活的背景下的结构和文化力量的整合，以及 Small（2004）对 Goffman（1974）有关组织参与的社区分析的整合。经济学家们也开始认真看待文化现象（Akerlof and Kranton，2010；Akerlof，1980），并且在最近，社会学家们也开始退回到过去的立场上，认为文化是一个动因（causal motivation），而不仅是代表理性化。而我与这一立场是保持一致的［尤见 Vaisey（2009）的理论以及实证的项目］。在这里我的关注点是邻里进程，以及对延续性的解释。

17. 新一代的文化社会学家对任何有关价值以及规范的讨论都怀着深深的嫌弃，这里的根源，在我看来，始于帕森斯的"稻草人"版本。帕森斯过于贪心，想抛弃社会规范的角色来解释社会生活的延续性，这样的做法显然是很短视的，并且最终是没有说服力的。

18. 见 Mazerolle，Wickes，and McBroom，2010。

19. 另见 Sampson 和 Graif（2009）中的分析。

20. 见 Hampton，2010。

21. 有关学校层面的集体效能参见 Kirk，2009b；同时也请参见 Bryk 和

Schneider，2002。不难想象，这些研究里所展示的有关集体效能的理论观点，是很难被运用到经济活动以及最近的经济危机中的。我认为，这其中的问题在于在管控方面（社会规范）的失败，以及对有关道德行为的共同期待（比如，为了短期个人利益的最大化而牺牲整个公司长远的利益的冷漠自私的做法）的削弱。文化规范和威慑进程（deterrence process）可能会对我们解释华尔街的行为有极大的帮助。

22. 这可能可以解释在一些社会情景中，集体效能的组成部分看起来并不那么重要甚至变成另外的一个因素的原因。比如，在巴西的贫民窟里，出于历史原因，这里的弱势都是有集中的形式的，比如必须团结才可能生存，但这并不能提升社会管控，尤其是在面对武装部队时。在墨西哥乡村，被毒品交易所统治的暴力问题，是体现团结和暴力可能以一些复杂的方式相互关联的另一种情景。未来的研究还有很多重要的主题。

23. 见 Tocqueville，2000。

24. 见 McQuarrie 和 Marwell，2009。

25. 见 Small，2009。

26. 见 Robertson，2010。另见 Gratz，2010。

27. 尤见 Marwell，2004，2007。

28. 见 Ousey and Kubrin，2009；Stowell et al.，2009；Martinez，Stowell，and Lee，2010。

29. 2010 年的人口普查展现了在全美范围内朝郊区以及乡村的持续的扩张和移民（Tavernise and Gebeloff，2010）。

30. 加拿大在这一方面和我们是极其相似的。但在欧洲的移民却背负着迥异的历史背景；因此，在欧洲会是明显不一样的情节，尽管长远的图景并不十分清晰。

31. 关于同步塑造的个体选择之重要性以及邻里变迁，见 Bruch 和 Mare（2006）。而对于非选择性的邻里种族变迁，可参考 Sharkey，2011。

32. 见 Deaton，2008。

33. 见 Cartwright，2007。就像要证明邻里效应的研究一样，倾听一下最近"搬向机遇"（MTO）研究的声音："'搬向机遇'项目是黄金法则。"（Smonlensky，2007，第 1016 页）教育的研究也被认为是一个强有力的实验性推动（Raudenbush，2008）。犯罪学领域也是这样的，并且我在别处有更详细的探究

（Sampson，2010b）。

34. 统计学家 Donald Rubin 的开创性成果在后来常被称为"虚拟事实模型"。这是一个反事实模型，并且已成为因果推理的统治性概念框架（Holland，1986）。Morgan 和 Winship（2007）是对此的一部精彩著作。诸如倾向分数配对（propensity score matching）、反比处理权重（inverse proportional treatment weighting）以及工具变量（instrumental variables）等工具目前已经在社会科学中普及，旨在进行因果推断。

35. 例如见 Kamo et al.，2008；Sikkema et al.，2000；Weisburd et al.，2006。

36. 学生流动以及教室里的互动模式因此直接承载在教育性实验中（Raudenbush，2008）。

37. 见 Wikström 和 Sampton，2006、2003。一个人会常常听到说，实验是观察性研究的更优方法，因为它们只需要非常少的假设。但实验就是需要不同的假设的。视乎具体的研究行为，实验甚至可能比观察性研究提出更加史诗般的假设，正如在第 11 章所争论的一样。

38. 就像哲学家 James Woodward 所争论的一样："要想支持因果设想，统计上的相关性是引导我们发现重要的解释性关系的灯塔"（这里着重提到 Woodward，2003，第 350 页）。

39. 将随机临床试验（random clinical trial，RCT）和可能包含或可能不包含随机抽样的"田野实验"二者区分开来是很重要的。我会将达尔文开展的研究称作是在他的后院里开展的生物学田野实验（Boulter，2008）。这本书中的信件投递实验为我们展现了另一种类型的田野试验——这里有干预但没有随机抽样。

40. 见 Lieberson 和 Lynn，2002，第 1 页。

41. 朴素实证主义（naive positivism）被很多群体都嘲笑得体无完肤，因为最后一个坚守用决定论来看待因果关系并且不赞同非观察性机制（unobserved mechanisms）的也许就是它。反观大部分活跃的学者，都在他们的研究中展现可能性的结果，思考非观察性机制，并且承认偶发事件。我就是他们的其中之一。我拒绝朴素实证主义和"科学万能主义"（scientism），但我接受对科学的追求；从广义上看，我会把它视作对准则和步骤的承诺，也是为了系统化地追求知识；这些知识有关问题构想、通过观察和实验进行数据收集、重复劳动的可能性（科学是"公共的"），以及通过各种方法来对假设进行构思和检验（科学在方法论上是很兼收并蓄的）。如果想看科学哲学对因果关系的理解，可参考

Steel, 2004 和 Reiss（2009）。在社会学领域，可参考 Abbott（1998）。我对于因果关系的观点，也许可以比较好地用"批判现实传统里的实用主义"来描述（Hacking，1999）。

42. 见 Abbott, 1999。另见第 2 章。在最初的芝加哥学派之后有关人类生态学理论观点最浅显易懂的理论观点是 Amos Hawley（1986）的。但他的结论掉进了类似 McKenzie 的陷阱里，甚至 Park 和 Burgess 也未能避免，因为他们强调维持机制并且忽视文化符号、变迁和生育的社会机制的物理环境。但这些极具生产能力的关于生态学的洞见，以及有关互动的社区系统的想法并没有被抛弃，而是最终迁移到人类学中去并产生了重要的结果。我感谢 Gerry Suttle 对这些洞见的贡献。

43. http://www.cdc.gov/mmwr/preview/mmwrhtml/00056796.htm。

44. 见 Smith，2009。

45. 见 Cartwright，2007，第 11 页。

46. 从这个逻辑推断，我们常常听到的定量数据优于定型数据的说法，或者反过来的说法，但这些都是不可持续的。更普遍的看法，见 Becker（1996），我认为他给出了公允的判断，认为实证推理才真正重要的（比如，民族志并不包含对"进程"或者文化的研究，但它也可以变得非常系统化；定量方法也可能像民族志一样变得非系统化和非概括性，或者变成其他）。事实上我会说，尽管这本书的方法在本质上是定量的，但同时也受到了例如民族志（尤其是其对于背景环境以及社会进程的关注）的启发。比方说，Duneier（1999）的民族志，很明显和我的是不一样的，但我们俩的研究共享一个脉搏以及社会探究的系统性的方法，我认为该方法和这本书所描述的对城市的定量探究是相一致的。虽然 Katz（2009）的民族志和我的也很不一样，但它致力于开展比较性的社区研究并着重关注社会进程。在我对于生命进程的研究中，我采用了双重的定性－定量方法来探究个体生命中的稳定性和变异的问题，我也可能因此看到了比普遍所认为的更少的互相矛盾的数据（Laub 和 Sampson，2003）。对于系统化理论在民族志中的角色的讨论，见 Wilson 和 Chaddha（2009）。对于因果推断和民族志，见 Katz（2001）。

47. 见 Lieberson 和 Horwich（2008）。亦见他们对社会科学证据的裁决所采用的比喻——对陪审团审判的构思。

48. 若想看对于 Snow 的方法论的描述，见 Johnson（2006）。

第 16 章

1. 1995 年的热浪过后，Klinenberg（2002）对两个芝加哥社区的研究证明，在解释死亡人数时自然灾害如何被社会情境所调解。

2. 在关于戴利决定不竞选连任的报道中，《纽约时报》（New York Times-New York Times）称，所有的城市都随时间推移而改变，但芝加哥可能是独一无二的（Saulny 2010）。

3. Pattillo，2007。另请参阅 Hyra（2008）。

4. 严格来说，奥巴马出生于靠近东第 50 街的肯伍德社区，虽然许多当地人认为海德公园社区范围涵盖至第 47 街。为人所熟知的北肯伍德社区（第 47 街以北）历来被与较贫穷的奥克兰社区联系在一起。

5. 有关数据来源的详细信息，参见 Woodstock – Institute（2010）。我还计算了 2007 年至 2009 年的止赎申请率，在高比率和低比率社区的排名中获得几乎相似的结果。然而，华盛顿公园社区在 2008 年秋天之后，止赎急剧增加。整体来看 2007 年至 2009 年，河谷社区有着最高的比率，而恩格尔伍德社区和西恩格尔伍德社区，在两项测量中都维持在前五名。

6. 该组织的成立源于一群宗教和街道居民组织领导者，通过社区组织的闻人 Saul Alinsky 的协助，他们汇集了由百余邻里协会、宗教机构和民间组织所组成的联盟。多年来，该组织成长并为各种原因动员居民。http：//www. twochicago. org/。

7. Brazier 在芝加哥的影响力广受认可，特别在南区社区，甚至是全国各地。他于 2010 年 10 月逝世，享年 89 岁。他过世之后，奥巴马总统发表声明指出，Brazier "通过其神的使徒教会牧师职位，以及诸多社区组织和慈善工作的领导身份，促进宗教赋权和经济发展。"参见 http：//www. whitehouse. gov/the – press – office/2010/102010/10/22/statement – president – passing – bishop – arthur – m – brazier。

8. 另请参见 Sampson 和 Bartusch（1998）。

9. Sweeney，2010。"这不是我们赖以生存的道德和价值观"，受命牧师 Marc Robertson 在提到暴力入侵时，如此附和说。

10. Pattillo（1998）针对芝加哥南区的一个中产阶级非裔美国人社区，提出了之于犯罪的空间脆弱性的早期表现，再次证实了社会再生产的强大机制。

11. Sweeney，2010.

12. Spielman et al.，2010.

13. Sweeney，Gorner，and Germuska，2010.

14. Spielman et al.，2010.

15. 我在 2010 年 8 月完成本章节，那时我才刚去了一趟芝加哥，也是我最近一次造访查塔姆社区。因此 7 月的犯罪统计是当时可用的最新数据。虽然搜索犯罪数据的时间窗口被限制在访问日期前的三个月，但读者仍然可以自己绘制市内任何区域的地图。参见 http：//gis. chicagopolice. org/CLEARMap/startPage. htm。

16. http：//www. ceasefirechicago. org。

17. 虽然我与自己争论过附上视频链接是否哗众取宠，但我决定宁可错在附上所有相关信息上，这与我在全书中的自由地使用引文和文档的做法相一致。关于本事件的一个新闻报道，其中包括群殴的视频和当地领导者随后的抗议。参见 http：//www. chicagobreakingnews. com/2009/092009/09/derrion－albert－vigil－and－march－postponed. html。

18. 犯罪学文献有时会暗示一种观点，即贫困社区心照不宣地支持帮派 [参见 Kornhauser（1978）]。至少在这一天，我没有看到一丝这样的迹象，而且在更广泛的芝加哥居民的调查中也没看到。帮派暴力受到普遍的谴责。

19. 关于这种像来自保守派的批评，参见 MacDonald（2010）。当然，自由主义者 Daniel Patrick Moynihan 很久以前，就针对黑人社区中黑人男性和家庭结构的困境表达过类似的担忧 [参见 Massey 和 Sampson（2009）的讨论]。这个问题一直是禁忌，但随着监禁的增加，它又重新回到了台面上。

20.《芝加哥纪实年鉴》（*Chicago Fact Book Consortium*），1990。

21. 在 20 世纪 70 年代一首 Jim Croce 所演唱的全国流行歌曲刻画了普遍的态度：

芝加哥老南区
是城市最不好的部分
如果你去那里
你最好一定要小心
一个叫作莱华伊·布朗的人。

一串种族偏见于焉展开：乐华·布朗（Leroy Brown）是一个持枪暴徒、驾驶着大型的凯迪拉克 Eldorado 的好色之徒、打架，并炫耀其钻石戒指。就地方的文化烙印而言是真实的，而且正如我关于无序看法的调查结果，这种烙印高度持续。2010 年，许多芝加哥人仍声称南区为城市最糟糕的部分。较广泛的北/南区差异也适用于郊区，"北岸"（north shore）普遍被认为比南郊更合人意。这是我的第一手资料，因为我在南部的库克县（Cook County）住了 12 年。虽然我的孩子们在那里长大，而且我从过去到现在都深深喜爱这个地区，但每当我对那些住在罗斯福路以北的人说出我的居所，人们总是扬起眉头（他们往往不曾冒险涉足南边，或许除非是到芝加哥大学）。

22. 2010 年公布的美国社区调查（ACS）数据不适合当前的任务，因为它们是以 2005 年到 2009 年的平均值为基础的（参见第 5 章），这意味着大部分的美国社区调查数据早于经济萧条。而我的目标是研究经济萧条前和后的估计。

23. 我研究了贫困、失业、福利和女性主导家庭的劣势指标（结合和不结合黑人百分比）。种族隔离与经济和家庭状况是如此紧密地结合，以致结果几乎一样。我绘制了完整的指数图。

24. 虽然伯恩赛德社区的贫困也异乎寻常，但它是芝加哥人口规模最小的社区（在 2000 年有不到 3500 人），所以数据比较不可靠。

25. Davis，2010.

26. 据说，纽约的邻里组织联盟被称为提供了"止赎潮中的旧式壁垒"（Powell，2010）。以社区为基础的止赎预防措施，据说在明尼阿波利斯也发挥了作用（Quercia，Cowan，and Moreno，2005）。

27. 我研究居所稳定性（房屋所有权和使用权期限）、非拉美裔黑人百分比、集中贫困（分离种族）和非营利组织密度，以作为 2007 年至 2009 年止赎率的预测因子。我还研究了 2009 年的房屋止赎，但由于申请数较少，这些比例整体上比较偏颇而不可靠。通过控制 2000 年测量的所有结构特征，2004 年的非营利组织密度是 2007 年至 2009 年止赎申请的第二大预测因子（标准系数 = - 0.35，$p < 0.01$）。最大的预测因子是黑人百分比（0.56，$p < 0.01$），接着是贫困和稳定性，这两者同样显著（分别是 0.24 和 0.22）。超过 80% 的方差获得解释，证实了止赎风险因社区特征不同而明显且系统地变化，就像本书中所研究的其他现象。当我用 HUD 已评估抵押数量的平

方根来加权回归模型，以解释评估精确度的可变性时，我得出类似的结果。我也研究了 2000 年至 2009 年期间，芝加哥房管局项目和住房券单位指数中的多样性（移民）、家庭收入中位数和变化，基于过去的劣势。基本模式维持不变。

28. 在入室盗窃（0.78）、抢劫（0.91）和杀人（0.84）的测量中都获得类似结果，均为 $p < 0.01$。

29. 具体而言，标准化系数为 -0.31 和 0.21（$p < 0.01$）。

30. 再次，我的目标不在于提出一个最终的因果分析，而是要问，先前发现的基本模式是否还在持续。空间模型是一个很好的测试，因为暴力测量的滞后同时调整了邻里风险概况中，观察到和不被观察到的暴力预测因子（参见 Morenoff, Sampson, and Raudenbush, 2001）。然而，正如第 7 章所述，我相信在犯罪和集体效能之间，归根究底存在一种双向反馈关系，但这种关系无法以当前数据估计。我在目前的分析中继续思考着这个问题。

31. 标准化系数为 -0.35（$p < 0.01$）。2009 年的芝加哥房管局项目/住房券贫困指数与 2010 年的暴力呈显著的正相关。与一个焦点区域联结的社区数量（出度）被控制，但它并不显著。这个基本模式与我在第 14 章提出过的 2002 年的领导层纽带集中与 2002 年至 2006 年的较低杀人率之间的关系相符。这表明对于一个社区的社会暴力控制来说，存在一种持久的组织性要素材。

32. 这些信件的收件人地址是马萨诸塞州剑桥市一条街道上的一栋建筑物的"六楼"（没有指名哈佛大学）。文本与 2002 年的研究相同，是营业状况信函。虚构的公司名称和写信人的签名（以防万一信封被打开）为额外的测量而随机地进行了变动。所有的信件都盖上邮戳，并在耐水玻璃纸后以黑体字写上了收信人姓名。唯一预料之外的设计变异发生在最后，当时我已没有时间，所以不得不在夜间于两个社区中丢弃信件（上城和欧文公园社区）——2002 年的研究不存在夜间丢弃。返回率可能下降的原因包括：清晨街道清扫车的几轮清扫、丢弃与路人白天路过之间的数小时。因此，我努力地以相同方式丢弃信件，并在所有情境中以随机方式进行，包括在人行道上、邮箱附近，停放的汽车车门附近，特别是在商店附近。我在全部 9 个社区范围内的所有街区，重复这种有系统的丢弃流程，我根据丢弃类型（例如，人行道 vs. 停放的汽车附近），步行与开车双管齐下。在我回到

剑桥市的数天内，几十封信开始出现。90%的最终返信出现在一周之内，在
两周后信件慢慢减少到零。

33. 因此，我调整了以下所有分析中的返回率，我的方法是以夜间指标
计算来自回归的残差（欧文公园社区和上城区的编码是 1，其他是 0），以
作为返回率的唯一预测因子。我比较了 2010 年调整后的返回率和 21 世纪初
调整后的信件丢失返回率，以便总体而言条件并未混淆。

34. 在这个回归中，道德/法律犬儒主义的 t 值是 -2.62（$p < 0.05$）。
我在重复分析时控制了 2009 年的止赎率而不是芝加哥房管局项目贫困指数，
获得与信件丢失实验相同的结果，即 1995 年至 2002 年的道德/法律犬儒主
义，与社区层面的涉他行为倾向长期负相关。在类似的测试中，无论是集
体效能或是非营利组织密度，都不与 2010 年的信件返回率直接相关。虽然
样本量排除了明确的分析，但道德/法律犬儒主义因此而从我所考虑的邻里
社会过程中脱颖而出。关于最初载于 Sampson 和 Bartusch（1998）的法律犬
儒主义理论的最新文化延伸，参见 Kirk 和 Papachristos（2011）。

第 17 章

1. Kohn，2003.

2. Zorbaugh，1929，171. Zorbaugh 还指出："过去 18 年来，每一年在
离广场半英里附近都会发生 12 至 24 起凶杀案。"关于 1931 年芝加哥的黑社
会 地 图，参 见 http://www.encyclopedia.chicagohistory.org/pages/11538.html，
地图中有一个"死角"象征（集中在西橡树街），小标题为"细数 50 起谋
杀案"（Grossman，Keating，and Reiff，2004）。有些人则把"死角"放在西
橡树街和现在的北克利夫兰大街（North Cleveland），但它离东边只有约 100
英尺。另请参阅图 1-2。

3. 读者可以发现先前一个不确定时期的相同现场（我猜测是 2008 年或
2009 年，谷歌并没有为其照片标示日期）。以下地址的访问日期是 2010 年 7
月 28 日：http://maps.google.com/maps? rlz = lT4RNWN_ enUS305US300&q =
oak + and + cambridge，+ chicago，+ il&um = 1&ie = UTF - 8&hq = &hnear =
W + oak + St + % 26 + N + ambridge + Ave，+ chicago，+ IL + 60610&gl = us&ei =
4aFQTMvfCoT58AbH5 MCVAQ&sa = X&oi = google_ result&ct = title&resnum =
1&ved = oCBMQ8gEwAA。在当时的街景图中，向南查看时可以看见我照片

中的该建筑。西北边的卡布里尼建筑如今已不复存在。图 17 - 1 中的废弃建筑对面依旧是一片空地，往北查看时可以见到。往东有几个街区；往南我们可以清楚地看到特朗普大楼和卢普区的天际线。往西是许多新的住宅单位，有一些是混合收入型住宅。

4. 2010 年 10 月 13 ~ 16 日。

5. 我根据这些男人们的脸被描绘的模样，判断它们出自年轻人之手。可参照我所拍摄的这些图案的照片。

6. Zorbaugh 的现代阅读（1929）回报努力。他撰写了关于社会机构中日益增加的"联锁董事会"（interlocking directorates）（261），社区组织作为城市地区生活中振兴民主的一部分（265），隔离和社会距离的兴起（242），社区看法和"心态"（244）潜在的组织能力，族裔和少数族群随之而来的隔离（127），缺乏伴随黄金海岸的密集纽带（65），为什么人们重返贫困邻里（134 ~ 135），空间距离和南区社区对黄金海岸精英的烙印——在该邻里的人事实上拒绝所有在南区社区的茶会或晚餐邀请"（64），以及北区社区领导层纽带集中（62）。这些和其他的社会机制被充分地描述，其描述方式对今日的城市不仅重要还切中其要害。

7. http://www.dreamtown.com/neighborhoods/cabrini - green.html。截至 2010 年 8 月 10 日，居民还留在最后的卡布里尼建筑，"与超大型 REI 商店、炫目的英国学校和新开张的全食超市（Whole Foods）大教堂（译按：该超市专卖有机食品，意指它在富人心目中的地位等同教堂）怪异地毗邻而居"（Smich，2010）。

8. 关于 20 世纪中期都市更新的意外后果，最有名的社会学记述或许是《城中村民》（*Urban Villagers Urban Villagers*，Gans，1962）。在这一案例中，一个意大利人贫民窟在波士顿的西区被连根拔除，这意味着存在着一个运转中的通用机制。

9. 另请参阅 Sharkey（2010）。

10. Kogan，Hartnett，1997. 这并非媒体典型描绘的"破窗"（broken windows）警政。

11. Western，2006.

12. Durlauf 和 Nagin（2011）。在长期的证据中已发现侧重警力而非监狱的动机；正如上述的卡布里尼绿色家园邻里墙上所发现的画所描绘的在减少犯罪方面，逮捕的确定性远比严峻的环境更有效。监狱已成为回应严峻环境的样板。

13. 这种说法与第 9 章的哲学基础一致。虽然它超出了我的研究范围，但我阐述的概念工具可以被用来理解"好警察站"（good police stop）。经验事实也表明，以诚信为本的警务工作搭配地方机构而不是外部执法者作为合作伙伴的话，则其对犯罪的控制力度比较能被认同，且更加有效。特别参见 Berrien 和 Winship（2002）。

14. 这个想法补充了一批联结儿童、社区和学校的新兴科学证据（Heck-man，2006；Shonkoff and Phillips，2000）。参见 Raudenbush（2009）关于芝加哥中为改善贫困社区内的学校和学习环境而做出的学校组织改革和其他诸多努力。

15. 参见 Wilson（2010），特别是关于哈莱姆儿童特区中的多方面干预的描述。另请参阅 http：//www. hud. gov/offices/pih/programs/ph/cn/和 http：//www2. ed. gov/programs/promiseneighborhoods/index. html。非洲的千禧村项目（Millennium Villages Project）是一个有趣的非美国范例，它使村庄自我赋权，并改善了健康和有形基础设施；这一范例极具社区层面福祉理论的精神。参见 http：//www. unmillenniumproject. org/mv/index. htm。

16. "搬向机遇"计划和希望六项目（HOPE VI）这种混合收入政策就是例子。这些以及类似的计划往往假设一个静态的平衡，且并不会对社会机制中邻里间的相互依存，或者那些可以加强隔离的宏观层面政治和社会环境做出解释。

参考文献

Abbott, Andrew. 1997. "Of Time and Space: The Contemporary Relevance of the Chicago School." *Social Forces* 75:1149–82.

———. 1998. "The Causal Devolution." *Sociological Methods and Research* 27: 148–81.

———. 1999. *Department and Discipline: Chicago Sociology at One Hundred.* Chicago: University of Chicago Press.

———. 2001. *Chaos of Disciplines.* Chicago: University of Chicago Press.

———. 2002. "Los Angeles and the Chicago School: A Comment on Michael Dear." *City and Community* 1:33–38.

———. 2007. Mechanisms and Relations. *Sociologica* 2.

Abraham, Yvonne. 2009. "The Gates Affair: Would You Stand for This?" *Boston Globe*, July 21.

Abu-Lughod, Janet. 1999. *New York, Chicago, Los Angeles: America's Global Cities.* Minneapolis: University of Minnesota Press.

Agnew, John A. 2002. *Place and Politics in Modern Italy.* Chicago: University of Chicago Press.

Ahmed, Azam, and Darnell Little. 2008. "Chicago, America's Most Segregated Big City." *Chicago Tribune*, December 26.

Akerlof, George A. 1980. "A Theory of Social Customs, of Which Unemployment May Be One Consequence." *Quarterly Journal of Economics* 94: 749–75.

Akerlof, George A., and Rachel E. Kranton. 2010. *Identity Economics: How Our Identities Shape Our Work, Wages, and Well-Being.* Princeton: Princeton University Press.

Alba, Richard D., and John R. Logan. 1993. "Minority Proximity to Whites in Suburbs: An Individual Level Analysis of Segregation." *American Journal of Sociology* 98:1388–427.

Algren, Nelson. 1951. *Chicago: City on the Make*. Chicago: University of Chicago Press.

Alinsky, Saul. 1946. *Reveille for Radicals*. New York: Vintage Books.

Anderson, Benedict [1983] 1991. *Imagined Communities: Reflections on the Origin and Spread of Nationalism*. London: Verso.

Anderson, Elijah. 1990. *Streetwise: Race, Class, and Change in an Urban Community*. Chicago: University of Chicago Press.

——. 1999. *Code of the Street: Decency, Violence, and the Moral Life of the Inner City*. New York: W. W. Norton & Company Inc.

Anderson, Nels. 1998. *On Hobos and Homelessness*. Edited by R. Rauty. Chicago: University of Chicago Press.

Anderson, R. N. 2002. *Deaths: Leading Causes for 2000*. Hyattsville, MD: National Center for Health Statistics.

Anselin, Luc. 1988. *Spatial Econometrics: Methods and Models*. Dordrecht, Netherlands: Kluwer Academic.

Ariely, Dan. 2008. *Predictably Irrational: The Hidden Forces That Shape Our Decisions*. New York: Harper Collins Publishers.

Banaji, Mahzarin R. 2002. "Social Psychology of Stereotypes." In *International Encyclopedia of the Social and Behavioral Sciences*, edited by N. J. Smelser and P. B. Baltes. Oxford: Elsevier Science Limited.

Bandura, Albert. 1997. *Self Efficacy: The Exercise of Control*. New York: W. H. Freeman.

Becker, Howard. 1996. "The Epistemology of Qualitative Research." In *Essays on Ethnography and Human Development*, edited by R. Jessor, A. Colby, and R. Schweder. Chicago: University of Chicago Press.

——. 1999. "The Chicago School, So-Called." *Qualitative Sociology* 22: 3–12.

Bellair, Paul E. 1997. "Social Interaction and Community Crime: Examining the Importance of Neighbor Networks." *Criminology* 35:677–703.

Bellow, Saul. 1953. *The Adventures of Augie March*. Fiftieth anniversary edition. New York: Viking Press.

Bergström, Lina, and Maarten Van Ham. 2011. "Understanding Neighbourhood Effects: Selection Bias and Residential Mobility." In *Neighbourhood Effects Research: New Perspectives*, edited by M. v. Ham, D. Manley, N. Bailey, L. Simpson, and D. Maclennan. Dordrecht, Netherlands: Springer.

Berk, Richard. 2005. "Randomized Experiments as the Bronze Standard." *Journal of Experimental Criminology* 1:417–33.

Bernasco, Wim, and Richard Block. 2009. "Where Offenders Choose to Attack: A Discrete Choice Model of Robberies in Chicago." *Criminology* 47:93–130.

Berrien, Jenny, and Christopher Winship. 2002. "An Umbrella of Legitimacy: Boston's Police Department-Ten Point Coalition Collaboration." In *Securing Our Children's Future*, edited by G. Katzman. Washington: Brookings Institution Press.

Berry, Brian, and John Kasarda. 1977. *Contemporary Urban Ecology*. New York: Macmillan.

Blau, Peter. 1977. *Inequality and Heterogeneity: A Primitive Theory of Social Structure*. New York: Free Press.

Blumstein, Alfred, and Joe Wallman. 2000. *The Crime Drop in America*. New York: Cambridge.

Bobo, Lawrence. 2001. "Racial Attitudes and Relations at the Close of the Twentieth Century." In *America Becoming: Racial Trends and Their Consequences*, edited by N. J. Smelser, W. J. Wilson, and F. Mitchell. Washington, DC: National Academy Press.

Booth, Charles. 1889. *Life and Labor of the People of London*. London: MacMillan.

Borgatti, Stephen P., Ajay Mehra, Daniel J. Brass, and Giuseppe Labianca. 2009. "Network Analysis in the Social Sciences." *Science* 323:892–95.

Boruch, Robert, and Ellen Foley. 2000. "The Honestly Experimental Society: Sites and Other Entities as the Units of Allocation and Analysis in Randomized Trials." In *Validity and Social Experimentation: Donald T. Campbell's Legacy*, edited by L. Bickman. Thousand Oaks, CA: Sage.

Bottoms, Anthony E., and Paul Wiles. 1992. "Explanations of Crime and Place: Essays in Environmental Criminology." In *Crime, Policing and Place*, edited by D. J. Evans, D. T. Herbert, and N. R. Fyfe. London: Routledge.

Boulter, Michael. 2008. *Darwin's Garden: Downe House and the Origin of Species*. London: Constable.

Bourdieu, Pierre. 1977. *Outline of a Theory of Practice*. Cambridge: Cambridge University Press.

Bourgois, Philippe. 1995. *In Search of Respect: Selling Crack in El Barrio*. New York: Cambridge University Press.

Bowles, Samuel, Steve Durlauf, and Karla Hoff, eds. 2006. *Poverty Traps*. Princeton: Princeton University Press.

Breckinridge, Sophonisba Preston, and Edith Abbott 1912. *The Delinquent Child and the Home*. New York: Charities Publication Committee.

Briggs, Xavier de Souza, Susan J. Popkin, and John Goering. 2010. *Moving to Opportunity: The Story of an American Experiment to Fight Ghetto Poverty*. New York: Oxford University Press.

Brint, Steven. 2001. "Gemeinschaft Revisited: A Critique and Reconstruction of the Community Concept." *Sociological Theory* 19:1–23.

Bronfenbrenner, Urie. 1979. *The Ecology of Human Development: Experiments by Nature and Design*. Cambridge, MA: Harvard University Press.

Brooks, David. 2009. "The Chicago View." *New York Times*, June 5, A21.

Brooks-Gunn, Jeanne, Greg Duncan, and Lawrence Aber, eds. 1997. *Neighborhood Poverty: Policy Implications in Studying Neighborhoods*. Vol. 2. New York: Russell Sage Foundation.

Brooks-Gunn, Jeanne, Greg Duncan, Pamela Kato, and Naomi Sealand. 1993. "Do Neighborhoods Influence Child and Adolescent Behavior?" *American Journal of Sociology* 99:353–95.

Browning, Christopher R. 2002. "The Span of Collective Efficacy: Extending Social Disorganization Theory to Partner Violence." *Journal of Marriage and the Family* 64: 833–50.

Browning, Christopher R., and Kathleen A. Cagney. 2002. "Neighborhood Structural Disadvantage, Collective Efficacy, and Self-Related Physical Health in an Urban Setting." *Journal of Health and Social Behavior* 43: 383–99.

Browning, Christopher R., Seth L. Feinberg, and Robert Dietz. 2004. "The Paradox of Social Organization: Networks, Collective Efficacy, and Violent Crime in Urban Neighborhoods." *Social Forces* 83: 503–34.

Browning, Christopher R., Tama Leventhal, and Jeanne Brooks-Gunn. 2004. "Neighborhood Context and Racial Differences in Early Adolescent Sexual Activity." *Demography* 41: 697–720.

———. 2005. "Sexual Initiation during Early Adolescence: The Nexus of Parental and Community Control." *American Sociological Review* 70: 758–78.

Browning, Christopher R., Danielle Wallace, Seth L. Feinberg, and Kathleen A. Cagney. 2006. "Neighborhood Social Processes, Physical Conditions, and Disaster-Related Mortality: The Case of the 1995 Heat Wave." *American Sociological Review* 71:661–78.

Brubaker, Rogers. 1996. *Nationalism Reframed: Nationhood and the National Question in the New Europe*. Cambridge: Cambridge University Press.

Bruch, Elizabeth E., and Robert D. Mare. 2006. "Neighborhood Choice and Neighborhood Change." *American Journal of Sociology* 112:667–709.

Bryk, Anthony, and Barbara Schneider. 2002. *Trust in Schools: A Core Resource for Improvement*. New York: Russell Sage Foundation.

Burawoy, Michael. 2003. "Revisits: An Outline of a Theory of Reflexive Ethnography." *American Sociological Review* 68:645–79.

Burdick-Will, Julia Anne, Jens Ludwig, Stephen W. Raudenbush, Robert J. Sampson, Lisa Sanbonmatsu, and Patrick T. Sharkey. 2011. "Converging Evidence for Neighborhood Effects on Children's Test Scores: An Experimental, Quasi-Experimental, and Observational Comparison." In *Whither Opportunity? Rising Inequality and the Uncertain Life Chances of Low-Income Children*, edited by G. Duncan and R. Murnane. New York: Russell Sage Foundation.

Bureau of Justice Statistics. 2010. "Prisoners in 2008." http://bjs.ojp.usdoj.gov/content/glance/incrt.cfm.

Bursik, Robert J., Jr. 1986. "Delinquency Rates as Sources of Ecological Change." In *The Social Ecology of Crime*, edited by J. M. Byrne and R. J. Sampson. New York: Springer-Verlag Inc.

——. 1988. "Social Disorganization and Theories of Crime and Delinquency: Problems and Prospects." *Criminology* 35:677–703.

——. 1989. "Political Decision-Making and Ecological Models of Delinquency: Conflict and Consensus." In *Theoretical Integration in the Study of Deviance and Crime*, edited by S. Messner, M. Krohn, and A. Liska. Albany: State University of New York Press.

——. 1999. "The Informal Control of Crime through Neighborhood Networks." *Sociological Focus* 32:85–97.

——. 2009. "The Dead Sea Scrolls and Criminological Knowledge: 2008 Presidential Address to the American Society of Criminology." *Criminology* 47:5–16.

Bursik, Robert J., Jr., and Harold Grasmick. 1993. *Neighborhoods and Crime: The Dimensions of Effective Community Control*. New York: Lexington Books.

Bursik, Robert J., Jr., and Jim Webb. 1982. "Community Change and Patterns of Delinquency." *American Journal of Sociology* 88:24–42.

Burt, Ronald. 1980. "Models of Network Structure." *Annual Review of Sociology* 6:79–141.

Burt, Ronald S. 1987. "Social Contagion and Innovation: Cohesion versus Structural Equivalence." *American Journal of Sociology* 92: 1287–335.

——. 1995. "Social Capital: Short Form Questionnaire." Chicago: University of Chicago. http://faculty.chicagobooth.edu/ronald.burt/research/QUEST.pdf

Cagney, Kathleen A., and Christopher R. Browning. 2004. "Exploring Neighborhood-Level Variation in Asthma: The Contribution of Neighborhood Social Context." *Journal of General Internal Medicine* 19: 229–36.

Cairncross, Frances. 1997. *The Death of Distance: How the Communications Revolution Will Change Our Lives*. Boston: Harvard Business School Press.

Campbell, Donald. 1955. "The Informant in Quantitative Research." *American Journal of Sociology* 60:339–42.

Carr, Patrick J. 2006. *Clean Streets: Controlling Crime, Maintaining Order, and Building Community Activism*. New York: New York University Press.

Cartwright, Nancy. 2007. "Are RCTs the Gold Standard?" *Biosocieties* 2:11–20.

Castells, Manuel. 1977. *The Urban Question: A Marxist Approach*. London: Edward Arnold.

——. 1996. *The Rise of the Network Society*. Oxford: Blackwell.

——. 2000. "Toward a Sociology of the Network Society." *Contemporary Sociology* 29: 693–99.

Cerda, Magdalena, and Jeffrey D. Morenoff. "The Limits of Collective Efficacy." 2009. Ann Arbor: University of Michigan, Department of Sociology.

Chamlin, Mitchell B, and John K. Cochran. 1997. "Social Altruism and Crime." *Criminology* 35:203–27.

Charles Booth Online Archive. 2010. http://booth.lse.ac.uk/cgi-bin/do.pl?sub= view_booth_and_barth&args=531000,180400,6,large,5.

Charles, Camille Zubrinsky. 2000. "Neighborhood Racial-Composition Preferences: Evidence from a Multiethnic Metropolis." *Social Problems* 47:379–407.

Chicago Fact Book Consortium. 1990. *Local Community Fact Book: Chicago Metropolitan Area.* Chicago: Academy Chicago Publishers.

Chicago Housing Authority. 2007. http://www.thecha.org/housingdev/robert_ taylor.html.

Choldin, Harvey. 1984. "Subcommunities: Neighborhoods and Suburbs in Ecological Perspective." In *Sociological Human Ecology*, edited by M. Micklin and H. Choldin. Boulder: Westview.

Christakis, Nicholas A., and James Fowler. 2009. *Connected: The Surprising Power of Our Social Networks and How They Shape Our Lives.* Boston: Little, Brown, and Co.

Clampet-Lundquist, Susan, and Douglas S. Massey. 2008. "Neighborhood Effects on Economic Self-Sufficiency: A Reconsideration of the Moving to Opportunity Experiment." *American Journal of Sociology* 114:107–43.

Clark, Kenneth B. 1965. *Dark Ghetto: Dilemmas of Social Power.* New York: Harper and Row.

Clark, William A.V. 2005. "Intervening in the Residential Mobility Process: Neighborhood Outcomes for Low-Income Populations." *Proceedings of the National Academy of Sciences* 102:15307–12.

Clausen, John A. 1991. "Adolescent Competence and the Shaping of the Life Course." *American Journal of Sociology* 96:805–42.

Cloward, Richard A., and Lloyd E. Ohlin. 1960. *Delinquency and Opportunity: A Theory of Delinquent Gangs.* Glencoe, IL: Free Press.

Cohen, Cathy J., and Michael Dawson. 1993. "Neighborhood Poverty and African American Politics." *American Political Science Review* 87:286–302.

Cohen, D. A., B. K. Finch, A. Bower, and N. Sastry. 2006. "Collective Efficacy and Obesity: The Potential Influence of Social Factors on Health." *Social Science and Medicine* 62: 769–78.

Coleman, James S. 1961. "Social Disorganization." In *Contemporary Social Problems: An Introduction to the Sociology of Deviant Behavior and Social Disorganization*, edited by R. K. Merton and R. A. Nisbet. New York: Harcourt, Brace & World.

——. 1986. "Social Theory, Social Research, and a Theory of Action.' *American Journal of Sociology* 91:1309–35.

——. 1988. "Social Capital in the Creation of Human Capital." *American Journal of Sociology* 94:S95–S120.

——. 1994. "A Vision for Sociology." *Society* (November): 29–34.

Conley, Dalton. 2009. *Elsewhere, U.S.A.: How We Got from the Company Man, Family*

Dinners, and the Affluent Society to the Home Office, Blackberry Moms, and Economic Anxiety. New York: Pantheon.

Cooley, Charles H. 1902. *Human Nature and the Social Order*. New York: Scribner's.

Correll, Joshua, Bernadette Park, Charles Judd, and Bernd Wittenbrink. 2002. "The Police Officer's Dilemma: Using Ethnicity to Disambiguate Potentially Threatening Individuals." *Journal of Personality and Social Psychology* 83:1314–29.

Crowder, Kyle. 2000. "The Racial Context of White Mobility: An Individual-Level Analysis of the White Flight Hypothesis." *Social Science Research* 29:223–57.

Crowder, Kyle, Scott J. South, and Erick Chavez. 2006. "Wealth, Race, and Inter-Neighborhood Migration." *American Sociological Review* 71:72–94.

Custers, Ruud, and Henk Aarts. 2010. "The Unconscious Will: How the Pursuit of Goals Operates Outside of Conscious Awareness." *Science* 329:47–50.

Davis, Mike. 1992. *City of Quartz: Excavating the Future in Los Angeles*. New York: Vintage.

Davis, Morris A. 2010. "Reflections on the Foreclosure Crisis." *Land Lines* (July): 3–8.

Dear, Michael. 2002. "Los Angeles and the Chicago School: Invitation to a Debate." *City and Community* 1:5–32.

Deaton, Angus. 2008. "Instruments of Development: Randomization in the Tropics, and the Search for the Elusive Keys to Economic Development." London: The Keynes Lecture, British Academy, October 9th.

De Blij, Harm. 2009. *The Power of Place: Geography, Destiny, and Globalizations's Rough Landscape*. Oxford: Oxford University Press.

Devine, Patricia. 1989. "Stereotypes and Prejudice: Their Automatic and Controlled Components." *Journal of Personality and Social Psychology* 56:5–18.

Drake, St. Clair, and Horace R. Cayton. 1945 [1993]. *Black Metropolis: A Study of Negro Life in a Northern City*. Chicago: University of Chicago Press.

Duneier, Mitchell. 1999. *Sidewalk*. New York: Farrar, Straus & Giroux.

Durlauf, Steven N., and Daniel S. Nagin. 2011. "Imprisonment and Crime: Can Both Be Reduced?" *Criminology and Public Policy* 10:13–54.

Earl, Jennifer, Andrew Martin, John D. McCarthy, and Sarah A. Soule. 2004. "The Use of Newspaper Data in the Study of Collective Action." *Annual Review of Sociology* 30:65–80.

Earls, Felton, and Stephen L. Buka. 1997. *Project on Human Development in Chicago Neighborhoods, NIJ Research Report, Technical Report I. NCJ 163495*. Washington, DC: United States Department of Justice, National Institute of Justice.

Economist. 2006. "Britain: Soothing the Savage Breast." *Economist*, January 14.

——. 2006. "There Goes the Neighbourhood." *Economist*, May 4, 57–58.

Elder, Glen H., Jr., Monica Kirkpatrick Johnson, and Robert Crosnoe. 2003. "The

Emergence and Development of Life Course Theory." In *Handbook of the Life Course*, edited by J. Mortimer and M. Shanahan. New York: Kluwer Academic/Plenum.

Ellison, Ralph. 1947. *Invisible Man*. New York: Random House.

Emporis Buildings. 2007. http://www.emporis.com/en/wm/bu/?id=102119.

Entwisle, Barbara, Katherine Faust, Ronald Rindfuss, and Toshiko Kaneda. 2007. "Networks and Contexts: Variation in the Structure of Social Ties." *American Journal of Sociology* 112:1495–533.

Etzioni, Amitai. 1993. The Institute for Communitarian Policy Studies. http://www.gwu.edu/~ccps/index.html.

———. 1997. *The New Golden Rule: Community and Morality in a Democratic Society*. New York: Basic Books.

Faris, Robert E., and Warren H. Dunham. 1939. *Mental Disorders in Urban Areas: An Ecological Study of Schizophrenia and Other Psychoses*. Chicago: University of Chicago Press.

Farrington, David P., Lloyd E. Ohlin, and James Q. Wilson. 1986. *Understanding and Controlling Crime: Toward a New Research Strategy*. New York: Springer-Verlag.

Festinger, Leon, Stanley Schachter, and Kurt Black. 1950. *Social Pressure in Informal Groups*. New York: Harper.

Firey, Walter. 1947. *Land Use in Central Boston*. Cambridge, MA: Harvard University Press.

Fischer, Claude. 1982. *To Dwell among Friends: Personal Networks in Town and City*. Chicago: University of Chicago Press.

———. 2009. "The 2004 GSS Finding of Shrunken Social Networks: An Artifact?" *American Sociological Review* 74:657–69.

Fiske, Susan. 1998. "Stereotyping, Prejudice, and Discrimination." In *Handbook of Social Psychology*, edited by D. T. Gilbert, S. Fiske, and G. Lindzey. New York: McGraw-Hill.

Florida, Richard. 2002. *The Rise of the Creative Class: And How It's Transforming Work, Leisure, Community and Everyday Life*. New York: Basic.

Fox, James A., and Marianne W. Zawitz. 2003. "Homicide Trends in the United States: 2000 Update." Washington, DC: Bureau of Justice Statistics.

Framingham Heart Study. 1995–2006. National Heart, Blood, and Lung Institute. http://www.framingham.com/heart/.

Freeman, Linton C. 1979. "Centrality in Social Networks: Conceptual Clarification." *Social Networks* 1:215–39.

Friedman, Thomas L. 2005. *The World Is Flat: A Brief History of the Twenty-First Century*. New York: Farrar, Straus and Giroux.

Fung, Archon. 2004. *Empowered Participation: Reinventing Urban Democracy*. Princeton: Princeton University Press.

Galaskiewicz, Joseph. 1979. *Exchange Networks and Community Politics*. Beverly Hills: Sage Publications.

Galaskiewicz, Joseph, and Stanley Wasserman. 1989. "Mimetic Processes within an Interorganizational Field: An Empirical Test." *Administrative Science Quarterly* 34:454–79.

Galster, George. 2011. "The Mechanism(s) of Neighbourhood Effects: Theory, Evidence, and Policy Implictions." In *Neighbourhood Effects Research: New Perspectives*, edited by M. v. Ham, D. Manley, N. Bailey, L. Simpson, and D. Maclennan. Dordrecht, Netherlands: Springer.

Gans, Herbert J. 1962. *The Urban Villlagers: Group and Class in the Life of Italian-Americans*. New York: Free Press of Glencoe.

———. 1974. "Gans on Granovetter's 'Strength of Weak Ties.'" *American Journal of Sociology* 80:524–27.

Geis, Karlyn J., and Catherine E. Ross. 1998. "A New Look at Urban Alienation: The Effect of Neighborhood Disorder on Perceived Powerlessness." *Social Psychology Quarterly* 61:232–46.

Gibson, Mary, and Nicole Hahn Rafter, eds. 2006. *Criminal Man, by Cesare Lombroso*. Durham: Duke University Press.

Giddens, Anthony. 1990. *Consequences of Modernity*. Stanford: Stanford University Press.

———. 1991. *Modernity and Self-Identity: Self and Society in the Late Modern Age*. Stanford: Stanford University Press.

Gieryn, Thomas. 2000. "A Space for Place in Sociology." *Annual Review of Sociology* 26:463–96.

———. 2006. "City as Truth Spot: Laboratories and Field-Sites in Urban Studies." *Social Studies of Science* 36: 5–38.

Gilfoyle, Timothy. 2006. *Millennium Park: Creating a Chicago Landmark*. Chicago: University of Chicago Press.

Gillman, Howard. 1996. "The Antinomy of Public Purposes and Private Rights in the American Constitutional Tradition, or Why Communitarianism Is Not Necessarily Exogenous to Liberal Constitutionalism." *Law and Social Inquiry* 21:67–77.

Glaeser, Edward L. 2011. *The Triumph of Cities: How Our Greatest Invention Makes Us Richer, Smarter, Greener, Healthier, and Happier*. New York: Penguin.

Goffman, Erving. 1963a. *Behavior in Public Places: Notes on the Social Organization of Gatherings*. New York: Free Press.

———. 1963b. *Sigma: Notes on the Management of Spoiled Identity*. New York: Simon and Schuster.

———. 1974. *Frame Analysis: An Essay on the Organization of Experience*. Cambridge, MA: Harvard University Press.

Goldberger, J., G. A. Wheeler, and E. Sydenstrycker. 1920. "A Study of the Relation of Family Income and Other Economic Factors to Pellagra Incidence in Seven Cotton Mill Villages of South Carolina in 1916." *Public Health Reports* 35:2673–714.

Goodchild, Michael F. 2004. "The Validity and Usefulness of Laws in Geographic Information Science and Geography." *Annals of the Association of American Geographers* 94: 300–303.

Gottdiener, Mark, and Ray Hutchison. 2006. *The New Urban Sociology.* Third edition. Boulder: Westview.

Gould, Roger V. 1991. "Multiple Networks and Mobilization in the Paris Commune, 1871." *American Sociological Review* 56:716–29.

Graif, Corina. 2010. "From Diversity to the Rise of Creative Hotspots of Artists and Nonprofit Art Organizations." Cambridge, MA: Harvard University, Department of Sociology.

Graif, Corina, and Robert J. Sampson.. 2009. "Spatial Heterogeneity in the Effects of Immigration and Diversity on Neighborhood Homicide Rates." *Homicide Studies* 13:242–60.

———. 2010. "Inter-Neighborhood Networks and the Structure of Urban Residential Mobility." Cambridge, MA: Harvard University, Department of Sociology.

Grannis, Rick. 1998. "The Importance of Trivial Streets: Residential Streets and Residential Segregation." *American Journal of Sociology* 103:1530–64.

———. 2009. *From the Ground Up: Translating Geography into Community through Neighbor Networks.* Princeton: Princeton University Press.

Granovetter, Mark. 1973. "The Strength of Weak Ties." *American Journal of Sociology* 78: 360–80.

———. 1978. Review of *Networks of Collective Action: A Perspective on Community Influence Systems,* by Edward Laumann and Franz U. Pappi. *American Journal of Sociology* 83:1538–42.

Gratz, Roberta Brandes. 2010. "It Takes a Neighborhood." *New York Times,* September 28.

Grossman, James R., Ann D. Keating, and Janice Reiff, eds. 2004. *The Encyclopedia of Chicago.* Chicago: The University of Chicago Press.

Guerry, Andre-Michel. 1883. *Essai Sur La Statistique Morale De La France.* Paris: Crochard.

Hacking, Ian. 1999. *The Social Construction of What?* Cambridge, MA: Harvard University Press.

Hagan, John. 1994. *Crime and Disrepute.* Thousand Oaks, CA: Pine Forge Press.

Hall, Peter A., and Michèle Lamont, eds. 2009. *Successful Societies: How Institutions and Culture Affect Health.* New York: Cambridge University Press.

Halle, David, ed. 2003. *New York and Los Angeles: Politics, Society, and Culture: A Comparative View.* Chicago: University of Chicago Press.

Hampton, Keith N. 2010. Internet Use and the Concentration of Disadvantage: Glocalization and the Urban Underclass. *American Behavioral Scientist* 53: 1111-32.

Hampton, Keith N., and Barry Wellman. 2003. "Neighboring in Netville: How the Internet Supports Community and Social Capital in a Wired Suburb." *City and Community* 2: 277-311.

Harcourt, Bernard. 2001. *Illusion of Order: The False Promise of Broken Windows Policing.* Cambridge, MA: Harvard University Press.

Hardin, Russell. 2002. *Trust and Trustworthiness.* New York: Russell Sage Foundation.

Harding, David J. 2010. *Living the Drama: Community, Conflict, and Culture among Inner-City Boys.* Chicago: University of Chicago Press.

Harvey, David. 1973. *Social Justice and the City.* Baltimore: Johns Hopkins University Press.

Hawley, Amos O. 1986. *Human Ecology: A Theoretical Essay.* Chicago: University of Chicago Press.

Healy, Kieran. 2004. "Altruism as an Organizational Problem: The Case of Organ Procurement." *American Sociological Review* 69:387-404.

Heckman, James J. 2005. "The Scientific Model of Causality." *Sociological Methodology* 35:1-97.

——. 2006. "Skill Formation and the Economics of Investing in Disadvantaged Children." *Science* 312:1900-1902.

Hedström, Peter, and Peter Bearman. 2009. "What Is Analytic Sociology All About? An Introductory Essay." In *The Oxford Handbook of Analytical Sociology,* edited by P. Hedström and P. Bearman. Oxford: Oxford University Press.

Henig, Jeffrey R. 1982. *Neighborhood Mobilization: Redevelopment and Response.* New Brunswick: Rutgers University Press.

Herbert, Steve. 2006. *Citizens, Cops, and Power: Recognizing the Limits of Community.* Chicago: University of Chicago Press.

Herrnstein, Richard, and Charles Murray. 1994. *The Bell Curve: Intelligence and Class Structure in American Life.* New York: Free Press.

Hipp, John R. 2007. "Block, Tract, and Levels of Aggregation: Neighborhood Structure and Crime and Disorder as a Case in Point." *American Sociological Review* 72: 659-80.

——. 2009. "Collective Efficacy: How Is It Conceptualized, How Is It Measured, and Does It Really Matter for Understanding Neighborhood Rates of Crime?" Irvine, CA: University of California, Department of Sociology.

——. 2010. "The Role of Crime in Housing Unit Racial/Ethnic Transition." *Criminology* 48: 683-723.

Holland, Paul. 1986. Statistics and Causal Inference. *Journal of the American Statistical Association* 81:945-70.

Holton, John. n.d. "Notes from the Field." Chicago: Project on Human Development in Chicago Neighborhoods.

Hong, Guanglei, and Stephen W. Raudenbush. 2008. "Causal Inference for Time-Varying Instructional Treatments." *Journal of Educational and Behavioral Statistics* 33: 333 – 62.

Houston, Michael J., and Seymour Sudman. 1975. "A Methodological Assessment of the Use of Key Informants." *Social Science Research* 4:151 – 64.

Hudgens, Michael G., and M. Elizabeth Halloran. 2008. "Toward Causal Inference with Interference." *Journal of American Statistical Association* 103:832 – 42.

Hunter, Albert. 1974. *Symbolic Communities: The Persistence and Change of Chicago's Local Communities.* Chicago: University of Chicago Press.

——. 1975. "The Loss of Community: An Empirical Test through Replication." *American Sociological Review* 40:537 – 53.

——. 1985. "Private, Parochial and Public Social Orders: The Problem of Crime and Incivility in Urban Communities." In *The Challenge of Social Control*, edited by G. Suttles and M. Zald. Norwood, NJ: Ablex.

Huntington, Samuel. 2004. *Who Are We? The Challenges to America's National Identity.* New York: Simon and Schuster.

Hyra, Derek. 2008. *The New Urban Renewal: The Economic Transformation of Harlem and Bronzeville.* Chicago: University of Chicago Press.

Irwin, John. 1985. *The Jail: Managing the Underclass in American Society.* Berkeley: University of California Press.

Iwashyna, Theodore J., Nicholas A. Christakis, and Lance B. Becker. 1999. "Neighborhoods Matter: A Population-Based Study of Provision of Cardiopulmonary Resuscitation." *Annals of Emergency Medicine* 34: 459 – 68.

Jackson, Frank, and Philip Pettit. 1992. "Structural Explanation in Social Theory." In *Reduction, Explanation, and Realism*, edited by D. Charles and K. Lennon. Oxford: Clarendon Press.

Jacobs, Jane. 1961. *The Death and Life of Great American Cities.* New York: Random House.

Janowitz, Morris. 1975. "Sociological Theory and Social Control." *American Journal of Sociology* 81:82 – 108.

Jargowsky, Paul. 1997. *Poverty and Place: Ghettos, Barrios, and the American City.* New York: Russell Sage Foundation.

Jencks, Christopher. 1990. "Varieties of Altruism." In *Beyond Self Interest*, edited by J. Mansbridge. Chicago: University of Chicago Press.

Jencks, Christopher, and Susan E. Mayer. 1990. "The Social Consequences of Growing up in a Poor Neighborhood." In *Inner-City Poverty in the United States*, edited by L. Lynn and M. McGreary. Washington, D.C.: National Academy Press.

Johnson, Steven. 2006. *Ghost Map: The Story of London's Deadliest Epidemic: And How*

It Changed the Way We Think about Disease, Cities, Science, and the Modern World. New York: Penguin Books.

Jordan, Mary. 2005. "In London, a Feeling of Being Watched: Minority Residents Say Police Harassment on Rise." *Washington Post*, August 26, A15.

Judt, Tony. 2010. "My Endless New York." *New York Times*, November 7.

Kamo, Norifumi, Mary Carlson, Robert T. Brennan, and Felton Earls. 2008. "Young Citizens as Health Agents: Use of Drama in Promoting Community Efficacy for HIV/AIDS." *American Journal of Public Health* 98:201–4.

Katz, Jack. 2001. "From How to Why: On Luminous Description and Causal Inference in Ethnography (Part I)." *Ethnography* 2:443–73.

———. 2009. "Time for New Urban Ethnographies." *Ethnography* 10:285–304.

Kaufman, Jason. 2003. *For the Common Good: American Civic Life and the Golden Age of Fraternity.* New York: Oxford University Press.

Kawachi, Ichiro, and Lisa Berkman, eds. 2003. *Neighborhoods and Health.* New York: Oxford University Press.

Kefalas, Maria. 2003. *Working-Class Heroes: Protecting Home, Community, and Nation in a Chicago Neighborhood.* Berkeley: University of California Press.

Keizer, Kees, Siegwart Lindenberg, and Linda Steg. 2008. "The Spreading of Disorder." *Science* 322:1681–85.

Kelling, George, and Catherine Coles. 1996. *Fixing Broken Windows: Restoring Order and Reducing Crime in Our Communities.* New York: Free Press.

Kessler, Ronald C., and Daniel Mroczek. 1997. "Composite International Diagnostic Interview (C.I.D.I) Short Form." Ann Arbor: University of Michigan, Institute for Social Research.

Kirk, David S. 2009a. "A Natural Experiment on Residential Change and Recidivism: Lessons from Hurricane Katrina." *American Sociological Review* 74: 484–505.

———. 2009b. "Unraveling the Contextual Effects on Student Suspension and Juvenile Arrest: The Independent and Interdependent Influences of School, Neighborhood, and Family Social Controls." *Criminology* 47: 479–520.

Kirk, David S., and Andrew V. Papachristos. 2011. "Cultural Mechanisms and the Persistence of Neighborhood Violence." *American Journal of Sociology* 116:1190–233.

Klinenberg, Eric. 2002. *Heat Wave: A Social Autopsy of Disaster in Chicago.* Chicago: University of Chicago.

Kling, Jeffrey, Jeffrey Liebman, and Lawrence Katz. 2007. "Experimental Analysis of Neighborhood Effects." *Econometrica* 75:83–119.

Knoke, David. 1990. *Political Networks: The Structural Perspective.* New York: Cambridge University Press.

Kobrin, Solomon. 1951. "The Conflict of Values in Delinquency Areas." *American Sociological Review* 16:653–61.

Kohn, David. 2003. "Tearing Down Cabrini-Green. Cabrini-Green Is Gone: Will the Replacement Work?" *CBS 60 Minutes.*

Komarovsky, Mirra. 1946. "The Voluntary Associations of Urban Dwellers." *American Sociological Review* 11:686–98.

Kornhauser, Ruth Rosner. 1978. *Social Sources of Delinquency: An Appraisal of Analytic Models.* Chicago: University of Chicago Press.

Kotlowitz, Alex. 2004. *Never a City So Real: A Walk in Chicago.* New York: Random House.

Koval, John P., Larry Bennett, Michael I. J. Bennett, Fassil Demissie, Roberta Garner, and Kiljoong Kim, eds. 2006. *The New Chicago: A Social and Cultural Analysis.* Philadelphia: Temple University Press.

Krackhardt, David. 1988. "Predicting with Networks: Nonparametric Multiple Regression Analysis of Dyadic Data." *Social Networks* 10:359–91.

———. 1992. "A Caveat on the Use of the Quadratic Assignment Procedure." *Journal of Quantitative Anthropology* 3:279–96.

Kubrin, Charis E., and Ronald Weitzer. 2003. "New Directions in Social Disorganization Theory." *Journal of Research in Crime and Delinquency* 40: 374–402.

Lacy, Karyn R. 2007. *Blue-Chip Black: Race, Class, and Status in the New Black Middle Class.* Berkeley: University of California Press.

Lamont, Michèle. 2000. *The Dignity of Working Men: Morality and the Boundaries of Race, Class, and Immigration.* Cambridge, MA: Harvard University Press and Russell Sage Foundation.

Land, Kenneth, Patricia McCall, and Lawrence E. Cohen. 1990. "Structural Covariates of Homicide Rates: Are There Any Invariances across Time and Space?" *American Journal of Sociology* 95:922–63.

Langer, Bruce, and Stanley Michael. 1963. *Life Stress and Mental Health.* London: Free Press.

Laub, John H. 2004. "The Life Course of Criminology in the United States: The American Society of Criminology 2003 Presidential Address." *Criminology* 42:1–26.

Laub, John H., and Robert J. Sampson. 1991. "The Sutherland-Glueck Debate: On the Sociology of Criminological Knowledge." *American Journal of Sociology* 96:1402–40.

———. 1995. "Crime and Context in the Lives of 1,000 Boston Men, Circa 1925–1955." In *Delinquency and Disrepute in the Life Course: Contextual and Dynamic Analyses,* edited by Z. S. Blau and J. Hagan. Greenwich, CT: JAI Press.

———. 2003. *Shared Beginnings, Divergent Lives: Delinquent Boys to Age 70.* Cambridge, MA: Harvard University Press.

Laumann, Edward O., and Franz Pappi. 1976. *Networks of Collective Action: A Perspective on Community Influence Systems.* New York: Academic Press Inc.

Laumann, Edward O., Peter V. Marsden, and Joseph Galaskievicz. 1977. "Community-Elite Influence Structures: Extension of a Network Approach." *American Journal of Sociology* 83:594–631.

Lee, Barrett A., Ralph S. Oropesa, and Jamie W. Kanan. 1994. "Neighborhood Context and Residential Mobility." *Demography* 31:249–70.

Lefebvre, Henri. 1991. *The Production of Space*. Oxford: Blackwell.

Leventhal, Tama, and Jeanne Brooks-Gunn. 2000. "The Neighborhoods They Live In: The Effects of Neighborhood Residence on Child and Adolescent Outcomes." *Psychological Bulletin* 126:309–37.

Levin, Yale, and Alfred Lindesmith. 1937. "English Ecology and Criminology of the Past Century." *Journal of Criminal Law and Criminology* 27:801–16.

Levine, Donald, ed. 1971. *Georg Simmel on Individuality and Social Forms*. Chicago: University of Chicago Press.

Levine, Robert V., Ara Norenzayan, and Karen Philbrick. 2001. "Cross-Cultural Differences in Helping Strangers." *Journal of Cross-Cultural Psychology* 32: 543–60.

Levitt, Steven D., and Stephen J. Dubner. 2009. *Superfreakonomics: Global Cooling, Patriotic Prostitutes, and Why Suicide Bombers Should Buy Life Insurance*. New York: Harper Collins.

Lieberson, Stanley. 1985. *Making It Count: The Improvement of Social Research and Theory*. Berkeley: University of California Press.

Lieberson, Stanley, and Joel Horwich. 2008. "Implication Analysis: A Pragmatic Proposal for Linking Theory and Data in the Social Sciences." *Sociological Methodology* 38:1–50.

Lieberson, Stanley, and Freda Lynn. 2002. "Barking up the Wrong Branch: Scientific Alternatives to the Current Model of Sociological Science." *Annual Review of Sociology* 28:1–19.

Liska, Allen E., and Paul E. Bellair. 1995. "Violent-Crime Rates and Racial Composition: Convergence over Time." *American Journal of Sociology* 101: 578–610.

Lofland, Lynn. 1973. *A World of Strangers: Order and Action in Urban Public Space*. New York: Basic Books.

Logan, John R. 1978. "Growth, Politics, and the Stratification of Places." *American Journal of Sociology* 84:404–16.

Logan, John R., and Harvey Molotch. 1987. *Urban Fortunes: The Political Economy of Place*. Berkeley: University of California Press.

Logan, John R., and Richard D Alba. 1993. "Locational Returns to Human Capital: Minority Access to Suburban Community Resources." *Demography* 30:243–68.

Logan, John R., Richard D. Alba, Thomas McNulty, and Brian Fisher. 1996. "Making a Place in the Metropolis: Locational Attainment in Cities and Suburbs." *Demography* 33:443–53.

Loury, Glenn C. 2002. *The Anatomy of Racial Inequality*. Cambridge, MA: Harvard University Press.

LSE. *Charles Booth Online Archive* 2008. Accessed October. Available at http://booth .lse.ac.uk/cgi-bin/do.pl?sub=view_booth_and_barth&args=531000,180400,6, large,5.

Ludwig, Jens, Jeffrey B. Liebman, Jeffrey R. Kling, Greg J. Duncan, Lawrence F. Katz, Ronald C. Kessler, and Lisa Sanbonmatsu. 2008. "What Can We Learn about Neighborhood Effects from the Moving to Opportunity Experiment? A Comment on Clampet-Lundquist and Massey." *American Journal of Sociology* 114:144-88.

Lyons, Christopher. 2007. "Community (Dis)Organization and Racially Motivated Crime." *American Journal of Sociology* 113:815-53.

MacDonald, Heather. 2010. "Chicago's Real Crime Story: Why Decades of Community Organizing Haven't Stemmed the City's Youth Violence." *City Journal* 20:16-28.

Mailer, Norman. 1968. *Miami and the Siege of Chicago: An Informal History of the Republican and Democratic Conventions of 1968*. New York: New American Library.

Maimon, David, and Christopher R. Browning. 2010. "Unstructured Socializing, Collective Efficacy, and Violent Behavior among Urban Youth." *Criminology* 48:443-74.

Mansbridge, Jane. 1990. "The Rise and Fall of Self Interest in the Explanation of Political Life." In *Beyond Self Interest*, edited by J. Mansbridge. Chicago: University of Chicago Press.

Martin, Kelly. 2002. "Project on Human Development in Chicago Neighborhoods Longitudinal Cohort Study: Field Data Collection Report." Chicago.

Martinez, Ramiro, Jr. 2002. *Latino Homicide: Immigration, Violence, and Community*. New York: Routledge Press, Taylor & Francis Group.

Martinez, Ramiro, Jr., Jacob I. Stowell, and Matthew T. Lee. 2010. "Immigration and Crime in an Era of Transformation: A Longitudinal Analysis of Homicides in San Diego Neighborhoods, 1980-2000." *Criminology* 48:797-829.

Marwell, Nicole. 2004. "Privatizing the Welfare State: Nonprofit Community-Based Organizations as Political Actors." *American Sociological Review* 69:265-91.

———. 2005. "Beyond Neighborhood Social Control: From Interaction to Institutions." New York: Columbia University, Department of Sociology.

———. 2007. *Bargaining for Brooklyn: Community Organizations in the Entrepreneurial City*. Chicago: University of Chicago Press.

Massey, Douglas, Gretchen Condran, and Nancy A. Denton. 1987. "The Effect of Residential Segregation on Black Social and Economic Well-Being." *Social Forces* 66:29-56.

Massey, Douglas, Andrew B. Gross, and Kumiko Shibuya. 1994. "Migration, Segregation, and the Geographic Concentration of Poverty." *American Sociological Review* 59:425-45.

Massey, Douglas, and Robert J. Sampson. 2009. "Moynihan Redux: Legacies and Lessons." *Annals of the American Academy of Political and Social Science* 621:6–27.

Massey, Douglas S. 1990. "American Apartheid: Segregation and the Making of the Underclass." *American Journal of Sociology* 96: 329–57.

——. 1996. "The Age of Extremes: Concentrated Affluence and Poverty in the Twenty-First Century." *Demography* 33: 395–412.

Massey, Douglas S., Rafael Alarcon, Jorge Durand, and Humberto González. 1990. *Return to Aztlan: The Social Process of International Migration from Western Mexico.* Berkeley: University of California Press.

Massey, Douglas S., and Nancy Denton. 1993. *American Apartheid: Segregation and the Making of the Underclass.* Cambridge, MA: Harvard University Press.

Massey, Douglas S., and Nancy A. Denton. 1985. "Spatial Assimilation as a Socio-economic Outcome." *American Sociological Review* 50:94–106.

Massey, Douglas S., and Mitchell L. Eggers. 1990. "The Ecology of Inequality: Minorities and the Concentration of Poverty, 1970–1980." *American Journal of Sociology* 95: 1153–88.

Matsueda, Ross. 2006. "Differential Social Organization, Collective Action, and Crime." *Crime, Law and Social Change* 46:3–33.

Mayer, Susan E., and Christopher Jencks. 1989. "Growing Up in Poor Neighborhoods: How Much Does It Matter?" *Science* 243:1441–45.

Mayhew, Henry. 1861. *London Labour and the London Poor: The Condition and Earnings of Those That Will Work, Cannot Work, and Will Not Work.* London: C. Griffin and Company.

——. 1862. *London Labor and the London Poor.* London: Griffin, Bohn.

Mazerolle, Lorraine, Rebecca Wickes, and James McBroom. 2010. "Community Variations in Violence: Social Ties and Collective Efficacy in Comparative Context." *Journal of Research in Crime and Delinquency* 47:3–30.

McAdam, Doug. [1982] 1999. *Political Process and the Development of the Black Insurgency, 1930–1970.* Chicago: University of Chicago Press.

——. 2003. "Beyond Structural Analysis: Toward a More Dynamic Understanding of Social Movements." In *Social Movements and Networks*, edited by M. Diani and D. McAdam. Oxford: Oxford University Press.

McAdam, Doug, John D. McCarthy, and Mayer N. Zald, eds. 1996. *Comparative Perspectives on Social Movements.* New York: Cambridge University Press.

McAdam, Doug, Robert J. Sampson, Simón Weffer-Elizondo, and Heather MacIndoe. 2005. "'There Will Be Fighting in the Streets': The Distorting Lens of Social Movement Theory." *Mobilization* 10:1–18.

McAdam, Doug, Kaisa Snellman, and Robert J. Sampson. 2010. "Churches and Non-Profits: Toward a More Nuanced Understanding of the Link between

Organizations and Collective Civic Engagement." Stanford: Stanford University, Department of Sociology.

McCarthy, Helen, Paul Miller, and Paul Skidmore, eds. 2004. *Network Logic: Who Governs in an Interconnected World?* London: Demos.

McNulty, Thomas L., and Paul E. Bellair. 2003a. "Explaining Racial and Ethnic Differences in Adolescent Violence: Structural Disadvantage, Family Well-Being, and Social Capital." *Justice Quarterly* 20: 201–31.

——. 2003b. "Explaining Racial and Ethnic Differences in Serious Adolescent Violent Behavior." *Criminology* 41:709–48.

McPherson, Miller, Lynn Smith-Lovin, and Matthew E. Brashears. 2006. "Social Isolation in America: Changes in Core Discussion Networks over Two Decades." *American Sociological Review* 71:353–75.

McPherson, Miller, Lynn Smith-Lovin, and James M Cook. 2001. "Birds of a Feather: Homophily and Social Networks." *Annual Review of Sociology* 27:415–44.

McQuarrie, Michael, and Nicole P. Marwell. 2009. "The Missing Organizational Dimension in Urban Sociology." *City and Community* 8: 247–68.

McRoberts, Omar. 2003. *Streets of Glory: Church and Community in a Black Urban Neighborhood.* Chicago: University of Chicago Press.

McVeigh, Rory, Michael R. Welch, and Thoroddur Bjarnason. 2003. "Hate Crime Reporting as a Successful Social Movement Outcome." *American Sociological Review* 68:843–67.

Merton, Robert K. 1949. *Social Theory and Social Structure.* New York: Free Press.

——. 1968. "The Self-Fulfilling Prophecy." In *Social Theory and Social Structure.* New York: Free Press.

Messner, Steven F., Luc Anselin, R. Baller, D. Hawkins, G. Deane, and S. Tolnay. 1999. "The Spatial Patterning of County Homicide Rates: An Application of Exploratory Spatial Data Analysis." *Journal of Quantitative Criminology* 15:423–50.

Milbank, Dana. 2001. "Needed: Catchword for Bush Ideology; 'Communitarianism' Finds Favor." *Washington Post*, February 1, A01.

Milgram, Stanley, L. Mann, and S. Hartner. 1965. "The Lost Letter Technique: A Tool of Social Research." *Public Opinion Quarterly* 29:437–38.

Molotch, Harvey. 2002. "School's Out: A Response to Michael Dear." *City and Community* 1:39–43.

Molotch, Harvey, William Freudenburg, and Krista E. Paulsen. 2000. "History Repeats Itself, but How? City Character, Urban Tradition, and the Accomplishment of Place." *American Sociological Review* 65:791–823.

Morenoff, Jeffrey, and Robert J. Sampson. 1997. "Violent Crime and the Spatial Dynamics of Neighborhood Transition: Chicago, 1970–1990." *Social Forces* 76: 31–64.

Morenoff, Jeffrey D. 2003. "Neighborhood Mechanisms and the Spatial Dynamics of Birth Weight." *American Journal of Sociology* 108:976–1017.

Morenoff, Jeffrey D., and James A. House. n.d. "Lost Letter Experiment." Ann Arbor: University of Michigan.

Morenoff, Jeffrey D., Robert J. Sampson, and Stephen Raudenbush. 2001. "Neighborhood Inequality, Collective Efficacy, and the Spatial Dynamics of Urban Violence." *Criminology* 39:517–60.

Morgan, Stephen, and Christopher Winship. 2007. *Counterfactuals and Causal Inference: Methods and Principles for Social Research*. New York: Cambridge University Press.

Morris, Terrence M. 1958. *The Criminal Area*. London: Routledge and Kegan Paul Ltd.

Moynihan, Daniel P. 1965. "The Negro Family: The Case for National Action." Washington, DC: U.S. Department of Labor, Office of Policy Planning and Research.

Mumford, Lewis. 1954. "The Neighborhood and the Neighborhood Unit." *Town Planning Review* 24:256–70.

Nagel, Thomas. 1970. *The Possibility of Altruism*. Oxford: Clarendon Press.

NBER. 2006. "Improved Neighborhoods Don't Raise Academic Achievement." Cambridge, MA: National Bureau of Economic Research.

Newman, Katherine. 1999. *No Shame in My Game: The Working Poor in the Inner City*. New York: Knopf.

Nisbet, Robert. 1953. *The Quest for Community*. New York: Oxford University Press.

Nisbett, Richard E., and Dov Cohen. 1996. *Culture of Honor: The Psychology of Violence in the South*. Boulder: Westview Press.

NORC. 1995. "PHDCN Project 4709, Systematic Social Observation Coding Manual, June 1995." NORC/University of Chicago.

Oakes, J. Michael. 2004. "The (Mis)Estimation of Neighborhood Effects: Causal Inference for a Practicable Social Epidemiology." *Social Science and Medicine* 58:1929–52.

Obama, Barack. 1988. "Why Organize? Problems and Promise in the Inner City." *Illinois Issues* (August/September).

Odgers, Candice L., Terrie E. Moffitt, Laura M. Tach, Robert J. Sampson, Alan Taylor, Charlotte L. Matthews, and Avshalom Caspi. 2009. "The Protective Effects of Neighborhood Collective Efficacy on British Children Growing Up in Deprivation: A Developmental Analysis." *Developmental Psychology* 45:942–57.

Oliver, Eric. 2001. *Democracy in Suburbia*. Princeton: Princeton University Press.

Orr, Larry, Judith D. Feins, Robin Jacob, Erik Beecroft, Lisa Sanbonmatsu, Lawrence F. Katz, Jeffrey B. Liebman, and Jeffrey R. Kling. 2003. "Moving to Opportunity Interim Impacts Evaluation." Cambridge, MA: National Bureau of Economic Research.

Ousey, Graham C., and Charis E. Kubrin. 2009. "Exploring the Connection between Immigration and Violent Crime Rates in U.S. Cities, 1980–2000." *Social Problems* 56 447–73.

Park, Robert E. 1915. "The City: Suggestions for the Investigations of Human Behavior in the Urban Environment." *American Journal of Sociology* 20:577–612.

Park, Robert E., and Ernest Burgess. 1921. *Introduction to the Science of Sociology.* Chicago: University of Chicago Press.

——. 1925 [1967]. *The City: Suggestions for Investigation of Human Behavior in the Urban Environment.* Chicago: University of Chicago Press.

Patterson, Orlando. 2004. "Culture and Continuity: Causal Structures in Socio-Cultural Persistence." In *Matters of Culture: Cultural Sociology in Practice,* edited by J. Mohr and R. Friedland. New York: Cambridge University Press.

——. 2009. "The Mechanisms of Cultural Reproduction: Explaining the Puzzle of Persistence." Cambridge, MA: Harvard University.

Pattillo, Mary E. 1998. "Sweet Mothers and Gangbangers: Managing Crime in a Black Middle-Class Neighborhood." *Social Forces* 76:747–74.

——. 2007. *Black on the Block: The Politics of Race and Class in the City.* Chicago: University of Chicago Press.

Pattillo-McCoy, Mary E. 1999. *Black Picket Fences: Privilege and Peril among the Black Middle Class.* Chicago: University of Chicago Press.

Permentier, Matthieu, Maarten van Hamm, and Gideon Bolt. 2009. "Neighbourhood Reputation and the Intention to Leave the Neighbourhood." *Environment and Planning A* 41:2162–80.

Peterson, Ruth D., and Lauren J. Krivo. 2005. "Macrostructural Analyses of Race, Ethnicity, and Violent Crime: Recent Lessons and New Directions for Research." *Annual Review of Sociology* 31:331–56.

——. 2010. *Divergent Social Worlds: Neighborhood Crime and the Racial-Spatial Divide.* New York: Russell Sage Foundation.

Pettit, Becky, and Bruce Western. 2004. "Mass Imprisonment and the Life Course: Race and Class Inequality in U.S. Incarceration." *American Sociological Review* 69:151–69.

Pfautz, Harold, ed. 1967. *Charles Booth on the City: Physical Pattern and Social Structure.* Chicago: University of Chicago Press.

Portes, Alejandro, and Julia Sensenbrenner. 1993. "Embeddedness and Immigration: Notes on the Social Determinants of Economic Action." *American Journal of Sociology* 98:1320–50.

Powell, Brian, Catherine Bolzendahl, Claudia Geist, and Lala Carr Steelman. 2010. *Counted Out: Same-Sex Relations and Americans' Definitions of Family.* New York: Russell Sage Foundation.

Powell, Michael. 2010. "Old-Fashioned Bulwark in a Tide of Foreclosures." *New York Times,* March 5.

Pratt, Travis, and Frances Cullen. 2005. "Assessing Macro-Level Predictors and Theories of Crime: A Meta-Analysis." In *Crime and Justice: A Review of Research*, edited by M. Tonry. Chicago: University of Chicago Press.

Price-Spratlen, Townsend. 1999. "Livin' for the City: African American Community Development and Depression Era Migration." *Demography* 36:553–68.

Przeworski, Adam, and Henry Tuene. 1970. *The Logic of Comparative Inquiry*. New York: Wiley.

Putnam, Robert. 2000. *Bowling Alone: The Collapse and Renewal of American Community*. New York: Simon and Schuster.

——. 2007. "E Pluribus Unum: Diversity and Community in the Twenty-First Century: The 2006 Johan Skytte Prize Lecture." *Scandinavian Political Studies* 30:137–74.

Putnam, Robert, Lewis Feldstein, and Don Cohen. 2003. *Better Together: Restoring the American Community*. New York: Simon and Schuster.

Quercia, Roberto G., Spencer M. Cowan, and Ana B. Moreno. 2005. "The Cost-Effectiveness of Community-Based Foreclosure Prevention." Chapel Hill: University of North Carolina.

Quetelet, Adolphe. [1842] 1969. *A Treatise on Man and the Development of His Faculties*. Edinburgh: William and Robert Chambers.

Quillian, Lincoln. 1999. "Migration Patterns and the Growth of High-Poverty Neighborhoods, 1970–1990." *American Journal of Sociology* 105:1–37.

Quillian, Lincoln, and Devah Pager. 2001. "Black Neighbors, Higher Crime? The Role of Racial Stereotypes in Evaluations of Neighborhood Crime." *American Journal of Sociology* 107: 717–67.

Raudenbush, Stephen W. 2008. "Advancing Educational Policy by Advancing Research on Instruction." *American Educational Research Journal* 45: 206–30.

——. 2009. "The Brown Legacy and the O'Connor Challenge: Can School Improvement Reduce Racial Inequality?" *Educational Researcher* 38: 169–80.

Raudenbush, Stephen W., and Robert J. Sampson. 1999. "'Ecometrics': Toward a Science of Assessing Ecological Settings, with Application to the Systematic Social Observation of Neighborhoods." *Sociological Methodology* 29:1–41.

Rawls, John. [1971] 1999. *A Theory of Justice*. Cambridge, MA: Harvard University Press.

——. 1993. *Political Liberalism*. New York: Columbia University Press.

Rawson, R. W. 1839. "An Inquiry into the Statistics of Crime in England and Wales." *Journal of the Statistical Society of London* 2:316–44.

Reardon, Sean F., and K. Bischoff. 2011. "Income Inequality and Income Segregation." *American Journal of Sociology* 116:1092–153.

Reiss, Albert J., Jr. 1971. "Systematic Observations of Natural Social Phenomena." In *Sociological Methodology*, edited by H. Costner. San Francisco: Jossey-Bass.

——. 1986. "Why Are Communities Important in Understanding Crime?" In *Communities and Crime*, edited by A. J. Reiss and M. Tonry. Chicago: University of Chicago Press.

——. n.d. Personal communication.

Reiss, Albert J., Jr., and Michael Tonry. 1986. *Crime and Justice: An Annual Review of Research*. Vol. 9: *Communities and Crime*. Chicago: University of Chicago Press.

Reiss, Julian. 2009. "Causation in the Social Sciences: Evidence, Inference, and Purpose." *Philosophy of the Social Sciences* 39:20–40.

Relph, Edward. 1976. *Place and Placelessness*. London: Pion.

Robertson, Campbell. 2010. "On Anniversary of Katrina, Signs of Healing." *New York Times*, August 27, 1, 10, 11.

Robins, James. 1999. "Association, Causation, and Marginal Structural Models." *Synthese* 121:151–79.

Robins, James M., M. Hernan, and B. A. Brumback. 2000. "Marginal Structural Models and Causal Inference in Epidemiology." *Epidemiology* 11: 550–60.

Robinson, W. S. 1950. "Ecological Correlations and the Behavior of Individuals." *American Sociological Review* 15:351–57.

Rosenbaum, Paul R. 2007. "Interference between Units in Randomized Experiments." *Journal of American Statistical Association* 102:191–200.

Rosenkrantz, Roger. 1977. *Inference, Method and Decision: Towards a Bayesian Philosophy of Science*. Dordrecht, Netherlands: D. Reidel.

Rosin, Hanna. 2008. "American Murder Mystery." *Atlantic Monthly* (July/August).

Ross, Catherine E., and John Mirowsky. 1999. "Disorder and Decay: The Concept and Measurement of Perceived Neighborhood Disorder." *Urban Affairs Review* 34:412–32.

Ross, Catherine E., J. R. Reynolds, and Karlyn J. Geis. 2000. "The Contingent Meaning of Neighborhood Stability for Residents' Psychological Well-Being." *American Sociological Review* 65:581–97.

Rossi, Peter H. 1980. *Why Families Move*. Second edition. Beverly Hills: Sage Publications Inc.

Royko, Mike. 1971. *Boss: Richard J. Daley of Chicago*. New York: Dutton.

Rumbaut, Ruben G., and Walter A. Ewing. 2007. "The Myth of Immigrant Criminality and the Paradox of Assimilation: Incarceration Rates among Native and Foreign-Born Men." Washington, DC: American Immigration Law Foundation.

Saegert, Susan, J. Phillip Thompson, and Donald Warren. 2002. *Social Capital in Poor Communities*. New York: Russell Sage Foundation.

Saenz, Rogelio. 2004. "Census 2000 Report: Latinos and the Changing Face of America." New York and Washington, DC: Russell Sage Foundation and Population Reference Bureau.

Sampson, Robert J. 1986. "The Contribution of Homicide to the Decline of American Cities." *Bulletin of the New York Academy of Medicine* 62:562–69.

———. 1999. "What 'Community' Supplies." In *Urban Problems and Community Development*, edited by R. F. Ferguson and W. T. Dickens. Washington, DC: Brookings Institution Press.

———. 2002a. "Studying Modern Chicago." *City and Community* 1:45–48.

———. 2002b. "Transcending Tradition: New Directions in Community Research, Chicago Style." *Criminology* 40:213–30.

———. 2006. "Open Doors Don't Invite Criminals: Is Increased Immigration behind the Drop in Crime?" *New York Times*, March 11.

———. 2008a. "After-School Chicago: Space and the City." *Urban Geography* 29: 127–37.

———. 2008b. "Moving to Inequality: Neighborhood Effects and Experiments Meet Social Structure." *American Journal of Sociology* 114:189–231.

———. 2008c. "Rethinking Crime and Immigration." *Contexts* 7:28–33.

———. 2009a. "Disparity and Diversity in the Contemporary City: Social (Dis)Order Revisited." *British Journal of Sociology* 60:1–31.

———. 2009b. "Racial Stratification and the Durable Tangle of Neighborhood Inequality." *Annals of the American Academy of Political and Social Science* 621:260–80.

———. 2010a. "Eliding the Theory/Research and Basic/Applied Divides: Implications of Merton's Middle Range." In *Robert K. Merton: Sociology of Science and Sociological Explanation*, edited by C. Calhoun. New York: Columbia University Press.

———. 2010b. "Gold Standard Myths: Observations on the Experimental Turn in Quantitative Criminology." *Journal of Quantitative Criminology* 25: 489–500.

Sampson, Robert J., and Dawn Jeglum Bartusch. 1998. "Legal Cynicism and (Subcultural?) Tolerance of Deviance: The Neighborhood Context of Racial Differences." *Law and Society Review* 32: 777–804.

Sampson, Robert J., and Corina Graif. 2009a. "Neighborhood Networks and Processes of Trust." In *Whom Can We Trust? How Groups, Networks, and Institutions Make Trust Possible*, edited by K. S. Cook, M. Levi, and R. Hardin. New York: Russell Sage Foundation.

———. 2009b. "Neighborhood Social Capital as Differential Social Organization: Resident and Leadership Dimensions." *American Behavioral Scientist* 52: 1579–605.

———. 2010. "Neighborhood Networks and the City-Wide Structure of Residential Mobility Flows." Paper presented at the 105th annual meeting of the American Sociological Association, Atlanta, GA.

Sampson, Robert J., and W. B. Groves. 1989. "Community Structure and Crime:

Testing Social-Disorganization Theory." *American Journal of Sociology* 94: 774–802.

Sampson, Robert J., and John H. Laub. 1993. *Crime in the Making: Pathways and Turning Points through Life*. Cambridge, MA: Harvard University Press.

Sampson, Robert J., and Charles Loeffler. 2010. "Punishment's Place: The Local Concentration of Mass Incarceration." *Daedalus* 139, No. 3: 20–31.

Sampson, Robert J., Doug McAdam, Heather MacIndoe, and Simòn Weffer. 2005. "Civil Society Reconsidered: The Durable Nature and Community Structure of Collective Civic Action." *American Journal of Sociology* 111:673–714.

Sampson, Robert J., and Jeffrey D. Morenoff. 1997. "Ecological Perspectives on the Neighborhood Context of Urban Poverty: Past and Present." In *Neighborhood Poverty*, edited by J. Brooks-Gunn, G. J. Duncan and J. L. Aber. New York: Russell Sage.

——. 2000. "Public Health and Safety in Context: Lessons from Community-Level Theory on Social Capital." In *Promoting Health: Intervention Strategies from Social and Behavioral Research*, edited by B. D. Smedley and S. L. Syme. Washington, D.C.: National Academy Press.

——. 2006. "Durable Inequality: Spatial Dynamics, Social Processes and the Persistence of Poverty in Chicago Neighborhoods." In *Poverty Traps*, edited by S. Bowles, S. Durlauf, and K. Hoff. Princeton: Princeton University Press.

Sampson, Robert J., Jeffrey D. Morenoff, and Felton Earls. 1999. "Beyond Social Capital: Spatial Dynamics of Collective Efficacy for Children." *American Sociological Review* 64 : 633–60.

Sampson, Robert J., Jeffrey D. Morenoff, and Thomas Gannon-Rowley. 2002. "Assessing 'Neighborhood Effects': Social Processes and New Directions in Research." *Annual Review of Sociology* 28:443–78.

Sampson, Robert J., Jeffrey D. Morenoff, and Stephen W. Raudenbush. 2005. "Social Anatomy of Racial and Ethnic Disparities in Violence." *American Journal of Public Health* 95:224–232.

Sampson, Robert J., and Stephen W. Raudenbush. 1999. "Systematic Social Observation of Public Spaces: A New Look at Disorder in Urban Neighborhoods." *American Journal of Sociology* 105:603–51.

——. 2004. "Seeing Disorder: Neighborhood Stigma and the Social Construction of Broken Windows." *Social Psychology Quarterly* 67: 319–42.

Sampson, Robert J., Stephen W. Raudenbush, and Felton Earls. 1997. "Neighborhoods and Violent Crime: A Multilevel Study of Collective Efficacy." *Science* 277:918–24.

Sampson, Robert J., and Patrick Sharkey. 2008. "Neighborhood Selection and the Social Reproduction of Concentrated Racial Inequality." *Demography* 45:1–29.

Sampson, Robert J., Patrick Sharkey, and Stephen W. Raudenbush. 2008. "Durable Effects of Concentrated Disadvantage on Verbal Ability among African-American Children." *Proceedings of the National Academy of Sciences* 105: 845–52.

Sampson, Robert J., and Per-Olof Wikström. 2008. "The Social Order of Violence in Chicago and Stockholm Neighborhoods: A Comparative Inquiry." In *Order, Conflict, and Violence*, edited by S. N. Kalyvas, I. Shapiro, and T. Masoud. New York: Cambridge University Press.

Sampson, Robert J., and William Julius Wilson. 1995. "Toward a Theory of Race, Crime, and Urban Inequality." In *Crime and Inequality*, edited by J. Hagan and R. D. Peterson. Stanford, CA: Stanford University Press.

Sanchez-Jankowski, Martin. 2008. *Cracks in the Pavement: Social Change and Resilience in Poor Neighborhoods*. Berkeley: University of California Press.

Sandel, Michael J. 2009. *Justice: What's the Right Thing to Do?* New York: Farrar, Straus, and Giroux.

Sassen, Saskia. 2001. *The Global City: New York, London, Tokyo*. Princeton: Princeton University Press.

Saulny, Susan. 2010. "Chicago Is Mayor Daley's Kind of Town." *New York Times*, September 11.

Sawyer, R. Keith. 2005. *Social Emergence: Societies as Complex Systems*. New York: Cambridge University Press.

Schelling, Thomas. 1971. "Dynamic Models of Segregation." *Journal of Mathematical Sociology* 1:143–86.

Schlossman, Steven, and Michael Sedlak. 1983. "Chicago Area Project." *Crime and Delinquency* 29: 398–462.

Selznick, Philip. 1992. *The Moral Commonwealth: Social Theory and the Promises of Community*. Berkley: University of California Press.

Sen, Amartya. 2009. *The Idea of Justice*. Cambridge, MA: Belknap Press of Harvard University Press.

Sennett, Richard. 1970. *The Uses of Disorder: Personal Identity and City Life*. New York: W. W. Norton.

———. 2009. "Urban Disorder Today." *British Journal of Sociology* 60:57–58.

Settersten, Richard A., Jr., and T. Andersson. 2002. "Moving and Still: Neighborhoods, Human Development, and the Life Course." In *Advances in Life-Course Research: New Frontiers in Socialization*, edited by R. A. Setterson, Jr., and T. Owens. London: Elsevier Science Ltd.

Sharkey, Patrick. 2010. "The Acute Effect of Local Homicides on Children's Cognitive Performance." *Proceedings of the National Academy of Sciences* 107: 11733–38.

———. 2011. "Temporary Integration, Resilient Inequality: Race and Neighborhood Change in the Transition to Adulthood." *Demography*, forthcoming.

Sharkey, Patrick, and Robert J Sampson. 2010. "Destination Effects: Residential

Mobility and Trajectories of Adolescent Violence in a Stratified Metropolis."
Criminology 48: 639–82.

Sharkey, Patrick T. 2008. "The Intergenerational Transmission of Context." *American Journal of Sociology* 113: 931–69.

Shaw, Clifford R. 1929. *Delinquency Areas*. Chicago: University of Chicago Press.

———. 1930. *The Jack-Roller: A Delinquent Boy's Own Story*. Chicago: University of Chicago Press.

Shaw, Clifford R., and Henry D. McKay. [1942] 1969. *Juvenile Delinquency and Urban Areas*. Chicago: University of Chicago Press.

Shevky, Eshref, and Wendell Bell. 1955. *Social Area Analysis: Theory, Illustrative Application, and Computational Procedures*. Stanford: Stanford University Press.

Shonkoff, Jack P., and Deborah A. Phillips, eds. 2000. *From Neurons to Neighborhoods: The Science of Early Childhood Development*. Edited by N. R. Council, Institute of Medicine. Washington, DC: National Academy Press.

Short, James F., Jr. 1963. Introduction to the abridged edition. In *The Gang*, edited by F. Thrasher. Chicago: University of Chicago Press.

Sikkema, Kathleen, J. A. Kelly, R. A. Winett, L. J. Solomon, V. A. Cargill, R. A. Roffman, T. L. McAuliffe, T. G. Heckman, E. A. Anderson, D. A. Wagstaff, A. D. Norman, M. J. Perry, D. A. Crumble, and M. B. Mercer. 2000. "Outcomes of a Randomized Community-Level HIV Prevention Intervention for Women Living in 18 Low-Income Housing Developments." *American Journal of Public Health* 90:57–63.

Skocpol, Theda. 2004. "Voice and Inequality: The Transformation of American Civic Democracy." *Perspectives on Politics* 2:3–20.

Skogan, Wesley. 1990. *Disorder and Decline: Crime and the Spiral of Decay in American Cities*. Berkeley: University of California Press.

Skogan, Wesley, and Susan Hartnett. 1997. *Community Policing, Chicago Style*. New York: Oxford University Press.

Skrabski, A., M. Kopp, and I. Kawachi. 2004. "Social Capital and Collective Efficacy in Hungary: Cross Sectional Associations with Middle Aged Female and Male Mortality Rates." *Journal of Epidemiology and Community Health* 58:340–45.

Smail, Daniel. 1999. *Imaginary Cartographies: Possession and Identity in Late Medieval Marseille*. Ithaca: Cornell University Press.

Small, Mario. 2002. "Culture, Cohorts, and Social Organization Theory: Understanding Local Participation in a Latino Housing Project." *American Journal of Sociology* 108:1–54.

———. 2004. *Villa Victoria: The Transformation of Social Capital in a Boston Barrio*. Chicago: University of Chicago Press.

———. 2007. "Is There Such a Thing as 'the Ghetto'? The Perils of Assuming the South Side of Chicago Represents Poor Black Neighborhoods." *City* 11:413–21.

——. 2009. *Unanticipated Gains: Origins of Network Inequality in Everyday Life*. New York: Oxford University Press.

Small, Mario, and Jessica Feldman. 2008. "Is Chicago an Outlier? Organizational Density in Poor Urban Neighborhoods." Chicago: University of Chicago.

Small, Mario Luis, David J. Harding, and Michele Lamont. 2010. "Reconsidering Culture and Poverty." *Annals of the American Academy of Political and Social Science* 629:6–27.

Smelser, Neil, and Jeffrey Alexander, eds. 1999. *Diversity and Its Discontents: Cultural Conflict and Common Ground in American Society*. Princeton: Princeton University Press.

Smich, Mary. 2010. "Slow Change Coming Fast at Cabrini-Green: Last Buildings Are Almost Gone, but Where Will the Last of the Residents Go?" *Chicago Tribune*, August 20.

Smith, Carl. 2006. *The Plan of Chicago: Daniel Burnham and the Remaking of the American City*. Chicago: University of Chicago Press.

Smith, Herbert L. 2009. "Causation and Its Discontents." In *Causal Analysis in Population Studies*, edited by H. Engelhardt, H.-P. Kohler, and A. Fürnkranz-Prskawetz. New York: Springer.

Smith, Michael E. 2010. "The Archaeological Study of Neighborhoods and Districts in Ancient Cities." *Journal of Anthropological Archaeology* 29: 137–54.

Smolensky, Eugene. 2007. "Children in the Vanguard of the U.S. Welfare State: A Review of Janet Currie's *the Invisible Safety Net* and Jane Waldfogel's *What Children Need*." *Journal of Economic Literature* 45:1011–23.

Snow, C. P. 1993. *The Two Cultures*. Cambridge: Cambridge University Press.

Sobel, Michael. 2006. "What Do Randomized Studies of Housing Mobility Demonstrate? Causal Inference in the Face of Interference." *Journal of American Statistical Association* 101:1398–407.

Sober, Elliot, and David Sloan Wilson. 1998. *Unto Others: The Evolution and Psychology of Unselfish Behavior*. Cambridge, MA: Harvard University Press.

Social Capital Community Benchmark Survey. 2010. http://www.hks.harvard .edu/saguaro/communitysurvey/index.html and http://www.ksg.harvard.edu /saguaro/communitysurvey/docs/marginals.pdf.

Sorensen, Aage B. 1998. "Theoretical Mechanisms and the Empirical Study of Social Processes." In *Social Mechanisms: An Analytical Approach to Social Theory*, edited by P. Hedstrom and R. Swedberg. Cambridge: Cambridge University Press.

South, Scott J., and Kyle D. Crowder. 1997. "Escaping Distressed Neighborhoods: Individual, Community, and Metropolitan Influences." *American Journal of Sociology* 102:1040–84.

——. 1998. "Leaving the Hood: Residential Mobility between Black, White, and Integrated Neighborhoods." *American Sociological Review* 63:17–26.

Spielman, Fran, Kim Janssen, Frank Main, and Rosemary Sobol. 2010. "Slain Officer Was 'the Best We Had to Offer': Alderman." *Chicago Tribune*, May 20.

Stack, Carol. 1974. *All Our Kin: Strategies for Survival in a Black Community*. First edition. New York: Harper and Row.

Steel, Daniel. 2004. "Social Mechanisms and Causal Inference." *Philosophy of the Social Sciences* 34:55‒78.

Steinberg, Stephen. 1995. *Turning Back: The Retreat from Racial Justice in American Thought and Policy*. Boston: Beacon Press.

Stinchcombe, Arthur. 1963. "Institutions of Privacy in the Determination of Police Administrative Practice." *American Journal of Sociology* 69:150‒60.

St. Jean, Peter. 2007. *Pockets of Crime: Broken Windows, Collective Efficacy, and the Criminal Point of View*. Chicago: University of Chicago Press.

Stone, Brad. 2008. "Lax Real Estate Decisions Hurt Starbucks." *New York Times*, July 4.

Stout, Lynn. 2006. "Social Norms and Other-Regarding Preferences." In *Social Norms and the Law*, edited by J. N. Drobak. New York: Cambridge University Press.

Stowell, Jacob I., Steven F. Messner, Kelly F. Mcgeever, and Lawrence E. Raffalovich. 2009. "Immigration and the Recent Violent Crime Drop in the United States: A Pooled, Cross-Sectional Timeseries Analysis of Metropolitan Areas." *Criminology* 47:601‒40.

Straus, Murray A., Sherry L. Hamby, Sue Boney-McCoy, and David B. Sugarman. 1996. "The Revised Conflict Tactics Scale (CTS2): Development and Preliminary Psychometric Data." *Journal of Family Issues* 17:283‒316.

Subramanian, S. V., Kelvyn Jones, Afamia Kaddour, and Nancy Kreiger. 2009. "Revisiting the Robinson Fallacy: Perils of Individualistic and Ecological Fallacy." *International Journal of Epidemiology* 38: 342‒60.

Sugrue, Thomas. 1996. *The Origins of the Urban Crisis: Race and Inequality in Post-War Detroit*. Princeton: Princeton University Press.

Sutherland, Edwin H. 1947. *Principles of Criminology*. Third edition. Philadelphia: Lippincott.

Suttles, Gerald D. 1968. *The Social Order of the Slum: Ethnicity and Territory in the Inner City*. Chicago: University of Chicago Press.

———, ed. 1972. *The Social Construction of Communities*. Chicago: University of Chicago Press.

———. 1984. "The Cumulative Texture of Local Urban Culture." *American Journal of Sociology* 90: 283‒304.

———. 1990. *The Man-Made City: The Land-Use Confidence Game in Chicago*. Chicago: University of Chicago Press.

Swaroop, Sapna, and Jeffrey D. Morenoff. 2006. "Building Community: The Neighborhood Context of Social Organization." *Social Forces* 84:1665‒95.

Sweeney, Annie. 2010. "Chatham Residents Team Up against Violence: Frustration Builds after Shootings Close Basketball Courts." *Chicago Tribune*, May 16.

Sweeney, Annie, Jeremy Gorner, and Joe Germuska. 2010. "31 Days. 303 Shot. 33 Dead." *Chicago Tribune*, 1, 12–13.

Taub, Richard, D. Garth Taylor, and Jan Dunham. 1987. *Paths of Neighborhood Change: Race and Crime in Urban America*. Chicago: University of Chicago Press.

Tavernise, Sabrina, and Robert Gebeloff. 2010. "Immigrants Make Paths to Suburbia, Not Cities." *New York Times*, December 15.

Taylor, Charles. 1989. *Sources of the Self: The Making of Modern Identity*. Cambridge, MA: Harvard University Press.

Taylor, Ralph B. 2001. *Breaking Away from Broken Windows: Baltimore Neighborhoods and the Nationwide Fight against Crime, Grime, Fear, and Decline*. Boulder: Westview.

Thaler, Richard H., and Cass R. Sunstein. 2008. *Nudge: Improving Decisions about Health, Wealth, and Happiness*. New Haven: Yale University Press.

Thomas, William I., and Florian Znaniecki. 1927. *The Polish Peasant in Europe and America*. New York: Alfred A. Knopf.

Thrasher, Frederick. [1927] 1963. *The Gang: A Study of 1,313 Gangs in Chicago*. Chicago: University of Chicago Press.

Tilly, Charles. 1973. "Do Communities Act?" *Sociological Inquiry* 43:209–40.

Tita, George, and Jacqueline Cohen. 2004. "Measuring Spatial Diffusion of Shots Fired Activity across City Neighborhoods." In *Spatially Integrated Social Science*, edited by M. Goodchild and D. Janelle. New York: Oxford University Press.

Tobler, Waldo. 1970. "A Computer Movie Simulating Urban Growth in the Detroit Region." *Economic Geography* 46:234–40.

———. 2004. "On the First Law of Geography: A Reply." *Annals of the Association of American Geographers* 94:304–10.

Tocqueville, Alexis de. 2000. *Democracy in America*. Translated, edited, and with an introduction by H. Mansfield and D. Winthrop. Chicago: University of Chicago Press.

Tonry, Michael, Lloyd E. Ohlin, and David P. Farrington. 1991. *Human Development and Criminal Behavior: New Ways of Advancing Knowledge*. New York: Springer-Verlag.

Trice, Dawn Turner. 2008. "Beverly Block of Chicago Maintains Diversity, Camraderie in a Segregated City." *Chicago Tribune*, December 28.

Tyler, Tom R. 1990. *Why People Obey the Law*. New Haven: Yale University Press.

Vaisey, Stephen. 2009. "Motivation and Justification: A Dual-Process Model of Culture in Action." *American Journal of Sociology* 114:1675–715.

Venkatesh, Sudhir Alladi. 1997. "The Social Organization of Street Gang Activity in an Urban Ghetto." *American Journal of Sociology* 103:82–111.

———. 2000. *American Project: The Rise and Fall of a Modern Ghetto.* Cambridge, MA: Harvard University Press.

Verbitsky, Natalya, and Stephen W. Raudenbush. 2004. "Causal Inference in Spatial Settings." *Proceedings of the American Statistical Association,* Social Statistics Section [CD-ROM].

Villarreal, Andres, and Braulio F. A. Silva. 2006. "Social Cohesion, Criminal Victimization and Perceived Risk of Crime in Brazilian Neighborhoods." *Social Forces* 84: 1725–53.

Wacquant, Loïc. 2008. *Urban Outcasts: A Comparative Sociology of Advanced Marginality.* Cambridge: Polity Press.

Wacquant, Loïc J. D. 1993. "Urban Outcasts: Stigma and Division in the Black American Ghetto and the French Urban Periphery." *International Journal of Urban and Regional Research* 17:366–83.

Wallace, Rodrick, and Deborah Wallace. 1990. "Origins of Public Health Collapse in New York City: The Dynamics of Planned Shrinkage, Contagious Urban Decay and Social Disintegration." *Bulletin of the New York Academy of Medicine* 66: 391–434.

Walters, Ellen E., Ronald C. Kessler, Christopher B. Nelson, and Daniel Mroczek. n.d. "Scoring the World Health Organization's Composite International Diagnostic Interview Short Form."

Warner, Barbara, and Pamela Rountree. 1997. "Local Social Ties in a Community and Crime Model: Questioning the Systemic Nature of Informal Social Control." *Social Problems* 44:520–36.

Warren, Donald. 1975. *Black Neighborhoods: An Assessment of Community Power.* Ann Arbor: University of Michigan Press.

Warren, Mark R. 2004. "What Is the Political Role of Nonprofits in a Democracy?" In *In Search of the Nonprofit Sector,* edited by P. Frumkin and J. Imber. New Brunswick, NJ: Transaction Books.

Wasserman, Stanley, and Katherine Faust. 1994. *Social Network Analysis. Methods and Applications.* Cambridge: Cambridge University Press.

Watt, Paul. 2006. "Respectability, Roughness and 'Race': Neighbourhood Place Images and the Making of Working-Class Social Distinctions in London." *International Journal of Urban and Regional Research* 30: 776–97.

Watts, Duncan. 2003. *Six Degrees of Separation: The Science of a Connected Age.* New York: W. W. Norton and Co.

Way, Sandra, Brian K. Finch, and Deborah Cohen. 2006. "Hispanic Concentration and the Conditional Influence of Collective Efficacy on Adolescent Childbearing." *Archives of Pediatrics and Adolescent Medicine* 160: 925–30.

Weisburd, David, Laura Wyckoff, Justin Ready, John Eck, J. Hinkle, and F. Gajewski. 2006. "Does Crime Just Move around the Corner? A Controlled Study of Spatial Displacement and Diffusion of Crime Control Benefits." *Criminology* 44:549–92.

Wellman, Barry. 1979. "The Community Question: The Intimate Networks of East Yorkers." *American Journal of Sociology* 84:1201–31.

———. 1996. "Are Personal Communities Local? A Dumptarian Reconsideration." *Social Networks* 18: 347–54.

Wen, Ming, Christopher R. Browning, and Kathleen A. Cagney. 2003. "Poverty, Affluence, and Income Inequality: Neighborhood Economic Structure and Its Implications for Health." *Social Science and Medicine* 57:843–60.

Werthman, Carl, and Irv Piliavin. 1967. "Gang Members and the Police." In *The Police: Six Sociological Essays*, edited by D. Bordua. New York: Wiley.

Western, Bruce. 2006. *Punishment and Inequality in America*. New York: Russell Sage Foundation.

Wheaton, Blair, and Philippa Clarke. 2003. "Space Meets Time: Integrating Temporal and Contextual Influences on Mental Health in Early Adulthood." *American Sociological Review* 68:680–706.

Whyte, William F. 1943. *Street Corner Society: The Social Structure of an Italian Slum*. Chicago: University of Chicago Press.

Wikström, P.-O. 1991. *Urban Crime, Criminals and Victims*. New York: Springer-Verlag.

Wikström, Per-Olof, and Robert J. Sampson. 2003. "Social Mechanisms of Community Influences on Crime and Pathways in Criminality." In *Causes of Conduct Disorder and Serious Juvenile Delinquency*, edited by B. Lahey, T. Moffitt, and A. Caspi. New York: Guilford Press.

———, eds. 2006. *The Explanation of Crime: Context, Mechanisms, and Development*. Cambridge: Cambridge University Press.

Wikström, Per-Olof H., Vania Ceccato, Beth Hardie, and Kyle Treiber. 2010. "Activity Fields and the Dynamics of Crime: Advancing Knowledge about the Role of the Environment in Crime Causation." *Journal of Quantitative Criminology* 26:55–87.

Williams, David R., and Chiquita Collins. 1995. "U.S. Socioeconomic and Racial Differences in Health: Patterns and Explanations." *Annual Review of Sociology* 21:349–86.

Wilson, David Sloan. 2002. *Darwin's Cathedral: Evolution, Religion, and the Nature of Society*. Chicago: University of Chicago Press.

Wilson, James Q., and Richard Herrnstein. 1985. *Crime and Human Nature*. New York: Simon and Schuster.

Wilson, James Q., and George Kelling. 1982. "Broken Windows: The Police and Neighborhood Safety." *Atlantic* 127:29–38.

Wilson, William Julius. 1987. *The Truly Disadvantaged: The Inner City, the Underclass, and Public Policy*. Chicago: University of Chicago Press.

——. 1996. *When Work Disappears: The World of the New Urban Poor.* New York: Knopf.

——. 2009. *More Than Just Race: Being Black and Poor in the Inner City.* New York: Norton.

——. 2010. "The Obama Administration's Proposals to Address Concentrated Urban Poverty." *City and Community* 9:41–49.

Wilson, William Julius, and Anmol Chaddha. 2009. "The Role of Theory in Ethnographic Research." *Ethnography* 10:269–84.

Wilson, William Julius, and Richard Taub. 2006. *There Goes the Neighborhood: Racial, Ethnic, and Class Tensions in Four Chicago Neighborhoods and Their Meaning for America.* New York: Alfred A. Knopf.

Wirth, Louis. 1938. "Urbanism as a Way of Life." *American Journal of Sociology* 44:3–24.

Wolfgang, M., R. M. Figlio, and T. Sellin. 1972. *Delinquency in a Birth Cohort.* Chicago: University of Chicago Press.

Woodstock-Institute. 2010. "Chicago City and Regional Foreclosure Activity: Second Half 2009 Foreclosure Figures."

Woodward, James. 2003. *Making Things Happen: A Theory of Causal Explanation.* Oxford: Oxford University Press.

World Bank. 2010. *Social Capital.* http://web.worldbank.org/WBSITE/EXTERNAL/ TOPICS/EXTSOCIALDEVELOPMENT/EXTTSOCIALCAPITAL/0,,contentMDK: 20642703~menuPK:401023~pagePK:148956~piPK:216618~theSitePK: 401015,00.html.

Wuthnow, Robert. 1998. *Loose Connections: Joining Together in America's Fragmented Communities.* Cambridge, MA: Harvard University Press.

Zhang, Lening, Steven F. Messner, and Jianhong Liu. 2007. "A Multilevel Analysis of the Risk of Household Burglary in the City of Tianjin, China." *British Journal of Criminology* 47: 918–37.

Zorbaugh, Henry. 1929. *The Gold Coast and the Slum: A Sociological Study of Chicago's Near North Side.* Chicago: University of Chicago Press.

Zukin, Sharon. 2010. *Naked City: The Death and Life of Authentic Urban Places.* New York: Oxford.

索　引

后　记

　　城市作为人类文明的一种样式，一方面越来越为人们熟悉和接纳，另一方面，又不断对人类文明提出新的挑战。在我国，城市发展问题日益凸显。我们仅用三十年的时间就走过了西方发达国家上百年时间才走完的城市化历程。这种压缩式发展随着快速全球化将西方国家在不同发展阶段出现的城市社会问题在中国也集中地表现出来。当前，因城市化、工业化和全球化而引发的各种"城市病"，成为阻碍我国城市可持续协调发展的重要问题，这些问题包括城市社会不平等、人口老龄化、社会区隔/社会偏见与社会歧视、社会失序等。因此，如何从社会政策、公共政策上保证改革开放的成果为大多数社会成员所分享，减少社会不平等，缓解人口老龄化问题，消解社会区隔，减缓社会压力，寻求有效的社会治理之道，成为近年来我国社会学学者普遍关心的问题。

　　"他山之石，可以攻玉"。组织译介国外社会学关于城市研究经典著作的初衷就是想在理论研究、经验研究和政策研究等方面为解决我国在城市化进程中出现的主要问题提供一些借鉴，通过不同实践的比较分析，在学术上探究如何推进我国城市发展的理论解释，在实践中探索如何破解我国城市发展问题的有效途径。因此，这套丛书不仅包括城市理论的著作，还包括不同层面和视角的经验研究，这些经验研究涉猎的现实问题在我国城市也不同程度或以不同的方式存在着。我们希冀这套丛书能够对城市研究的进一步深入开展有所帮助。

　　本套丛书翻译工作是上海大学基层治理创新研究中心一项重要的科研任务，李友梅教授负责总体策划，组织实施等具体工作由张海东教授负责。参加翻译的主要人员为该中心各主要合作单位的年轻学者，他们英文功底好，大都有海外留学经历和很好的专业素养，在该领域有较好的研究基础。感谢他们辛苦的工作。同时，还要感谢的是社会科学文献出版社的编辑杨桂凤老师，她为本套丛书的出版做了大量的工作。可以说，这项工作的圆满完成汇聚了集体的智慧和力量，是一项协同创新的有益尝试。

图书在版编目（CIP）数据

伟大的美国城市：芝加哥和持久的邻里效应／（美）
罗伯特·J.桑普森（Robert J. Sampson）著；陈广渝，
梁玉成译. -- 北京：社会科学文献出版社，2018.1
（城市研究. 经典译丛）
ISBN 978 - 7 - 5201 - 1872 - 9

Ⅰ.①伟…　Ⅱ.①罗…　②陈…　③梁…　Ⅲ.①城市 -
社区 - 研究 - 美国　Ⅳ.①D771.283

中国版本图书馆 CIP 数据核字（2017）第 289491 号

城市研究·经典译丛

伟大的美国城市
——芝加哥和持久的邻里效应

著　　者／〔美〕罗伯特·J.桑普森（Robert J. Sampson）
译　　者／陈广渝　梁玉成

出 版 人／谢寿光
项目统筹／杨桂凤
责任编辑／隋嘉滨

出　　版／社会科学文献出版社·社会学编辑部（010）59367159
　　　　　地址：北京市北三环中路甲 29 号院华龙大厦　邮编：100029
　　　　　网址：www.ssap.com.cn
发　　行／市场营销中心（010）59367081　59367018
印　　装／三河市尚艺印装有限公司

规　　格／开　本：787mm×1092mm　1/16
　　　　　印　张：31　字　数：498 千字
版　　次／2018 年 1 月第 1 版　2018 年 1 月第 1 次印刷
书　　号／ISBN 978 - 7 - 5201 - 1872 - 9
著作权合同
　　　　　／图字 01 - 2015 - 1771 号
登 记 号
定　　价／128.00 元